Peter Eschweiler Bildzauber im alten Ägypten

ORBIS BIBLICUS ET ORIENTALIS

Im Auftrag des Biblischen Instituts
der Universität Freiburg Schweiz,
des Ägyptologischen Seminars der Universität Basel,
des Instituts für Vorderasiatische Archäologie
und Altorientalische Sprachen der Universität Bern
und der Schweizerischen Gesellschaft
für Orientalische Altertumswissenschaft
herausgegeben von
Othmar Keel und Christoph Uehlinger

Zum Autor:

Peter Eschweiler (geb. 1963 in Würselen bei Aachen) studierte von 1984-1991 Ägyptologie, Klassische und Vorderasiatische Archäologie in Heidelberg. Im Dezember 1991 wurde er aufgrund der vorliegenden Arbeit promoviert.

Orbis Biblicus et Orientalis 137

Peter Eschweiler

Bildzauber im alten Ägypten

Die Verwendung von Bildern und Gegenständen in magischen Handlungen nach den Texten des Mittleren und Neuen Reiches

Universitätsverlag Freiburg Schweiz
Vandenhoeck & Ruprecht Göttingen

Die Deutsche Bibliothek – CIP-Einheitsaufnahme

Eschweiler, Peter:
Bildzauber im alten Ägypten: die Verwendung von Bildern und Gegenständen in magischen Handlungen nach den Texten des Mittleren und Neuen Reiches/Peter Eschweiler. – Göttingen: Vandenhoeck und Ruprecht; Freiburg, Schweiz: Univ.-Verl., 1994
(Orbis biblicus et orientalis; 137)
Zugl.: Heidelberg, Univ., Diss., 1991
ISBN 3-525-53772-7 (Vandenhoeck & Ruprecht) Gb.
ISBN 3-7278-0957-4 (Univ.-Verl.) Gb.
NE: GT

Die Druckvorlagen wurden vom Verfasser
als reprofertige Dokumente zur Verfügung gestellt

Paulusdruckerei Freiburg Schweiz

ISBN 3-7278-0957-4 (Universitätsverlag)
ISBN 3-525-53772-7 (Vandenhoeck & Ruprecht)

Meinen Eltern

Nihil enim visibilium rerum corporaliumque est, ut arbitror quod non incorporale quid et intelligibile significet.

[Ich glaube, daß es nichts Sichtbares und Körperliches gibt, das nicht etwas Unkörperliches und Geistiges bedeutet.]

Johannes Scotus Eriugena, De divisione naturae

Vorbemerkungen

In diesem Buch werden im allgemeinen die Abkürzungen des Lexikons der Ägyptologie verwendet (LÄ IV, VI–XXXI).

Totenbuchhandschriften werden entweder mit dem Namen des Besitzers angesprochen — soweit es sich um gut bekannte Exemplare handelt (z.B. Nu, Ani) — oder abgekürzt nach Allen, Book of the Dead, 242 - 247. Als "Leittext" wurde die Tb–Handschrift des Nu gewählt (Budge, 1976 I–III), da sie besonders gut zugänglich ist.

Im ägyptischen Original in Rotschreibung (Rubrizierung) ausgeführte Textpassagen erscheinen in Transkription **fett**, in der deutschen Übersetzung in GROSSCHRIFT.

Transkriptionen erscheinen in der Regel *kursiv*; Ausnahmen: separate Götter- und Personennamen sowie einzelne Phrasen.

Inhaltsverzeichnis

Vorwort

Die gerade in jüngster Zeit in Büchern und Ausstellungen häufig thematisierte "Bildproblematik" ist ein zentraler Aspekt der Kulturwissenschaften. Zum einen geht es um anthropologische Konstanten; seit dem spätpaläolithischen Aurignacien ist der Mensch als Bildner tätig. Andererseits scheint es kulturelle Spezifika hinsichtlich des Gebrauchs der Bilder zu geben. Unbestritten ist auch, daß die Vorstellung der meisten Menschen von irgendeiner der bedeutenderen Kulturen weit mehr von deren Artefakten bestimmt wird als von noch so instruktiven Texten — wenn sich solche überhaupt erhalten haben (und von den Fachwissenschaftlern einigermaßen allgemeinverständlich ediert wurden). Das eigentliche Problem stellt indes die Vielzahl der Fragen dar, mit denen die Bilder heute konfrontiert werden: Haben wir es z.B. im Falle vorgeschichtlicher Malereien mit der "Imagination des Unsichtbaren" zu tun, oder handelt es sich bei den diversen Gravuren, Gemälden und Plastiken um Illustrationen der Umwelt? In welchem Verhältnis stehen Bild und Abgebildetes? Wurden sie, wie häufig vorschnell attestiert wird, wirklich gleichgesetzt? Gibt es Rangstufen der Bilder, unterschiedliche Grade der Autarkie auch innerhalb einer Kultur? In welchen Zusammenhängen stehen Bilder und andere Ausdrucksträger, v.a. Texte, aber etwa auch die Musik?[1]

Häufig werden die Bilder von ihren Interpreten unter die "Vormundschaft der Texte" gestellt; dabei "haben Bilder ein Recht darauf... in ihrer eigenen Darstellung der Wirklichkeit so ernst genommen zu werden wie Texte".[2] Trotz der allgegenwärtigen Überflutung mit Bildern, die für unsere Zeit so charakteristisch ist, wird man in der Annahme kaum fehlgehen, daß die Bilder in zahlreichen Kulturen ernster genommem wurden. Ihre Produktion und Anwendung wurden oft restriktiv gehandhabt.

So ist auffällig, daß bereits die Herstellung von Bildern nicht selten herrschaftlich geregelt wurde. Schon Pharao Cheops soll die Vergabe von Grabanlagen und die Verwendung von den Grabherrn porträtierenden sog. Ersatz-Köpfen streng kontrolliert haben; bekannt ist die höfische Zentralisierung der Kunst unter Echnaton. Der damnatio memoriae eines antiken Staatsmannes fielen stets auch seine Bildnisse anheim. Die

---

[1] Duby macht etwa darauf aufmerksam, daß die liturgische Musik die vorherrschende Kunstform des frühen Mittelalters war und zu wenig bei der Interpretation der bildenden Kunst berücksichtigt wird (130ff.).

[2] Keel, 1992, XII.

schon daraus ersichtliche, tief empfundene Macht der "Sphäre der Bilder" kommt schließlich in konkreten Bildverboten zum Ausdruck, wie sie das Alte Testament, der Koran und die Ikonoklasten in Byzanz formuliert haben.

Eine der bilderreichsten und symbolträchtigsten[3] Kulturen war sicherlich die des alten Ägypten. Jeder aufmerksame Tourist bemerkt sogleich, daß hier Bilder und Bilderschriften nahezu überall zu finden sind, auch dort, wo sie kaum eines Menschen Auge näher zu betrachten vermag: in Grabschächten, unter Tempeldächern, in — ehedem — zusammengerollten Papyri.

Die Art und Weise des Umgangs mit den Bildern kann manches über das Weltbild einer Gesellschaft aussagen; ihr Stellenwert ist insbesondere für den Religionshistoriker eine häufig unterschätzte Größe. Wenn Bild und Text als "korrelierbare Zeichensysteme"[4] aufgefaßt werden, kann es vielleicht gelingen, Einblick zu nehmen in die lebendige Wirklichkeit einer längst erstorbenen Religion.

In der vorliegenden Untersuchung geht es um die Bedeutung der Bilder und Gegenstände in der religiösen Praxis des zweiten vorchristlichen Jahrtausends. Gerade die altägyptische Religion ist als "Bildreligion" bezeichnet worden.[5] Die Behauptung, die Macht der Bilder — um nicht gleich zu sagen ihre Magie — komme in der pharaonischen Kultur besonders deutlich zum Ausdruck, dürfte in fast jedem Reiseprospekt zu finden sein; sie hat sich auch in der Kultur–Publizistik als Werbeträger bestens bewährt. Sie zeugt allerdings von der Faszination, die altägyptische Bilder wie die keiner zweiten Kultur ausüben.

In diesem Buch wird en détail untersucht, welche Rolle Bilder und andere Artefakte in konkreten magischen Handlungen gespielt haben. Der Aufbau der unterschiedliche Intentionen verfolgenden Aktionen wird dabei ebenso behandelt wie der mythologische Hintergrund der altägyptischen Magie.

Diese Arbeit basiert auf einer im Dezember 1991 der Fakultät für Orientalistik und Altertumswissenschaft der Universität Heidelberg vorgelegten Dissertationsschrift (Gutachter: Prof. Dr. J. Assmann; Prof. Dr. E. Feucht). Die Promotion wurde durch ein Stipendium nach dem Landesgraduiertenförderungsgesetz unterstützt.

---

3 So bereits Spengler, 16f.

4 Keel, ebd.

5 Assmann, 1980, 47.

Für die notwendige Ermutigung und Abwechslung danke ich meinen Ex-Kommilitonen Dipl.-Volkswirt Werner Runge und Johannes Gillar M. A., meinem Freund Rainer Puhl, meiner Schwester Veronika Finkel, meinem Schwager Justus Finkel, meiner Schwester Susanne Leibbrandt, meinem Freund Axel F. v. Wolfshaus, meinem Onkel Pfarrer Peter Reuters und meinem Gymnasiallehrer Theo Joeris.

Mein Schwager Martin Leibbrandt hat mich bei der technischen Gestaltung der Arbeit maßgeblich unterstützt. Herrn Prof. Dr. Othmar Keel danke ich für die Aufnahme dieser Schrift in die Reihe "OBO".

Was diese Arbeit den Schriften von Prof. Dr. Jan Assmann zu verdanken hat, wird der sachkundige Leser wohl allenthalben verspüren.

Denen, die mein Studium ermöglicht und meine Interessen trotz allem stets gefördert haben, ist diese Schrift zugedacht.

Würselen, Dezember 1993 Peter Eschweiler

Kapitel I.

Einleitung

Ikonische Hermeneutik

Von religions- und altertumswissenschaftlicher Seite hat man den Zugang zu den antiken und vorantiken Religionen bislang vorwiegend über den philologischen Weg gesucht. Die bekannteren Abhandlungen etwa zur altägyptischen oder griechischen Religion basieren fast ausschließlich auf der Auswertung von Texten. Daraus ergibt sich eine Reihe von Defiziten. Kulturepochen, aus denen keine oder nur wenige religionsrelevante Texte vorliegen, werden nur sehr kursorisch und/oder methodisch unentschieden einbezogen. Zumeist wird der Versuch unternommen, ausgehend von anachronistischen Textbefunden den Denkmäler- und Bilderbestand zu interpretieren. Eine andere Gefahr besteht darin, bei der Analyse institutionell organisierter — und zensierter — Textproduktion die Religion des Volkes zu übergehen.[1] Schließlich ist angesichts des überlieferten Quellenbestandes eine Vernachlässigung der Bilder, insbesondere im Falle der altägyptischen Religion, kaum zu rechtfertigen.

Eine rein ikonographische Vorgehensweise indes beschränkt sich zunächst darauf, einzelne Bildmotive phänomenologisch zu erfassen und schon recht bald stilkritischen Fragestellungen zu unterziehen. So können beispielsweise die Bilder bestimmter Götter und ihre Attribute klassifiziert werden.[2] Hinsichtlich ihrer genauen Herkunft oftmals unbestimmte Museumsstücke kann man so wenigstens flüchtig beschriften ("Statue des Gottes X, vermutlich Dynastie Y, vielleicht aus Z"). Auf diese Weise ist die sich jedem ernsthafter interessierten Museumsbesucher aufdrängende Frage "Wozu diese Bilder" aber nicht zu beantworten. Und so begnügt man sich sehr schnell damit, den "instrumentalen Charakter" und die "kultische Zwecksetzung" fast der gesamten ägyptischen Kunst hervorzuheben.[3]

---

[1] Dazu s. Visible Religion Bd. III mit dem Titel "Popular Religion" (v.a. die Einleitung von Kippenberg).

[2] Etwa im Sinne von Derchain-Urtel in LÄ III, 128ff. Zu einer anspruchsvolleren religiösen Ikonographie s. Moore, 18–37, bes. den Fragenkatalog 36f.

[3] Dazu s. Junge, 1990, 1.

Eine funktionsspezifische Bestimmung des Materials, die nach konkreten Gebrauchsweisen fragt, kann nur dann geleistet werden, wenn es gelingt, nähere Aufschlüsse über den "Sitz im Leben", die "situative Verankerung",[4] eines Bildes zu gewinnen. Die Ikonographie muß dazu "aus ihrer Isolierung geholt und mit anderen Methoden... vereinigt" werden.[5] In dieser Untersuchung wird die philologische Methode hinzugezogen, um anhand solcher Texte, die über die Verwendung von Bildern und Gegenständen Auskunft geben, Einblick in den altägyptischen Bildgebrauch zu nehmen. Eine Ikonologie im Sinne Erwin Panofskys[6] soll als ikonische Hermeneutik zur Anwendung kommen.

Bild und Zauber

Magie wird im Rahmen dieser Untersuchung als eine Form der Religionsübung (oder -praxis) verstanden. Sie ist wie kein anderer Bereich der Religion durch einen stringent funktionalen Charakter gekennzeichnet; was immer auch ein Magier ("Aktant") zu bewirken sucht, stets bringt er eine konkrete Leistung in einen kommunikativen Geschehensablauf ein (ago-ut-des). Hier finden auch Bilder und Gegenstände Verwendung. In der jüngeren Ethnologie sowie in der Kunstwissenschaft ist dieser Aspekt der "Bildfunktion" bzw. des "Bildgebrauchs" in seiner Bedeutung erkannt worden.[7] Den Fragen nach der Art des Umgangs mit Bildern und nach Kontinuität und Wandel in der Bilderpraxis kann gerade im Falle einer über Jahrtausende hinweg multimedial überlieferten Religion kaum genügend Aufmerksamkeit geschenkt werden. Insbesondere im Bereich der sogenannten "Volksreligion" gewährt die Berücksichtigung der Handhabung der Bilder in magischen Aktionen Einblicke in die religiösen Vorstellungen, die die theologischen Texte der Priester nicht gestatten. Von größter Wichtigkeit ist natürlich der Umstand, daß eine Domäne der

---

[4] Assmann, 1990a, 3.

[5] Panofsky, 1978, 42 (=1979, 213).

[6] "Ikonologie ist mithin eine Interpretationsmethode, die aus der Synthese, nicht aus der Analyse hervorgeht" (ebd.). Zur Methodologie Panofsksy: Kaemmerling, 489ff.; Moore, 24f.; Arrouye. Zu den Postulaten einer analytischen ägyptolog. Kunstwissenschaft: Wildung, 1990, bes. 59f.

[7] S. Busch/Schmoock, 3ff. ("Die Kunst und der Wandel ihrer Funktionen"); Belting, 457 ("Problemgeschichte des Bildes als Geschichte seines Gebrauchs"); Vansina, 112 ("The concrete meaning of the icon was apparent only in its use"); Breton, bes. 91ff. ("L'Art: vehicule de la magie"); s. auch die Arbeit von Feest.

Magie, der gesamte sepulkrale Kontext, in Ägypten mit einer einzigartigen Text- und Bilderwelt auf uns gekommen ist. Die Befunde vertreten einen Zeitraum, der sich über mehr als 3000 Jahre erstreckt, und sie stammen ebenso aus königlichen Grabstätten wie aus denen der Beamten oder Handwerker. Von daher ist es alles andere als ein Zufall — oder persönliche Vorliebe —, wenn sich diese ikonologische Studie mit magischen Bildern beschäftigt und sich dabei überwiegend dem funerären Bereich zuwendet.

Altägyptischer Bildzauber

Die ägyptische Magie erfreut sich seit jeher besonderer Wertschätzung — auch im Rahmen ägytologischer Literatur. Arbeiten, die explizit auf Textvignetten[8] und begleitende Illustrationen eingehen, sind aber relativ selten,[9] was in Anbetracht des konfunktionalen Verhältnisses, in dem in Ägypten Schrift und Bild stehen, umso mehr verwundert.[10]

Das Phänomen Bildzauberei ist in der ägyptologischen Literatur bislang nicht detailliert behandelt worden; zumeist wird es in Anmerkungen oder Glossen kurz erwähnt oder mit einigen generalisierenden Sätzen und wenigen Hinweisen auf Beispiele gestreift.[11] Dem stehen zum einen allgemein religions- bzw. kunstwissenschaftliche Arbeiten gegenüber,[12] zum anderen Studien aus sonstigen altertumswissenschaftlichen Disziplinen.[13] Eine ordnende Aufbereitung des ältesten greifbaren Materials, des altägyptischen, liegt nicht vor. Dies ist allerdings erstaunlich eingedenk

[8] S. den geradezu signifikant kurzen Beitrag von Heerma van Voss in LÄ VI, 1043f.

[9] In der jüngeren Lit. etwa Munro (bes. 10ff., Kap. II und III, 204ff., 268ff.); Niwinski.

[10] Dazu Brunner, 1979, bes. 201: "Wort und Bild stehen in der altägyptischen Hochkultur in einem reich wechselnden und viele Aspekte bietenden, sich ergänzenden oder gespannten Verhältnis"; vgl. Hornung, 1989, 35ff.

[11] Budge, 1988, Ch. IV (Beisp. aus dem Totenbuch); Erman, 1934, 303f.; Bonnet, 1953, 875ff.; Massart, 1954, 112f. (7); Borghouts, 1971, 124f. (283); Aldred in LÄ I, 793ff.; Altenmüller in LÄ III, 1156 mit (74); Gutekunst in LÄ VI, 1331 II 1; vgl. auch Morenz, ²1984, 180f.; jetzt Assmann, 1990a; bezeichnenderweise enthält Kakosy, 1989 unter Kap. VI keinen Abschnitt zu magischen Bildern.

[12] Brückner, 1966; 1978; Freedberg, bes. Ch. 4 VIIf. und 10 V–VIII; Stephan, 191ff.; s. auch Gombrich, 115ff., 141ff.; je mit Lit.

[13] Z.B.: Caland; Henry, 49ff.; Rittig; Daxelmüller/Thomsen; Vansina, 101ff.; Türstig; Belting; s. auch Metzler.

dessen, daß J. F. Borghouts bereits 1974 eine Untersuchung der Relation zwischen magischen Texten und Bildern zu den Desiderata gezählt hat.[14]

Plan des Buches

Jede Untersuchung, die sich in irgendeiner Weise mit Magie beschäftigt, hat zunächst eine brauchbare Definition des Magiebegriffes zu präsentieren; es gibt wohl mindestens ebenso viele Magie- (oder Zauberei-) Definitionen wie Autoren, die sich je um solche bemüht haben. In Abschnitt II dieser Bildmagie-Studie wird angesichts der ägyptischen Befunde und der ikonologischen Vorgehensweise eine praktikable Ausgangsposition entwickelt.

Die Texte, die im Hinblick auf ihre Informationen zum magischen Bildgebrauch ausgewertet werden, stellt Kapitel III vor. Es wird unterschieden zwischen magisch-medizinischen, apotropäischen und funerären Texten, außerdem zwischen ikonischen und anikonischen Zaubermitteln. In diesem Kapitel werden die wichtigsten Papyri, denen Texte entnommen wurden, kurz porträtiert; die Kriterien für die Anordnung der einzelnen Befunde in den nachfolgenden Kapiteln werden ebenfalls erläutert.

Das philologische Kernstück der Arbeit bilden die Abschnitte IV bis VI. Die Befunde aus den Texten des Mittleren und Neuen Reiches werden einzeln behandelt; dabei wird in besonderem Maße auf die inhaltlichen Beziehungen zwischen den Spruchtexten, -intentionen und den zu verwendenden Bildern bzw. Gegenständen im Rahmen der magischen Aktionen geachtet. Sehr wesentlich ist, daß die Anordnung der einzelnen "Instruktionen" unabhängig von ihrer Zugehörigkeit zu bestimmten Papyri erfolgt. So kann dem Charakter von Sammelhandschriften Rechnung getragen werden, deren Komponenten Texte unterschiedlichster Provenienz und verschiedenen Alters sind. Philologisch relevante Passagen werden in Transkription aus der hieroglyphischen Schrift wiedergegeben. Es wird sowohl auf relativ bekannte altägyptische Texte eingegangen (z.B. bestimmte Totenbuchsprüche), die seit jeher im Zentrum des Interesses an der ägyptischen Religion standen, als auch auf solche Texte, die seit ihrer Erstpublikation kaum mehr Beachtung gefunden haben. Differen-

[14] Borghouts, 1974, 19; vgl. Hornung, 1989, 33: "Ägyptische Geisteswelt erschließt sich erst dann, wenn nicht nur die Texte gelesen und verstanden, sondern auch die Bilder entschlüsselt und gedeutet sind".

ziert wird hier, der besseren Übersicht wegen, in magisch-medizinische (IV), apotropäische (V) und schließlich funeräre Texte (VI).

Im folgenden Kapitel (VII) geht es um den ikonischen Befund. Die Motive der den in IV bis VI besprochenen Instruktionen beigefügten Illustrationen werden aufgelistet. Das Augenmerk richtet sich insbesondere auf die Totenbuchvignetten. Es wird versucht, sie hinsichtlich ihrer bildmagischen Wirkung zu klassifizieren, um mit Hilfe einer differenzierteren Terminologie dem Oberbegriff Vignette einige Bildgattungen unterzuordnen. Eine Emanzipation des magischen Bildes aus real vollzogenen Handlungen wird postuliert und unter Heranziehung einiger spätzeitlicher Texte und Bilder der Wandel des ägyptischen Bildgebrauchs in seinen wesentlichsten Stationen dargestellt.

Die komplexe altägyptische Bildterminologie beschäftigt uns in Abschnitt VIII. Unter Berücksichtigung der königlichen Unterweltsbücher wird das Ziel verfolgt, in die Fülle der magischen Bilder interne Ordnungskriterien einzubringen, die auf dem ägyptischen Sprachgebrauch basieren. Es wird sich zeigen, daß einigen der ägyptischen Bildbegriffe spezifische funktionale Interpretamente zugewiesen werden können.

Kapitel IX wird uns mit ausgewählten Beispielen nicht-ikonischer Magie konfrontieren. Diese sind in Struktur und Wirkungsweise den ansonsten verfolgten bildmagischen Handlungen recht ähnlich. Statt der Bilder werden mineralische Substanzen sowie tierische und pflanzliche Ingredienzien verwendet. Die Unterscheidung zwischen (nur-) medizinischen und magisch-medizinischen Aktionen fordert eine zusammenfassende Betrachtung dieser aus den großen medizinischen Sammelhandschriften wohlbekannten substantiellen und kontagiösen Magie und eine kurze Diskussion einiger auffallender Phänomene.

"Der magische Akt im alten Ägypten" ist Gegenstand des X. Abschnitts. Er wird als "Weise der Welterzeugung" verstanden.[15] Zunächst wird der ägyptische Zauberbegriff ḥkꜣ.w vorgestellt; daraufhin werden die einzelnen Komponenten der magischen Aktionen thematisiert. Während in den Kapiteln IV bis VI die Texte in ihrer jeweiligen Kohärenz in Augenschein genommen wurden, können die wichtigsten Motive nun im Überblick erfaßt werden. So erfahren die Relevanz des Mythos, die Materialien und Farben der Bilder und Figuren, die die Aktionen begleitenden Opfer und Salbungen, die Vorschriften für die Aktanten sowie örtliche und zeit-

[15] S. dazu Goodman.

liche Bestimmungen ihre Behandlung. Der leichteren Überschaubarkeit wegen werden hier einige Tabellen geboten.

Zur antiken Explikation der Bildzauberei nimmt Kapitel XI Stellung. Neben der antiken und jüdischen Bildkritik wird die spätantike Theurgie als Reaktion auf den "alten Bildgebrauch" gewürdigt. Befunde aus den Papyri Graecae Magicae und aus koptischen Papyri enthalten — wie gezeigt wird — Reminiszenzen an die altägyptischen Praktiken.

In Abschnitt XII geht es um die Darstellung der altägyptischen Bildauffassung. Der aus der ägyptologischen Literatur geläufige Begriff "Einwohnung" wird durch den ethnologisch–kunstwissenschaftlichen Terminus "Präsentifikation" ersetzt, der das handlungs- und erlebnisorientierte Bestreben nach Visualisierung auf Seiten des Aktanten besser zum Ausdruck bringt. Es kann gezeigt werden, daß die Einwohnungskonzeption in dieser expliziten Formulierung erst im Verlaufe der Auseinandersetzung mit bildkritischen Argumenten in der Spätzeit entwickelt wurde. Elemente einer impliziten Bildtheologie sind bereits wesentlich früher aufgetreten ("Ba–Theologie"). Die Anwendung eines fest umrissenen "Präsentifikationsvokabulars" gewährt — wie an einigen Beispielen gezeigt wird — neue Einsichten in die Bildvorstellungen Altägyptens.

Die Charakterisierung der ägyptischen Religion als "Bildreligion" ist ein Thema des Abschnittes XIII. Gefragt wird hier auch nach etwaigen mystischen Elementen, die man in einige Formulierungen vorwiegend funerärer Texte hineinlesen könnte. Den Abschluß bilden persönliche Anmerkungen zur fehlenden Explizität der altägyptischen Texte und eine kurze Zusammenfassung der wesentlichsten Ergebnisse dieser Studie.

Kapitel II.

Der situative Rahmen

Das Problem einer praktikablen Magietheorie

Dies ist gewiß nicht der geeignete Ort, die ebenso umfangreiche wie komplexe interdisziplinäre Diskussion um den Magiebegriff und seine Abgrenzung — vor allem gegen den Religionsbegriff — zu erörtern.[1] Vorläufig sei lediglich darauf aufmerksam gemacht, daß vielfältige Irritationen bereits durch eine Subordinierung von Magie unter Religion zu vermeiden sind, da sich Magie letztlich als eine Form der Religionsübung oder -praxis erweist und keineswegs als ein Pendant der Religion angesprochen werden sollte.

Mit Nachdruck wird hier der Standpunkt vertreten, daß es angesichts des überreichen Quellenbestandes dringend notwendig ist, Gattungen zu konstituieren. Es empfiehlt sich, innerhalb der ägyptischen Bild- und Textproduktion zunächst zwei "Gattungen erster Ordnung" zu unterscheiden, die monumental-historische und die magisch-rituelle.[2] Das Anliegen der ersteren könnte man als Kommunikation mit der Nachwelt definieren; Idealisierung, Konsolidierung und Traditionalisierung bestehender gesellschaftlicher Verhältnisse und damit die Stützung der tragenden Institutionen (v.a. des Königtums) werden durch die Fixierung von Texten und Bildern angestrebt. Dabei ist häufig festzustellen, daß einprägsame Text-, vor allem aber auch Bildmotive formuliert werden, die orts- und kontextunabhängig verwendet werden können. Mehr oder weniger kunstvoll ausgestaltet und eventuell mit diversen Zusätzen versehen, begegnen bestimmte Darstellungen ebenso auf winzigen Siegelsteinen wie auf gigantischen Tempelpylonen (man denke etwa an das "Erschlagen der Feinde" durch die Gestalt des Pharao). Die Kategorien "fiktional" und "historisch" (im Sinne von faktisch) sind auf solche Embleme nicht anwendbar.

---

1 S. dazu: Petzoldt; Kippenberg/Luchesi; Widengren, 1–19; Skorupski, 125–159; ferner: Evans Pritchard, 1981, bes. 61ff., 86ff., 156ff.; Hallpike, passim (s. 610 *Magie); Harmening, 9ff. ("Magie im Abendland. Stichworte zu ihrer Geschichte"); Figge.

2 S. dazu Assmann, 1990a, 5.

Sie realisieren und perpetuieren kulturrelevante Konstellationen. Für die altägyptische Bildkunst sind daher ikonographisch sich kaum verändernde — insofern dem Unkundigen zumindest auf den ersten Blick auch stilistisch invariant erscheinende — Bildformulierungen eher die Regel als die Ausnahme.

Die der "magisch-rituellen" Bild- und Textgattung zuzuordnenden Befunde kommunizieren hingegen mit einer "beziehungsträchtigen Gegenwart" (Armstrong). Sie dienen im wesentlichen der Aufrechterhaltung des Mensch-Gott (Götter)-Verhältnisses (Ritus) bzw. einer konkreten Nutzbarmachung dem Menschen gemeinhin nicht zur Verfügung stehender Potenzen durch die Einbringung von "Leistung" in Form einer genau definierten Handlung (Magie).

Gerade für die ägyptische Bilderwelt ist das Oszillieren der Motive zwischen den sinndeterminierten Gattungen bezeichnend; ein Motiv, das gewöhnlich dem monumental-historischen Bereich angehörig ist, kann magisch instrumentalisiert werden und umgekehrt. Eine sichere Zuordnung kontextfreier Bilder ist so in der Regel nicht möglich!

1. Das Definiendum: der magische Akt

Eine auf synästhetische Rezeption ausgerichtete Struktur wird hier als Definiens magischer Handlungen geltend gemacht, denn "aller Zauber besteht aus Worten, Bildern und Aktionen".[3] Diese Auffassung orientiert sich am Vorbild der spätantiken Interpretation der orientalisch-hellenistischen Mysterien, die Theodor Hopfner treffend charakterisiert: "Jede Mysterienlehre beruht auf einer Legende, dem Logos, jeder Mysterienkult setzt sich aus zwei rituellen Akten, nämlich aus den mit bestimmten Symbolen (Deiknymena), die vorgezeigt werden, vorgenommenen sakramentalen Akten und aus dem heiligen Drama, dem Dromenon, zusammen...."[4] Es steht wohl kaum zu bezweifeln, daß die antiken My-

[3] Brückner, 1978, 410; s. auch Tambiah, 259; vgl. Borghouts, 1978, VIII: "Whatever their provenance or their actual Sitz im Leben, no spell can be detached from an accompanying magical action to which certain preliminary conditions pertain, too."; s. auch ders. in LÄ III, 1138, Abschnitt 2; Gutekunst in LÄ VI, 1331f.

[4] In RE XVI, 2, 1935, 1323; s. dazu auch: Mommsen, 235ff.; Wilamowitz, 56ff.; Nilsson I, 661ff.; Deubner, 69ff., bes. 83ff.; Mylonas, 261ff., bes. 272ff.; Stolz, 1982, 88f., 108(25); ders., 1988, 63 (mit Lit.); Burkert, 1990, 61, 117(14), 67; vgl. Assmann, 1988, 14.

sterien "erwachsen (sind) auf dem Boden einer älteren Cultpraxis"[5]; diejenige Rolle, welche der Mythos — "hieros logos"[6] — als auditives, bestimmte Ikone als visuelles Element im jeweiligen Geschehensablauf einnehmen, lassen eine zumindest formale Koinzidenz von Mysterienpraxis und magischen Handlungen erkennen[7] und rechtfertigen somit diese Terminologie.

Den magischen Deiknymena[8] ist die vorliegende Untersuchung gewidmet. Auf die Rolle des Bildes im Götterkult soll hier lediglich dann eingegangen werden, wenn relevante Parallelen zum Bildgebrauch in magischen Handlungen weitere Aufschlüsse versprechen.[9]

2. Die Quellen: sympraktische Texte

Magische Handlungen werden in einer spezifischen Aufzeichnungsform ägyptischer Texte tradiert: a) Überschrift (Titel) — mitunter durch Rubrizierung gekennzeichnet[10] —, b) Spruchtext und schließlich c) eine Referenz auf zu verwendende Bilder und/oder Gegenstände machen als "sprachliches Substrat"[11] den Text im Hinblick auf seine "empraktische Einbettung"[11] transparent. Konsequenterweise werden wir Texte dieser formalen Struktur [a–b–c] als "Instruktionen" bezeichnen, während in der Ägyptologie in terminologischer Unschärfe stets vereinheitlichend von "Sprüchen" bzw. "Spells" die Rede ist, obgleich einzelne Kompartimente, etwa die Rezitationsaufforderung (mindestens r-ḏd – "zu sprechen"), vom Benutzer ja nicht wiederzugeben sind.

Diese Instruktionen sollen die Materialbasis für unsere Untersuchungen bilden; es werden also nur diejenigen Texte näher ausgewertet, die

---

5 Rohde, II, 3.

6 S. die Quellenangaben bei Burkert, 1990, 117(14).

7 Zum Verhältnis Magie – Mysterien s. Burkert, ebd., 26: "Ist demnach mit ägyptischem Einfluß auf Eleusis... zu rechnen, in einem Bereich magisch–praktischer Heilung?", vgl. auch 30; zu Mysterien – Mythos, ebd., 61ff. Zur "billigen Scheidung zwischen Magie und sog. echter Mystik, der wir in den Schriften mancher moderner Gelehrten so oft begegnen" s.Scholem, [4]1991, 158f., 304f.

8 S. den locus classicus bei Plutarch, Is. Osir. 352c. Zur Geschichte des Begriffs symbolon: Müri, bes. 37ff. "Symbolon in der Sprache der Mysterien", deiknymena als spätere Konkretisierung: 40f.; "Alle diese Bezeichnungen finden ihre Bestätigung durch gleichen Gebrauch in der Zauberei, die sich im Wesen und in den Vorstellungen so eng den Mysterien anschließt".

9 S. etwa Kap. XII 1 zur Kultbildtheologie ("Einwohnung").

10 S. T. G. Allen, 1936.

11 S. Assmann, 1984, 192; ders., 1990c, 46f.

einem potentiellen Aktanten die zur Ausführung einer im obigen Sinne magischen Aktion erforderlichen Gebrauchsanweisungen an die Hand geben und darüberhinaus das sprachliche "Mittel" — den "Spruch" — implizieren. Wie wir noch sehen werden, sind es nicht wenige dieser Texte, die gleichfalls den benötigten gegenständlichen Part in Gestalt einer Vignette zur Anschauung bringen.

3. Formale und semantische Differenzen: Gattungen — Subgattungen

Bei den soeben angesprochenen Instruktionen handelt es sich um eine Textgattung zweiter Ordnung (Sub–Gattung), die der "Makro–Gattung" "magische Texte" unterzuordnen ist. Diese kann durch die Strukturformel a–b(–c) dargestellt werden. Titel und Spruchtext sind bei dieser die Regel, fakultativ treten Handlungsanweisungen (c) hinzu, die dem Text dann instruktiven Charakter verleihen. Zu den in diesem Sinne magischen Texten zählt auch die Sub–Gattung der einfachen "Abwehrsprüche". Hier wird allein durch die Rezitation des Spruchtextes eine Handlung vorgenommen; die Verwendung bestimmter Ikone und/oder Symbole ist nicht erforderlich. Nach der von John L. Austin formulierten ("How to do Things with Words", [1]1962) und von John R. Searle weiter elaborierten Sprechakt–Theorie können wir in solchen Fällen von "illokutionären Akten" sprechen — "ein Akt, den man vollzieht, indem man etwas sagt...".[12] Zusätzlich werden wahrscheinlich — z.B. zur Abwehr gefährlicher Tiere — nicht explizit im Spruchtext genannte Gesten ausgeführt, die zu den "Vereindeutigungsmöglichkeiten durch den nicht sprachlichen Kontext"[13] gehören. Ein zumeist kurzgefaßter Titel ("Spruch gegen XY") reicht zur Angabe des Verwendungszweckes der Spruchaktion aus. Es versteht sich wohl von selbst, daß derartige um einen magischen Apparat reduzierte Aktionen vorrangig apotropäischer Bestimmung sind; schließlich erfordert etwa die Konfrontation mit einer Schlange oder einem Skorpion ein rasches Handeln und läßt zeitaufwendigere Bild– oder Symbolzauberei kaum zu.

[12] Austin, 116–136 (Zitat S. 117); s. auch Searle, 48–54 (zu den Indikatoren der illokutionären Rolle — "Wortfolge, Betonung, Intonation, Interpunktion, der Modus des Verbs und die sogenannten performativen Verben"); zu Sprechakten in rituellem Kontext s. Assmann, 1969, 13 mit (66), 233, 363ff.; ders., 1975a, 87ff.

[13] Bußmann, 197.

Schon rein formal unterscheidet sich von den magischen Texten eine andere "Makro–Gattung" von Gebrauchstexten: Medizinische Texte weisen die Grundstruktur a–c auf, wobei die Anweisungen als Rezepte zu verstehen sind. Diesen können unter Umständen einzelne — magische — Spruchtexte sequentiell zugeordnet werden. Sie treten als integrierte oder "angehängte Zaubersprüche" neben die medizinischen Vorschriften und lassen in der Regel keinen semantischen Bezug zu Krankheitsfall und Rezept erkennen;[14] sie stellen magische Potentia für das Gelingen der eigentlich medizinischen Operation zur Verfügung, oftmals, indem sie über die eigentlichen Heilmittel gesprochen werden, die allerdings auch aus nurmedizinischen Texten (a–c) wohlbekannt sind.

Etwa: *ḏd.t m-ḥkȝ.w ḥr-pẖr.t-tn* – "Zu sprechen als Zauber(sprüche) über dieses Heilmittel";[15]

nḫt-ḥkȝ ḥr-pẖr.t ṯs-pẖr – "Stark (wirkt) der Zauber über das Heilmittel – und umgekehrt".[16]

Sehr häufig sind in diesem Sinne medizinische Texte mit der Überschrift des Typus pẖr.t nt-X (Heilmittel gegen die Krankheit/ Verletzung X) versehen.[17]

Wir wollen uns indessen wieder der "Sub–Gattung" der Instruktionen zuwenden, deren Anweisungen statt offizinell wirksamer Drogen und Rezepte "magisch" wirksame Bilder und diverse Gegenstände fordern.

---

[14] S. dazu Grundriß II, 11–26 – "Von den Zaubersprüchen in der Medizin"; diese Begleitsprüche sind "an keine Form gebunden" und "rein medizinisch betrachtet inhaltlich unsachlich".

[15] P. E. Smith 5, 2.; vgl. p. Hearst Nr. 85 (7, 5).

[16] P. Ebers 2, 3; s. auch Hatnub 12, 12–14: *jw-ḥkȝ.n=j ḥr-jnḏ* — "Ich besprach (i. S. v. bezauberte) den Kranken" (?); zur Stelle: Schenkel, 1965, 54; Doret, 130.

[17] S. Grundriß VII–1, 284ff.

Kapitel III.

Genres und Typen magischer Instruktionen

Nachdem im vorherigen Abschnitt die strukturelle Kategorie der Instruktionen definiert worden ist, soll nun nach semantischen Gesichtspunkten (Intentionen) eine Gliederung in drei Gruppen (Genres) erfolgen. Außerdem wird eine formal–typologische Unterscheidung der Zaubermittel getroffen.

Ohne ihre Herkunft, ihren "Sitz im Leben", zu thematisieren, wollen wir die schon durch ihren Funktionsrahmen[1] bestimmbaren funerären Texte als eine dieser Gruppen ausgrenzen. "Sprüche" aus den Corpora Sargtexte, Totenbuch und Unterweltsbücher sind hier zu nennen; ihr Anliegen wird bewußt pauschalisierend als ein funeräres (totenkultisches) betrachtet. Desweiteren werden magisch–medizinische Anweisungen, die diversen Papyri zu entnehmen sind, vorgelegt. Im Unterschied zu den bereits angesprochenen u.U. durch magische Begleitsprüche erweiterten medizinischen Texten entbehren sie in der Regel einer Rezeptzusammenstellung der Art, wie sie den zahlreichen, aus den einschlägigen medizinischen Sammelhandschriften bekannten Sprüchen der Struktur a–c zu eigen ist; d.h. der im dargelegten Sinne magischen Aktion wird eine sehr viel höhere Bedeutung beigemessen. Es ist empfehlenswert, nur diejenigen Texte als magisch–medizinische einzustufen, die eine gewisse Konsistenz in ihren strukturellen Komponenten (a–b–c) aufweisen.[2] Ein gänzlich anderer, für unsere Aufgabenstellung allerdings ungeeigneter Ausweg aus der definitorischen Problematik besteht darin, nicht zwischen magischen und medizinischen Operationen zu unterscheiden, sondern alle irgendwie Verwendung findenden Mittel — inklusive Bilder und Gegenstände — als "Medizinen" zu bezeichnen.[3]

---

[1] S. dazu Busch/Schmoock, 4: "Mit "Funktionsrahmen" meinen wir... den Ort des Erscheinens und Wirksamwerdens der Kunst".

[2] Z.B. Bezugnahme des Spruches auf zu verwendende Gegenstände.

[3] So etwa Evans–Pritchard, 1988, Kap. XI, sowie 307f. (Definitionen von Magie, Medizinen, Heilkunst) – Heilkunst: "Meistens besteht die Heilkunst einfach in Magie, aber der Begriff wird getrennt aufgeführt, weil er einen speziellen Bereich von Magie bezeichnet und weil er offenläßt, ob die Behandlung ein empirisches Element enthält".

Schließlich sollen im Rahmen dieser Arbeit alle Instruktionen, die weder einem funerären noch einem medizinischen Anliegen dienen — sog. "Schadenszauber", Schutzzauber etc. —, eine eigene Gruppe bilden. Sie werden apotropäische Instruktionen genannt. Während die magisch–medizinischen Instruktionen in der Regel an den Patienten selbst adressiert werden und Bilder oder Gegenstände — z.B. vermittels eines Verbandes — ihm zu applizieren sind ("Zu geben an seinen Hals" etc.), richten sich die Apotropaika an namentlich bezeichnete Subjekte, etwa ein gefährliches Tier, oder auch an den schutzwürdigen Gegenstand.

Da nach altägyptischem Glauben zahlreiche Krankheiten auf die unmittelbare Einwirkung von Dämonen, Toten oder auch Göttern zurückzuführen sind, ist es nicht immer möglich, eine Instruktion zwingend diesem oder jenem Genre zuzuordnen. In einigen Fällen wird ein Krankheitsdämon nicht anders angesprochen als ein bedrohliches Tier, das es zu vertreiben gilt — z.B. in p. BM 10731 vso., 1: *ḥꜣ=k Shꜣqq* — "Wende dich um Shꜣqq!"; die Schreibung mit dem Gottesdeterminativ zeigt deutlich, daß hier an eine Personifikation der Krankheit zu denken ist. Ebenso wichtig wie die exakte Benennung der Krankheit (bzw. des Dämons) ist auch die des Patienten. In den funerären Instruktionen (z.B. im Totenbuch) wird der Name des Inhabers oftmals von seinen Titeln begleitet; in magisch–medizinischen Texten findet sich häufig die Formulierung ... *msw n-mn.t* – für den N, "geboren von M". Es wird also nach dem Grundsatz pater semper incertus die Mutter des Betreffenden angegeben, um seine einwandfreie Identifikation zu gewährleisten.[4] Wird in derartigen Texten nicht explizit die Applikation eines Bildes/Gegenstandes oder die Verabreichung einer Arznei erwähnt, so werden sie hier unter die apotropäischen Instruktionen aufgenommen.

Der schon angesprochene Funktionsrahmen könnte gleichfalls eine Hilfe für derartige Klassifikationen bieten. Leider wird aber nur selten eine konkrete Ortsangabe für die Ausführung einer magischen Aktion gemacht. Magisch–medizinische Handlungen wird man sich wohl am Krankenlager vorstellen dürfen, apotropäische hingegen sind eher situations– als ortsabhängig.

Neben diesen drei Gruppen — Genres[5] — (magisch–medizinische,

---

[4] S. Stemberger, 226: "eine in Dämonenbeschwörung übliche Vorkehrung".

[5] Genre als semantisch bestimmter Begriff, die konkrete Anwendung der Gattung (Instruktion) betreffend – also etwa in funerärer oder magisch–medizinischer Intention; vgl. Kippenberg, 1990, VIIff.; ders., 1991, 107–112 (mit Lit!); dazu Assmann,

apotropäische, funeräre Instruktionen) wird der Leser im folgenden 2 Typen verwendeter Gegenstände finden. Diese sind nach ausschließlich äußerlichen Gesichtspunkten konzipiert. Auf der Basis semiotischer Terminologie wird dabei zwischen ikonischen und symbolischen (anikonischen) Objekten differenziert. Mit dem erstgenannten Begriff wollen wir Bilder (einschließlich plastischer Figuren) im engeren Sinne in Verbindung bringen. Es handelt sich stets um "... ein Zeichen, das sich auf das von ihm denotierte Objekt lediglich aufgrund von Eigenschaften bezieht, die es selbst besitzt, gleichgültig, ob ein entsprechendes Objekt wirklich existiert oder nicht".[6] Ein Ikon bietet gleichsam Identifikationskriterien für bestimmte Wesen (z.B. eine Gottheit). In diesem Sinne ist eine "Stufenleiter der Ikonizität"[7] denkbar, die von schematischer Ähnlichkeit — einer flüchtigen Skizze oder einfachen Vignette (z.B. dem gewohnten Ikonographem eines bestimmten Gottes) — bis zum "magischen Realismus"[8] einer Porträtstatue oder Maske reicht. Die Visualisierung dient dazu, eine Beziehung zwischen dem Aktanten und dem Adressaten der Handlung — also etwa einer Gottheit oder einem Krankheitsdämon — herzustellen.

"Ein *Symbol* ist ein Zeichen, das sich auf das von ihm denotierte Objekt aufgrund eines Gesetzes bezieht, das gewöhnlich in einer Verbindung allgemeiner Vorstellungen besteht...."[9] Aufgrund der den Instruktionen inhärenten Spruchtexte (b) wird es in einigen Fällen möglich sein, diese axiomatischen Interpretamente zu erschließen. So können einzelne "Symbole" bestimmten Göttern konventionell zugeordnet werden. Dies kann auf Tiere und Pflanzen und ihre Teile sowie auf mineralische Substanzen zutreffen, denen spezifische Qualitäten nachgesagt werden. Diese Form der "anikonischen Magie" basiert meist auf Relationen zwischen den Gegenständen (Zaubermitteln) und irgendwelchen, oft götterweltlichen Realia, die im Spruchtext (b) Erwähnung finden. Dabei spielen materielle, formale und sehr oft auch farbliche Qualitäten eine wesentliche Rolle.

1990a, 12(4).

6 Peirce, 1983, 124; ders., 1986, 205: "Ein Ikon ist ein Zeichen, das für sein Objekt steht, weil es als ein wahrgenommenes Ding eine Idee wachruft, die naturgemäß mit der Idee verbunden ist, die das Objekt hervorrufen würde."; zu Ikon–, Index– und Symbolfunktion nach Peirce s. Schönrich, 136–150 (mit weiterer Lit.).

7 Eco, 1977, 63; ebd., 138ff. zu Ikon im Peirceschen Sinne.

8 S. Assmann, 1990b, 20ff.

9 Peirce, 1983, 125; dazu: Schönrich, op.cit., 149.; vgl. auch Eco, 1991, 83: "Die symbolische Zuordnung beruht also auf einer gewissen Übereinstimmung, einer schematischen Analogie oder einem Wesenszusammenhang".

Amulette weisen häufig die Gestalt solcher Zeichen auf, deren Bedeutungsgehalt ohne Kenntnis des kulturimmanenten Kontextes nicht erschließbar ist. Gleichwohl bringen sie mit Ausnahme der Knotenamulette, die in Haarsträhnen oder zumeist in einen Leinenstreifen (Verband) einzuflechten sind,[10] konkrete bildhafte Gestaltungen zur Anschauung — z.B. einen Djedpfeiler oder ein menschliches Herz. Diese Motive können auch durch Vignetten wiedergegeben werden. Die Kategorie "Amulett" stellt sich insofern als eine nicht funktional qualifizierte heraus; Amulette sind solche Ikone, die dem Patienten — oder Verstorbenen — appliziert werden.

Ich halte es allerdings nicht für empfehlenswert, angesichts der geringen Explizität magischer Texte soweit zu gehen, auch indexikalische Objektbezüge auszugrenzen.[11] Im Einzelfall ist kaum zu entscheiden, ob ein Zeichen (Gegenstand) konkret auf ein Objekt (Wesenheit etc.) verweist oder vielmehr selbst bestimmte Qualitäten generalisiert — eben symbolisiert. Ein Beispiel möge genügen, weitergehende Klassifikationen anzuregen: Zwei Geierfedern, die zur Abwehr des "Hauches der Seuche des Jahres" heranzuziehen sind, weisen mit Sicherheit auf die im zugehörigen Spruchtext genannten Federn der Nechbet hin.[12] Dem Prinzip der "Art der Ähnlichkeit"[13] folgend werden wir nachstehend derartige Gegenstände unter den symbolischen (anikonischen) Typus zählen, da sie wohl eher den Gesetzen der "magischen Sympathie" als dem Prinzip der identitätssichernden größtmöglichen Ähnlichkeit folgen.

Selbstredend soll diese Aufgliederung nach "Typen" ikonischer und symbolischer Objekte (Bilder bzw. Gegenstände) bei aller Fragwürdigkeit der Zuordnung im einzelnen Fall zunächst nur der übersichtlicheren Erfassung des Materialbestandes dienlich sein.

1. Zur Auswahl der magisch–medizinischen und apotropäischen Instruktionen

Die Frage der Herkunft und des Alters der Niederschrift der jeweiligen Instruktion wurde nicht als Ordnungskriterium herangezogen; ohnehin muß gerade in dieser Textgattung (magische Texte) mit langen und komplexen

[10] Wir werden die Knotenamulette im Abschnitt über die anikonische Magie behandeln; s. S. 197ff.

[11] Dazu v.a. Eco, op.cit., 61–63; Walther, 62ff.

[12] P. Ed. Smith vso. 18, 1–11.

[13] Schönrich, 138f.

Traditionsketten gerechnet werden.[14] Gleichwohl soll hier der außerordentlichen Fülle der Quellen wegen eine Beschränkung auf Niederschriften aus dem Mittleren und Neuen Reich in Kauf genommen werden.

Die wichtigsten Quellen für unsere Kenntnisse über die altägyptische Medizin sind die großen Sammelwerke echter medizinischer Rezepte, in denen die magische Konnotation eine untergeordnete Rolle spielt. So enthält "das Haupt- und Grundbuch für unser Wissen von der altägyptischen Medizin",[15] der Papyrus Ebers, auf etwa 20 m Länge fast 900 Einzelrezepte und Diagnosen. Der in vorzüglichem Hieratisch geschriebene Text ist gegen 1550 v. Chr. entstanden; etwa in dieselbe Zeit datiert der 260 Texte umfassende Papyrus Hearst.[16] Neben diesen beiden kann auch das sogenannte Wundenbuch des Papyrus Edwin Smith genannt werden, dem Westendorf die Struktur eines regelrechten Lehrtextes zuerkennt.[17] Weist die Rückseite dieses ebenfalls in den Beginn des Neuen Reiches zu datierenden Papyrus 8 magische Sprüche gegen Seuchen auf, so enthält der um 1350 v. Chr. niedergeschriebene Papyrus BM 10059 zahlreiche "Zaubertexte".[18]

In dem neunbändigen Werk "Grundriß der Medizin der alten Ägypter" sind die offizinellen Aspekte dieser und anderer medizinischer Texte mustergültig behandelt worden.[19] Eine besonders willkommene Hilfe bietet der Band VI, das "Wörterbuch der Drogennamen", in dem sämtliche Arzneien inklusive Belegstellen aufgelistet wurden. Eine interessante Ergänzung dazu liegt in Gestalt der 1979 von Renate Germer erstellten Dissertationsschrift "Untersuchungen über Arzneimittelpflanzen im alten Ägypten" vor.

Die magische Seite der ägyptischen Medizin ist verhältnismäßig selten thematisiert worden.[20] Dafür ist sicherlich die Bewertung des wis-

---

[14] Z.B.: Abschnitte des Apophisbuches (zur Datierung — 312–311 v. Chr. —s. Spiegelberg, 35ff.), die auf einer Statuengruppe Ramses'III begegnen (JE 69771); dazu: Drioton, 57–89, bes. 78–82 [8. Formel, Z. 20ff. > p. Br. Rhind 26, 12–20]; s. auch Goyon, 154ff. (zur Überlieferung eines Spruches nämlicher Gruppe in p. Brooklyn 47.218.138). S. auch Klasens, 5.

[15] Grundriß II, 90.

[16] Zur Datierung der medizinischen Texte s. Grundriß II, 87ff.; dort auch weitere Angaben über die Erforschungsgeschichte der Texte.

[17] Westendorf, 1966a, 20–22.

[18] Zur Datierung in die Zeit des Tut-anch-Amun s. Möller, 1920, 42.

[19] Zur ägyptischen Medizin s. jetzt generell auch Westendorf, 1992.

[20] S. Grundriß II, 11–26; Westendorf, 1963 — laut freundlicher Mitteilung von Herrn

senschaftlichen Charakters der Rezeptkompilationen mitverantwortlich.[21] Folgerichtig wollen wir uns im Rahmen dieser Untersuchung weniger mit diesen "medizinischen Texten" befassen; ihnen sind relativ wenige Instruktionen zu entnehmen. Es sind vor allem Papyri aus ramessidischer Zeit (19. – 20. Dynastie), die "magisch-medizinische" und "apotropäische" Handlungsanweisungen beinhalten.

Das Notwendigste zu Alter und Art der in den nachstehenden Kapiteln häufiger angesprochenen Papyri sei hier kurz zusammengefaßt.

Zum Papyrus Berlin 3027:
Laut Erman stehen in diesem Papyrus, dessen Schriftduktus an den Papyrus Ebers gemahnt und somit für eine Datierung an den Anfang des Neuen Reiches (oder in den Ausgang der "Hyksoszeit") spricht, "einer halben Seite wirklicher Medizin vierzehn und eine halbe Seite voll Zauberformeln entgegen".[22] Diese sind zu diversen amulettartigen Gegenständen zu rezitieren, die Kinder vor Unheil und Krankheiten bewahren sollen. Einige der Spruchtexte sind für das Zusammenwirken von mythisierendem Legomenon und Dromenon von Interesse.

Zum Papyrus Edwin Smith:
Auf der Rückseite des Papyrus Edwin Smith (vso. 18, 1 – 20, 12) finden sich Zaubersprüche zur Abwehr von Seuchen, die Breasted als magische Inkantationen bezeichnet hat.[23] Die Niederschrift dieses Papyrus wird in das beginnende NR datiert; "mit Sicherheit läßt sich jedoch sagen, daß der Inhalt des P. Smith nicht aus der Zeit seiner Niederschrift stammt, die in ihm mitgeteilten medizinischen Kenntnisse sind kein originales Gedankengut des NR, sondern reichen in ihren Anfängen bis in das AR zurück. Eine Reihe von Altertümlichkeiten der Sprache bestätigt diesen frühen Ansatz".[24]

Prof. Westendorf vom 15. 8. 90 eine Schrift, "die leider vielen entgangen ist"; ders., 1992, 19-39.

[21] "Diese von allen magischen Schlacken fast völlig befreite Medizin, die mit objektiven Tatbeständen arbeitet und auf empir. Kenntnis fußt, ist ein früher Gipfel echter Naturwissenschaft" — Westendorf, 1966a, 14.

[22] Erman, 1901, 3.; Schriftvergleiche 3027 <> Ebers: ebd., 6.

[23] Breasted I, 472ff.; Inhaltsübersicht ebd., 33–35.

[24] Westendorf, 1966a, 10f.; zu den sprachlichen Archaismen: Breasted, op.cit., 73–75.

Zum Papyrus Budapest 51. 1961:
Dieser in seinen Zeichenformen und im Duktus dem Papyrus BM 10059 und einigen Papyri der Chester-Beatty Sammlung verwandte Text wurde von Kakosy publiziert,[25] der ihn in die späte 19. oder den Anfang der 20. Dynastie datiert,[26] allerdings darauf hinweist, daß "der Text wesentlich älter ist als der Papyrus, er entstand zwischen 2000 und 1700 v. Chr."[27]

Zum Papyrus Chester Beatty VII:
"In this papyrus we have the central portions of an elegant book of magical incantations in small format."[28] Er datiert — wie die übrigen für diese Untersuchung ausgewerteten Texte der Chester-Beatty Sammlung — in die Ramessidenzeit.[29] Angesichts der für magische Texte oftmals beträchtlichen Differenz zwischen dem Datum der Abfassung und dem der Niederschrift eines Textes im Rahmen einer Sammlung sind weitergehende Feindatierungen für unsere Thematik nicht von sonderlichem Interesse.

Zum Papyrus Leiden I 348:
Der in die 19. Dynastie zu verweisende Papyrus ist Gegenstand der bislang ausführlichsten und besten Monographie, die einer derartigen Sammlung magischer Texte gewidmet wurde.[30] Er bietet 39 Sprüche und Instruktionen, die gegen Kopf- und Bauchschmerzen helfen, aber auch dem Schutz vor Dämonen und Alpträumen dienlich sein sollen.

Zum Befund der Ramesseum-Papyri:
Zu der 1896 unter den Magazinen des Ramesseums in und neben einer mit einem schwarzen Schakal bemalten Holzkiste aufgefundenen Ausstattung eines ẖrj-ḥbt (wörtlich: "Der das Ritualbuch trägt"[31]) gehören neben literarischen Texten (Bauerngeschichte und Sinuhe) auch einige magische

[25] Kakosy, 1981, 239ff.; eine Zusammenfassung findet sich in ders., 1989, 139–146.
[26] Kakosy, 1981, 254 (Nachtrag).
[27] Ders. 1989, 139.
[28] Gardiner, 1935 I, 55.
[29] Übersicht der Ch. Beatty Papyri s. LÄ IV, 681f.; zur Datierung der einzelnen Textabschnitte s. stets Gardiner, 1935 I, der sich in einigen Fällen für eine Ansetzung in die 19. oder 20. Dynastie ausspricht.
[30] Borghouts, 1971.
[31] S. Otto in LÄ I, 940ff.

Instrumente (u.a. Djedpfeiler aus Elfenbein, sog. Zaubermesser, Figur einer nackten Frau mit Schlangen in den Händen)[32] und Papyri mit magischen Texten.[33] Problematisch ist die Datierung dieses Befundes. Die Erwähnung des Horusnamens Amenemhets III' (ꜥꜣ-bꜣ.w) in p. Ram. D, dem sog. "Ramesseum-Onomastikon" (p. Berlin 10495) liefert lediglich einen terminus a quo.[34] Gardiner plädiert für eine Ansetzung in die 13. Dynastie.[35]

Dieses auf den ersten Blick inkohärent wirkende Ensemble spricht dafür, daß wir im alten Ägypten mit einer Art "charismatischem Handwerker"[36] zu rechnen haben, einer "Mischung" aus Arzt, Zauberer und Geschichtenerzähler, der im wesentlichen davon lebte, daß nur ein sehr geringer Prozentsatz der Bevölkerung schriftkundig war. Die für magische Aktionen notwendigen Dinge — inklusive Sammlungen von Instruktionen und Sprüchen auf Papyri — konnte er leicht mit sich führen. Neben seiner hauptamtlichen Tätigkeit im Rahmen des Tempelkultes ergab sich für einen solchermaßen Gebildeten sicherlich die Möglichkeit, allerlei "Nebengeschäften" nachzugehen.

Zum sog. "magischen Papyrus Harris" s. S. 56ff.

2. Vorbemerkungen zur Anordnung des Materials

In den Kapiteln IV bis VI werden ausschließlich solche Instruktionen behandelt, die ikonische Zaubermittel verlangen (Figuren, Statuetten, Zeichnungen, verschiedene einzelne Gegenstände — z.B.Masken — oder auch umfangreichere, aus mehreren (u.a. auch ikonischen) Gegenständen bestehende Arrangements). Innerhalb der Subtypen "plastische Figuren" und "Zeichnungen" wird die altägyptische Bildterminologie lediglich als ein Ordnungskriterium für die unvermeidliche katalogartige Auflistung herangezogen.[37] Keinesfalls sollte hier die Zugehörigkeit der Instruk-

---

[32] Quibell, 3f., Pl. III.

[33] S. die Auflistung in LÄ IV, 726f.; zum Befund: Gardiner, 1955, 1ff.

[34] P. Ramesseum D, 210 — s. Gardiner, 1947 I, 12.

[35] "Allowing for a reasonable lapse of time it is likely that the collection as a whole dates from what is conventionally described as the Thirteenth Dynastie" — 1955, 2.

[36] Burkert, 1990, 36; vgl. ders., 1984, 12f., 43ff. Gardiner spricht von "magician and medical practitioner,... local storyteller and entertainer" — 1955, 1.

[37] S. dazu Kap. VIII.

tionen zu einzelnen Papyri oder Textcorpora eine zwangsläufige chronologische, funktionale und/oder semantische Verwandtschaft von Texten suggerieren; es ist vielmehr ein vorrangiges Bestreben dieser Arbeit, die "Sprüche" bzw. Instruktionen isoliert zu betrachten.

Zur Vermeidung unnötiger Wiederholungen werden im folgenden des öfteren wiederkehrende Elemente der magischen Aktionen — z.B. Fragen hinsichtlich verwendeter Materialien (Farben, Schriftträger, etc.), Begleithandlungen (Opfer, div. Vorschriften) sowie grundsätzlich das Auftreten von Vignetten — bei der Betrachtung der einzelnen Instruktionen nur insoweit berücksichtigt, wie es m. E. einem weiterführenden Verständnis der betreffenden Instruktion förderlich ist. In Kapitel X werden wir uns im Rahmen einer Erörterung des "magischen Aktes" zusammenfassend unter Berufung auf die jeweils anzuführenden Quellen mit diesen Phänomenen befassen. Die Vignetten werden in Kapitel VII eigens thematisiert. Bei der Betrachtung einiger Handlungsanweisungen wird auf religionswissenschaftlich interessante Parallelen hingewiesen. Dies geschieht jedoch ganz unsystematisch und sollte lediglich als Anregung verstanden werden.

Kapitel IV.

Die magisch–medizinischen Instruktionen

A. Plastische Figuren

1. Ohne nähere Bildbezeichnung

p. Leiden I 348 vso. 12, 2–6 (=Spr. 30)

Geburtshilfe zu erbitten, ist das Anliegen dieses Textes, der an einen Zwerg gerichtet ist, der nicht mit Namen genannt wird: "EIN ANDERER SPRUCH FÜR einen Zwerg" (vso. 12, 2). Es ist davon auszugehen, daß Bes gemeint ist.[1] In dem verhältnismäßig umfangreichen Spruchtext wird die Plazenta (mw.t-rmṯ) direkt angesprochen: "Komme hervor, Plazenta, komme hervor, Plazenta, komme hervor! Ich bin Horus, der Beschwörer (šnjw)" (vso. 12, 4). Desweiteren wird gesagt, daß Hathor ihre "Hand" (ḏr.t) als Heilamulett (wḏꜣ-snb) auf die Frau lege (12, 5–6). Die ḏr.t–Hand ist ein mit dieser Göttin in Verbindung stehendes handförmiges Schutzamulett, das aus mehreren Texten bekannt ist.[2] Es spricht gewiß nichts dagegen, daß während des Geburtsvorganges eine derartige "Hand" auf die Frau gelegt wurde. Die Instruktion fordert jedoch eine weitere Vorkehrung (12, 6): "WORTE ZU SPRECHEN VIERMAL ÜBER EINEN ZWERG AUS TON **(nmw n-sjn)**,[3] ZU LEGEN AN DEN SCHEITEL **(wp.t)**[4] EINER FRAU, DIE GEBIERT UNTER SCHMERZEN." Ein Tonfigürchen soll demnach die Anwesenheit des Bes sicherstellen.

p. Deir el–Médineh 1 vso. 4, 5 – 5, 2 [5] > Abb. 2

Die Rückseite dieses Papyrus — die rcto. –Seite bietet eine Version der

---

1 Zum Text s. Borghouts, 1971, 29, (346)ff.; ders., 1978, § 61.

2 S. die Bemerkungen zu p. Berlin 3027 (P) — S. 70.

3 Zu Amuletten in Zwergengestalt s. Klasens, 94; Borghouts, 1971, 154f. (370); ein nmw n-ṯḥn.t (Zwerg aus Fajence) in p. Turin Pleyte–Rossi 124, 14. Abbildungen derartiger Amulette: Petrie, 1914, pls. 31, 34, 46.

4 Zu wp.t: Dawson, 1936, 106 ("vertex... the median or sagittal line of the head"); vgl. bes. p. Ram. IV C. 28f.

5 Černý/Posener, 1978, 1f., 4–12, Pls. 9–16a.

Lehre des Ani — enthält magische Texte gegen die nsj–Krankheit[6] und gegen Todesgefahr. Im einzelnen sind diese nicht sehr gut erhalten, so daß der Lesung und Interpretation Schwierigkeiten entgegenstehen. Besondere Bedeutung kommt dieser Abfolge magischer Instruktionen dadurch zu, daß sie mit Vignetten versehen ist. Im Rahmen unserer Fragestellungen wird den Abschnitten Aufmerksamkeit geschenkt, die das Verständnis der Deiknymena fördern. Um einen Eindruck von diesen wenig bekannten Texten zu vermitteln und die Instruktionen nicht zu isolieren, werden nachfolgend die betreffenden Spruchtexte ausführlicher als sonst zitiert. Zunächst wollen wir uns dem ersten Teil des Textes 4 — nach der Einteilung Černý's [7] — zuwenden:

> ***mḏꜣ.t...*** *jnḏ-ḥr=k nmw-pwjj ḥrj-jb-p.t mj nḥm=k-mn.t-msjw n-mn.t mj-nḥm=k-nbj*[8] *m-hrw n-zmꜣ n-tꜣ jr-sfḫw-nb.t jr-ḏw.w-nb.t ntj-jw=sn-r-jy* (vso. 5)... *mn.t ḫsf-tw r-pꜣ ntj-jw=sn*[9]*- r-jy-r=f* ***ḏd.tw-rꜣ-pn r-msḏr.tj... djw r-ḫḫ=f m-mjt.t-nmw ntj-m-zš m-mnḥ.t djw r-ḫḫ=f m-šs-mꜣꜥ ḥḥ[- n-zp]*** —
>
> "BUCH... (vgl. 5, 7: "EIN ANDERES BUCH DES ÖFFNENS")... Gegrüßet seist du, Zwerg, der inmitten des Himmels ist![10] Komm, daß du rettest den NN, geboren von M, wie du rettest den Schwimmenden[11] am Tage des Vereinigens mit der Erde! Anlangend alles, das losgelöst ist, anlangend alles, das böse ist und sich anschickt zu kommen [gegen den NN, geboren von] M: Wehre es ab von dem, gegen den es angehen will! DIESER SPRUCH WIRD GESPROCHEN ZU DEN OHREN... (er) WIRD GEGEBEN AN SEINEN HALS. DESGLEICHEN DER ZWERG, DER (hier) IN SCHRIFT (gegeben) IST, AUS WACHS. ER WIRD GEGEBEN AN SEINEN HALS. ALS ETWAS WIRKLICH VORTREFFLICHES BEFUNDEN, MILLIONEN [MAL GEPRÜFT]."

---

6 S. dazu: Ebbel, 1927, 13ff.; Sauneron, 1970, 14f. (h); Grundriß VII–1, 480f.: Epilepsie.

7 Op.cit., 9–11.

8 Man beachte das Determinativ "Vogel auf Standarte".

9 S. Černý/Posener, 9 (d).

10 S. p. mag. Harris VIII, 9 (Lange, 75: Ptah); Černý, 1952, 71: Re; Klasens, 94.

11 Vgl. Pfb. I, 313f. – 58. Szene. Zur Regeneration im Wasser s. die Angaben bei Hornung (Pfb. II, 217ff.).

Offensichtlich dient die Vignette Vso. 5, 5–6 (s. Abb. 2) zur Orientierung im Hinblick auf die zu verwendende Wachsfigur, die auch hier als Schutzamulett zu fungieren hat.

p. Ebers 94, 7–8
"Daß die Gebärmutter zurückgeht an ihre Stelle", soll eine Ibis–Figur aus Wachs erwirken, die über Holzkohle geschmolzen wird; ihr Rauch muß zu diesem Zweck in das Genital der Frau eindringen. Ähnlich wie im Falle mancher Bodenzeichnungen ist es hier die Destruktion des Zauberbildes, die in der Aktion angestrebt wird. Das Deiknymenon geht direkt in eine wirkende Arznei über.

p. BM 10059 Nr. 44 (=14, 4–5)
Eine Ibis–Figur spielt auch in dieser Instruktion eine gewichtige Rolle. Gegen eine blutende Wunde ist der Text des Spruches — eine Rede des Geb — gerichtet. Die Anweisung lautet:

> ***ḏd.tw-rꜣ-pn*** *ḥr-hbj n-sjn*[12] *mḥw-rꜣ=f m-ꜥmꜥꜥ-jt rdjw-rꜣ=f m-rꜣ n-wbnw jw=s-nfr.tj m-hꜣw Nb-mꜣꜥ-Rꜥw* (in Kartusche)
>
> "DIESER SPRUCH WIRD GESPROCHEN über einen Ibis aus Ton, gefüllt sein Schnabel mit dem ꜥmꜥꜥ–Teil der Gerste.[13] Zu geben ist sein Schnabel in die Öffnung der Wunde. Dies ist gut gewesen seit den Zeiten Amenophis'III. "[14]

Es ist anzunehmen, daß die Ibisfiguren eine Referenz an den besonders heilkundigen Thot darstellen. Nach Plutarch (Is. Osir., cap. 75) hielt man den Ibis aufgrund seiner Angewohnheit, sich mit seinem Schnabel selbst zu reinigen, für den Erfinder des Klystiers.

p. BM 10059 Nr. 38 (=13, 3–7)
Auch dieser Text gewährt uns einen Einblick in die Relationen zwischen "Mythemen" und magischen — bzw. magisch–medizinischen — Operationen. Der Spruchtext "berichtet" von der Auseinandersetzung des Horus mit Seth, oder vielmehr ihren Folgen: Die Hoden des Seth wurden abgeschnitten, Horus leidet unter Hämaturie (ꜥꜣꜥ). Außerdem ist

---

[12] Wreszinski's "Kot" sicher vorzuziehen (ders., in: 1912, 201f.).

[13] Zum ꜥmꜥꜥ–Getreidekorn s. Germer, 255–7.

[14] Vgl. 10059 15, 6.

die Rede von Isis und der M3fd.t–Katze, die bei jenem Streit "in diesem Raum" (m-ᶜ.t-twjj) anwesend waren. Von Isis wird nur gesagt, daß sie geschrien habe; M3fd.t hingegen soll die ᶜ3ᶜ–Krankheit aufgenommen haben. Es folgen drei beschwörende Ausrufe:

1. an die Krankheit: "Geh heraus gegen den Toten, die Tote, nach Belieben fortzusetzen (ḥm.wt-r3)!" — d.h. der Aktant konnte den Spruch dazu verwenden, unliebsame Personen seiner oder seines Patienten Wahl mit der Krankheit zu belasten.

2. "NAME DES FEINDES, NAME SEINES VATERS, NAME SEINER MUTTER"

3. "O M3fd.t, reiße auf (ḥbd) das Maul gegen jenen Feind, den Toten, die Tote — nach Belieben!"

Schließlich die Nachschrift: "WORTE ZU SPRECHEN ÜBER EINEN FESTEN PHALLUS AUS **dp.t**–GEBÄCK, GEMACHT MIT DEM NAMEN JENES FEINDES, DEM NAMEN SEINES VATERS, DEM NAMEN SEINER MUTTER; ES WIRD GEGEBEN IN FETTES FLEISCH; ZU GEBEN DER KATZE (**mj.t**). "

Eine schematische Übersicht mag die Instrumentalisierung der "mythischen" Motive verdeutlichen.

"mythische" Situation	Situation X
Streit zwischen Horus und Seth > ᶜ3ᶜ-des Horus	ᶜ3ᶜ-Krankheit des Patienten
Isis fordert Heilung des Horus	Arzt, Angehörige des Kranken
M3fd.t nimmt Krankheit auf und führt sie den Verursachern wieder zu	Der Vorgang der Rückführung der Krankheit wird genauer behandelt: eine Kuchennachbildung des erkrankten Gliedes wird einer gewöhnlichen Katze schmackhaft gemacht, die die ᶜ3ᶜ übertragen soll

Ich halte es durchaus für denkbar, daß hinter dieser Prozedur letztlich die Erfahrung von Krankheiten steht, die von Katzen übertragen wurden. Ein besonders bemerkenswerter Umstand ist sicherlich auch die Beschriftung des Kuchengliedes, die eine sichere Zuweisung des Leidens an die Verursacher gewährleisten soll; d.h. die Nachbildung aus Gebäck[15] substituiert nicht etwa das Glied des Kranken, sondern das des Adressaten, mit dessen Namen es versehen wurde.

[15] Ein Schwein aus Weizenmehl erwähnt Herodot (II, 47).

Einen nicht unähnlichen Fall von Krankheitsübertragung finden wir in einem Text des babylonischen Talmud:

"Gegen Nachtblindheit nehme man eine Schnur aus weißem [Haar] und binde damit sein Bein an das Bein eines Hundes. Und Kinder sollen hinter einem mit Scherben klappern und zu einem sagen: Alter Hund, närrischer Hahn. Und man sammle sieben Stücke rohes Fleisch aus sieben Häusern und lege sie auf den Türpfosten. Und [der Hund] fresse sie auf dem Abfallhaufen der Stadt. Nachher löse man die Schnur von weißem [Haar] und sage so: Blindheit des N., Sohn der N., verlasse den N., Sohn der N., und fahre dem Hund in die Augen."[16]

2. Bildbezeichnungen twt und rpjj.t

p. Ramesseum IV C. 17–24
Ein schwer verständlicher Zauberspruch[17] findet Anwendung im Rahmen der Geburtshilfe. Er wird gesprochen "ÜBER EINE **twt**–FIGUR DES KINDES; DAMIT WERDE DIE FRAU BERÄUCHERT. WENN SIE (**twt**) GUT IST: EINE GUT GEBÄRENDE. WENN SIE SCHLECHT IST: EINE SCHLECHT GEBÄRENDE." Wie im Falle der Anweisungen des p. Ebers (94, 7–8) wird eine Wachsfigur gemeint sein, die sich in Rauch auflösen und hier dem Kind Platz machen soll.

p. Leiden I 343 + 345 vso. XXII, 1–4
Die ꜥḫw–Krankheit und eine weitere, nicht sicher lesbaren Namens,[18] werden laut dieser Instruktion ausgetrieben unter Heranziehung von "WORTE(n) ZU SPRECHEN über ein twt–Bild des Osiris, EINE **rpjj.t**–FIGUR der Nephthys... ".[19] Im nur fragmentarisch erhaltenen Text verweist der Aktant darauf, daß ihm eine Feder der Nephthys dienlich sei.[20]

p. Leiden I 348 12, 2–4 (=Spr. 20)
Einen weiteren Fall von Krankheitsübertragung — hier auf ein Bild — bietet dieser Leidener Papyrus: "WORTE ZU SPRECHEN über eine rpjj.t–

[16] Gittin 68b–69a — s. Stemberger, 225.
[17] S. Grundriß IV–2, 225(5).
[18] S. Massart, 1954, 112(2).
[19] S. ebd.,112f.(7) die Auflistung vergleichbarer Befunde im Sinne von Bildzauberei.
[20] Vgl. p. E. Smith vso. 18, 1–11.

Figur aus Ton. Anlangend jedes Leiden, das in dem Leibe ist: Es wird geschickt sein Schaden in diese rpjj.t–Figur der Isis, bis er gesundet ist." Das Legomenon bezieht sich auf Leibschmerzen des Re. Indirekt wird auf diese Weise Isis genötigt, schnellstens für Abhilfe zu sorgen, da die Krankheit ja ansonsten ihrem Bild dauerhaft anlasten würde.

3. Bildbezeichnung šps

p. Deir el–Médineh 1 vso. 5, 7 – 7, 4 [21]
Ein šps–Bild der Sachmet mit der Neunheit in seinem Inneren wird in 7, 2–3 angesprochen. Es wird sich hier, ähnlich dem Befund von Tb 168, um eine Zeichnung handeln, die einer Götterstatuette einzulegen ist.

B. Zeichnungen

1. Ohne nähere Bildbezeichnung

p. Deir el–Médineh 1 vso. 3, 3 – 4, 4 > Abb. 1
Auch hier soll zunächst der Spruchtext komplett wiedergegeben werden:

> (3, 3)"BUCH, ABZUWEHREN DIE **nsj**–KRANKHEIT(–sdämonen) — MÄNNLICH WIE WEIBLICH — ... wenn ihr vorgehen solltet gegen NN, geboren von (3, 4) M, dann wird nicht erstrahlen Schu..., nicht wird stromaufziehen der Nordwind, (3, 5) nicht alle Dinge ? auf ?... nsj — männlich wie weiblich — zu erschrecken (3, 6)... Feind und Feindin..., nicht auf die Glieder (3, 7) ? [22] ergreifen das, was ihr sagt gegen Osiris hinsichtlich seiner Glieder (3, 8), die nicht sind... (4, 1) steige herab, steige herab! Nicht ich bin es, der es sagt; nicht ich bin es, der es wiederholt,[23] vielmehr ist es jener Feind, (4, 2)... der verbirgt und unkenntlich macht seine Gräber und von dem gilt: Er ist in diesem NN, geboren von M. (4, 3)... Re [Feind], Feindin, Toter, Tote, Unheil — männlich wie weiblich — täglich. "

[21] Zu dieser Instruktion s. S. 44.

[22] Vgl. vso. 8, 7.

[23] Ähnliche Formeln: Pyr. 1324a–b; p. Leiden I 343+345 XII, x+2; L. I 348 vso. 11, 7; p. Genf MAH 15274 3, 7–9; p. mag. Harris 9, 11; p. Turin 136, 8; p. Ch. Beatty VII 4, 6–7; Ch. B. VIII vso. 4, 5–6 10–11; 5, 3–4 9–10; 6, 2–3 8–9; dazu: Massart, 1954, 85f.; Sauneron, 1966, 60(39).

Unterhalb dieses Textes finden sich acht Götterfiguren in hockender Haltung, links von ihnen ein mit einer Nilpferdharpune bewaffneter Gott, der im Begriff ist, eine möglicherweise gefesselte, aufrechte Gestalt niederzustechen. Seine Feder–Kopfbedeckung gibt ihn als Onuris zu erkennen, der ob seiner kämpferischen Haltung geschätzt wurde.[24] Im Text war von Schu die Rede, und in diesem Zusammenhang ist es angezeigt, auf die synkretistischen Verbindungen dieser beiden Götter zu verweisen, die in der Spätzeit sogar zu einem eigenen Kult für Onuris–Schu in Sebennytos führten.[25] Die erwähnte Gestalt mag ein Krankheitsdämon sein, jener "Feind, der in diesem NN ist".

p. Deir el–Médineh 1 vso. 5, 3–7 > Abb. 2

Auch im Falle dieser Instruktion ist es ratsam, den Spruchtext in extenso zu zitieren:

> "O Wšꜣ,[26] o Šsp, —zweimal—, der im Himmel ist, kommt, damit ihr seht den Osiris [Wennefer], der in der Dat ist! Er ist alt und schläft.[27] Wenn du stark bist, wird dein Hals nicht schwach sein, mein Sohn Horus. Ich bin deine Mutter Isis. Du wirst nicht sterben... in Heliopolis... im Todesschlaf liegen. [WORTE] ZU SPRECHEN ZU DEN OHREN EINES MANNES, DER BEFINDLICH IST UNTER DEM TODE (im Sinne von bedroht vom Tode), UND AUSSERDEM[28] MACHE FÜR DICH (wohl an den Aktanten — "Arzt" — gerichtet) IN SCHRIFT AUF UNBESCHRIEBENEM PAPYRUS, GEWASCHEN MIT BIER... UND URIN[29] ... VON MENSCHEN! ZU MACHEN ZU EINER MASSE; ZU TRINKEN VON EINEM MANNE, DER UNTER DEM TODE IST!"

In die Zeilen 5 und 6 dieses Blattes ist eine Skizze eingeschoben worden, die einen Zwerg darstellt. Ein solcher soll ja laut 5, 2 in Wachs modelliert

[24] Junker, 1917, 57ff.; s. p. mag. Harris 2,2 – 3,3.

[25] PM IV, 43f.; zu Onuris–Schu: Junker, ebd., 2f.

[26] Im Amduat — 1. Std. OR — begegnet die Gestalt der Wšꜣj.t(=Nr. 38) — Hornung übersetzt "Mitternächtliche" (Amd. II, 16).

[27] Zur Konstruktion: Erman, NÄG, § 91.

[28] S. Erman, NÄG, §§ 575ff.

[29] Zu Urin als Zaubermittel: Preuß, 1904; Weinreich, 189f. (2); s. auch Herodot II, 111: Heilung des erblindeten Sesostris durch "Wasser eines Weibes, das nur mit seinem Manne Umgang gepflegt habe und von keinem anderen Manne wisse".

werden (s. ob.). Es ist anzunehmen, daß sich auch der Text von 5, 5–6 ("mache für dich in Schrift") auf eine Zwergengestalt bezieht. Der Aktant hat demnach die Wahl zwischen einer Behandlung mit Zwergen–Figur und einer mit entsprechender Zeichnung.

p. Deir el–Médineh 36 [30] > Abb. 3

Für die Verwendung von bemalten und auch beschriebenen Papyrusstreifen zur Herstellung von Amuletten liefert dieser Text, der einem Manne namens Aninachte gegen eine Erkältung "verabreicht" wurde, das wohl instruktivste Beispiel. Der Papyrus stammt aus der Zeit Ramses' III.[31] Er war befestigt — zu einem kleinen, rechteckigen Päckchen gefaltet — an einem Stück Leinen, das zusammengerollt und siebenmal verknotet worden war; dieses hatte offenbar als eine Art Halsband zu fungieren. Auf dem Leinenstück befindet sich eine Zeichnung, welche die Götter Re, Osiris, Horus, Seth, Isis und Nephthys, sowie eine Szene zeigt, in der, achsensymmetrisch um einen löwenköpfigen und mit Schu–Feder versehenen Stab angeordnet, zwei Krokodile je eine Gestalt angreifen und beißen.[32] Der Papyrus selbst enthält folgenden Text:

> (1)"Königliches Dekret:[33] Der König von Ober– und Unterägypten Osiris spricht zum Vezier und Erbfürsten Geb: Stelle auf deinen Mast, (2) raffe dein Segel [, um zu fahren] zum Binsengefilde, hinwegzubringen die nsj– Krankheit — männlich (3) wie weiblich —, den Widersacher — männlich wie weiblich —, die auf dem Gesicht des Aninachte, Sohn der Ubechet, sind, (4)sowie das Fieber, den Katarrh und irgendwelche bösen und schlechten Dinge,[34] die ihm nachfolgen über (5) drei Tage hin![35] Die Gottesworte (des Osiris) sind zu sprechen über:" — es folgen die Zeichnungen zweier mit je einer Gottheit bemannter Barken und zweier Udjat–Augen, (6) zwei Skarabäen, je mit Vogel auf Standarte determiniert

[30] Sauneron, 1970, 7–18; Borghouts, 1978, 36f.

[31] Sauneron, op.cit., 9f.

[32] Bruyère, 72 Fig. 17–1 (daneben ähnliche Befunde) — s. Abb. 4; vgl. auch Abb. 5 (p. Leiden I 353) und Abb. 6 (p. Leiden I 356 b, c, d).

[33] Vgl. p. Turin 1993 vso. 7, 6.

[34] Gleiche Phrase: p. Eb. 47, 5–10 = p. Hearst 5,15 – 6,2.

[35] Die normale Dauer einer Erkältung (Sauneron, op.cit., 16(o)).

> —[36] "geschrieben auf unbeschriebenem Papyrus, zu legen an seinen Hals. Es wird (die Krankheit) beseitigen, schnellstens."

Der Text wurde höchst wahrscheinlich samt den Vignetten aus einer Spruchsammlung herauskopiert; dabei hat man auch die Vorschriften für seine Anwendung und Plazierung übernommen.[37] Zu einer wirksamen Behandlung gehören Text, Bild(er) und genau zu beachtende Weisungen. In der praktischen Anwendung ließ man die eigentlich überflüssigen Gebrauchshinweise nicht etwa fort, sondern wahrte das zusammenfunktionierende Ganze gemäß der schriftlichen Tradierung. — Das Rezept wird nicht allein befolgt, es wird komplett verabreicht.

p. Chester Beatty V vso. 4, 10 – 6, 4 > Abb. 7a

Dieser Spruch gegen Migräne setzt den Kopf des NN dem des Osiris–Wennefer gleich und droht dann für den Fall, daß jenem keine Hilfe zuteil werde, mit einer Disturbation der Weltordnung, u.a. heißt es da:

> "Ich werde veranlassen, daß Suchos sitzt, umhüllt von einer Krokodilshaut (*^{c}fn.w m-ẖn.t-msḥ*)..., daß Anubis sitzt, umhüllt von dem Fell eines Hundes" — vso. 5, 9 – 6, 1.

Die Anweisung, "diese Götter" auf eine Leinenbinde zu zeichnen und diese an der Schläfe des Leidenden zu plazieren, beendet den Text. Es folgt in vso. 6, 3–4 eine rubrizierte Vignette. Sie zeigt einen Schakal (evtl. ist ein weiterer zu ergänzen), mindestens 3 (4?) sitzende Göttergestalten, 4 Udjataugen und 4 Uräen.

p. Deir el–Médineh 1 vso. 7, 5 – 8, 8 > Abb. 7b

Der vorstehenden Instruktion eng verwandt ist diese leider nicht vollständig erhaltene aus Deir el–Médineh.[38] Statt der vielfigurigen Vignette der Ch. Beatty–Version ist hier jedoch eine relativ große beigefügt, die einen Schakal mit Doppelkrone zeigt. Der Spruchtext weist eine signifikante Besonderheit auf; der im Rahmen der Götterbedrohung verzeichnete Satz: "Ich werde veranlassen, daß die sieben Hathoren[39] auffliegen zum Himmel

---

36 Zu den Skarabäen: Dawson, 1934, 187.

37 I. d. S. auch Sauneron, op.cit., 16(p).

38 Černý/Posener, 11f., Pl. 15–16; die Einzelheiten zum Spruchtext sind am besten der Übersetzung von Černý zu entnehmen, der Ergänzungen nach p. Ch. B. V in [ ] gesetzt hat.

39 Lit. siehe bei Helck in LÄ II, 1033; als Schicksalsgöttinnen: Morenz, 1960, 74f.

im Feuer" — *jw=j-r-dj.t-pꜣ-(pwjj.t)-tꜣ-7-Ḥw.t-Ḥrw(.t) m-ḏꜣfj*[40] — bietet das Verbum pꜣ in einer Schreibung mit übertrieben großem Determinativ, das an "Vignettenschreibungen" gemahnt[41] (p. Deir el–M. 1 vso. 8, 6 <> p. Ch. B. V vso. 6, 1). — Dazu vergleiche man auch die Schreibung für Seth (p. D. el–M. 1 vso. 8, 4 <> p. Ch. B. V vso. 6, 3).[42]

p. Chester Beatty VI vso. 1 [43] > Abb. 8

Erkrankungen des Afters werden auf der Recto–Seite dieses ebenfalls ramessidischen Papyrus thematisiert; die Rückseite hingegen zeigt uns eine auffallende Vignette (vso. 1, zwischen den Zeilen 2 und 4). Wir sehen eine bäuchlings ausgestreckte, vielleicht nackte menschliche Gestalt, auf deren Rücken eine stehende Figur kleineren Maßstabs — evtl. eine göttliche Gestalt — steht, die sich offensichtlich anschickt, ihren Speer in das Hinterteil des Liegenden zu stoßen. Derweil machen sich vier Krokodile an den vorderen Körperpartien desselben zu schaffen.
Darüber hockt eine kleine Götterfigur mit Sonnenscheibe und Uräus. Unter der gesamten Szene findet sich ein weiteres Motiv: Eine Figur mit oberägyptischer Krone steht in einem Papyrusnachen und speert ein Krokodil, das unter diesem schwimmt. Unglücklicherweise ist der zugehörige Text nur sehr fragmentarisch erhalten, aber immerhin noch geeignet, die Darstellungen zu erhellen.
Zeile 1 gibt eine mythische Anspielung: "König Osiris spricht zum Vezier Chontamenti".[44] Davon, daß in ein Land geschickt wird, "um Feinde und Feindinnen zu vertreiben", berichtet Zeile 2. Wenige Informationen sind aus Z. 4 zu gewinnen: "fassen (füllen) durch es ? mit deiner linken Hand". Die nsjj.t–Krankheit wird in Z. 5 als Objekt der magisch–medizinischen Aktion genannt, bevor es heißt:
"Heilmittel für das Vertreiben **mḥꜣ**[45] aus den Gliedern". Weitere Angaben über eine Prozedur ersehen wir aus den restlichen beiden Zeilen: (6)"... sein Gesicht, und du sollst auflegen Rinderdung und sollst (ihn) umdrehen, (7)... bis er heiß geworden ist. "

---

[40] S. Černý/Posener,Pl.16(6,a–b); in p. Ch. B. V steht ḥtj — Rauch — statt Feuer.
[41] Dazu S. 162.
[42] S. auch das übergroße Determinativ hinter msḥ — Krokodil — in p. Ch. B. V vso. 4, 5 und vso. 5, 10.
[43] Gardiner, 1935 I, 53f.; II, Pls. 32–32A; Jonckheere, 1947; ders., 1948; Grapow, Grundriß II, 139f.
[44] Zum irdischen Regnum des Osiris: Diodor I, 15ff.
[45] M–Bildung der v.a. aus p. Eb. bekannten Hautkrankheit ḥꜣw/wḥꜣw.

Bei der liegenden Gestalt wird es sich demnach um einen Epilepsiekranken handeln (nsj(j.t)), der von “Feinden” und Quälgeistern — symbolisiert durch die Krokodile — heimgesucht wird. Diesen jedoch droht das gleiche Schicksal wie ihrem Artgenossen, der von jener königlichen Gestalt getötet wird (Anspielung auf den “König Osiris”?). Verso 2 enthält weitere Sprüche gegen diese Krankheit.

p. Chester–Beatty VI vso. 2, 5–9
Diesen Text wollen wir uns als Beispiel für eine kurze Instruktion im ganzen ansehen.

> **kjj-rꜣ** *j-pꜣ-4-ꜣḫ.w-šps.w-jpw*[46] *ntj-ntsn-j.jrj-rs ḥr-Wsjr jr-pꜣ-rs-j.jr=ṯn ḥr-Wsjr j.jrjj=ṯn m-mjt.t ḥr-mn ms n-mn.t r-tm-dj.t-ẖdb-sw mwt-nb mwt.t-nb(.t) ḏꜣjj-nb ḏꜣjj.t-nb.t ntj-m-ḥꜥ-nb n-mn ms n-mn.t* — es folgen vier sitzende Göttergestalten in größerem Format — ***rn n-pꜣ-7*** — “EIN ANDERER SPRUCH (gegen die nsj–Epilepsie): O ihr vier edlen Achu dort, die einen wachsamen Blick haben auf Osiris! Was dieses Wachen anbelangt, das ihr ausübt über Osiris: Übt es aus in gleicher Weise für NN, geboren von M, um nicht zuzulassen, daß ihn tötet irgendein Toter, irgendeine Tote, irgendein Feind, irgendeine Feindin, die irgendwo im Körper sind des NN, geboren von M. Vier Achu. NAME DER SIEBEN!”

Borghouts weist darauf hin, daß 4 und 7 die traditionellen Zahlen der Wächter des Osiris sind.[47] Die magische Aktion ist wohl durchzuführen über einer Abschrift des Textes, die neben dem Wortlaut auch die vier Gestalten aufweist. Derartig knappe Instruktionen konnte man leicht aus größeren Sammelhandschriften magischer Sprüche (wie p. Chester Beatty VI) abschreiben und für den jeweiligen Zweck — dank der Vignetten samt Instrumentarium — bereithalten.

p. Chester Beatty VII vso. 7 und 8 > Abb. 9
Vignetten lenken unsere Aufmerksamkeit auf die Seiten vso. 7 und 8 des Papyrus, die laut Gardiner von einem recht unbeholfenen Schreiber aus

[46] Edel, AÄG §§ 182ff.
[47] Borghouts, 1978, 100(8).

der 20. Dynastie stammen dürften.[48]
Der erste der hier aufgezeichneten magisch–medizinischen Texte (7, 1–7) enthält eine höchst interessante Variante des Kataklysmus–Motivs.[49]

> "Buch gegen jedes Fieber (srf). Gegrüßet seid ihr, Herren der Ewigkeit (nḥḥ), hoch erhaben an [Aussprüchen] ... Vögel im Himmel. Lasset aufstehen einen, der im Westen ist! Lasset zu, daß herausgeht einer, der im Westen ist ..., daß herausgeht zu mir ein Toter, eine Tote, zu hören die(se) Rede! Wenn sie nicht gehört wird,... nicht erlaube ich, daß die Sonne aufgeht, nicht erlaube ich, daß der Nil fließt, nicht erlaube ich, daß Kultdienst verrichtet wird an den großen Göttern, die in Memphis sind, nicht erlaube ich, daß Libationen dargebracht werden der Neunheit, die öffnet ? Tote(n) — männlich wie weiblich —, die ... im Gesicht des NN, geboren von N. ES WIRD GESPROCHEN DIESER SPRUCH, DER in Schrift ist, über... ?[50] und gelegt an den Hals eines Mannes. "

Unterhalb des Textes findet sich eine Reihe von flüchtig skizzierten kleinen Zeichnungen. Von rechts nach links sind zu erkennen:
Drei in Rot ausgeführte Messer, ein rḫj.t–Vogel, eine kleine Stele mit dem Thronnamen Amenophis'I. — Ḏsr-k3-R^{c} —, eine hockende, ibisköpfige Gestalt, drei Zeichen, welche wohl den Gottesnamen Osiris bilden sollen (ein s.t–Thronsitz, eine Sonnenscheibe, der Falke auf der Standarte). Es folgt die Darstellung eines Mannes, der ein Nilpferd harpuniert; dahinter ist noch ein Schiff mit Kajüte zu erkennen, in der eine Gestalt sitzt, abschließend ein Emblem, das den mit Messern in seinen Windungen versehenen Apophis in roter Farbe zeigt.[51] Ein Zusammenhang dieser Zeichen ist nicht auszumachen. Es handelt sich offenbar um eine recht willkürlich getroffene Auswahl heilsamer Ikone.

Der zweite Text (vso. 8), der das gleiche Anliegen verfolgt wie der vorherige ("Buch für Selbiges"), soll hier nicht näher betrachtet werden. Lediglich auf die zuunterst gegebene Zeichnung zweier Krokodile in antithetischer Haltung möchte ich verweisen (s. Abb. 9).[52] Der Erhaltungs-

[48] S. Gardiner, 1935 I, 55ff.
[49] S. Literatur dazu: S. 207 (59).
[50] Zu ergänzen vielleicht [nn n-nṯr.w].
[51] Vgl. auch rcto. 5, 5.; p. Deir el–Médineh 1 vso. 6, 7–8.
[52] Vgl. p. mag. Harris IX, 12.

zustand dieser Seite läßt weitergehende Betrachtungen nicht zu.

p. Chester Beatty XV
Der hier verzeichnete "SPRUCH, NICHT ZUZULASSEN, DASS DER TOD GEGEN EINEN MANN KOMMT"[53], weist folgende Nachschrift auf (4–5):

> "WORTE ZU SPRECHEN ÜBER eine Sonnenscheibe des Tages (jtn-hrw), einen Horusfalken... gemalt auf... und GEGEBEN EINEM MANNE AN SEINEN HALS. "

Außerdem ist der Spruch sieben Mal vor Re aufzusagen. Im Spruchtext, der nur schlecht erhalten ist, werden Seth und das Horusauge (2–3) sowie der Kopf der Isis erwähnt (3), wobei änigmatische Schreibungen für Seth und Horus auffallen.

p. BM 10059 Nr. 34 (=11, 8 - 12, 1)
"Der Spruch ist wegen der großen Lücken nur zum Teil verständlich. "[54]
Er richtet sich gegen die Augenkrankheit šꜣrw[55] und beinhaltet einen Anruf an die Toten — in männlich und weiblich differenziert — als die Verursacher des Leidens sowie Referenzen an Anubis und Thot.

> "[GESPROCHEN WIRD DIESER SPRUCH VIERMAL ÜBER]... Schakal, Udjat-Auge, GESCHRIEBEN AUF EINEN VERBAND (**wt**) VON... "

Es folgt ein unvollständig erhaltenes Rezept für ein Mittel, das in Bier verabreicht werden muß.
Die Schreibungen für den Caniden (> Anubis) und das Udjat-Auge (> erkranktes Auge) sind rein piktographisch (als kleine Vignetten) ausgeführt (11, 13).[56]

2. Bildbezeichnungen twt und rpjj.t

p. Leiden I 348 12, 4–7 (=Spr. 21)
Eine Vignette ist auch in die siebente Zeile des Blattes 12 dieses Papyrus eingesetzt worden, um folgende Anweisung zu verdeutlichen:

[53] Zu dieser Phrase: de Buck, 1932, 57f.
[54] Wreszinski, 1912, 193.
[55] Nach Ebbell, 1924, 57f. Nachtblindheit (vgl. p. Eb. Nr. 351).
[56] S. dazu S. 162 mit weiteren Beispielen.

ḏd.tw-r3-pn ḥr-twt-2 n-Ḏḥwtj zšw.w ḥr-ḏr.t n-zj m-rj.t-w3ḏ ḥr n-w^{c} r-ḥr-[kj] —

"Es wird gesprochen dieser Spruch über zwei **twt**–Bilder des Thot, die gemalt sind auf die Hand eines Mannes mit grüner Tinte, (und zwar) das Gesicht des einen zum Gesicht (des anderen gewendet). "

Die Vignette zeigt zwei sitzende, ibisköpfige Götterfiguren, die einander zugekehrt sind. Im Spruchtext wird Thot nicht erwähnt, vielmehr wird auf Isis und Nephthys eingegangen, die Geb um Hilfe für den Kranken (Fieber) ersuchen sollen, aber als "Nothelfer" ist er ja zur Genüge bekannt.[57] Nicht weiter ungewöhnlich ist die Antithese der Gestalten.[58]

p. Turin 54052 = 77+31, 1–4 <> p. Chester Beatty XI 3, 10 – 4, 1[59]
> Abb. 10

Die bekannte "Erzählung vom geheimen Namen des Re", auch als "Die List der Isis" geläufig,[60] ist im Rahmen einer Zauberhandlung überliefert, die gegen den Stich eines Skorpions vorzunehmen ist. So, wie Isis dem Re gemäß der weitausgreifenden mythischen Proposition geholfen hat — wiewohl sie sein Leiden ja selbst verursacht hatte —, soll sie nun auch dem von einem Skorpion Gestochenen beistehen.

Die unvergleichliche magische Macht der Göttin mußte ätiologisch gedeutet werden, da sich der Aktant ihrer versichern wollte. Außerdem ging es darum, in Analogie zu dem Verletzten einen Präzedenzfall zu konstituieren. Andere Texte zeigen, daß das Schicksal derer, die von Gift bedroht sind, mit dem des Re in Verbindung gebracht wird:

"Wenn das Gift zum Herzen des Patienten vordringt, dringt es zum Herzen des Re vor."[61]

"Ach, möge das Kind leben und das Gift sterben. Möge Re leben und das Gift sterben!"[62]

---

[57] S. S. 220 mit (130); vgl. z.B. auch den Thot–Hymnus in p. Anastasi III 4,12–5,5.

[58] Vgl. p. Ch. Beatty VII vso. 8; p. mag. Harris IX, 12.

[59] Dazu: Roccati, 1972, 154ff.; ders., 1975, 245; p. Turin 131, 10–14, 77, 31I – 31II, 3 finden Entsprechung in: Ch. B. XI 1–4.

[60] Z.B. Brunner–Traut, ^{6}1983, 115ff., 277f.

[61] Jelinkova–Reymond, 43, (85).

[62] Metternichstele – Sander–Hansen, 1956, 41, (66).

Das wichtigste Motiv ist unzweifelhaft die Übernahme der singulären Zaubermacht des größten Gottes seitens der Göttin, die als Signum für fürsorgliche Mutterschaft am besten geeignet ist, einem Hilfebedürftigen Beistand in seiner Not zu leisten — der Patient nimmt gewissermaßen die Horus–Rolle an. Isis gewinnt diese Macht, indem sie sich (Rumpelstilzchen–Motiv) die Kenntnis des geheimen — wirkungsmächtigen — Namens des Re verschafft.[63]
Die besondere Bedeutung des Namens ist einigen Aussprüchen der Isis zu entnehmen:

- *ᶜnḫ-zj dm.tw-rn=f* — "Es lebt ein Mann, dessen Name ausgesprochen wird. "[64]

- *jn-jw-ḥkꜣ. tw n- [...] -rn=f* [65] — In Analogie zu p. Turin 133, 11 möchte man [zj dm.tw] restituieren. — "Wird etwa (nicht) gezaubert für [einen Mann, wenn ausgesprochen wird] sein Name?" Gardiner zieht eine weitere Ergänzung in Betracht: [zj ḫmm] — "... für [einen Mann, unbekannt ist] sein Name?"[66].

Die letztere Formulierung weist die wohl prägnantere Diktion auf; für jemanden, dessen Name nicht bekannt ist, kann man keine magische Aktion durchführen. Dies gilt jedoch nicht nur für den "Patienten", sondern auch für das "Opfer" der Handlung.

In diesem Zusammenhang ist daran zu erinnern, daß in magisch–medizinischen Instruktionen die betreffende Krankheit zumeist nicht nur in der Überschrift ("Spruch gegen die Krankheit X") genannt, sondern außerdem in Gestalt eines personifizierten (Krankheits–)Dämonen angesprochen wird.

Den Namen des Re in Erfahrung zu bringen, wendet Isis einen Bildzauber an. Sie knetet aus dem Speichel des mächtigsten Gottes einen Wurm, der diesen beißt. Ausschließlich eine Emanation des großen Gottes selbst ist imstande, sich seiner zu bemächtigen. Nun muß dieser seinen

---

[63] Zur Bedeutung des Namens (spez. in der Magie): Obbink; s. auch: Brunner, 1975; Assmann, 1984, 103; s. auch p. mag. Harris VII, 1–4 (Drohung des Aktanten, den Geheimnamen des Schu zu nennen).

[64] P. Chester Beatty XI 3, 7 <> p. Turin 133, 11.

[65] P. Ch. Beatty VII 2, 8.

[66] Gardiner, 1935 I, 57(4); s. auch die Drohung in p. Ch. B. VIII 4, 10: pnᶜ-rn=f — "Umgewendet sei sein Name".

geheimen Namen preisgeben, damit die heilkundige Göttin ihn von seinen Schmerzen befreien kann. Die daraus resultierende Macht wendet Isis wiederum an, um dem verletzten Re zu helfen — der beste Nachweis ihrer Wirkung. So konstituiert sich ein Kreislauf der Macht des Re, in den Isis eingeschaltet wird, damit sie für eine Verfügbarkeit dieser Macht auch zu Gunsten eines beliebigen Patienten Sorge trägt.

Nun aber zur eigentlichen Zauberhandlung! Auf diese götterweltliche Erzählung bezieht sich folgende Passage (Turin 77+31, 1–4; Ch. Beatty XI 3, 10 – 4, 1):

> "Ich bin es, der handelt, ich bin es, der entsendet (den Spruch). Komm auf die Erde, o mächtiges Gift! Siehe, der große Gott hat preisgegeben seinen Namen. Re, er lebt, das Gift ist tot.[67] NN, Sohn der M, lebt, das Gift ist tot (, und zwar) durch den Spruch (m-ḏd) der Isis, der Großen, der Herrin der Götter, die Re bei seinem eigenen Namen kennt. WORTE ZU SPRECHEN ÜBER EIN **twt**–BILD DES Atum und eines des Horus–Hekenu,[68] EIN **rpjj.t**–BILD der Isis UND EIN **twt**–BILD DES Horus, DIE GEMALT SIND AUF DIE HAND DESSEN, DER DEN STICH HAT, UND AUFZULECKEN DURCH DEN MANN; ANZUFERTIGEN IN GLEICHER WEISE AUCH AUF EINEM LAPPEN AUS FEINEM LEINEN, ZU GEBEN DEM, DER DEN STICH HAT, AN SEINEN HALS. "

Bei dieser Prozedur ließ man es jedoch nicht bewenden; die Fortsetzung der Nachschrift fordert dazu auf, aus smw–Kräutern,Bier und Wein einen Trank herzustellen, "der das Gift töten wird".

Von besonderem Interesse ist nun, daß der Turiner Papyrus (77, 4–6) auch eine Vignette aufweist, die das Zauberbild zeigt, welches auf die Hand bzw. den Lappen aufgemalt werden soll. Sie stellt die vier Götter in der dem Text entsprechenden Reihenfolge dar, drei in hockender Haltung, Horus — mit wꜣs–Szepter — stehend.[69]

---

[67] *m(w)t.tj* ! Zur grammatikalischen Form (PsP) vgl. CT V, 322k: *ḫtj.tj ḥmj.tj n-ṯs.wj-jp.wj* ("Weiche zurück vor diesen beiden Aussprüchen").

[68] Die Anrufung dieses "Salbengottes" innerhalb einer magisch–medizinischen Handlung dürfte nicht überraschen.

[69] S. Abb. 10.

3. Bildbezeichnung tj.t

p. Leiden I 348 12, 7–11 (=Spr. 22)
kjj-rꜣ n-dr-ᶜh̯wm-ẖ.t — “EIN ANDERER SPRUCH, DIE **ᶜh̯w**–ERKRANKUNG ZU VERTREIBEN AUS DEM KÖRPER”. Der Spruchtext nimmt Bezug auf den Horusknaben, der an Schmerzen leidet, die von Würmern (ḏdf.wt) verursacht werden.[70] Hilfesuchend wendet er sich an Isis und Nephthys. Isis empfiehlt ihm daraufhin die Anwendung eines Rezeptes:

> *mj zp-2 Ḥrw m=k-jr-ntj-nb.t-mrw m-ḥᶜ.w=k jnk dr-tw-n=k*[71] *jm-jrjj.tw-tꜣ-19-tj.wt m-šᶜ.t n-sn.nw*[72] *m-ṯz.wt n(t)-jt zšw m-rj.t-wꜣḏ djw r-gbw-mnw=k-jm-st prj=f m-ṯꜣw m-pḥ.wj=k* — “Komm, komm Horus! Siehe, anlangend alles, das krank ist in deinem Körper: Ich bin es [die sagt:] “Entferne dich” für dich. Veranlasse, daß gemacht werden diese 19 Zeichen mit der Schneide einer gegabelten Harpune (entsprechend dem Zeichen ) zusammen mit Knoten in Getreide;[73] es wird beschrieben mit grüner Tinte.[74] Es wird gegeben an die geschädigte Stelle, an der du leidest. Es wird austreten aus deinem Hinterteil als (wie) ein Windhauch (wohl ein Hinweis auf Blähungen).”

Ungefähr an diese Anweisungen hat sich auch der Patient zu halten; etwas kürzer ist das den Text abschließende Rubrum formuliert: **ḏd.tw-rꜣ-pn** [ḥr] — es folgen 19 hieroglyphische Zeichen:[75]

> — **zšw m-rj.t-wꜣḏ ḥr-ẖ.t-zj ḥr-mn-jm=f** — “ES WIRD GESPROCHEN DIESER SPRUCH [über] ..., DIE GEMALT WER-

[70] Wurmerkrankungen s. Grundriß III, 31; auch Zahnschmerzen führte man auf Wurmbefall zurück. Rezepte gegen ḥfꜣ.t und pnd–Würmer: Grundriß IV–1, 110–116.

[71] S. Borghouts, 1971, 127f. (288).

[72] Ebd., 128f. (290).

[73] Es wird ein Knoten–Amulett gemeint sein, bestehend aus dem Bildträger (Holztafel o.ä., in den die Zeichen geritzt werden) und Getreidekörnern, die auf einen Faden gezogen sind.

[74] Die eingravierten Zeichen sind farblich hervorzuheben.

[75] Vgl. die photographische Wiedergabe bei Borghouts, Pl. 29.

> DEN MIT GRÜNER TINTE AUF DEN BAUCH DES MANNES (Patienten), AUF DAS LEIDEN IN IHM (auf die Stelle seines Leidens). "

Ein konkreter Bedeutungsgehalt der 19 Zeichen, etwa eine klare Bezugnahme auf den zu sprechenden Text, ist nicht zu erkennen. Wichtig ist wohl in erster Linie der Nachvollzug eines — wenn auch vereinfachten — Verfahrens, das die Göttin Isis mit Erfolg für ihren Sohn Horus durchgeführt haben soll.[76]

p. Deir el–Médineh 1 vso. 5, 7 – 7, 4 > Abb. 11
Zwei Spruchtexte und zwei Bildzauberanweisungen gehören zu dieser (einen) Instruktion. Auch hier wollen wir uns den gesamten Text ansehen:

> "EIN ANDERES BUCH DES ÖFFNENS (s. 4, 5) ... (eine Göttin) und die Achu, die befindlich sind über... Götter... räuchern. Anlangend APOPHIS, verborgen ist er....NN, geboren von M,... Er [veranlaßt], daß zu mir kommt Thot, erfahren in seinem Buch, ... sein Hof (Tempelhof), mit den Zaubersprüchen (ḥkꜣ.w) des Seth ... die auf seinen Armen sind, um zu erretten einen, der im Übel ist des hkꜣ (?)[77]... seine Neunheit, die gekommen ist, indem sie ermattet ist. WORTE ZU SPRECHEN ÜBER DAS **tj.t**, DAS IN SCHRIFT (angefertigt) IST ...WEIN ... GESCHMACK. ZU TRINKEN VON EINEM MANN.... 6, 7)... die Götter und die Göttinnen sind hinter dir; der Tote, die Tote, Widersacher — männlich wie weiblich — !... [Geht] nach außen! NN, geboren von M, ich bin dabei, für dich zu bereiten sieben šb.wt (Maische) zusammen mit den Göttern in ihrer Gesamtheit. WORTE ZU SPRECHEN [ÜBER EIN BILD (**tj.t** ?) von Re]– Harachte, Atum, Chepri, Schu, Tefnut, Horus, Seth, Isis, Nephthys, Upuaut, den Göttern Jmj.t und Stn.t,[78] ... (s. Zeichnung: 2 Udjat – Augen), den Ḫꜣ.tjw–Dämonen der Sachmet, zusammen mit den ... Götterbarken (sk.tj.w), dem einzigartigen Auge und dem šps–Bild der Sachmet, wobei die Neunheit in seinem Inneren ist. "

[76] Vgl. p. Ramesseum III B. 23–34; s. zu diesem Motiv S. 241f.
[77] Hkꜣ begegnet im Zusammenhang mit der Göttin Mḥj.t in der 4. Dyn. als Priestertitel; dazu: Begelsbacher–Fischer, 225.
[78] S. Erman, 1911, 18, 5; 18, 7 (Hymnen an das Diadem).

Zwei Bildkompositionen sind dieser gesamten Instruktion beigefügt:

1. Ein Udjat–Auge mit sehr ausgeprägtem tj.t–Teil[79] und eine Apophisdarstellung — wobei über den einzelnen Windungen des Schlangenleibes Messer eingezeichnet sind.[80] Sie erstreckt sich über die Zeilen 7 bis 8 des Verso 6. Apophis wurde bereits in 6, 2 explizit erwähnt; das Auge dürfte allgemein apotropäischen Charakter haben.[81] — Möglicherweise ist auch die Konfluenz der Bildbezeichnung tj.t mit dem gleichlautenden Teil des Auges beabsichtigt. Das diesem Bild beigefügte Rezept (6, 6f.) erinnert an CT IV, 345g–i (Spell 341).

2. Eine recht detaillierte Ausführung nach der in 7, 1–2 gegebenen Anweisung in 7, 4. Lediglich die Identifikation der Vierergruppen beiderseits der Udjat–Augen ist problematisch.[82]

C. Diverse Gegenstände

p. Leiden I 348 1, 5 – 2, 9 (=Spr. 3)
In diesem Text wird vielleicht auf die Verwendung einer Maske angespielt (1, 7–8): *pꜣ-wn-wꜣḥw-ḥr r-... [dj=j-sw] ḥr-tp=k snb=f* — "Denn es wird gelegt ein "Gesicht" auf... [ich lege es] auf deinen Kopf, auf daß er gesunde. "

Der Spruch wird gegen Kopfschmerzen eingesetzt; von ebensolchen des Horus und des Thot berichtet der Spruchtext (1, 5). Den größten Teil desselben nimmt eine "Glieder–Vergottung" der Maske ein.[83] Ihre einzelnen Teile (Stirn, Augenbrauen, Nase, Pupillen) werden mit diversen Realien aus der Götterwelt gleichgesetzt. Aufgrund der hier zu findenden Zerstörungen des Papyrus sind nurmehr folgende Relationierungen erkennbar:

---

[79] Dazu: Müller–Winkler, 94ff.

[80] S. dazu: Jansen–Winkeln, 78f. (57); vgl. Ch. B. VII 5, 5; vso. 7. Die "Verstümmelung" von Bild– oder Schriftzeichen, die potentiell gefährliche Tiere darstellen, ist bereits in den Pyramidentexten des AR zu finden. Unvollständige u. absichtlich zerstörte Bilder gibt es schon in der jung–paläolithischen Kunst (Vialou, 316ff. mit Abb. 334ff.)

[81] S. Bonnet, 1953, 855f.

[82] Černý, op.cit., 11: "les quatre dieux a tête de crocodile soient probablement les ḥꜣtiw de Sakhmet".

[83] Žur "Glieder–Vergottung" als Handwerk des Magiers s. S. 81. mit Lit.

dhn.t=k md̲3.t-nt-nbw-sḥtpw-[nt̲r.w] — "Deine Stirn [ist] ein Buch von Gold, das zufriedenstellt [die Götter]" (1, 8–9).[84]

[jnḥ.wj.kj] m-mnš.t z3w-ᶜ3.w n-nt̲r.w-ḥw.wt=k — "[Deine Augenbrauen] sind roter Ocker, der die Tore der Götter deiner Schreine bewacht" (1, 9).[85]

sp.kj mn[.tj] nt-t3 — "Deine beiden Lippen sind die "Zwei Berge" des Landes" (2, 2–3).[86]

t̲z.w=k nḫn.w nw-Rnn.t — "Deine Zähne sind die Kinder der Renenutet" (2, 3–4).[87]

ᶜnᶜn=k kf3 n-bḥ.t-pn — "Dein Kinn ist das Hinterteil dieses bḥ.t–Vogels" (2, 4).[88]

nḥb.t=k m Nḥb-k3.w — "Dein Hals ist (der Gott) Nehebkau" (2, 5).

Die auf diese Weise gewissermaßen sakralisierte Maske ist nun voll funktionsfähig: *jr.tj-jm=f dg3-dg3jj msd̲r.tj-jm=f sd̲m-md.wt šr.t-jm=f tpj-t3w r3-jm=f wšb n-Sš3.t* — "Augen sind in ihm (> ḥr – die Maske), zu sehen, was zu sehen ist. Ohren sind in ihm, zu hören Worte. Eine Nase ist in ihm, zu atmen die Luft. Ein Mund ist in ihm, zu antworten der Seschat[89]" (2, 7–8).

[84] Zur Ergänzung [nt̲r.w] s. Borghouts, 1971, 43(19) — gemäß einem Buchtitel, der in p. Ch. Beatty VIII 9, 10 genannt wird.

[85] Zur apotrop. Funktion des roten Ockers an Haustüren (z.B. Deir el–Médineh) s. Borghouts, ebd., 43f. (21) mit Verweis auf Edfu IV, 242, 2.

[86] Auf– bzw. Untergangsort der Sonne beiderseits des Niltales — s. Borghouts, ebd., 46f. (28).

[87] Nḫn.w (mit Schlangendeterminativ) der Renenutet: Tb 125 Schlußrede 39 (Nav. II, 328) — als Name für die Hölzer, die ein Tor zusammenhalten (*ḥtp.w n-sb3-pn*).

[88] Ob bḥd.tj —"Der von Edfu"— als Bezeichnung für die geflügelte Sonnenscheibe?

[89] Zur Konversation mit Seschat s. Stellen bei Borghouts, ebd., 52 (45).

Mit einer weiteren Instruktion, die ebenfalls auf die Verwendung einer Maske hindeutet, werden wir uns noch zu beschäftigen haben (CT Spell 578).[90]

p. Leiden I 348 12, 11 – 13, 3 (=Spr. 23)
Bauchschmerzen nach dem Genuß verdorbener Nahrung sind der gegebene Anlaß für die Anwendung dieser Instruktion. Im Legomenon wird auf Leibschmerzen des Horus verwiesen, die ihn nach dem Genuß eines ꜣbḏw–Fisches[91] ereilt haben. Natürlich wird auch hier an Isis appelliert, dem Leiden abzuhelfen. Die Nachschrift dazu lautet: "Es WIRD GESPROCHEN DIESER SPRUCH, indem er geschrieben ist auf eine neue mḥ.t–Schale[92] mit nubischem Ocker (stj), zu salben mit Honig und zu waschen einem kranken Mann seinen Leib (ẖ.t=f). " Mit dem Wasser aus der Schale soll wohl die Krankheit vom Körper abgewaschen werden. —

Die in 13, 3 eingearbeitete, 14 Gestalten umfassende Vignette[93] gehört weder zu dieser noch zur folgenden Instruktion; sie zeigt 2 liegende Schakale auf je einem Schrein, die einander zugewandt sind, 6 sitzende Götterfiguren — Re, Horus, Thot (oder Neith ?), Atum, Isis und Nephthys —, 3 Udjat–Augen und 3 Uräen.
Es ist anzunehmen, daß sie den magischen Charakter des gesamten Papyrus unterstreichen und diesem selbst — und somit den einzelnen Texten — Wirkungsmächtigkeit sichern soll.[94]

D. Komplexe Arrangements

p. Chester Beatty V vso. 4, 1–9
Der hier verzeichnete Text soll einem an Migräne (gs-tp — wörtlich: "Hälfte des Kopfes") Leidenden Linderung verschaffen. Mit einer Anrufung elf bedeutender Götter — Re, Atum, Schu, Tefnut, Geb, Nut,

---

[90] Zu Masken s. v.a. Borghouts, ebd., 41ff. (16) - mit Lit. Im Ägyptischen gibt es keinen speziellen Terminus für "Maske"; in dieser Bedeutung können stehen: ḥr ("Gesicht"), ḏꜣḏꜣ und tp — Tb 151 — (beide "Kopf").
[91] S. S. 204 (zu p. Hearst Nr. 85).
[92] Vgl. Tb 133, 134.
[93] S. Borghouts, op.cit., 132f. (305), Pl. 30.
[94] S. dazu S. 163.

Anubis — Vorsteher der Balsamierungshalle (ḫntj-zḥ-nṯr),[95] Horus, Seth, Isis und Nephthys — sowie der Großen und der Kleinen Neunheit hebt der Spruchtext an. Sie werden gebeten, Feinde, Tote und Widersacher zu entfernen, die sich auf dem Gesicht des NN niedergelassen haben. Es folgt die Nachschrift:
(4, 5–7): "WORTE ZU SPRECHEN ÜBER ein Krokodil (msḥ) (das Determinativ ist wegen seiner Größe eher als Vignette zu verstehen) aus Ton (sjn), Getreide(–körner) in seinem Maul, sein Auge aus Fajence (ṯḥn.t) eingelegt in seinen Kopf. Man soll es ?[96] zusammen mit einem jrw–Bild der Götter in Schrift, (gemacht) auf einem Stück feinsten Leinens (stp n-pꜣq.t), zu geben an seinen (des Mannes) Kopf (tp=f). "
Diese Anweisung ist so zu verstehen, daß eine Zeichnung mit den Gestalten eben der in 4, 1–3 genannten Gottheiten der Krokodilsfigur zu applizieren ist. Aus dem Amduat ist eine Szene bekannt, da ein Krokodil den Kopf des Osiris bewacht;[97] möglicherweise war einer der Krokodilsgötter für den heilsamen Zustand des Hauptes zuständig.
Eine zweite Anweisung folgt dieser (4, 7–9): "WORTE ZU SPRECHEN [ÜBER] ein twt–Bild von Re, Atum, Schu, Mḥj.t, Geb, Nut, Anubis, Horus, Seth, Isis, Nephthys sowie einer weißen Oryx–Antilope, eine twt–Figur[98] stehend auf ihrem Rücken, ihren Speer (mᶜbꜣ) tragend."

p. Chester Beatty VIII 3, 5 – 5, 3
Eine außerordentlich komplexe Handlungsanweisung, die echt medizinische (offizinelle) und "magische" Praktiken gleichermaßen verlangt und uns einmal mehr die Möglichkeit der Amalgamierung von Medizin und Zauberei vor Augen führt, entstammt dem Teil des p. Chester Beatty VIII, der — nach Gardiner — dem Ende der 19. Dynastie zuzuschreiben ist.[99] Der nur fragmentarisch erhaltene erste Abschnitt dieser Instruktion enthält Anrufe an Thot (er möge die Dunkelheit vertreiben (ḫsr)) und Bitten an Osiris:

---

95 Vgl. dazu die Angaben von B. Altenmüller, 21; Westendorf, 1985, 111: zḥ-nṯr = Halle des königlichen Leichnams, der zum nṯr verwandelt wird.

96 Gardiner, 1935 I, 51: "tie?".

97 Amd. 7. Std. UR; s. Hornung, Amd. II, 138f.: "Vierte Szene".

98 Gardiner, op.cit., 51(1): des Horus — mit Verweis auf eine entsprechende Darstellung auf der Metternichstele; s. auch Kees, 1983a, 131f. mit (3).

99 Gardiner, 1935 I, 66 (bis vso. 4: Ende 19. Dyn.; ab vso. 5: 20. Dyn.).

(4, 1) "Mögest du (Osiris) gnädig sein dem N, geboren von M! Mögen ihm gnädig sein jeder Gott und jede Göttin! Mögest du dauern lassen (swꜣḥ=k) seine Zeit an Lebensjahren (ꜥḥꜥ=f m-rnp.t-ꜥnḫ), die Liebe zu ihm, seine Beliebtheit (jmꜣ=f), seine angenehme Reputation (bnrj.t=f) bei allen Menschen (m-ẖ.t n-rmṯ.w-nb.(w)t), allen Fürsten, allem Volk (rḫjj.t-nb.t), allen ḥnmm.t– Leuten, nach Belieben fortzusetzen (ḥmw.t-rꜣ)! (4, 3) GEFUNDEN WURDE DIESE SCHRIFT IM ARCHIV, IN EINER KAMMER DES Tempels (**m-pr-mḏḥ.t-js n-**ḥw.t-nṯr). GESPROCHEN WIRD DIESER SPRUCH [über] **7** Weißbrote, **7** sꜣšr.t–Kuchen, **7** Rippenfleisch–Stücke (ḏr.wj), **7** Männer aus Brot (zj n-tꜣ.w-7), **7** Gurken (sšp.wt), ..., **4** Näpfe (ꜥ)..., **4** Näpfe Salz, **4** gebratene Fleischstücke (jwf-ꜣšr), **4** Näpfe jrtjw–Früchte, **4** Näpfe snṯr–Weihrauch (Harz), **4** Näpfe Wein,..., **4** Krüge Bier, **4** Bündel Blätter (ḏbꜣ.w-ḥtp.wt-4). (4, 5) Und mache EINE twt–Figur eines Mannes aus Weißbrot, EIN Bild aus Wachs,[100] EINE unterägyptische sr.t–Gans..., EIN... –Tier — lebendig, EINE Katze aus Wachs, 2 ꜣbḏw–Fische — wie sie herausgekommen sind aus dem Körper (unlängst geborene Fische),[101] EINEN lebenden ꜣbḏw–Fisch aus dem Fluß, 4 Ziegen (ꜥnḫ.w), lebende Heuschrecken (ꜥpšꜣj.wt ?)[102]... [zu geben ?] nach unten, so daß alle seine Untaten sterben werden (mwt-btꜣ=f).[103] Außerdem zu machen (ḥnꜥ-jr.t): diese Schrift auf unbeschriftetem Papyrus (ḏmꜥ n-mꜣw.t), zu geben an den Hals einer lebenden Katze zusammen mit dem schmückenden... ? lebende ꜥbjj– Vögel, 4 lebende ꜣbḏw–Fische aus dem Fluß. Gebe es zur Zeit der Morgenfrühe vor Re (ḥr-tr n-dwꜣj.t m-bꜣḥ- Rꜥw)! Außerdem zu machen: eine Bestattung (qrs)... Osiris, Atum, Schu, Tefnut. Sieben in euren Gesichtern, ihr Schlangen (die Namen von 7 Göttern werden den ḥfꜣ.w "entgegengeschleudert")[104]... , die zur dꜣ.t gehören. Der keinen Besitz hat, mit seinen Händen handelt... (4, 10)...

---

[100] Zu ergänzen vielleicht [ꜥẖmw–Bild] ?

[101] Zum ꜣbḏw–Fisch s. S. 204; s. auch ob. Leiden 348 (23).

[102] In p. Berlin 3038 Nr. 59 (=5, 11) erscheinen ꜥpšw.wt in einem Räuchermittel; vgl. ꜥpšꜣj.t in p. BM 10059 4, 6 und in Tb 36, 1.

[103] Ob im Sinne von Tb 125 als magische Beseitigung persönlicher Verfehlungen zu sehen? — Dies würde die Identität von =f mit dem Patienten voraussetzen.

[104] Vgl. p. Ch. B. VI vso. 2, 9: rn n-pꜣ-7.

in seinem Leib. Umgewendet sei sein Name (pnᶜ-rn=f)! Abgeschnitten sei (sein) lebendes Bild (ḥsq-sšmw-ᶜnḫ)!... leben von dem, was seine Geschwister scheuen (ᶜnḫ m-bw.t-sn.w=f). Einzugravieren (šᶜd)... (Bilder o.ä.) (von) Imseti, Hapi, Duamutef, Kebechsenuef; ein twt... des Upuaut. Du sollst machen diese Götter, einen (jeden) Gott gemäß seinem (gewohnten) Bild (jw-j.jrj=k-nn-nṯr.w m-nṯr r-sšmw=f) ! (5, 1) DANACH sollst du machen die Opfer (wdn.w) für die Götter (die gemalten Götter), und du sollst bereiten ein Heilmittel (mtw=k-jr.t-pẖr.t) für das Abtöten ? (ẖdb – Schreibung: ẖdẖd) das Gift des Gottes im Körper eines Mannes oder einer Frau; abzutöten (s. ob.) den Gott im Körper... [vertreiben o.ä.] jeden Toten, jede Tote, jede Krankheit, wenn für ihn (den Patienten) gemacht wird: 1/2 x 1/64 Honig, 1/2 x 1/64 snṯr – Harz, 1/2 x 1/64 frisches Öl (bꜣq-wꜣḏ), 1/2 x 1/64 Wein.[105] Zu trinken von einem Mann oder einer Frau!"

Das gesamte Rezeptuar gliedert sich demnach wie folgt:

1. Eine umfangreiche Versammlung von Nahrungsmitteln (inklusive der "Männer aus Brot") — die jeweilige Stückzahl (4 oder 7) wird durch Rotschreibung betont; dazu weitere Bilder aus Brot und Wachs sowie lebende Tiere. Dies alles soll "nach unten" gegeben werden, ist also wohl zu Füßen des zu Behandelnden aufzustellen. Auf diese Weise werden evtl. seine Untaten gesühnt.

2. Der Spruchtext — auf Papyrus — muß einer lebenden Katze übergeben werden. Möglicherweise sollen die ᶜbj–Vögel und die ꜣbḏw–Fische das Tier anlocken.[106] Dies soll gegen Sonnenaufgang geschehen. Die Krankheit (Giftstoffe etc.) wird somit auf die Katze übertragen.

3. Eine Dämonenbeschwörung (eine qrs–Bestattung für den Krankheitsdämon ?): 7 Götterbilder werden angefertigt. Name und Wirkungsgestalt[107] des Dämons fallen der Vernichtung anheim. Die vier Horussöhne werden als Schutzgenien (jeder nach seiner bekannten Gestalt) zu Wächtern bestellt. Das Verbum šᶜd (eingravieren)

[105] Die Maßangaben beziehen sich auf ḥqꜣ.t = ca. 4, 8 Liter.
[106] Vgl. die Anweisungen des p. BM 10059 Nr. 38.
[107] Zu sšmw s. S. 194ff.

könnte auf ein Amulett verweisen, das dem Patienten zu übergeben ist.

4. Nachdem den Göttern Opfer dargebracht wurden,[108] ist dem Patienten eine sorgfältig zusammengestellte Arznei zu verabreichen.

Schuldabweisung, Krankheitsübertragung, Dämonenbeschwörung und die medikamentöse Behandlung wirken zusammen und bekämpfen nicht nur die Symptome der Krankheit, sondern auch die Verursacher.

p. Leiden I 348 4, 10 – 6, 4 (=Spr. 12)
Eine besonders umfangreiche “Gliedervergottung” bildet den Kern dieses Spruches, der sich gegen Kopfschmerzen und diesen entsprechende Krankheitsdämonen wendet.

> **ḏd-mdw.w ḥr-bnn.wt n(.w)t-sjn šnw-ᶜ.wt n(.w)t-zj n-ᶜꜣj=f** [109] **ḥr-ḏd-rꜣ-pn [r-] mwt.t-jṯ.t m-sḥꜣ sk-jm-zp-4 rdjw ẖr-tp n-zj n-ḥḥ-n-sw mwt mwt.t** —
>
> “Worte zu sprechen über Kugeln aus Ton. Es sollen beschworen werden die Glieder des Mannes wegen seines Leidens, während dieser Spruch gesprochen wird [gegen] eine Tote, die raubt als eine Klagefrau.[110] Abzuwischen damit vier Mal. Es wird gelegt unter den Kopf des Mannes. Nicht wird ihn erreichen ein Toter, eine Tote” (6, 3–4).

Die Krankheit soll auf die Tonkugeln übertragen werden; dann ist der Kopf des Leidenden mit der Papyrusrolle, die diesen Spruch enthält, vier Mal zu bestreichen. Schließlich muß die Rolle unter seinen Kopf gelegt werden, um ihn auch zukünftig vor Dämonen — v.a. Tote — zu schützen. Diese Vorschriften legen Zeugnis dafür ab, daß dem Schriftträger selbst eine aktive Rolle in der Magie zufallen kann (vgl. dazu S. 224ff).

---

[108] Zu Opferhandlungen im Rahmen magischer Operationen s. S. 256f.

[109] Ob ḥꜣj.t — Wb III, 15, 14-16? — Vgl. Borghouts, ebd., 96 (167).

[110] Gemeint ist ein weiblicher Dämon in der Verkleidung einer Klagefrau — s. dazu auch Borghouts, ebd., 97 (168).

Kapitel V.

Die apotropäischen Instruktionen (Schutz- und Abwehrsprüche, Fluch- und Schadenzauber)

Im Rahmen dieser Arbeit, die sich mit magischen Instruktionen im obigen Sinne beschäftigt,[1] wollen wir uns einer in der Ägyptologie weit weniger vernachlässigten Art der Verwendung von Figuren nicht zuwenden, den Vernichtungsritualen, die seit dem AR in großer Zahl in Gestalt der sog. "Ächtungstexte" auf Ton- oder Steinfiguren begegnen.[2] Diese bestehen meist nur aus Namensaufschriften samt Epitheta, allenfalls einer zusätzlichen Verwünschungsformel. Die Herstellung derartiger Figuren wird im "Apophisbuch" des Papyrus Bremner Rhind minutiös beschrieben. Ihr Schicksal besteht zumeist darin, bespuckt, zertreten oder ins Feuer geworfen zu werden.[3] Derartige Praktiken sind auch aus zahlreichen anderen Kulturen bekannt.[4] Hierbei ist entscheidend, daß am Bild Handlungen vorgenommen werden, die sich auf den/das Dargestellte übertragen sollen; in diesem Zusammenhang ist von "passivem Bildzauber" gesprochen worden.[5] Doch nicht allein plastische Wiedergaben des Adressaten der magischen Aktion finden im Apophisbuch Erwähnung, die Feindgestalt kann ebenso aufgemalt werden:[6]

- p. Br. Rhind 23, 6–9 (auf Papyrus gemalter Apophis, zusätzlich eine mit seinem Namen beschriftete Wachsfigur);

- 24, 19 (Papyrusbild);

- 26, 2ff.("Du sollst alle Feinde des Re und alle Feinde des Pharao anfertigen —tote und lebende— zusammen mit allen Plänen, die

---

[1] S. S. 13, 17.

[2] Dazu: Abu Bakr/Osing (mit ausführl. Lit.!); Posener, in LÄ I, 67–69; außerdem: Lauer/Leclant (Steinfiguren).

[3] P. Bremner Rhind 22–32, passim.

[4] S. etwa: Brückner, 1966; Thompson, 142ff.; Rittig; Freedberg; Luck; (s. unter *Schadenzauber) — (mit Beispielen und Lit. !).

[5] Bernhardt, 65f.

[6] Vgl. "Chapelle Rouge" — Block 37: ein Fächer mit Bildern gefesselter Feinde, der beim "Vollziehen eines Brandopfers" ins Feuer zu halten ist (Grimm, 207ff.).

in [ihren] Herzen sind; die Namen ihrer Väter, ihrer Mütter, ihrer Geborenen in eines jeden Gestalt (ꜣbw.t), indem sie gemalt sind mit grüner Farbe auf einen unbeschriebenen Papyrus. Ihr Name soll eingeschrieben werden auf ihren Leib, der gebildet ist aus Wachs...");

- 28, 16ff. (Papyrusbild, das in einen hn–Kasten zu legen ist, der als eine Art Notgrab aufgefaßt werden kann;[7] dieser Kasten wird "gebunden und umwickelt (Pleonasmus!) und gegeben ins Feuer", (außerdem) zertreten und bespuckt).[8]

Aus der Nektanebos–Zeit (30. Dynastie) sind Ritual–Handlungen gegen die Feinde Pharaos bekannt, die ebenfalls mit Hilfe von Figurenzauber praktiziert wurden.[9] Nachfolgend wollen wir zunächst Beispiele für aktiven Figurenzauber[10] betrachten. Für dieses Phänomen gibt es außerhalb der größeren Textcorpora zwei sehr bemerkenswerte Belege. Dabei ist wesentlich, daß nicht an und mit Bildern Handlungen vorgenommen werden, sondern ausdrücklich diese selbst in Aktion treten.[11]

A. Plastische Figuren

p. Westcar
Im Rahmen der Wundergeschichten des Papyrus Westcar wird erzählt, wie der oberste Vorlesepriester Wbꜣ-jnr einen unerwünschten Liebhaber seiner Frau vermittels einer magischen Aktion aus dem Wege — oder vielmehr aus der Welt — schafft. Mit irgendwelchem Gerät aus Ebenholz und Gold (ᶜ.wj [...] n-hbnj ḥr-ḏᶜmw) bildet er ein Krokodil aus Wachs (msḥ n-mnḥ), über das er eine Beschwörungsformel liest (II, 21–23). Nicht einmal er selbst, sondern lediglich sein Hausmeier wirft dann bei entsprechender Gelegenheit die Figur in den Teich des Gartens, in dem das bewußte Treffen stattfindet (III, 12–13). "Dann wurde es zu einem Krokodil von

[7] S. Urk. I, 152; Junker, 1950, 52; Graefe, 1984, 899.

[8] Vgl. 29, 13ff.: Wachsbild wird in hn–Futteral (s. dazu: Drenkhahn, 72) eingewickelt, dann mit dem Messer zerstückelt. Magische Figuren mit Aufschriften sind in einem kleinen Sarkophag aus Nilschlamm in Lischt gefunden worden — Lansing, 23f. mit Fig. 32.

[9] P. BM 10081 35, 13ff.; 36, 13ff.; 36, 17ff. – s. Schott, 1956, 185f. (im Rahmen dieser Ritualhandlungen wurden Passagen aus dem Totenbuchspruch 175 als "Legomenon" herangezogen).

[10] Zum Begriff: Meyer, 147f.; Bernhardt, op.cit., 65f.

[11] Vgl. CT 472 <> Tb 6 (Uschebtis).

sieben Ellen (Länge). Dann packte es diesen jungen Mann" (III, 13–14). Auch dem König muß dergleichen Wundertat vorgeführt werden, wobei Wbꜣ-jnr es sogar vermag, das Untier in die harmlose Wachsfigur zurückzuverwandeln (IV, 2–3). Schließlich ist es der König, der endgültig die Figur ins Leben setzt und damit die Tat des Priesters juristisch absichert (IV, 5–6).

p. Rollin 1; p. Lee 1, 4

Ein weiterer Fall derartiger Nutzung magischer Mittel hatte angeblich gar politische Dimensionen. Gemeint sind die Ereignisse um die Harimsverschwörung gegen Ramses III, die dieser aber offenbar überlebt hat.[12] Sein Sohn und Nachfolger Ramses IV. hat zur Aufhellung der Geschehnisse die Prozeßakten zusammenstellen lassen. Die Verschwörer haben sich bei ihrem Vorgehen demnach magischer Mittel bedient. Laut p. Rollin 1 und p. Lee 1, 4 sind "einige nṯr.w[13] und einige rmṯ.w in Wachs gemacht" worden, was auf die Verwendung von Zauberfiguren hinweist.[14] Die Phrase jrj m-mnḥ versteht H. Goedicke anders; er interpretiert sie als "machen zu Wachs" im Sinne von "beeinflussen, sich gefügig machen". In diesem Zusammenhang deutet er die "Götter" als Priester, die "Menschen" als Wachsoldaten.[15] "To assume that at such a moment anyone should start to make figurines for magic purposes and that those should have such a prompt effect requires a high degree of confidence in the efficacy of Egyptian magic. The situation as described presupposes that the passage states an act of much more direct consequence than could be expected from sorcery."[16] Derselbe Autor spricht sich allerdings dafür aus, daß diese Papyri dem verstorbenen König bei seinem unterweltlichen Gericht zu Diensten sein sollten: "Thus the group of papyri are to be understood as the notes for the king in his confession before Osiris."[17] —

---

[12] S. de Buck, 1937; Weber in LÄ II, 989f. (mit Lit.). An der Mumie des Königs konnten keine Zeichen gewaltsamer Einwirkung gefunden werden (Harris/Weeks, 163ff.). Goedicke (1963, 82ff.) glaubt, Ramses sei an den Folgen des Anschlages 21 Tage später gestorben.

[13] Nur Rollin.

[14] Vgl. die Erzählung des p. Vandier, in der der Protagonist Merire einen *rmṯ n-zꜣṯw* formt und zum Instrument seiner Rache bestimmt: 5, 1ff.; dazu Fischer–Elfert, bes. 18ff.

[15] Goedicke, 1963, 71ff.; s. bes. 74–76, (b).

[16] Op.cit., 75.

[17] Ebd., 92.

Es ist nicht recht einzusehen, warum Goedicke eine metaphorische Auslegung der Textpassage fordert; ob er wohl an eine Bezauberung der Täter durch die Haremsdamen gedacht hat?[18] — (Wachs)-Figurenzauber gegen Feinde ist ein universelles und, wie die Ächtungstexte auf zahllosen Figuren zeigen, auch in Ägypten absolut normales Procedere zur Ausschaltung politischer Gegner. Es ist daher keineswegs verwunderlich, daß die Haremsdame Teje und ihre Komplizen sich derartiger Figuren bedienten, um den amtierenden König zu beseitigen und statt seiner ihren Sohn Pentaweret an die Macht zu bringen. Schließlich ist ja gerade der König mit besonderer Machtfülle ausgestattet, nur logisch erscheint es da, mit gegenläufigen magischen Kräften zu operieren. Immerhin wurde noch im Jahre 1317 der Bischof von Cahors angeklagt, den Neffen des Papstes Johannes XXII. mit Gift und Wachsfigurenzauberei umgebracht zu haben; er endete übrigens auf dem Scheiterhaufen.[19]

Bemerkens- und nachdenkenswert ist allerdings meines Erachtens, daß Goedicke nṯr.w nicht in üblich unbedachter Weise mit "Götter" wiedergibt.[20]

Nach diesem kurzen Ausflug zu Texten anderer "Makro–Gattungen", der uns lediglich einen Reflex magischen Agierens vor Augen geführt hat, wenden wir uns nun wieder "magischen Instruktionen" zu.

Zum "magischen Papyrus Harris":
Der unter diesem Namen bekannte p. BM 10042 (p. Harris 501), der bei einer Pulverexplosion in Alexandria, wo er sich bis zum Jahre 1872 in den Sammlungen des damaligen englischen Generalkonsuls A. C. Harris befand, erheblich in Mitleidenschaft gezogen wurde, datiert in die Ramessidenzeit und gehört zu den interessantesten Quellen zur altägyptischen Magie.
Lange (1927) hat den gesamten Text in 25 Abschnitte gegliedert (A–Z); diese lassen sich unschwer drei Gruppen zuordnen:

1. die Abschnitte A–I (bis VI, 9). A (I, 1) bildet die Überschrift zu dieser Textsequenz: *r3.w-nfr.w n-ḥsj ntj-sḥrj-p3-mḥw* — "Die

[18] Kritik an Goedicke auch von Kakosy, 1989, 243(97).

[19] Daxelmüller, 113ff. ("Joh. XXII., die Magie und der Zauber mit Bildern").

[20] Zur Etymologie und ursprüngl. Bedeutung von nṯr s. Westendorf, 1985 ("der kultisch im Tierleib bestattete König als 'der Verhüllte, der Maskierte, der Verwandelte' " — von der semit. Wurzel nkr) (109).

SCHÖNEN SPRÜCHE FÜR DAS SINGEN, DIE DEN SCHWIMMENDEN ABWEHREN". Die folgenden Textabschnitte bestehen denn auch aus hymnischen Anrufungen verschiedener Götter (Schu, Osiris–Sepa, Amun–Re, Amun), die liturgischen Ursprungs sind (s.u.). Die Bezeichnung "Schwimmender" verweist bereits auf die folgende Gruppe und zeigt an, daß die Hymnen hier als magische "Legomenoi" instrumentalisiert worden sind.

2. K–V (bis IX). Es handelt sich um 12 magische Sprüche bzw. Instruktionen, die im Rahmen der Nilschiffahrt Schutz vor Krokodilen gewährleisten sollen. Sie werden eingeleitet mit ***rꜣ-tpj n-sḥs-m-mw-nb*** — "DER ERSTE SPRUCH VON ALLERLEI WASSERBESCHWÖRUNGEN" (VI, 10). Auffällig ist, daß — wie schon in A — die Bezeichnung "Krokodil" (msḥ) tunlichst vermieden wird. Vielmehr greift man zu mehreren unzweideutigen Euphemismen, die der Notwendigkeit der Adressierung der Handlungen zu genügen vermögen, ohne jedoch diejenigen, deren bloßes Erscheinen es bereits zu vermeiden gilt, herauszufordern:

   - mḥjw — "Schwimmender" — I, 1(A); VIII, 5(S).
   - ntj-ḥr-mw — "Der auf dem Wasser ist" — VI,14 - VII,1 (K).
   - hrp.w — "Untertauchende" — III, 7(F); VIII, 7(T).
   - "Maga, Sohn des Seth"[21] - II, 2–3(D); VI, 5(I); IX, 9, 11(V).
   - ḏw.wt-nb.wt nꜣ-ḥꜣ()-nb ntj-ḥr-jtrw — "Alles Böse und all das Schreckliche, das auf dem Wasser ist" — IV, 7(G).
   - ꜣd () prj m-Nwnw — "Der Wütende, der hervorkommt aus dem Nun (Urgewässer) " — II, 6(D).
   - jmj.w-mw — "Die im Wasser Befindlichen" —IX, 6(V).

3. Die Rückseite des Papyrus enthält die Abschnitte X–Z (X bis XII). Sie sind sicherlich nachträglich hinzugefügt worden und betreffen den Ackerbau.

[21] Dazu s. Helck in LÄ III, 1133; vgl. PGM IV, 1120: "meremogga" als Zauberwort in einer "Geheimen Aufschrift" (στήλη ἀπόκρυφος) — s. Betz, 60 (160).

p. mag. Harris VI, 10 – VII, 1 (=K)
Der den Spruchtext Rezitierende hat sich mit einem Ei aus Ton auszurüsten: *ḏd.tw-r3-pn [ḥr]-s(w)ḥ.t n(.t)-sjn rdjw m-ḏr.t-zj m-ḥ3.t-dp.t jr-prjj ntj-ḥr-mw ḫ3ᶜ.tw ḥr-mw* — "ES WIRD GESPROCHEN DIESER SPRUCH [ÜBER] EIN EI AUS TON; ES WIRD GELEGT IN DIE HAND EINES MANNES IM VORDERTEIL DES SCHIFFES. WENN HERAUSKOMMT DER, DER AUF DEM WASSER IST, WIRD ES GEWORFEN AUF (in)DAS WASSER!" Der Spruchtext, der ausdrücklich als "EIN WAHRES GEHEIMNIS DES HAUSES DER SCHRIFTGELEHRTEN" — (*sšt3-m3ᶜ n-pr-ᶜnḫ* – VI, 10) bezeichnet wird, ist nichts anderes als ein Anruf des "Eies des Wassers, des Ausflusses der Erde (nẖẖ n-t3)" (VI, 10–11);[22] außerdem bietet er eine Identifikationsformel, die den Aktanten mit Min aus Koptos gleichsetzt und ihm damit größere Autorität verleiht. Diese Instruktion ist ein sehr gutes Beispiel dafür, daß im Rahmen apotropäischen Zaubers oftmals einfache Deiknymena Verwendung finden. Das Auftauchen eines Krokodils dürfte für Schiffsleute auf dem Nil eine alltägliche Situation gewesen sein. Sie verfügten daher über einen berufsspezifischen Bestand an magischem Wissen und bedienten sich rasch und unkompliziert zu handhabender Mittel (vgl. p. mag. H. IX, 5–13 (V) — s.u.).

p. Brooklyn 47. 218. 138 13, 9–14 (Cairo JdE 69771) [23]
Die 1939 von Drioton publizierte Statuengruppe Ramses' III.[24] (JdE 69771) ist in der Wüste östlich von Kairo — bei Almazah — gefunden worden. Sie ist mit apotropäischen Texten beschriftet, die wohl vor allem Reisenden Schutz gewähren sollten.[25] Einige Abschnitte dieser Inschriften sind in das sog. Apophisbuch übernommen worden;[26] ein Spruch gegen Schlangen [27] wurde weitgehend für den spätzeitlichen Brooklyner Papyrus verwendet,[28] ergänzt wird der Spruchtext der Statue durch fol-

[22] Vgl. auch die Phrase "Osiris ist auf dem Wasser, das Horusauge in seiner Hand" (IX, 6–7 (V)).
[23] Goyon; Übers. auch bei Borghouts, 1978, § 142.
[24] S. Drioton.
[25] Ritner, 106 macht zurecht darauf aufmerksam, daß der weit überwiegende Teil der Passanten nicht in der Lage gewesen sein kann, die Inschriften zu lesen. "...the efficacy of the spells and images was transferred ... by pouring water over the stela or statue...".
[26] S. dazu S. 21 mit (14).
[27] Drioton, 77 — "Septieme Formule" (= l. 12–17).
[28] S. die Gegenüberstellung beider Texte bei Goyon, 156.

gende Nachschrift:
"WORTE ZU SPRECHEN ÜBER einen Löwen aus Fajence,[29] auf einen Faden roten Leinens gezogen (mnḫ(.w) n-jdmjj). Er wird gegeben einem Manne an seinen Arm. Als Schutz des Schlafzimmers wird er gegeben *(jw-dd(w)=f m-zꜣ-ḥnk.t).*"
Das "Legomenon" nimmt u.a. auf den König als kraftvollen Löwen Bezug:[30]
"Er ist ein Löwe, der sich selbst schützt (*mk=f-sw ḏs=f*). Er ist der große Gott, der kämpft für seinen Bruder. Wer ihn beißen wird, wird nicht am Leben bleiben (*psḥ.tj.fj-sw nn-ᶜnḫ=f)!...* Denn er ist ein Löwe, der abwehrt Götter und Achu. Er hat abgewehrt alle männlichen und weiblichen Schlangen, die beißen mit ihren Mäulern..." Die spezifische Qualität des Löwen (Stärke, Durchsetzungsvermögen) ist in besonderem Maße dem König zu eigen. Sie wird für die magische Aktion verfügbar durch die entsprechende Gestaltung des Deiknymenons. Der Patient kann auf diese Weise an der Kraft Anteil gewinnen, die dem König als "Hausmacht" automatisch zusteht. Die Statue markiert als politisches Denkmal natürlich auch den Machtbereich des Pharaos.

B. Zeichnungen

1. Ohne nähere Bildbezeichnung

p. Leiden I 346 [31]
Sprüche gegen die an den Epagomenen drohenden Gefahren[32] sind in diesem Papyrus, den Stricker in die erste Hälfte der 18. Dynastie verweist,[33] notiert. Nur die Anweisungen zur Herstellung von Zauberbildern sollen nachfolgend betrachtet werden:
II, 3–5: "WORTE ZU SPRECHEN ÜBER ein Stück feinsten Leinens (stp n-pꜣq.t), wobei diese Götter darauf gemalt sind. Zwölf Knoten sind (hinein) zu machen, zu opfern sind für sie: Brot,Bier,Weihrauch auf Feuer. Es

---

[29] Vgl. CT Spell 83: Vorderteil eines Löwen aus Karneol/Knochen.
[30] Außerdem wird der König mit div. Göttern identifiziert.
[31] Stricker, 1948, 55–70; Übers. auch bei Borghouts, 1978, § 13.
[32] Die "fünf Zusatztage des Jahres", die als Geburtstage von Osiris, Haroeris, Seth, Isis und Nephthys begangen wurden; besondere Geschehnisse an diesen Tagen wertete man als Vorzeichen für das folgende Jahr. S. dazu Poethke in LÄ I, 1231f.; Schott, 1950, 6ff.; Kees, 1983a, 259ff.; s. auch "Cairo Calendar"(s.u.).
[33] Ebd., 56.

wird gelegt einem Manne an seinen Hals. Einen Mann zu retten vor der jꜣd.t–Seuche des Jahres,[34] so daß kein Feind Macht haben kann über ihn. ZUFRIEDENZUSTELLEN die Götter aus dem Gefolge der Sachmet und des Thot. Worte zu sprechen von einem Mann vom letzten Tag (ᶜrq) des Jahres an bis zum Eröffnungstag des (neuen) Jahres, am Wagfest und bei Tagesanbruch (ḥḏ-tꜣ) des Renenutet–Festes."

Mit "diese Götter" sind die in I, 1–3 angerufenen gemeint: Sachmet, die Große, die Herrin des Ascheru; Schentait,[35] die inmitten von Busiris ist; Re, Herr des Himmels; Schesemtet, Herrin von Punt;[36] Horus, Herr von Edfu; Sobek, Herr des Mjn.t–Gewässers;[37] Jr-ascheru (Jr-ꜣšrw);[38] das Auge des Re (jr.t-Rᶜw), Herrin beider Länder, Herrscherin der Feuerinsel; Horus der edlen Achu (ꜣḫ.w-šps.w) von Opet; Der unter seinem Ölbaum ist (H̱rj-bꜣq=f),[39] Horus, Herr von Schenet;[40] das treffliche Auge des Horus, Herrin des Weines (jr.t-Ḥrw-ꜣḫ.t nb.t-jrp);[41] Chnum, Herr des Hauses der Dreißig (Gerichtshof).

Für jede der genannten 12 göttlichen Wesenheiten ist also ein Knoten in die mit denselben bemalte Binde zu knüpfen.

III, 3–4: "WORTE ZU SPRECHEN. DANN SOLL MAN ANFERTIGEN diese Götter (*ḫr-tw-jrj.tw nn-n-nṯr.w*)[42] in Schrift mit (gelber) qnj.t–Farbe — nachzuziehen mit Myrrhe[43] —, und zwar auf einer Binde feinsten Leinens an den fünf Epagomenen. Verrichte keinerlei Arbeiten an diesen Unglück-

---

34 Vgl. p. E. Smith vso. 18.

35 Diese Göttin spielte eine gewichtige Rolle bei der Wiederbelebung des Osiris – Lit. s. Helck in LÄ V, 580f.

36 Nach einem Königs– und Götterornat (Schesemet–Gürtel) genannte Göttin mit betont apotropäischem Charakter — s. Schmitz in LÄ V, 587–590 (mit zahlreicher Lit.); s. auch Kees, 1983a, 142 mit(5).

37 Zu Sobek als Herr des Mjn.t s. die Stellen bei Brovarski in LÄ V, 1021 (100), 1024 (203) — ein Gewässer im 10. oberäg. Gau; s. auch Pyr. 857a.

38 Der Name ist mit dem "Städtedeterminativ" versehen, bezieht sich also wohl auf den ꜣšrw genannten mythischen Ort, an dem die wilde Göttin besänftigt wird (s. ob. den Bezug auf Sachmet). Auch der hufeisenförmige hlg. See südlich des Karnaktempels trägt diesen Namen. Lit.: s. Otto in LÄ I, 460–462.

39 S. Kees, 1983a, 86.

40 Ḥrw jmj-šnw.t — eine Heil- und Schutzgottheit, deren Priester im AR Ärzte waren; s. te Velde in LÄ III, 47f.

41 Gemeint ist wohl das Horusauge in Gestalt der Opfergabe Wein.

42 Zur Konstruktion: Junge, 1972, 133f.

43 Vgl. Tb 100, 10 (Nu): *mw nw-ᶜntjw*; Tb 101, 8 (Nu); auch PGM VIII, 57f.; XXXVI, 103f., 256f.

lichen (Tagen – qsn.w) an Gerste, Emmer,Flachs von Kleidungsstücken! Eröffne auf gar keinen Fall irgendetwas davon (*jmj-wn-jḫ.wt-nb.wt r3-sj (rsj)*)! Anlangend einen Mann, der dies als z3–Amulett verwenden wird: Nicht wird Schwäche (ẖzw) auf ihm sein!"
Hier werden mit "diese Götter" wohl die gemeint sein, als deren Geburtstage die Epagomenen gelten.

p. Leiden I 347
Dieser allgemein gegen Feinde gerichtete Text[44] verlangt, einen Upuaut auf ntj–Gewebe mit stj–Ocker aufzumalen (12, 9).[45]

p. E. Smith vso. 19, 2–14 (=Spr. 5)
Die Nachschrift zu dieser Instruktion lautet: "WORTE ZU SPRECHEN über Sachmet, Bastet, Osiris, Nehebkau, indem sie gemalt sind mit ᶜntjw–Myrrhe auf eine Binde feinen Leinens (sšd-pk.t), zu geben einem Manne an seinen Hals." Es folgen — teils schwer verständliche — Nützlichkeitsverweise ("Nicht zuzulassen das Eintreten von Eseln... und der bsbs–Gans etc."),[46] bevor es abschließend heißt:
"Sagen soll ein Mann (diesen Spruch) *m-ᶜnḫ.w-rnp.(w)t*", was Westendorf mit "als Lebenszauber des Jahres" übersetzt; Borghouts gibt an: "with bunshes of fresh plants".[47] Letzterer Interpretation möchte ich mich angesichts der Parallele in 20, 8–12 anschließen ("Es werde ihm gegeben eine š3ms–Blume in seine Hand").

Der Spruchtext zu Spr. 5 hat folgenden Wortlaut:
"Jubel, Jubel! Nehme nicht dieses mein jb–Herz, dieses mein ḥ3.tj–Herz für Sachmet! Nehme nicht meine Leber für Osiris, damit nur ja nicht die verborgenen Dinge, die in Buto sind, am Morgen der Zählung des Horusauges das Innere meiner Matte erfüllen (tm)..." (hier ist die Relation zwischen jmj.t ẖn(w) P (Buto) und ẖnw r-p (Matte) zu beachten); es folgt eine Aufzählung von Krankheitsdämonen.
Der Text schließt mit einer Formel:

---

[44] Altenmüller in LÄ III, 1160 (42) spricht von "Schutzbüchern", zu denen er u.a. auch p. Brooklyn 47.218.156 rechnet (s. dazu S. 183.).
[45] Zum Text: Massy; Borghouts, 1974, 13.
[46] S. Breasted I, 482; Westendorf, 1966a, 98 mit (12–16); Borghouts, 1978, 16 mit (44–46).
[47] Borghouts, op.cit., 16 mit (47).

"*jsṯ Ḥr zp 2 wꜣḏ.w n-Sḫm.t jwf tm n-ꜥnḫ*" (19, 9). Westendorf übersetzt: "Seht, Horus, zweimal, der Sproß der Sachmet, ist (schützend) [hinter meinem] ganzen Fleisch, zum Leben (bestimmt)."[48]

Ich möchte diese Phrase etwas anders verstehen. Im ersten Spruch (18, 9) finden wir: *Ḥr zp 2 wꜣḏ.w n-Sḫm.t ḥꜣ jwf tm n-ꜥnḫ*; im zweiten (18, 14f.): *Ḥr zp 2 wꜣḏ.w n-Sḫm.t*. Das .w in wꜣḏ.w möchte ich als PsP–Endung ernstnehmen und demnach wie folgt übersetzen (19, 9): "Horus — zweimal[49] — ist heilsam gegen Sachmet,[50] und so ist das Fleisch vollständig (tm.w!)[51] und lebendig (und des Lebens)[52]."

Problematisch ist allerdings das Verständnis der Präposition ḥꜣ im ersten Spruch.[53] Hierzu die Übertragung Westendorfs: "Horus, zweimal, der Sproß der Sachmet, ist (schützend) hinter meinem ganzen Fleisch..."[54] Eine interessante Parallele weist dazu der Papyrus Leiden I 346 auf (II, 2–3): *Ḥr zp 2 wḏ*[55] *n-Sḫm.t ḥꜣ jwf tm n-ꜥnḫ*. Stricker:[56] "Horus, Horus, beveel Sechmet en plaats U achter al mijn leden, dat zij voor het leven gespaard mogen blijven!"

Die von mir ebenfalls postulierte Opposition von Horus zu Sachmet wird durch diese Stelle untermauert; fraglich bleibt das Verständnis von ḥꜣ. Entweder bezieht man die Präposition auf Horus und sieht die Stelle so, daß dieser selbst sich hinter den Patienten stellt, bzw. die Sachmet dazu anhält, dies zu tun, oder man wagt eine Lösung nach Edel, AÄG §§ 815–817. Dort wird die Parallelität von ḥꜣ zu wpjw-jr angesprochen. In Anbetracht dessen, daß Sachmet die Krankheiten und Übel erst hervorruft, muß ihre schützende Funktion in unseren Stellen deplaziert erscheinen. Als Alternative mag daher folgender Versuch angesehen werden (Spr. 1 in Smith): "Horus — zweimal — ist heilsam gegen Sachmet,

[48] Op.cit., 97; ähnlich Borghouts: "Horus, sprout of Sakhmet, [(place yourself) behind my] flesh, that it may be kept whole for life!" (op.cit., 16).

[49] Dazu s. Westendorf, op.cit., 94(22).

[50] Die Präposition n ist bei der Wiedergabe medizinischer u.ä. Texte häufig mit "gegen" zu übersetzen: *pḫr.t-jrw.t n-x* = "Heilmittel, das gemacht wurde gegen (die Krankheit) X".

[51] *jwf-tm.w:* Pyr 1298b; dazu J. P. Allen, 1984, 389.

[52] S. Wb V, 303, 13f.

[53] Zu ḥꜣ: Gardiner, 1903, 334ff.

[54] Op.cit., 92.

[55] Ein Vergleich der entsprechenden Schreibungen in Möller, Hierat. Pal. II (Nr. 280 <> Nr. 474) läßt die Lesung wḏ richtig erscheinen.

[56] Stricker, 1948, 67.

außerdem[57] ist (mein) Fleisch vollständig und lebendig."

Doch zurück zu der Bildanweisung für den fünften Spruch! Die Ausführung von Bildern der Sachmet und des Osiris überrascht nicht, beide werden im Spruchtext genannt; anders steht es um Bastet und Nehebkau, die jedoch als Beistand probat sind.[58] So ist davon auszugehen, daß man sich mit Hilfe der Bilder genau diejenigen vor Augen führt, deren Hilfe man bemühen will. Die mächtige Sachmet indessen, die für die bedrohliche Seuche verantwortlich zeichnet, wird in dieses Kollegium der Götter integriert, um sie zu besänftigen.[59]

p. mag. Harris IX, 5–13 (=V)

Eine an eine Wundergeschichte gemahnende mythische Erzählung begegnet sowohl in diesem Text als auch im voranstehenden Abschnitt U. Es geht um eine riesenhafte Gestalt von 7 1/2 Ellen Größe, die in einen Naos gehen soll, der nur 1/2 Elle mißt. Maga, der Sohn des Seth, ist es, der den Schrein öffnet und nun eine affengesichtige Zwergengestalt darin erblickt, wahrscheinlich eine Verwandlungsform des Riesen.

Dann heißt es: *wꜣw zp-4 ḫ.t zp-4 bn-jnk-j.ḏdw-sw bn-jnk-j.wḥmw-sw m-Mꜣgꜣ zꜣ-Stẖ j.ḏdw-sw m-ntf-j.wḥmw-sw ḏd-mdw.w [ḥr]* 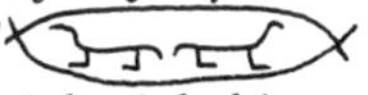
"Wehe (4x), Feuer (4x)! Nicht ich bin es, der es sagt, nicht ich bin es, der es wiederholt. Es ist Maga, der Sohn Seths, der es sagt, er ist es, der es wiederholt. Worte zu sprechen [über]" die beiden antithetischen Krokodilbilder (IX, 10–12). Die Klageschreie werden also ausdrücklich den zu bekämpfenden Krokodilen zugeordnet, wobei der Aktant dieser Handlung sie quasi optativisch vorwegnimmt. Die Einbettung der ansonsten nicht bekannten Wundergeschichte — vielleicht eine Art Volkssage — ist im Rahmen eines magischen Legomenon nicht ungewöhnlich. Es ist lediglich darauf hinzuweisen, daß wir uns mit diesen Instruktionen gegen Krokodilattacken auch im Bereich der "Volksreligion und -magie" befinden. Die Furcht vor Krokodilen kommt in den "Berufssatiren" der "Lehre des Cheti" besonders eindrucksvoll zur Sprache: "Der Wäscher wäscht am Uferdamm, er kommt (nahe) heran an das Krokodil (*sꜣḥ=f*

[57] S. Edel, 407, Tabelle (IIa).

[58] Bastet: p. Smith 18, 15; 20, 3 ("Horus, Sohn — zꜣ, nicht etwa wḏꜣ — der B."); zu Nehebkau: CT II, 53b; VI, 268j–k; außerdem: Pyr. 340b, 356b, 361a, 1708c, 1934a; CT VI, 402f; Tb 30A, 5 (Nu); Tb 149, I 4–5, X 7 (Nu).

[59] S. auch Tb 66, 2 (Pf). Zu den Priestern der Sachmet und ihrer Beziehung zur Medizin: Junker, 1928, 65; Hoenes, 35ff.

m-ḫntj)" — XIXa–b.[60] "Ich will dir aber auch vom Fischer (wḥᶜ-rmw.w) reden. Elender ist er dran als jeder andere Beruf (jȝw.t). Seine Arbeit findet auf dem Flusse statt, der durchsetzt ist mit Krokodilen (msḥ.w). Wenn der Zeitpunkt der Abrechnung kommt, wird er klagen, denn ihm ist nicht gesagt worden: "Das Krokodil (msḥ) ist dort". So hat ihn die Furcht blind gemacht" — XXIa–f.

p. Chester Beatty VIII vso. 3, 4–9
Der kaum erhaltene Text ist "zu sprechen [über] ein Udjat–Auge, das gemalt ist mit stj–Ocker" (3, 9). Zu erkennen ist noch, daß vom Auge des Horus gesprochen wird: *gm.n=j-Ḥrw jr.tj.fj wḏȝ.t=f ...* — "Ich habe Horus gefunden, seine beiden Augen und sein Udjat–Auge (?) ... " (3, 7–8).

2. Bildbezeichnungen twt und rpjj.t

p. Leiden I 348 6, 4 – 8, 7 (Spr. 13)
Dieser Spruch besteht aus zwei Teilen, einer anklagenden und zugleich drohenden Rede gegen alle möglichen Krankheitsdämonen und ihre Machenschaften sowie einer Hymne an Re, der diese "Feinde" zu überwinden vermag. Die Nachschrift dazu lautet (8, 5–6):
"WORTE ZU SPRECHEN ÜBER EINE **twt**–FIGUR DES RE, DIE GEMALT IST MIT BLUT EINES **ȝbḏw**–FISCHES[61] AUF EINEN VERBAND AUS KÖNIGSLEINEN, DER EINEM MANNE AN DEN KOPF GELEGT WIRD. EINE ABWEHR DER FEINDE IST DAS. MACHE ES NICHT FÜR EINEN ANDEREN, SONDERN NUR FÜR DICH SELBST!"

p. mag. Harris VI, 4–9 (=I)
Die voranstehenden Abschnitte G (= III, 10 – IV, 8) und H (= IV, 8 – VI, 4) korrespondieren einem Amun–Hymnus aus dem Tempel zu Hibis.[62] Sie enthalten zusätzlich nur einige redaktionelle Einschübe, so z.B.: "Was gesagt wird auf dem Wasser und auf dem Lande" (IV, 1). Abschnitt I folgt auf diesen großen Hymnus, d.h. auf die Anrufung des zuvor ausgiebig gepriesenen Gottes ("Komm zu mir, o du Herr der Götter, damit du

[60] Zählung nach Helck, 1970 II.
[61] Vgl. 12, 11: "Ich habe gegessen einen goldenen ȝbḏw"; dazu Borghouts, 1971, 130 (300) und 210ff.
[62] S. Assmann, 1975a, Nr. 129(=G), Nr. 130(=H).

abwehrst die Löwen in der Wüste, die Krokodile (msḥ.w) auf dem Fluß, alle Schlangen (rꜣ), die beißen in ihren Höhlen (ṯpḥ.wt)!" (VI, 4–5)) folgt die Beschwörung des Krokodils, das wieder als Maga, der Sohn des zu Amun reziproken Gottes Seth, bezeichnet wird[63] und deshalb die Gegnerschaft des großen Gottes herausfordert: "Zurück (ḥꜣ=k), Maga, Sohn des Seth!" (VI, 5).

In den nächsten Versen werden weitere Hemmnisse für das Krokodil herbeizitiert: "Nicht sollst du rudern mit deinem Schwanz! Nicht sollst du fassen (mḥ) mit deinen Armen! Nicht sollst du öffnen dein Maul! Es soll das Wasser vor dir zum Gluthauch von Feuer (hh n-h̬.t) werden! Der Finger der 77 Götter soll in deinem Auge sein, während du angebunden bist (jw=k-snḥ.tj) an den großen Landepflock (nᶜjj.t-wr.t) des Osiris und während du angebunden bist an die vier Pfosten (? - zh̬n.t) aus oberägyptischem Grünstein (wꜣḏ-šmᶜj), die im Vorderteil der Barke (wjꜣ) des Re sind"[64] (VI, 6–8).

Die Kulmination dieser Rede erfolgt in IV, 8, wo es heißt: "Halt (j-ᶜḥᶜ-n=k), Maga, du Sohn des Seth!" Um diesen zentralen Ausruf ist der gesamte Textabschnitt aufgebaut: das Hilfeersuchen an den zuvor gerühmten Gott, die Bannung des Gegners, schließlich dieses letzte energische Gebieten, welchem eine Identifikation des Aktanten mit Amun–Kamutef folgt ("Siehe, ich bin Amun – Stier seiner Mutter").

Die letzten Verse liefern als Nachschrift den magischen Apparat (VI, 8–9): "WORTE ZU SPRECHEN ÜBER EIN **twt**–BILD DES Amun mit vier Köpfen auf einem Nacken.[65] ES IST ZU MALEN AUF DEN BODEN, EIN KROKODIL **(msḥ)** UNTER SEINEN FÜSSEN, WÄHREND die Acht (Urgötter von Hermopolis) ZU SEINER RECHTEN UND ZU SEINER LINKEN ihn anbeten (*ḥr-jr.t-n=f-jꜣw.t*)."

Das geheimnisvolle Bild des Amun vergegenständlicht die Präsens des Gottes und die Identifikation des Sprechers mit ihm. Das Krokodil unter seinen Füßen "bestätigt" seine Macht über das Tier und nimmt bereits das Ergebnis der magischen Aktion vorweg.

---

[63] S. ob. (21).

[64] Ob die Stützen, die das Segel tragen? — so auch Lange, 52f.

[65] Zahlreiche Köpfe unterstreichen magische Wirksamkeit; vgl. p. Brooklyn 47.218.156 - Sauneron, 1970, 11ff., Tf. IV u. IVA; Assmann, 1979, 12f.; ders., 1984, 281f. – s. Abb. 43a und b.

p. mag. Harris VII, 1–4 (=L)
Die Hilfe des Schu wird in Abschnitt L dadurch heraufbeschworen, daß der Aktant damit droht, den geheimen Namen dieses Gottes auszusprechen, was diverse Katastrophen zur Folge hätte (“der Süden wird zum Norden, und die Erde dreht sich um”). Zu rezitieren ist der Spruch “VIER MAL [über] ein Udjat–Auge, IN WELCHEM ein twt–Bild des Onuris[66] IST, GEMALT [IN] DIE HAND EINES MANNES”.

Zum Papyrus Cairo 86637: [67]
Der aus der Zeit Ramses II’stammende Text gliedert sich in drei Bücher, deren erstes Daten für Erscheinungsfeste (prjj.wt) enthält (die Statuen der betreffenden Götter werden dann herausgetragen). Ein Kalender günstiger wie ungünstiger Tage des Jahres macht Buch II aus; sein Titel lautet: *ḥꜣ.t-ꜥ m-ḥꜣ.t-nḥḥ pḥwj-ḏ.t jrw.n-nṯr.w-kꜣr(jj)* [6 Zeichen folgen als Determinative für die gemeinten Götter:[68] 

sḥw.wt-psḏ.t dmḏ.n-ḥm n-Ḏḥwtj m-pr-wr r-gs-nb-r-ḏr gmjj.tw m-pr-mḏꜣ.t m-pr-ḥꜣ-psḏ.t (III, 1-2)
“BEGINN DES BUCHES VOM ANFANG DER UNENDLICHKEIT UND DEM ENDE DER EWIGKEIT, DAS GEMACHT HABEN die Götter des Schreines [ ] und die Vereinigung der Neunheit, das zusammengefügt hat die Majestät des Thot im “Großen Haus”[69] an der Seite des Allherrn (Re). ES WURDE GEFUNDEN IM ARCHIV IM HINTEREN HAUS der Neunheit.”

Zu den ungünstigen Tagen gehören auch die Epagomenen, an denen die folgenden magischen Aktionen vorzunehmen sind. Eine weitere Festliste — allerdings nur für die Achet–Zeit — beschließt den Papyrus.

Die erste Instruktion des Papyrus (vso. XI, 2–7) bietet als Spruchtext ein Schutzersuchen an die Götter, das mit einem bemalten Leinenstreifen in Verbindung zu bringen ist. “DIE WORTE SIND ZU SPRECHEN NACH ABLAUF DER LETZTEN TAGE DES JAHRES” — **md.wt-ḏd.tw ḥr-sꜣ=sn ḫft-skm-hrw.w-ḥrj.w-rnp.t** — (vso. XI, 2).

---

[66] S. auch mag. Harris II, 4ff.; zu Onuris–Schu s. auch S. 33 (25) — p. Deir el–Med. 1 vso. 3, 3 – 4, 4.

[67] Bakir, 1966; eine genaue Inhaltsübersicht ebd., 2–5.

[68] S. dazu Bakir, 65(2), der auf XI, 2 verweist, wo es heißt: *nṯr.w tꜣjj.w-ḥm.wt*; er übersetzt unsere Stelle: “gods and goddesses of the shrine” (13).

[69] Ob das oberägpt. Reichsheiligtum in El Kab?

Die "Götter des Tages" sind nach dieser teilweise zerstörten Partie des Papyrus auf die Leinenbinde (stp [n-p3q.t]) zu malen (vso. XI, 6). Rpjj.t–Bilder der Isis und der Nephthys finden explizit Erwähnung (vso. XI, 7).

Schutz an den Epagomenen zu erlangen, sind Abwehrsprüche gegen Feinde, Tote etc. über twt–Bilder von Osiris, Horus und Seth, sowie rpjj.t–Bilder von Isis und Nephthys zu lesen, die auf feinsten Leinenstoff (stp n-p3q.t) aufgemalt wurden. Dieser ist dem Schutzbedürftigen an seinen Hals zu legen. Die übliche Wirkungsversicherung ([šs-] m3^{c} ḥḥ-n-zp) beendet die Anweisung (vso. XVI, 1–4).

3. Bildbezeichnung sšmw

p. Leiden I 348 vso. 2 (=Spr. 36)
Diese Instruktion wird als ***mḏ3.t nt-dr-snḏ.w*** *ntj-ḥr-jj.t r-h3jj.t ḥr-zj m-grḥ* — "Buch des Vertreibens Schrecknisse, die kommen, um herabzusteigen auf einen Mann in der Nacht" — bezeichnet und richtet sich offensichtlich gegen Alpträume.[70] Sie weist eine komplexe Vignette auf,[71] zu der folgende Anweisung gehört (2, 6–7): "Worte zu sprechen über dieses sšmw, das in Schrift (angefertigt) ist, gemacht auf ein Stück feinsten Leinens (stp n-p3q.t). Zu geben an den Hals eines Mannes, bis man ihn (wieder) in ruhigem Zustand sieht (*r-m33.tw=f-gr.w*)".[72]

Der Text geht nicht weiter auf das im Rahmen der magischen Aktion auszuführende Bild ein; dieses soll nach dem Vorbild jener Vignette (sšmw) gezeichnet werden, die nicht — wie die des 21. Spruches — in den Text integriert, sondern sorgfältig unter die Zeilen des Papyrusblattes gesetzt ist:

Eine Barke, die auf einem Postament ruht, ist hier zu erkennen. In ihr befindet sich eine Osirisgestalt, der von Isis — rechts — und Nephthys — links — Adoration dargebracht wird; links der Barke ist Anubis zu sehen, der etwas herbeibringt — möglicherweise eine Mumie. Diese ausgeprägt funeräre Figuration weiß Borghouts als nšm.t–Barke zu deuten, in welche (laut CT V, 227b–g) einzusteigen die Rechtfertigung gegen die Feinde nach sich zieht. Dem ist die ägyptische Idee beizuordnen, daß während des Schlafes der Ba eine Unterweltsreise vornimmt, auf der Gefahren be-

---

70 Lit. bei Borghouts, 1971, 32f.
71 Ebd., Pl. 33.
72 S. die Bemerkungen bei Borghouts, ebd., 186(458).

gegnen, denen es zu wehren gilt, z.B. Dämonen, die auch für Alpträume verantwortlich sind.[73]

C. Diverse Gegenstände

p. Berlin 3027 5, 8 – 6, 8 (F)
Um zwei Ziegel (d̠b.tj) — wohl Geburtsziegel[74] — geht es in diesem Spruch; diesen ist ein umfangreiches Opfer darzubringen (Fleisch, Geflügel,Weihrauch), und es wird eine ausdrückliche Kleidungsvorschrift erteilt (t̠ꜣm–Umhüllung, wohl eine Art Verschleierung[75]).

p. Leiden I 348 vso. 11, 8–11 (=Spr. 35)
Dieser "Spruch für ein mḥ–Gefäß (und) für das Verbleiben des Herzens auf seinem Platz"[76] sowie gegen schädliche Einflüsse von Dämonen, Toten etc., die im Körper sind, "IST ZU SPRECHEN ÜBER EIN NEUES **mḥ**–GEFÄSS,[77] DAS BESCHRIEBEN IST MIT (ihm)". Der zugehörige Text appeliert an die Götter der Barke, das Herz zu schützen. Mḥ.t–Schalen werden dem Papyrus Ebers zufolge auch in der Medizin verwendet. In einem gynäkologischen Rezept (Nr. 787) heißt es: "Es werde veranlaßt, daß sich die Frau setzt auf sie (mḥ.t) an 4 Tagen" — wobei die Schale gefüllt sein muß mit Öl und Fett (93, 16f.).[78] Diese Stelle spricht für eine beträchtliche Größe der Schale. In Anlehnung an den Papyrus d'Orbiney 13, 8–9 sieht Borghouts die Möglichkeit, das Gefäß als ein Ersatzherz zu deuten.[79] Im sog. "Zweibrüdermärchen"[80] wird erzählt, wie der ältere Bruder, Anubis, den jüngeren, Bata, wieder zum Leben erweckt, nachdem dessen ungetreue Frau die Pinie hatte fällen lassen, auf die Bata sein Herz gelegt hatte:

"Dann nahm Anubis die Schale (gꜣj) mit frischem Wasser, in der das Herz (ḥꜣtj) seines jüngeren Bruders lag, und ließ es ihn trinken. Da begab sich das Herz an seinen Ort (zurück), und er wurde (wieder), wie

[73] S. ebd., 185 (456). Zur "external soul": Otto, 1960 II, 57f. (mit Lit.).
[74] So auch Erman, 1901, 26.
[75] Vgl. Wb V, 354, 12–18.
[76] Zu diesem Motiv s. S. 77ff.
[77] Vgl. I 348 12, 11 – 13, 3 (s. S. 47); Tb 133, 18 (Nu).
[78] S. auch p. Ebers Nr. 13, 57, 308.
[79] Op.cit., 173(420).
[80] Kurze Zusammenfassung des Inhalts und Lit. s. Brunner–Traut in LÄ IV, 697ff.

er gewesen (*jw=f ḥr-ḫpr mj-wn.n=f*) — (p. d'O. 14, 2–3).

p. BM 10731 vso. > Abb. 12a und b

Das Fragment eines Briefes befindet sich auf der Recto–Seite dieses Papyrus aus der 19. Dynastie, während die Rückseite eine magische Instruktion aufweist. Diese hat sich auf zwei Ostraka ebenfalls nachweisen lassen. Es ist davon auszugehen, daß sowohl das Papyrusblatt als auch die beiden Tonscherben Abschriften aus einer Sammelhandschrift für magisch–medizinische und apotropäische Sprüche und Handlungsanweisungen sind, die für den betreffenden Zweck exzerpiert wurden.[81]

Die Lesung der Nachschrift des Verso des Papyrus bereitet einige Schwierigkeiten: (5) *ḏd-mdw.w zp-4 ḥr-mḥj-jrw (6)[ ]=f m-ꜥḥꜣw qꜣsw-[sw-]jm=f jw-[ ] n-pꜣ-ꜥḥꜣw r-bnr* — "Worte zu sprechen viermal über Flachs". Auf dem Ostrakon Leipzig 42 (vso. 2) folgt: *n-wḏ jrw m-ꜥḥꜣw*, wobei wḏ doch wohl in wꜣḏ zu emendieren ist. Demnach ist dort zu übersetzen: "(über) frischen Flachs, der zu einem Pfeil gemacht ist". Der Papyrus hat hinter mḥj-jrw eine Lacuna, nurmehr die Suffixendung =f ist erkennbar; eine Ergänzung zu "Flachs, [dessen Stengel] — evtl. ꜥnb — gemacht ist zu einem Pfeil" erscheint möglich. In Zeile 6 lesen wir dann weiter: "Festzubinden [ist er] an ihn, während [die Spitze o.ä.] des Pfeils nach außen (gerichtet) ist." Dies kann eigentlich nur bedeuten, daß der Schriftträger mit dem Spruchtext selbst in eine magische Aktion einzubeziehen ist. Angesichts dieses Textes, in dem der für die shꜣqq–Krankheit verantwortliche Dämon auf das heftigste angegriffen wird und der mit "Zurück Shꜣqq" beginnt, ist anzunehmen, daß der Pfeil gegen diesen abgeschossen oder die Krankheit — in den Papyrusstreifen gebannt — zurückbefördert wird "an den Himmel und die Erde", daher sie gekommen ist (vso. 1).

Eine Illustration jenes Dämons weist das Leipziger Ostrakon auf (rto.), das im übrigen durchbohrt ist und sich somit als Amulett zu erkennen gibt.[82] Er wird verantwortlich sein für die Kopfkrankheit hꜣqꜣ, die in p. Chester Beatty V vso. 6, 5–9 erwähnt wird. Zwei leider stark zerstörte Beschwörungen (šn.t) dieser Krankheit der Schläfe (mꜣꜥ – 6, 5) sind dort verzeichnet. Die letztere bietet eine interessante Anweisung: "WORTE

[81] Edwards, 1968; Borghouts, 1978, 17f. Vgl. o Gardiner 300 (Černý/Gardiner I, 91, 1); o Leipzig 42 (ebd., 3, 1; Brunner–Traut, 1956, 57 Nr. 48, Tf. 19).

[82] S. Abb. 12a und b.

ZU SPRECHEN SIEBEN MAL, während du nimmst (jw-šd=k) DEINE LINKE HAND IN DEINE RECHTE" (6, 8).

D. Komplexe Arrangements

p. Berlin 3027 vso. 2, 2–7 (P)
"ES WIRD GESPROCHEN DIESER SPRUCH ÜBER KUGELN (**pds.wt**) AUS GOLD, PERLEN (**bnn**) AUS **ḥmꜣg.t**–STEIN,[83] EIN SIEGEL (**ḫtm**), EIN KROKODIL(FIGÜRCHEN) (**msḥ**), EINE "HAND" (**ḏr.t**), ZU ZIEHEN AUF EINEN FEINEN FADEN, WOBEI GEMACHT WIRD EIN **wḏꜣ**–AMULETT. ES WIRD GELEGT AN DEN HALS EINES KINDES. Gut (nfr)." Im zugehörigen Spruchtext wird einmal mehr das Schicksal des einsamen, hilflosen Horus im Schilfdickicht zitiert. Dabei finden die oben genannten Dinge Erwähnung; sie sollen statt einer Amme oder "Schwester" die Feinde vertreiben und das Kind wärmen. Die "Hand" begegnet auch in Text Q: "Meine ḏr.t–Hand liegt auf dir, das Siegel ist dein Schutz" (vso. 3, 2). H. Altenmüller weist darauf hin, daß die menschliche Hand in diesem Text ansonsten stets mit ᶜ wiedergegeben wird, und nimmt daher an, daß ḏr.t ein Zaubergerät sei, das in anderen Texten allerdings nicht mehr begegne.[84] Zu denken ist hier an die sogenannten Kastagnetten in entsprechender Form.[85]

Es sind nun doch einige Texte anzuführen, in denen die Vokabel ḏr.t vorkommt:

- p. Leiden I 343 + 345 VIII, 13–14: "der große Sohn des Re (Schu) hat gelegt die "Hand" auf den Alten..";

- p. Leiden I 348 vso. 12, 5–6: "Hathor soll ihre "Hand" auf sie legen wḏꜣ snb "; — Borghouts, der von einem Protektionsgestus ausgeht, fügt vor wḏꜣ ein [m] hinzu und übersetzt "with an amulett of health".[86] Massart inseriert in gleicher Absicht ein [r] und schreibt: "[for] welfare and health".[87] Vielleicht kann man aber wḏꜣ snb auch als einfache Apposition verstehen ("die ḏr.t–Hand,

[83] Dunkelroter Karneol oder Granat; s. Harris, 118ff.
[84] H. Altenmüller, 1965, 182f.
[85] S. H. Hickmann, 16f., Tf. VII; Lit.: E. Hickmann in LÄ III, 449.
[86] Borghouts, 1971, 29, 153f. (366–368) — mit weiteren Stellen für den Gestus des Handauflegens.
[87] Massart, 1954, 77 mit (12).

ein Amulett der (für) Gesundheit") und somit eine weitere Stelle anführen, die einen Gegenstand dieses Namens meint.

Daß p. Berlin 3027 einen solchen anspricht, belegt indessen auch vso.2, 4 aus diesem Text P: "Man bringe zu mir eine Kugel aus Gold..., eine ḏr.t–Hand, um zu fällen und zu vertreiben den mrrw.t–Dämon,[88] um zu erwärmen den Leib, um zu fällen diesen Feind und diese Feindin aus dem Westen".

p. Chester Beatty VIII 9, 10 – 11, 6
Den Abschluß der Recto–Seiten dieses Papyrus bildet ein "BUCH DES Versöhnens (sḥtp) alle Götter". Das Legomenon ist als variable Formel gestaltet: *jnḏ-ḥr=k Jmn jnḏ-ḥr=k Ptḥ jj.n=j-ḥ̆r=k jn=j-n=k X wp.t-ḥnᶜ=k m-bꜣḥ-Gott Y* — "Gegrüßet seist du, Amun! Gegrüßet seist du, Ptah! Ich bin zu dir gekommen, und ich bringe dir X, um einen Gerichtsstreit zu entscheiden mit dir vor Y."

Diese Evokation ist fünf Mal zu rezitieren. Für X — die Opfergaben — stehen: Brot,Bier,Weihrauch, Geflügel, ?. Die richtenden, die Versöhnung gewährleistenden Götter sind: Re–Harachte, Wennefer in der Nekropole, die Majestät des Allherrn, die Sonnenscheibe und Re jeden Tag (*jtnw mj-Rᶜw hrw-nb*), die Götter — die Herren der Schreine (nb.w-kꜣr.w). Dem gegen Ende der Instruktion zunehmend fragmentarischen Text ist noch eine abschließende Anrufung der Götter zu entnehmen: *jnḏ-ḥr(.w)=ṯn nṯr.w nṯrjj.t dm=j-rn.w=ṯn* (10, 9–10) — "Gegrüßet seid ihr, Götter und Göttinnen; ich werde rühmen eure Namen!"

Ebenfalls nur teilweise erhalten ist das folgende Rubrum (11, 3-6): "WORTE ZU SPRECHEN ÜBER EIN BRANDOPFERBECKEN (ᶜ**ḥ̆**)... **7** MÄNNER AUS BROT, **7** **ḥꜣtj**–HERZEN, **7** VÖGEL,... . AUSSERDEM IST FEUER AN SIE ZU GEBEN ZUSAMMEN MIT EINEM **twt**–BILD DES... EIN MANN MIT FLUSSWASSER; AUSSERDEM IST ZU VERANLASSEN, DASS GELÖST WIRD..."

[88] Borghouts, 1978, § 68 übersetzt: "the 'sweet one' ".

Kapitel VI.

Die funerären Instruktionen

Die nach strukturellen Kriterien definierten "Instruktionen" als Sub-Gattung der "magischen Texte"[1] haben wir bisher in medizinischer und apotropäischer Funktion kennengelernt. Texte, die denselben formalen Aufbau zeigen — Titel, Spruchtext, Handlungsanweisungen und "magischer Apparat" (a–b–c) —, finden sich in großer Zahl auch im funerären Bereich. Sie sind darin von den übrigen Instruktionen verschieden, daß sie einen konkreten Anbringungsort[2] haben, der zugleich auch ihr Funktionsrahmen[3] ist. Die Aufzeichnungsform der Texte ist unterschiedlich: Es handelt sich um Sarginschriften ("Sargtexte"), Texte auf diversen Gegenständen der Grabausstattung, Wandaufschriften (z.B. in den königlichen Felsengräbern des Neuen Reiches, "Unterweltsbücher"), vor allem aber um Papyri (sog. "Totenbücher"), die ebenfalls zur Ausstattung eines Verstorbenen gehörten. Der Ort ihres Wirkens ist aber in jedem Falle die Grabanlage.

In die genannten Corpora funerärer Texte haben neben "echten" (eigens konzipierten) Totentexten auch solche gänzlich fremder Herkunft Eingang gefunden. Es ist nicht das vorrangige Anliegen dieser Studie, den "Sitz im Leben" der einzelnen Texte zu erschließen. Zweifelsohne wird sich jedoch bei der Behandlung einiger Instruktionen ein Seitenblick auf dieses Problemfeld richten lassen. So werden wir Texten begegnen, die dem Bereich der Apotropaika entstammen — was nicht verwunderlich ist, galt es doch auch im "Jenseits" den Nachstellungen gefährlicher Tiere und Dämonen entgegentreten zu können. Texte unterschiedlichster Provenienz konnten funerär instrumentalisiert werden. Von besonderem Interesse sind für die hier verfolgte Thematik solche Handlungsanweisungen, die auf konkrete Verrichtungen am Grabe schließen lassen — von Nachkommen vollzogen oder vielleicht gar noch zu seinen Lebzeiten vom Grabeigner selbst inszeniert. Es wird zu fragen sein, ob eine Entwicklung von totenkultischen Riten zu einer Verschriftung und Ikonisierung

---

1 S. Kap. II 3.

2 Dazu Assmann, 1975, 10ff.

3 S. S. 17 mit (1).

in Gestalt von Textbeigaben festzustellen ist. Sehr häufig zeigt die Formulierung "zu sprechen durch den NN" an, daß der Verstorbene selbst der Aktant ist; neben seinem Namen werden dabei auch seine Ämter und Titel aufgezählt, um ihn vollständig in seiner persönlichen Identität zu erfassen.

A. Einfache Amulette (Applikationen) aus diversem Material

CT Spell 304
Ein papyrussäulengestaltiges Amulett aus oberägyptischem Grünstein soll einem Ach an seinen Hals gelegt werden: **ḏd-mdw.w ḥr-w3ḏ-šm^{c}j-rdj.w n-3ḫ r-ḫḫ=f** (CT IV, 58g).

Der Begriff w3ḏ kann sowohl ein Amulett entsprechend dem Schriftzeichen denotieren (𓇅) — sog. "Papyrussäulenamulett" — als auch einen grünfarbenen Stein — von der Grundbedeutung "grün sein, frisch sein, gedeihen"; in beiden Fällen wird das "Steindeterminativ" verwendet. Nicht jedes w3ḏ– Amulett muß jedoch grün sein (s. das w3ḏ n-nšm.t– "Papyrussäulenamulett aus weiß–blauem Feldspat" in Tb 159 und 160). In CT Spell 304 müßte es demnach konsequenterweise heißen: *w3ḏ n-w3ḏ-šm^{c}j*, d.h. es liegt eine Haplographie vor.

Die Spruchsequenz CT 302–304 dient dazu, die Gestalt eines Falken anzunehmen[4] (s. Titel zu Spell 302 = CT IV, 53f–g); mehrfach heißt es: "Meine beiden Flügel sind aus oberägyptischem Grünstein (w3ḏ-šm^{c}j)" (CT IV, 54c, 58m, 59k; Tb 77, 3 (Nu)).

Tb Spruch 105
Der Aktant bezeichnet sich selbst als Amulett: "Ich bin dieses Papyrus–Amulett (w3ḏ), das sich befindet am Halse des Re und das gegeben ist denen, die sich im Horizont befinden. Wenn sie gedeihen, gedeihe auch ich (*w3ḏ=sn w3ḏ=j*), gedeiht mein Ka wie der ihre, wird gespeist mein Ka wie der ihre" (Nu, 4–6).

---

[4] Spells 302 und 305 korrespondiert Tb77 ("Spruch, durchzuführen die Verwandlung in einen goldenen Falken"); zu diesem Spruch s. Federn, 255 (147).

- Dies ist jedoch kein singulärer Befund, wie weitere Stellen anzeigen: "Nicht bin ich ein wꜣḏ–Amulett, das vorbeigeht (swꜣ=f); ich bin ein Amulett, das fortgeht von der Menschheit"[5] (CT II, 160b–c) — hier könnte ein Wortspiel wꜣḏ <> swꜣj vorliegen.
- "Dieser N ist das wḏꜣ–Amulett am Halse des Horus, und er wird landen (smꜣ=f-tꜣ) im nördlichen Himmel" (CT VI, 199h-i).
- "Ich bin das wꜣḏ-Amulett aus nšm.t-Stein[6], das keine (Umhänge–) Schnur hat, (sondern) das die Hand des Thot hält" (Tb 160, 1–2 (Aa)).

Bei diesen Analogismen zwischen einem Amulett und seinem Träger scheint es sich um einen Topos zu handeln, der auf die Gottesnähe in der jenseitigen Existenz hinweist. Auch wenn Spruch Tb 105 keine Nachschrift besitzt, wird der "Spruch, den Ka des NN zufriedenzustellen" die Mitwirkung (mindestens Beigabe) eines Amulettes vorausgesetzt haben (s. auch 105, 3(Nu): "Ich habe dir (dem Ka) Natron und Weihrauch gebracht...").

Während, wie bereits dargelegt, die Grundbedeutung des Lexems wꜣḏ = "grün sein, gedeihen" für die Papyrussäulengestalt einiger Amulette verantwortlich ist, kann mit wḏꜣ (von wḏꜣ= "heil sein, unversehrt sein") jedes Amulett und Schutzmittel bezeichnet werden.

Tb Spruch 159 > Abb. 13–15

Laut diesem nur in der Spätzeit belegten Spruch[7] ist dem Verstorbenen am Tage des Begräbnisses ein Feldspat–Amulett (wꜣḏ n-nšm.t) an den Hals zu legen. Der Spruchtext soll sowohl über dieses Schutzsymbol rezitiert als auch auf dasselbe geschrieben werden.

---

[5] Der Spruchtitel zu Spell 135(CT II, 160e): "Rezitation für die Siegelung eines Dekretes betreffend eine Familie, zu geben die Familie eines Mannes zu ihm in die Nekropole" (G2T; bei S1C als Rubrum).

[6] Harris, 115f.: weißblauer Feldspat; vgl. Tb 159, 160.

[7] S. Allen, 1960, 282f., Pl. XLIX (mit entsprechenden Vignetten); Faulkner, 1985, 154, 157; s. Abb. 13–15.

Tb Spruch 160 > Abb. 16a und b
trägt den Titel "Zu geben ein Papyrussäulen–Amulett aus Feldspat (w3ḏ-nšm.t) dem NN" (Aa).[8] Der Spruchtext fährt fort: "Worte zu sprechen durch NN: Ich bin das Amulett aus Feldspat, das keine Schnur (sšn) hat, (sondern) das die Hand Thot's trägt" (s. ob. zu Tb 105). Die nachfolgende Phrase "*wḏ3=f wḏ3=j*" ("ist es heil, bin auch ich heil") könnte durchaus ein auf Klangähnlichkeit[9] beruhendes Wortspiel zwischen wḏ3 und w3ḏ (Amulett) sein. Die im Spruch gegebene Rede des Thot ist als Begrüßung und Sicherheitsverheißung ausgelegt. Eine Vignette (Aa)[10] zeigt die Übergabe einer Amulettkapsel[11] an den NN durch Thot.[12] Eine Nachschrift zu diesem Spruch enthält R: "Worte zu sprechen über ein Amulett aus Feldspat, eingeschrieben ist dieser Spruch darauf, gelegt wird es an den Hals des Ach."[13]

B. Amulette bestimmter Gestalt

CT Spell 508
Die nur einmal tradierte Nachschrift (B_1Y) zu diesem Text lautet: ***ḏd-mdw.w ḥr-jmn.t*** *(**) [...] jm3 dj.t n-zj [r]-ḫḫ=f* (CT VI, 94j) — "WORTE ZU SPRECHEN ÜBER EIN **jmn.t** ("WESTEN"—SYMBOL) ... AUS WEIDENHOLZ,[14] ZU GEBEN EINEM MANN [AN] SEINEN HALS". Im Spruchtext behauptet der Sprecher u.a., daß ihm der Westen gehöre (VI, 94i): *nnk-jmn.t* — "Mir gehört der Westen".[15]

Tb Sprüche 26, 27, 29B, 30B
Die sogenannten "Herzsprüche" des Totenbuches können im Rahmen dieser Arbeit nicht in extenso behandelt werden.[16] Uns geht es allein um

[8] Naville II, 437; Ik: "Spruch für ein Amulett" (ebd.).

[9] Dazu: Guglielmi in LÄ VI, 1289 (1, 2); ebd., 1291 (30) weist sie auf ein weiteres Wortspiel mit wḏ3 hin (Amenemope 4, 1f.).

[10] S. Abb. 16a und b; vgl. auch Abb. 15.

[11] S. Ogden, 1973; ders., 1974; Bourriau/Ray; Müller–Winkler, 460.

[12] Vgl. Tb 182, 12f. (Af): "Ich (Thot) bin gekommen (zu Osiris) mit dem z3–Amulett, das in meiner Hand ist....".

[13] Allen, 1960, 283, Pl. XLIX, Z. 40–42.

[14] S. Germer, 235–237.

[15] Vgl. Harhotep 562: *nnk-p.t nnk-t3* — "Mir gehört der Himmel, mir gehört die Erde" — Maspero, 171.

[16] S. Piankoff, 1930, 67ff.; de Buck, 1944, 9ff.

die Herzskarabäen als instrumenta magica.[17] Gleichwohl erfordert — und gestattet — es die Komplexität der Befunde, auf einige Aspekte des magischen Handelns und vor allem auf die Frage nach der Tradierung der Wirksamkeit desselben vermittels der Beigabe von Gegenständen bzw. Bildern und Texten zur Grabausstattung näher einzugehen.

Eine ausführliche Nachschrift ist nur zu Spruch 30B erhalten; die vollständige Fassung enthält Ig (Nav.II, 99): *ḏd-mdw.w ḥr-ḫpr n-nmḥf msbb m-ḏᶜmw ᶜn.t=f m-ḥḏw rdjw n-3ḫ r-ḫḫ=f* — "Worte zu sprechen über einen Käfer aus nmḥf- Stein, eingefaßt mit Weißgold, sein Ring aus Silber. Er wird gegeben dem Ach an seinen Hals." Die nachfolgende Aufwertung des Objektes durch die Angabe der Fundumstände des Spruches und dessen Herkunft sollen uns momentan nicht weiter beschäftigen.[18] Zu allen oben genannten Sprüchen sind Titel überliefert, die ebenfalls auf konkrete Gegenstände verweisen: "Spruch für ein jb–Herz aus ḫsbḏ" (Tb 26);[19] "Spruch für ein jb–Herz aus nšm.t" (Tb 27);[20] "...für ein jb–Herz aus shr.t" (Tb 29B);[21] "...aus nmḥf" (Tb 30B).[22]

Bei der Symbolgenese des Herzskarabäus sind vier Aspekte zu unterscheiden:[23]

1. Die Frage der Substitution

Anstelle der Phrase "zu geben dem Ach an seinen Hals" (Ig) heißt es in den meisten Nachschriften zu Tb 30B: "...zu geben *m-ẖnw-jb n-zj* (Nu, Ih, s. auch R[24])" oder "*...m-ẖnw-ḥ3tj n-zj*" (Pf).

Angesichts dieses Befundes verwundert es nicht, daß im Gefolge Sethes einige Autoren annahmen, es habe steinerne Ersatzherzen als Vorläufer der Skarabäen gegeben.[25] Sethe berief sich in erster Linie auf Pyr. 828c

---

17 Zu diesen s. Feucht, 1967, 117ff.; dies., 1971, 7ff.; Malaise, 1975, 70ff.; Hornung/ Staehelin, 184ff.; Feucht in LÄ II, 1168–70 (mit Lit.).

18 S. die Ausführungen zu Tb 64.

19 Nav. II, 89 (Ba).

20 Nav. II, 92 (Ba).

21 Nav. II, 95 (Ba).

22 Nav. II, 97 (Ba, Ac, Ik).

23 Die besondere Prägnanz der Skarabäus–Symbolik ist auch von G. Dux in seinem Werk "Die Logik der Weltbilder" genutzt worden, um die Bedeutung der Partizipation an der Substantialität ("Subjekt–Substanz") in der mythischen "Auffassungsstruktur" zu exemplifizieren — (137–141).

24 Allen, 1960, pl. XVIII, Z. 23.

25 Sethe, 1934, 30: "Natürlich wäre es auch denkbar, daß dieses Ersatzherz bereits die Gestalt eines solchen Skarabäus gehabt habe, der als Symbol des Werdens und

("Sie (Nut) bringt für dich dein jb–Herz in deinen Leib")[26] — = Pyr. 835c — und dachte an eine Konservierung des Organs in der Art der späteren Kanopenbestattung.[27]

Zahlreiche andere Texte lassen sich hier anschließen: Pyr. 1162a–c ("Mein Vater hat gemacht sein Herz für sich, das andere war entfernt worden für ihn, als es rebellierte betreffend sein Herausgehen zum Himmel ...");[28] Pyr. 1640a <> CT I, 56c, 80l ("Es wird dir gegeben dein jb–Herz, das zu deiner Mutter gehört (= das du von ihr hast) und dein ḥ3tj–Herz, das zu deinem Körper gehört."); CT I, 196h ("Niemand nimmt fort dein ḥ3tj–Herz."); I, 197g ("Dein Ba existiert in der Tat, und so ist dein jb–Herz bei dir");[29] I, 210b ("Du hast dein jb–Herz, und es wird nicht geraubt") = I, 212d–e; I, 265e–f ("Ich gebe dein jb–Herz in deinen Leib, damit du erinnerst, was du vergessen hast"); IV, 57f–g (*jb=j m-h̠.t=j h̠3tj=j m-t3* — "Mein Herz ist in meinem Leib, mein Körper ist in der Erde"); V, 332h (Titel zu Sp. 459: "Zu geben das jb–Herz einem Manne für sich".); V, 333a (*jnḏ-ḥr=k Ḫprj m-ḫnw-h̠.t=j* — "Gegrüßet seist du, Chepri, im Inneren meines Leibes"); VI, 118i und r ("Ich gebe dein jb–Herz für dich in deinen Leib" — von Nephthys); VI, 395l; VII, 105u, 121b; Tb 101, 7(Nu) (Re soll dem NN das jb–Herz geben); die Titel zu Tb 26; 27 (<>CT Sp. 715); 28 (<>CT Sp. 388); 29 (<>CT Sp. 387); 29A; Assmann, 1983a, Text 228 X, 8ff. ("Mögest du geben die Augen, mit ihnen zu schauen, die Ohren, zu hören, was gesagt wird, das jb–Herz des Verklärten (n-s^{c}ḥ), indem es dauert an seinem Platz, für NN"); p. Leiden I 348 vso. 11, 8 ("Spruch...für das Verbleiben des jb–Herzens an seiner Stelle");[30] s. auch Würfelhocker Kairo CG 42210 Rückseite Z. 2 ("Es gebe dir Thot dein jb–Herz in deinen Leib"); s. ferner p. Chester Beatty VIII vso. 10, 5f. Auch in den Aufbau der altägyptischen Opferformel haben derartige Gedanken Eingang gefunden: "(sie mögen geben) das Sichverwandeln nach seinem Belieben am Ort, wo sein Herz ruht".[31]

Archäologische Evidenzen für eine derartige Sitte gibt es hingegen

---

Entstehens ...die gegebene Form war".

26 Zu jnt=s: Edel, AÄG, § 473cc.

27 Sethe, Kommentar zu den PT IV, 82f.

28 S. Sethe, Kommentar V, 60f.; J. P. Allen, 1984, §§242, 569B.

29 S. Gardiner, Grammar^3, §249.

30 Dazu Zabkar, 84f.; s. auch p. E. Smith Spr. 5 (s. S. 61).

31 Barta, 1968, 119 (Bitte 101b); vgl. 121 (Bitte 116), 128 (Bitten 168/9), 317; vgl. auch p. d'Orbiney 13, 8f. (s. S. 68.).

nicht,[32] so daß mit einer älteren, nicht verifizierbaren Verfahrensweise gerechnet werden muß, die ihrerseits eine von modernerer Praxis unabhängige Tradierung in den funerären Texten gefunden hat.

2. Die lexikalische Ambiguität

Der Skarabäus wird aufgrund des gleichen Konsonantenbestandes des Wortes ḫprr/ḫprj (Käfer) und des Lexems ḫpr (werden, entstehen; ḫprw – Wesen, Gestalt), das auch den Gott Chepre[33] bezeichnet — *ḫpr=k m-rn=k-pw n-Ḫprr*[34] —, zum Signum für die Regeneration. Von einigen Autoren ist für derartige Amphibolien der Terminus "implizites Wortspiel" verwendet worden.[35] Diese Bezeichnung gewinnt ihre Berechtigung angesichts etwa folgender Passage aus dem Papyrus Bremner–Rhind (26, 21–22):

> *jnk-pw ḫpr=j m-Ḫprj ḫpr.n=j ḫpr-ḫpr.w ḫpr-ḫpr.w-nb.w m-ḫt-ḫpr=j*
>
> "Ich bin es, ich bin entstanden als Chepri. Nachdem ich entstanden war, entstanden die Gestalten; es entstanden alle Gestalten nach meiner Entstehung."[36]

Einen weiteren Text dieser Art führt Allen an:

> *ḫpr.n(=j) ḫpr.n ḫpr.t ḫpr.n ḫpr.t [nb m] ḫt ḫprj*
>
> "When I developed, that which has developed developed. All that has developed has developed after I developed."[37]

Das "Zusammenfallen" der beiden bislang erwähnten Aspekte (1 und 2) bringt eine CT- Stelle treffend zum Ausdruck: "Gegrüßet seist du, Chepre, im Inneren meines Leibes" (CT V, 333a).

---

[32] Bonnet, 1953, 298; Smith/Dawson, 146; Westendorf in LÄ I, 1206.

[33] S. Assmann in LÄ I, 934ff.; Kees, [5]1983a, 215f.; Giveon in LÄ V, 969.

[34] "Du entstehst in diesem deinem Namen: Entstehender" (Pyr. 1587d).

[35] S. Morenz, 1975, 328ff., bes. 332f.; Feucht in LÄ II, 1169; Guglielmi in LÄ VI, 1287ff.; dies., 1984, 491ff.; Giveon in LÄ V, 969; zum "Spielen mit dem Stamm ḫpr" s. Fecht, 1972, 95 mit (57).

[36] Vgl. ebd., 26, 24: "Es wurden Gestalt eine große Zahl von Gestalten, von Entstandenen (Wesen), nämlich die Gestalten der Geborenen und die Gestalten ihrer Geborenen" (s. auch 28, 25); s. dazu auch Allen, 1988, 85ff., bes. 86 (4–5).

[37] P. Turin 54065; s. Allen, ebd., 86.

3. Die Funktion des Herzens als Gott im Menschen[38]

Die besondere Bedeutung des Herzens als "Personkern" und "Sitz des Lebensgeheimnisses des Einzelnen" hat Brunner hervorgehoben.[39] Im Herzen bündeln sich gewissermaßen die Lebenskräfte seines Trägers. Dies gilt allerdings nicht nur für den Menschen, sondern auch für Götter. In dem Sargtextspruch 715 (<> Tb 27) — "SPRUCH, NICHT ZUZULASSEN, DASS GENOMMEN WIRD das Herz (ḥ3tj) eines Mannes VON IHM IN der Nekropole" (nach Tb 27, 1 (Ani)) — lesen wir: *h3b=f-jb=f ḫntj-ẖ.t=f* (CT VI, 345a <> Tb 27, 4–5 (Ani)) — "Er (der Größte Gott) hat ausgeschickt sein Herz, das an der Spitze seines Leibes ist". Unmittelbar zuvor hat der Sprecher sein eigenes Herz dem des Gottes gleichgesetzt: "Dieses mein Herz (jb) ist das Herz dessen, Groß an Namen (rn.w), des Großen, der durch seine Glieder spricht" (CT VI, 344r–345a <> Tb 27, 3–4 (Ani)). Der Spruch richtet sich gegen die, die dem Toten das Herz stehlen oder es beschädigen wollen. Erika Feucht vermutet, daß mit jb hier konkret der Herzskarabäus gemeint sei, der als Apotropaikon auf der Brust des Verstorbenen liege,[40] und verweist auf Skarabäentexte, die ebenfalls der Identifikation des Herzens des Toten mit dem eines Gottes dienlich sind (*jb=j jb n-*$R^{c}w$ *jb n-*$R^{c}w$ *jb=j* - "Mein Herz ist das Herz des Re, das Herz des Re ist mein Herz").[41]

Diese Bestrebung, die magische Effizienz des eigenen Herzens aufzuwerten und in Gestalt des Herzskarabäus quasi zu materialisieren, geht einher mit der Vorstellung vom Herzen als einemMedium für die Einwirkung des Göttlichen auf den Menschen. Bereits in CT VI, 330g (Sp. 696) heißt es: *jnk-jrj(w)-snm n-nṯr jmj-jb=f* — "Ich bin einer, der fleht zu dem Gott, der in seinem Herzen befindlich ist." Im Grab des Paheri (Urk. IV, 119, 10–17) ist dieser Gedanke weiter ausgeführt worden: "Wurde ich gegeben auf die Waage, so ging ich hervor, indem ich (positiv) bewertet war (jp.kwj), vollständig und heil. Ich ging und kam, mein Herz (jb) (stets) im gleichen (Zustand) (ẖr-mj.tj) — ("Mein Herz hatte stets den gleichen Charakter"). Nicht sprach ich Lüge gegen einen anderen, denn ich kannte (rḫ.kwj) den Gott, der in den Menschen ist, ich erkannte ihn (sj3=j-sw)

[38] Dazu grundsätzlich der Aufsatz von Bonnet, 1949; insbesondere zur Rolle des Herzens im Totengericht s. Grieshammer, 1970, 51ff.; Assmann, 1990c, 124ff.; ders., 1993

[39] Brunner, 1965; wieder abgedruckt in ders., 1988b, 8ff. (s. bes. 21ff.).

[40] Feucht, 1967, 118.

[41] Ebd., 121.; s. auch Pektoral des Tut–anch– Amun: *jj.n-*$R^{c}w$ *r-jb-n=j* — "Re ist zu meinem Herzen gekommen" — Feucht, 1971, 11 mit (71).

und wußte (rḫ=j) diesen von jenem (zu unterscheiden)".[42]

Die Idee von der Gleichsetzung des menschlichen Herzens mit dem eines Gottes gemahnt zunächst an ein probates "Handwerk des Magiers",[43] die sogenannte "Gliedervergottung",[44] die bestimmte Körperteile des Verstorbenen via Identifikation mit je einem Gott unter den Schutz dieser Götter stellt. Eine derartige Liste in CT Spell 761 ("WORTE ZU SPRECHEN. ZU VEREINIGEN DIE GLIEDER EINES ACH FÜR IHN IN DER NEKROPOLE" – CT VI, 391a) schließt mit der Bemerkung: *nn-ᶜ.t-jm=k šw.tj m-nṯr* – "Nicht ist ein Glied an ihm, das leer ist von einem Gott"[45] (VI, 392e).[46]

Aber "die Glieder–Götter...sind nicht nach einem ordnenden theologischen Konzept zusammengestellt. Vorherrschend sind offenbar Identifikationsprinzipien, die sich auf Götterfunktion und Göttereigenschaften beziehen, und solche, die nach der Methode des Vergleichs und des Wortspiels arbeiten. Die Texte der G. ... sind auch nicht geeignet, das göttliche Wesen der Menschen ... herauszustellen".[47]

Es ist die besondere Bedeutung, die dem Herzen im altägyptischen Denken zukommt, die dieses Organ für die Präsenz des Göttlichen im Menschen zuständig erscheinen läßt. Das Herz steht in zunehmendem Maße für die "Innen–Seite" des Menschen, die sein Handeln in der Welt bestimmt; es übernimmt die im Alten Reich dem König allein obliegende Aufgabe der "Menschenführung".[48] — Nach den Worten Kurt Ruhs geht es um das "Tugendwerk des Menschen als Gestaltgewinnung Gottes im Herzen des Menschen".[49] — Gerade dieser Bereich des Denkens, Wollens und Fühlens ist jedoch sehr anfällig für unheilvolle Einflüsse, die in Konkurrenz zu den "göttlichen Eingebungen" treten. Es besteht insbesondere die Gefahr, daß das Herz den Einwirkungen von Dämonen zum Opfer fällt und sich dem Verstorbenen widersetzt, "daß das Herz eines

---

[42] Vgl. Denkstein des Nebamun – Urk. IV, 149, 3f.

[43] Bonnet, op.cit., 245.

[44] Lit.: Bonnet, op.cit., 244ff.; Borghouts, 1971, 19; Altenmüller in LÄ II, 624–7.

[45] Die gleiche Aussage findet sich in Tb 42 ("SPRUCH, ABZUWEHREN DEN SCHADEN, DER GETAN WIRD IN HERAKLEOPOLIS") — 42, 10 (Nu).

[46] Weitere umfangreiche Gliedervergottungen in den CT: CT Spells 822, 945; s. die Liste bei B. Altenmüller, 250ff.

[47] Altenmüller in LÄ II, 625.

[48] Assmann, 1990c, 119ff.; v.a. ders. 1993.

[49] Ruh, 124.

Mannes entstehen läßt (sḫpr), was er getan hat" (CT VI 344l).[50] Dieser Gefahr soll ja vermittels der Tb Sprüche 30A und B begegnet werden. Die Stelle im Grabe des Paheri (s. ob.) sagt ausdrücklich, daß er in der Lage sei, zu differenzieren — wohl zwischen solchen, die einen "guten Gott im Leibe haben",[51] und solchen, die übelwollende Geister beherbergen. Es handelt sich also um ein Modell, die Existenz des Guten neben der des Bösen zu erklären.

Interessanterweise findet das Herz auch im rituellen Bereich besondere Beachtung. In Szene 16 des Kultbildrituals[52] finden wir: "Gegrüßet seist du, Amun–Re, Herr des Thrones beider Länder! Ich habe dir dein Herz (jb) in deinen Leib gebracht, um es zu geben an seinen Platz...". Im Mundöffnungsritual geben die Szenen 24 und 44 die Übergabe von Herz und Schenkel an die Totenstatue im Rahmen eines Schlachtopfers wieder.[53] In beiden Fällen werden also — rituelle — Handlungen mit einem Herzen (oder einem Substitut) durchgeführt.

4. Die Materialmagie[54]

Die Skarabäen sollen — wie gesehen — aus verschiedenen Steinen hergestellt werden: ḫsbḏ (Lapislazuli),[55] nšm.t (Feldspat),[56] shr.t (ein Halbedelstein grüner Farbe: Serpentin oder Chalzedon)[57] und nmḥf.[58] Dem entspricht der archäologische Befund.[59] Dieser differenzierte Umgang mit Mineralien läßt vermuten, daß diesen je typische Wirkungen zugeschrieben wurden.[60] Zu bedenken ist meines Erachtens aber auch die Faszina-

---

[50] Grieshammer, op.cit., 52f.

[51] "Das Herz des Menschen ist sein eigener Gott" (Inschrift des Panehemisis – ptolem. — s. Assmann, 1990c, 120 mit (98)).

[52] Nach Moret, 1902, 63f. — p. Berlin 3055 V, 8.

[53] S. Otto, 1960 II, 76ff., 103ff.

[54] S. dazu auch S. 246ff.

[55] Dazu Harris, 124ff., 148f., 232.

[56] Ebd., 115f., s. (41).

[57] Ebd., 130f.; Grundriß VI, 458f.; Edel, 1970, 7f.

[58] Harris, op.cit., 113ff.; Malaise, 1973, 26ff. deutet den Namen etymologisch als n-mḥw=f (der nicht zu Fassende, der schwer zu bearbeitende Stein) und führt als Parallele ἀ–δάμᾱς von ἀδαμάζω – unbezwinglich an. Er identifiziert den Stein als grünen Jaspis. Allen übersetzt "nephrite" (1974, 40).

[59] Petrie, 1914, 24; ders., 1917, 73f.; Hornung/Staehelin, 184ff.

[60] Vgl. Barta in LÄ III, 1233–37 (denominative Verben, die von den Namen div. Halbedelsteine gebildet worden seien); Grapow, 1924, 56. Die Beachtung, die Steinen und ihrer Herkunft zuteil wurde, fällt bei altertüml. Texten bes. auf (s. etwa CT

tion, die von verschiedenfarbigen und -gestaltigen Mineralien im allgemeinen ausgeht. Der Wunsch zur Differenzierung "an sich" ist im Umgang mit derartigen Materialien eine wohl überall anzutreffende anthropologische Konstante. Der Befund des p. Ba, in dem vier verschiedene Steine für vier "Herzsprüche" gefordert werden, die doch im wesentlichen dem gleichen Anliegen dienen, weist ebenfalls in diese Richtung.

Fazit:

Bereits die Titel zu Tb 30A und B verweisen darauf, daß die Intention darin besteht, das Herz im Hinblick auf das zu erwartende Jenseitsgericht magisch zu beeinflussen ("Spruch, nicht zuzulassen, daß das Herz des NN sich ihm widersetzt im Totenreich").[61] In den thebanischen Privatgräbern ist Spruch Tb 30B stets bei der Wägeszene zu Tb 125 zu sehen.[62]

Meines Erachtens ist die Operationalisierbarkeit des Symbols Herzskarabäus entscheidend; mit einem ebensolchen konnte man hantieren, ihn in eine Prozedur einbeziehen. Er fungierte dabei als Stellvertreter für das Organ. Das in den alten Totentexten auffindbare Motiv "Ersatzherz" konnte dieser Sehweise nur förderlich sein. Die gewünschte Qualität eines für "Regeneration" stehenden Symbols wurde durch den Anklang an das Lexem ḫpr und durch die Verwendung bestimmten, bedeutungsgeladenen Materials realisiert. Im Herzskarabäus fließen mehrere Assoziationen zusammen: Er steht für den Gott Chepri, er dient als Signum für die potentielle Anwesenheit des Göttlichen im Menschen, er ist das Herz des Re und zugleich das des Verstorbenen. Somit ist seine Applizierung — die Ausstattung des Verstorbenen mit einem zweiten Herzen[63] — die Ansetzung aufs engste mit dem Adressaten verbundener göttlicher Macht auf mögliche dämonische Einwirkungen in der nachtodlichen Existenz.

In diesem Zusammenhang erscheint es interessant festzuhalten, daß die Zeremonie der Mundöffnung an den Skarabäen vollzogen werden sollte, um sie in Funktion zu setzen.[64]

Sp. 594).

[61] Vgl. CT II, 126d, 129h, 130a; s. Goodwin, 53.

[62] Saleh, 63 (498), 71 (9); zum entspr. Befund der Papyri: Naville, Einleitung, 129f.; s. Abb. 17.

[63] Vgl. Assmann, 1973, 74: "Mit dem "Herzen" wird dem Toten das Bewußtsein seines Erdendaseins zurückgegeben".

[64] Tb 30B, Nachschrift: Nu (Budge 1976, I, 131); Pf (Nav. II, 99); R (Allen, 1960, pl. XVIII, Z. 23f.); dazu Otto, 1960 II, 1: Otto bezieht das jrw-n=f wp.t-rꜣ auf zj und

Tb Spruch 64
Zu diesem Spruch, der durch den hauptsächlich für seine Kurzfassungen überlieferten Titel ("Spr., die pr.t m-hrw-Sprüche in einem einzigen Spruch zu kennen")[65] vorgibt, das gesamte Totenbuch vertreten zu können, sind aufschlußreiche Nachschriften bekannt.

Nachfolgend wird auf die Fassung bei Nu eingegangen (42–45): ***jr-gr.t-rḫw-rꜣ-pn smꜣꜥ-ḫrw=f-pw tp-tꜣ m-ẖr.t-nṯr jw=f-jr=f-jr.t-nb.t-ꜥnḫ.w mk.t-pw-gr.t-ꜥꜣ.t nt-nṯr gm.n.tw-rꜣ-pn m-Ḫmnw ḥr-ḏb.t nt-bjꜣ-tꜣ-rsj ḫt.tw m-ḫsbd-mꜣꜥ ẖr-rd.wj-nṯr-pn m-hꜣw-ḥm n-nsw-bjt Mn-kꜣ.w-Rꜥw*** (in Kartusche) ***mꜣꜥ-ḫrw jn-zꜣ-nsw Ḥrw-dd.f mꜣꜥ-ḫrw gmw-sw ḫft-mnmn.n=f r-jr.t-sjp.tj m-rꜣ.w-pr.w jw-nḫt-ḥnꜥ=f-ḥr=s dbḥ.n=f-sw m-sšꜣj jnj=f-sw mj-bjꜣ n-nsw ḫft-mꜣꜣ=f-ntt-sštꜣ-pw-ꜥꜣ n-mꜣꜣ n-ptr*** —
"Betreffend aber einen, der diesen Spruch kennt: Er ist einer, der gerechtfertigt ist auf der Erde wie in der Nekropole. Er kann alles tun, was die Lebenden tun; das ist ja der grosse Schutz des Gottes. Gefunden wurde dieser Spruch in Hermopolis auf einem Ziegel aus Erz des oberägyptischen Landes, eingelegt mit echtem Lapislazuli, zu Füssen dieses Gottes(bildes), und zwar während der Regierungszeit des Königs von Ober- und Unterägypten Mykerinos — des Gerechtfertigten. Es war der Königssohn Hordedef — der Gerechtfertigte —, der ihn fand, als er umherzog, um Inspektionen durchzuführen in den Tempeln. Eine (Streit-)Macht war dabei mit ihm. Er forderte ihn ein, indem er (um ihn) ersuchte. Er brachte ihn als ein Wunder zum König, als er sah, dass es ein grosses Geheimnis war, noch nicht gesehen, nicht erblickt."

Die wundersame Auffindung von magisch wirksamen Texten ist ein Topos in der altägyptischen Literatur. — Im Rahmen dieser Untersuchungen werden wir uns derartigen "Kultlegenden" noch eingehend zuwenden.[66] — Auf diese Weise wird die Altehrwürdigkeit einer magischen Instruktion als Garant für ihre Funktionalität beschworen. Der vielfach zu findende Vermerk *šs-mꜣꜥ ḥḥ-n-zp* ("für wirksam befunden,

betrachtet die Stelle als Hinweis auf das Balsamierungsritual; anders Grieshammer in LÄ IV, 224; *gs.w m-ꜥntjw* bezieht Allen auf den Skarabäus (1974, 40; 1960, 115).

[65] Nu (Budge I, 194); Juja (ebd., 195; Davies, 1908, pl. IX); Ca (Nav. II, 132); R (Allen, 1960, pl. XIX, Z. 1).

[66] S. S. 242ff.

Millionen Mal (geprüft)"), der bereits in den Sargtexten begegnet,[67] verfolgt in weniger elaborierter Manier den gleichen Zweck. — Weiter heißt es bei Nu (45–46):

šdd.tw-rꜣ-pn wꜥb twr nn-wnm-ꜥw.t mḥjj.t nn-tkn m-ḥm.wt —

"ES SOLL REZITIERT WERDEN DIESER SPRUCH IN REINHEIT UND ENTHALTSAMKEIT, OHNE GEGESSEN ZU HABEN ZIEGEN ODER FISCHE, OHNE SICH FRAUEN GENÄHERT ZU HABEN."

Die Sitte, sich vor zeremoniellen Begehungen diverser Speisen zu enthalten, hängt mit Tabuvorstellungen zusammen; besonders deutlich wird dies aus dem folgenden Textabschnitt (p. Chester Beatty VIII vso. 10, 10f.): "DIESER SPRUCH SOLL GESPROCHEN WERDEN, WENN DU REIN BIST. DU SOLLST KEINE FISCHE **(mḥjj.t)**...ODER ZIEGEN ANRÜHREN, NOCH DAS, WAS FÜR einen Gott oder eine Göttin **bw.t** IST!" Montet deutet bw.t in derartigen Zusammenhängen als "l'horreur sacre".[68] Auch Gamer–Wallert kommt in ihrem Buch über "Fische und Fischkulte" zu dem Ergebnis: "Nicht ekelerregende, unreine Tiere waren es, sondern heilige und als solche unantastbare Tiere". Dies spricht für eine "sehr spezielle Enthaltung der Priester vor bestimmten zeremoniellen Handlungen".[69]

Einige besonders interessante Bemerkungen zur kultischen Keuschheit finden sich bei Herodot (II, 64): "Auch sind die Ägypter die ersten, die die Sitte beobachten, sich nicht im Tempel zu begatten und nicht von einem Weibe kommend in den Tempel zu gehen, ohne zu baden. Außer den Ägyptern und Hellenen nämlich begatten sich fast alle Völker innerhalb der Heiligtümer und gehen, wenn sie bei einem Weibe gelegen haben, ohne zu baden ins Heiligtum. Sie halten den Menschen eben für nichts anderes als ein Tier. Man sähe doch auch die Tiere und Vögel sich in Gotteshäusern und heiligen Hainen begatten. Wenn die Götter das nicht gern sähen, würden es selbst die Tiere unterlassen. Doch mir will diese Begründung nicht zusagen."[70] Diesen Ermahnungen folgt der

---

[67] S. CT II, 205d; VI, 89o, 93g; in medizin. Texten: s. Grundriß VII–2, 866 Ia (*šs-mꜣꜥ*), Ib (*šs-mꜣꜥ ḥḥ-n-zp*).

[68] Montet, 1950, 85ff.

[69] Gamer–Wallert, 75ff. ("Der Fisch unter den Speiseverboten") —Zitate: 83 bzw. 77; s. zu Speiseverboten auch: Bonnet, 1953, 744ff.; Sauneron, 1957, 35ff. (für Priester); Stricker, 1967, 44ff.; 1968, 18ff.; 1971, 54ff.

[70] Übers. nach Horneffer, 127f.; zur kult. Keuschheit s. auch Porphyrios, de abstinentia IV, 7 (s. S. 259ff.); Bonnet, 1953, 375f.; Westendorf in LÄ III, 415–417 (bes. C und D); Stricker, 1968, Anm. 296ff.; zur Hdt.-Stelle: Burkert, 1972, 72(11) – mit

bereits behandelte Tb–Spruch 30B, wobei nach den Anweisungen zur Herstellung des Skarabäus der Spruchtext eingeführt wird mit den Worten: "Es wird gesprochen ÜBER IHN (den Skarabäus) ALS ZAUBERSPRUCH."[71] Zahlreiche Totenbuchpapyri weisen diese Reihenfolge (64 > 30B) auf.[72] Hier stellt sich der Herzskarabäus als das Regenerationssymbol schlechthin dar.[73]

In der Totenbuchhandschrift Pc bietet der Spruch 148 genau die gleiche Nachschrift (64, 42–47 (Nu) <> 148, 14–27 (Pc)). Wie wir anläßlich weiterer Befunde dieser Art noch sehen werden, kann also auch von einer separaten Tradierung der eigentlichen Instruktionen ausgegangen werden.[74]

Tb Spruch 140

Nicht vor der Perserzeit ist dieser Spruch belegt, der die Aufnahme in die Barke des Re sicherstellen soll.[75] Dazu ist folgende Anweisung überliefert (140, 11–12): "Worte zu sprechen über ein Udjat–Auge aus echtem Lapislazuli oder Granat,[76] geschmückt mit Gold. Opfere für es alle guten und reinen Dinge vor ihm, wenn Re sich zeigt im zweiten Monat der pr.t–Zeit, und zwar am letzten Tag! Auch fertige an ein anderes Udjat–Auge aus Jaspis (ḫnm.t), zu geben einem Mann an irgendein Glied, da er es wünscht!" Der Spruchtext nimmt Bezug auf die Vervollständigung des Auges (140, 8), die von allen Göttern bejubelt und als Zeichen für die Überwindung des Apophis und die ungehinderte Fahrt der Sonnenbarke aufgefaßt wird (140, 8–9).[77]

Tb Sprüche 155 und 156[78] > Abb. 18, 19

Der Djed–Pfeiler und das sogenannte Isis–Blut sind hier als Symbole für Osiris bzw. Isis aufzufassen; als Amulette sichern sie dem Verstorbenen

Lit.

71 Ebs. Pb (Nav., Einleitung, 138f.).

72 Juja (Davies, op.cit., pls. XV–XVI); Pb (Ratie, pls. XII–XIII); M (Allen, 1960, LXIV).

73 Auf ihn bezieht sich auch der Spruchtext zu Tb 64: *jnk-nmḥf* 64, 32 (Nu); 64, 41 (Aa).

74 S. Tb 130, Tb 133, Tb 137A, Tb 148, Tb 151, Tb 153A.

75 Budge II, 201ff.; R (Allen, 1960, pl. XXXIX).

76 Ḥmꜣg.t (Harris, 118ff.).

77 Vgl. Tb 167: "Spruch, ein Udjat–Auge zu bringen".

78 Vgl. auch Abb. 13–15.

solche Qualitäten zu, die zum je charakteristischen Interpretament dieser beiden Götter gehören. Ein Schema möge dies illustrieren:

Djed <> Osiris
- ꜣḫ-jqr jmj-ẖr.t-nṯr
- Eintreten durch die Tore, keine Abwehr von diesen (Juja)
- "Regeneration" (dj=f-sw (r-gs=f))

Isis–Knoten <> Isis
- ꜣḫ–Macht der Isis zum Schutz der Glieder
- Empfang durch Horus
- Bewegungsfreiheit

Die Titel geben bereits an, was mit den Symbolen zu geschehen hat: "Spruch für einen Djed–Pfeiler aus Gold, der gelegt wird an den Hals eines Ach" (Aa, Fa, Juja[79]); "Spruch für ein Isis–Blut aus Jaspis, das gelegt wird..." (Aa, Nu). Der Spruchtext zu 155 bringt den Djed–Pfeiler in Beziehung zu Rücken und Wirbeln des Osiris.[80]
Die Nachschrift wollen wir genauer betrachten!

*ḏd-mdw.w ḥr-ḏd n-nbw-mnḫ(.w) ḥr-ẖ.tj n-nh.t tḫb(.w) m-mw nw-ꜥnḫ-jmj rdj(.w) n-ꜣḫ r-ḫḫ=f hrw n-zmꜣ-tꜣ jr-ddw-n=f wḏꜣ-pn r-ḫḫ=f wnn=f m-ꜣḫ-jqr jmj-ẖr.t-nṯr hrw n-tpj-rnp.t mj-jmj.w-ḫt-**W**sjr šs-mꜣꜥ ḥḥ-n-zp* (Nu) —
"Worte zu sprechen über einen Djedpfeiler aus Gold, aufgezogen auf (eine Schnur aus) Sykomorenbast, angefeuchtet mit dem Saft der **ꜥnḫ-jmj**–Pflanze,[81] gelegt dem Ach an seinen Hals am Tage der Vereinigung mit der Erde. Wenn ihm dieses Amulett an seinen Hals gelegt ist, wird er ein trefflicher Verklärter sein,[82] der in der Nekropole ist am ersten Tage

---

[79] Budge III, 15 BI; Nu (ebd., 14): "Spruch für einen Djed aus Gold".
[80] S. Beinlich, 252ff., 62 (zu psḏ).
[81] Vgl. CT Sp. 354, Tb 13.
[82] Zu ꜣḫ-jqr s. Demaree, 195ff., 277 (f.): "The ability to act, whether favourably or malignantly, is expressed by the adjective jqr: the ꜣḫ-jqr is an "able spirit" insofar

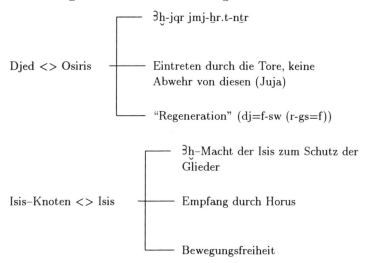

DES JAHRES, WIE DIE GEFOLGSLEUTE des Osiris. FÜR WIRKSAM BEFUNDEN, MILLIONEN MAL ERPROBT."(NU).

Die Version bei Juja lautet: "Es wird gesprochen dieser Spruch über einen Djed aus Gold, gezogen auf Sykomoren-Bast, gelegt an den Hals des Ach. Er kann eintreten durch die Tore, wenn er voranschreitet. Nicht gibt es einen, der ihn abwehren kann, nicht bekämpfen ihn die jgr.w.[83] Er kann sich selbst geben am Neujahrstag gleich denen, die im Gefolge des Osiris NN mꜣᶜ-ḫrw sind."

Der Totenbuchpapyrus Pb faßt die Sprüche 151, 156 und 155 unter der Überschrift "Inschriften des Verborgenen der Dat" zusammen — wobei Dat hier m.E. die Sargkammer meint (Abb. 18). Somit verweisen die genannten Sprüche wahrscheinlich auf Handlungen am Tage der Bestattung. In diesen Zusammenhang möchte ich auch die Regenerationstopik jw=f dj r-gs (Pb) einordnen, die bei Aa in vollständiger Schreibung begegnet: *jw=f-dj=f-sw ḥr-gs=f* ("Er kann sich geben auf seine Seite" i. S. v. selbständig erheben). Diese Phrase findet sich in zahlreichen funerären Texten.[84]

Die weitgehend entsprechenden Passagen des Spruches 156 brauchen wir nun nicht mehr im einzelnen zu behandeln (s. Schema). Das ursprünglich die Isis behütende Schutz-Tampon[85] wird zum Amulett,[86] das den Verstorbenen der Hilfe der Göttin versichert.

Tb Sprüche 157 und 158

Sie sind nur in der Spätzeit bezeugt.[87] Auch in ihnen geht es um hilfreiche Amulette: 157 — ein Geier aus Gold, auf dem der Spruchtext eingeschrieben ist, der von Isis und Horus im Schilfdickicht handelt; insbesondere die Aussage *mw.t=f-wr.t jrj=s-zꜣ=f* ("Seine Mutter, die Große, bereitet seinen Schutz")[88] vermag eine Erklärung für die Verwendung eines Geieramulettes zu liefern. Aufgrund der Schreibung des Wortes mw.t — mit

as he has the power to help his supporters and to act against his antagonists".

83 Vgl. Tb 64 Kurzfassung, 11 (Nu, Juja); Tb 110, 5 (Aa); Tb 125, 15 (Nu). Zu jgr.t: Hornung, 1963, II, 162(8).

84 Dazu Faulkner, AECT I, 178 (16); außerdem: CT I, 6b–c, 83i, 190c, 234a; III, 199a, 200g, 246d, 248a–c, 256e–f; IV, 163i–j; VI, 355q–r; VII, 6a, 120m; Tb 68, 14–15 (Nu).

85 Westendorf in LÄ III, 204.

86 S. Müller-Winkler, 393ff.; s. Vign. zu Tb 93 in Pb (Nav. I, CV); s. Abb. 20.

87 Budge III, 18–20; Allen, 1960, 282f., pl. XLIX; s. Abb. 13–15.

88 S. Budge III, 18, 3.

dem Geier — ist dieser Vogel zum Symbol für Mütterlichkeit geworden. Er soll für den Verstorbenen in ebensolcher Weise seinen Schutz gewähren, wie es Isis für ihren Sohn getan hat. Am Tage des Begräbnisses ist ein solches Amulett beizufügen. Dies gilt auch für den Usech–Halskragen,[89] der in Tb 158 gefordert wird.

C. Plastische Figuren

1. Ohne nähere Bildbezeichnung

CT Spell 83
Um die Herstellung und Anwendung einer Schutzfigur in Gestalt eines Löwen geht es in dieser Instruktion,[90] die — ganz Rubrum — als Nachschrift zu Spell 82 aufzufassen ist; dieser läßt sich als disparater Zauberspruch thematisch kaum mit den voranstehenden Texten verbinden. Gleichwohl können beide Sprüche gemeinsam das Ende einer Spruchfolge bezeichnen, die D. Müller als eigenes "Buch über den Ba des Schu" interpretiert hat.[91]

ḏd-mdw.w ḥr-ḥꜣ.t nt-mꜣj-ḥzꜣ jr.t m-ḥrs.t m-qs n-nr.t-rꜣ-pw rdj.t n-zj r-ḫḫ=f hꜣ=f r-ẖr.t-nṯr mk.t m-bꜣ-Šw sḫm-zj-pw*[92] *m-ṯꜣ.w nw-p.t*[93] *ḫpr m-ꜣḫ-jqr-pw*[94] *m-nsw n-ṯꜣ.w-nb(.w) nw-p.t jr-zj-nb-rḫw-rꜣ-pn n-mwt.n=f-mwt-wḥm n-sḫm.n-ḫftj.w=f-jm=f n-zꜣ.n-sw ḥkꜣ.w tp-tꜣ ḏ.t pr.t-pw jn-zj r-mrr=f m-ẖr.t-nṯr ḫpr-pw m-ꜣḫ-jqr ḫr-Wsjr (nach B_2L)[95] —
"Worte zu sprechen über das Vorderteil eines (wilden) Löwen, anzufertigen aus Karneol oder aus Geierknochen, zu legen einem Mann an seinen Hals, wenn er hinabsteigt zur Nekropole. Ein Schutz in Gestalt des Ba des Schu[96] (ist dies). Macht eines

[89] S. Jequier, 62–72; Willems, 206 (124); s. auch die Übergabe des U. im Kultbildritual — Moret, 1902, 242f.

[90] Zum Löwen: de Wit, 413; zu Löwenamuletten: Stoof, 265ff.

[91] Müller, 1972, 109.

[92] pw nur in B_2L und B_1P.

[93] S_1C und $M_{23}C$ inserieren: *sḫm-pw m-mw m-ẖr.t-nṯr* — "Macht bedeutet dies über Wasser in der Nekropole" (II, 46g).

[94] B_1C und B_1P: *m-ꜣḫ-pw-jqr*; S_1C nur: *ḫpr-pw m-nsw-ṯꜣ.w....*

[95] S_1C und $M_{23}C$ ab 47c verderbt.

[96] Zur Löwengestalt des Schu: Kees, [5]1983a, 7, 154, 220, 443; B. Altenmüller, 213; Ba

MANNES — BEDEUTET DIES — ÜBER DIE WINDE DES HIMMELS. ZU EINEM TREFFLICHEN VERKLÄRTEN WERDEN (zu können), BEDEUTET DIES, UND (zum) KÖNIG (über) ALLE WINDE DES HIMMELS.[97] ANLANGEND JEDEN MANN, DER DIESEN SPRUCH KENNT: NICHT KANN ER STERBEN DEN TOD[98] ZUM WIEDERHOLTEN MALE,[99] NICHT KÖNNEN SICH SEINE FEINDE SEINER BEMÄCHTIGEN, NICHT KANN IHN ZURÜCKHALTEN DER ZAUBER AUF DER ERDE IN EWIGKEIT. DAS HERAUSGEHEN BEDEUTET ES SEITENS EINES MANNES AUS DER NEKROPOLE NACH SEINEM BELIEBEN. DAS WERDEN ZU EINEM TREFFLICHEN VERKLÄRTEN[100] BEI OSIRIS BEDEUTET ES“ (II, 46a–48a).

Zur Vorstellung vom 2. Tod vergleiche man:

- Off. Joh. 2, 11: “Wer ein Ohr hat, höre, was der Geist den Gemeinden sagt: Der Sieger (*ὁ νικῶν*) wird keinesfalls geschädigt werden vom Zweiten Tod (*ἐκ τοῦ θανάτου τοῦ δευτέρου*).”

- Lukian, Totengespräche 17, 2 — Menippos zu Tantalos: “Dann müßte es doch etwas geben, wovon ich nichts sehen kann, nämlich hinter diesem Totenreich noch ein zweites, so daß man aus dem ersten Hades in einen anderen hineinsterben könnte?”

- Sonnengesang des Franz v. Assisi: “Gelobt seist du, mein Herr, für unseren Bruder den leiblichen Tod;...Selig, die er finden wird in deinem heiligsten Willen, denn der zweite Tod wird ihnen kein Leid antun.”

Die außerordentliche Fähigkeit, dem Zauber widerstehen zu können, ist der Berufung auf Schu zu danken, von dem es in Spell 75 heißt, daß er nicht dem Zauber zu gehorchen habe, da er vor diesem entstanden sei

des Schu: Altenmüller, ebd., 209.

97 Vgl. CT Sp. 162: “MACHT (sḫm) ÜBER DIE WINDE DES HIMMELS” (II, 389a).

98 Ähnliche Phrase in Pyr. 350b; 1385b: “Nicht aber ist mein Vater Osiris NN gestorben ein Sterben, sondern es ist verklärt (worden) dieser mein Vater NN ein Verklärtsein” — *n-mwt.n-js jt=j Wsjr NN mwt.t Ꜣḫ.n-jt=j-pw Wsjr NN Ꜣḫ.t*; s. auch CT VI, 102 l–m; vgl. VI, 304k.

99 Zu diesem Motiv s. Zandee, 1960, 186ff.; Grieshammer, 1970, 69f. mit den entspr. CT-Stellen; s. bes. die Titel zu Tb 44 <> CT Spell 787; Buch v. d. Himmelskuh — bei Tut-anch-Amun vor der Kuh (s. Hornung, 1982a, 31); s. auch Morenz, 1960, 269f.

100 Zu Ꜣḫ-jqr: Demaree, 198ff.; zu dieser Stelle: 232.

(I, 372b–c).[101] Prinzipiell spricht natürlich nichts dagegen, die Löwenfigur als Amulett zu betrachten; lediglich der Umstand, daß es sich um einen nicht sehr häufig zu findenden Bildtyp handelt (im Vergleich zu den oben als "Amulette" bezeichneten), führt hier zur Einordnung dieser Instruktion unter "Plastische Figuren".

Tb Spruch 7
Dieser Spruch, der sich gegen Apophis richtet, hebt an mit: "O (du) einer aus Wachs (w^{c}-mnḥ), du Räuber..." (7, 2 (Nu)). Es erscheint plausibel, ein Vernichtungsritual gegen Schlangen als "Sitz im Leben" dieses Textes anzunehmen, in dem auf eine Wachsfigur Bezug genommen wird.[102] Zu denken ist in diesem Zusammenhang vor allem an die oben (S. 53f.) wiedergegebenen Abschnitte aus dem Apophisbuch.

Tb Spruch 11
Einen weniger deutlichen, aber doch wohl auf den gleichen Zusammenhang hinweisenden Befund liefert dieser Spruch, in dem es heißt: "Ich lasse den Feind nicht aus meiner Hand, diesen meinen Feind (*ḫftj=j-pw*). Er ist mir gegeben, nicht wird er befreit aus meiner Hand" (11, 3–4(Nu)). Das pw möchte ich hier im Sinne Assmanns als deiktischen Indikator verstehen,[103] der sich auf ein zu erklärendes Etwas (vielleicht eine kleine Figur) in der Hand des Aktanten bezieht. Der Spruchtext richtet sich an einen Torhüter der Unterwelt ("O du, Der–seinen–Arm–verschlingt,[104] entferne dich von meinem Weg!" – 11, 2 (Nu)) und identifiziert den Verstorbenen mit verschiedenen Göttern. Der Titel gibt an: "Spruch, herauszugehen gegen den Feind in der Nekropole"; er ist aus den Sargtextsprüchen 567 und 569 redigiert. Letzterer weist folgenden Titel auf (CT VI, 168a): ***sḫm-zj m-ḫftj=f*** — "Zu ermächtigen einen Mann über seinen Feind".

Tb Spruch 89 > Abb. 21a und b
Dieser "Spruch des Veranlassens das Berühren des Ba seinen

[101] Bekanntlich begründet Ḥkꜣ in Spell 261 seine Ansprüche mit dem gleichen Argument (CT III, 382e ff.).
[102] Zu Wachsfiguren s. S. 97 mit (137), 250.
[103] Ders., 1969, 105 (81).
[104] Vgl. CT III, 351e (Sp. 252).

Leichnam in der Nekropole" (*dmj-bꜣ ẖꜣ.t=f*) soll rezitiert werden "Über einen Ba-Vogel aus Gold, der eingelegt ist mit kostbaren Steinen (**ꜥꜣ.wt**) und gelegt wird für einen Mann an seine Brust" (Ani). Diese Vorschrift ist recht interessant, zeigt sie doch, daß eine Art magischer Vorahmung verübt worden ist, d.h. der gewünschte Kontakt des Ba mit dem Körper des Verstorbenen wird durch die Applizierung der Ba-Figur gleichsam in effigie sichergestellt.[105] Der Vorgang muß sich keineswegs auf eine Bestattungssitte beziehen; er kann auch noch zu Lebzeiten des Betreffenden prophylaktisch von ihm selbst vorgenommen worden sein.

2. Bildbezeichnung twt

CT Spell 11
In CT I, 35e ff. lesen wir: "Willkommen, willkommen! Gebracht wurde dir eine twt-Figur,[106] so sage ich. Willkommen, willkommen! Gebracht wurde dir eine große Figur. Bemüht euch um Osiris NN, tut alles, was er sagen wird! Gebt ihm Lobpreis, ihr Götter!" Diese Passage — vorausgesetzt, die Lesung twt ist korrekt — verstehe ich als Anspielung darauf, daß der Aktant der Handlung den Adressaten, d.h. den Verstorbenen, anhand einer Statuette visualisiert und somit den angerufenen Göttern quasi anbefiehlt (I, 36e-37a: "Kommt doch, ihr Götter, daß ihr ihn seht!"). Es folgen Prädikationen des Verstorbenen im Hinblick auf seinen Sieg über die "Feinde".[107] Die twt-Statuette ist also demnach eine Ersatzfigur, über die die Aufforderung an die Götter gesprochen wird.

CT Spell 37
Eine interessante Nachschrift weist dieser Text auf (CT I, 156h-157d):
***ḏd-mdw.w ḥr-twt n-ḫftj jrw m-mnḥ zš-rn n-ḫftj-pf ḥr-šnꜥ=f m-ḫnw*[108] *n-wḥꜥ djj m-m-tꜣ m-s.t-Wsjr* —**
"Worte zu sprechen über eine **twt**-Figur des Feindes, gemacht aus Wachs; es wird geschrieben der Name jenes Feindes auf

[105] S. Abb. 21a und b — die Vignetten zeigen bereits die angestrebte Begegnung mit dem Ba, nicht etwa das Ba-Amulett!

[106] tw + Det. "sitzender Gott" verstehe ich hier als twt.

[107] Der Sieg über die ḫftj.w ist das beherrschende Motiv in der ersten Spruchfolge der CT: s.I, 9c, 10d-f, 16b, 18c-d, 19b, 22d, 26c, 30a, 34d-35c, 37b, 40a, 46a, 74d, 78f, 80e, 104b, 120f, 153c, 154d, g, 155b, 156d.

[108] Determiniert mit .

IHRE BRUST MIT DEM STACHEL EINES **wḥ**^{c}–FISCHES.[109] SIE (die Figur) WIRD GEGEBEN UNTER DIE ERDE AM SITZ DES OSIRIS."

Damit wird die Reihe derjenigen Sprüche beschlossen, die das Thema "Rechtfertigung gegen die Feinde" behandeln. Der Umstand, daß die Figur mit dem Namen einer Person beschrieben werden soll, läßt an die Übernahme des Verfahrens denken, das die "Ächtungstexte" bezeugen. Es ist anzunehmen, daß eine derartige Figur am Grabe (=Sitz) des Osiris NN abzulegen ist, um die Aufforderung "Mögest du zerbrechen...deine Feinde, mögest du sie geben unter deine Sandalen"[110] (I, 156d–e) unter Zuhilfenahme einer Art "Rachepuppe"[111] zu realisieren, die den Dargestellten dem Toten und seinen Göttern preisgeben soll.[112] Die Nekropole gilt allgemein als Ort des Numinosen. In welchem Maße der sepulkrale Bereich mit dem "Moment des tremendum" verbunden war, zeigt eindrucksvoll ein Beispiel aus dem alten Griechenland: Die Gräber selbst konnten als Apotropaika gegen potentielle Invasoren gelten; Heroengräber am Isthmos von Korinth sollten feindlichen Heeren das Betreten der peloponnesischen Halbinsel erschweren.[113]

CT Spell 103

Um die Reise des Ba aus dem Grab in die Unterwelt zu Geb, ermöglicht durch die Beihilfe Atums, geht es in dieser Instruktion, deren Nachschrift (II, 110l) folgendermaßen lautet: "WORTE ZU SPRECHEN ÜBER EINE **twt**–FIGUR AUS TON(?) ...?..., GEGEBEN WIRD DER NAME EINES MANNES DARAUF...." Die Gestalt der anzufertigenden Figur könnte in Anbetracht der Namenshinzufügung die eines Ba–Vogels sein, da der Ba der Protagonist des Spruchtextes ist (vgl. Tb 89).

---

[109] Vgl. p. Leiden I 348 rto. 10, 8; dazu Borghouts, 1971, 113f. (236); Gamer–Wallert, 33. Der Stachel der Rückenflosse des *Synodontis schall* ist giftig. Zu wḥ^{c} vgl. wḥ^{c}.t – Skorpion.

[110] Vgl. dazu Pyr. 22b, 578b, 663b.

[111] S. Burkert, 1984, 67 mit (20) (zur Sitte, Bilder des zu Schädigenden in Gräbern zu vergraben); desw.: p. Ch. B. VIII 4, 5 – 5, 3; Schott, 1930, 41f. (p. BM 10081 36, 10–14: twt eines Rebellen aus Wachs oder Ton). Man denke auch an diejenigen "Ächtungsfiguren", die auf Friedhöfen des AR gefunden worden sind.

[112] S. auch Kees, ^{5}1983b, 281; Posener, 1958, 253.

[113] Von Ranke–Graves, 197(3).

Tb Spruch 168

hat — nach Piankoff — als selbständiges Buch zu gelten, das die Grüfte der Unterwelt und ihr "Personal" wiedergibt.[114] Nicht dies ist hier für unsere Untersuchungen relevant, sondern vielmehr eine Textpassage, die eine Praxis bezeugt, die in der spätantiken Theurgie intensiv betrieben wurde.

Der Papyrus Eg hat diese überliefert: "Worte zu sprechen über eine twt–Figur des Osiris NN, indem gelegt ist die Neunheit in ihr Inneres, indem sie gegeben ist einem Manne in die Nekropole. Dann wird der Mann vollkommen sein als ein edler Gott, und er wird sein unter den Göttern."[115] In der Tat sind Statuetten bekannt, denen Papyri mit diesem Tb–Spruch "einverleibt" wurden, so etwa eine Figur Amenophis'II mit dem p. Kairo CG 24742, der diese Passage allerdings nicht enthält.[116] Die nṯr–Qualität[117] wird demnach dem Verstorbenen — substituiert durch sein twt — regelrecht implantiert; dadurch, daß nun die Götter in ihm sind, ist er unter den Göttern. Wir haben ein weiteres Textzeugnis aus dem NR in diesem Zusammenhang bereits behandelt (p. Deir el–Médineh 1 vso. 7, 2 – ein šps–Bild der Sachmet, "während die Neunheit in seinem Inneren ist").[118]

Aus dem weiten Feld der Theurgie sollen nachfolgend einige Stellen zitiert werden, die allerdings darauf verweisen, daß die altägyptischen Techniken und Prozeduren nunmehr mit geradezu wissenschaftlich zu nennender Akribie ausgedeutet und somit in neuem Geiste differenziert worden sind.[119] E. R. Dodds hat in sein Werk "Die Griechen und das Irrationale" einen Anhang aufgenommen, der die Überschrift "Theurgie" trägt[120] und im griechischen Originaltext die Stellen anführt, die ich in Übersetzung

[114] 1974, 39–114.

[115] Piankoff, ebd., 45f., Pl. 18.

[116] Dazu Piankoff, ebd., 43(17), 44f., 45(27); Daressy, 1902, 184–189, pls. XLIf.; Borchardt,1925, 170f., Abb. 114; Daressy, 1889, 88f., XXXV ("Partie inferieure d'une statue assise"); Niwinski, 1f.: "The only papyrusscroll found in a royal tomb".

[117] Zum nṯr–Begriff (im Sinne von "der Maskierte, der Verwandelte") s. Westendorf, 1985, bes. 109ff.

[118] S. S. 32 und 44.

[119] Dodds, 1970, 161: "von den alten Ägyptern erfunden"; s. auch 277(84).

[120] Ebd., 150ff. Zur Theurgie s. v.a. Nilsson II, 450f. u. 453f. (spez. zu Jamblichus), 462–464. — "Dies ist die vulgäre, mit dem Zauberwesen und der Magie verbundene Seite des Neuplatonismus, die den Jüngern den Ruf von Zauberern und Magikern eintrug" - 463.

wiedergeben möchte.[121]

- "Die die Mysterien betreffende Wissenschaft ist die, welche die Seele durch die Macht der Stoffe im Inneren (der Statuen) vollendet" (Proklos, Expos. or. Chald. 1129 D).[122]

- Der Zweig der Theurgie, der die Mysterien betrifft, besteht darin, "Orakelstätten und Bildnisse der Götter auf der Erde zu errichten und durch irgendwelche Symbole notwendige Dinge zu schaffen, die aus abgesondertem und vergänglichem Holz waren, um an der Göttlichkeit Anteil zu haben und von ihr bewegt zu werden..." (Proklos, in Tim. III 155, 18).[123]

- "Denn jene die Mysterien betreffende Kenntnis füllt die Hohlräume der Götterstatuen mit einem den auferlegten Mächten eigenen Stoff an, mit Lebewesen, Gewächsen, Steinen, Pflanzen, Wurzeln, Siegelzeichen und Inschriften, manchmal aber auch mit sympathetischen Kräutern (Gerüchen); zugleich weiht sie diesen auch Krüge, Opfergefäße und Räuchergefäße. Sie macht die Bilder belebt und bewegt sie mit geheimer Kraft" (Psellos, Epist. 187 Sathas).[124]

Damit wollen wir es vorerst bewenden lassen, da an geeigneter Stelle auf die Rezeption der ägyptischen Bildzauberei eingegangen werden soll (s. Kap. XI).

Zu erwähnen ist noch, daß p. MMA 35.9.19. eine Version von Tb 168 beinhaltet, in der sich der Sprecher des Spruchtextes mit den Horussöhnen identifiziert und dazu Figuren derselben bereitzustellen hat.[125]

Tb Spruch 175

Eine Nachschrift zu diesem "Spruch, nicht zu sterben zum wiederholten Male[126] (in der Nekropole)"[127] weisen zwei Totenbuchhandschriften auf

[121] Ich möchte an dieser Stelle meiner Schwester Veronika Finkel und meinem Schwager Justus Finkel für ihre Korrekturen danken !

[122] Ebd., 276(67); s. auch 278(91): Diodor 4, 51 (Medea läßt eine hohle Statue der Artemis "φάρμακα" in sich aufnehmen).

[123] Ebd., 159; vgl. in Tim. IV 240a (Nilsson II, 455(2)).

[124] Dodds, op.cit., 159, 276(69).

[125] Allen, 1974, 169–174, bes. "b" S 15f., 18f. (=172).

[126] Soweit Ani.

[127] Zusatz bei Lb (Nav. I, CXCVIII).

(Cha und Lb). In dem aus der 19. Dynastie stammenden Text (Lb)[128] lautet sie wie folgt:

"Worte zu sprechen über eine twt–Figur des Horus, gefertigt aus Lapislazuli, gelegt einem Manne an seinen Hals. Ein Schutz (mk.t) auf Erden ist es, den die Angehörigen eines Mannes gegeben haben für Menschen, für Götter, für Verklärte (*mk.t-pw tp-tꜣ rdjw.t-mr.w n-zj n-rmṯ n-nṯr.w n-ꜣḫ.w*). Es ist aber ihre Wohltat, die rettet den Mann in der Nekropole (*jn-gr.t-ꜣḫ.t=sn-šdd(w).t-zj m-ẖr.t-nṯr*). Für dich also auch (?)! (*jmj-n=k-gr.t*) Für wirksam befunden, Millionen Mal erprobt für den Osiris NN, den Gerechtfertigten" (175, 45–47 (Lb)).[129]

In dieser Sequenz werden die Verdienste der Angehörigen (mr.w) für das Wohlergehen des Verstorbenen in seiner neuen Existenz hervorgehoben. Es gehört offenbar zu den Pflichten der Erben, die magische Aktion, das Verlesen eines Spruches und die Beigabe einer Statuette, durchzuführen. Horus erscheint im Spruchtext in seiner Rolle als Erbe und Statthalter des Osiris als Garant der Beständigkeit (Horus auf seinem Thron),[130] und so wünscht der Sprecher: "Ich bin dein Sohn, mein Vater Re. Mögest du mir Leben, Heil und Gesundheit schenken, solange Horus auf seinem Königsthron (srḫ) bleibt" (175, 25f. (Ani)). Der Spruchtext schließt mit den Worten: "Solange Horus, Sohn des Osiris, geboren von der göttlichen Isis, besteht, möge ich bestehen, wie er besteht, möge ich dauern, wie er dauert (*wnn=j mj-wnn=f wꜣḥ=j mj-wꜣḥ=f*). Meine Jahre entsprechen seinen Jahren, und seine Jahre entsprechen meinen Jahren auf Erden, für Millionen und Abermillionen (von Jahren)!"[131]

Das Streben nach Unvergänglichkeit läßt den Aktanten zu der magischen Handlung greifen, die vermittels einer entsprechenden Figur eine Relation zwischen dem Adressaten und der Gestalt des Horus als dem Inbegriff der Stabilität konstituiert und auf diesem Wege jenen mit dem charakteristischen Status des götterweltlichen Pendants zu versehen vorgibt. Dabei übernimmt auch er selbst — evtl. der Sohn und Erbe des Verstorbenen — die Horusrolle im Hinblick auf diesen, den "Osiris NN".

Die ältere Handschrift des Ḫꜥ (18. Dyn.) bietet die wohl ursprüngliche Fassung der Nachschrift: *ḏd-mdw.w [ḥr]-twt n-Ḥrw n-ꜥ(?)-Ḫꜥ-wꜥ(.w)(?) jrw m-ḫsbd rdjw n-zj rḫḫ=f mk.t-pw-ꜥꜣ tp-tꜣ djw-sḫm(?)-zj m-ẖr.t-nṯr*

[128] S. Munro, 301 (p.Rꜥ).

[129] S. Budge III, 77; Nav. I, CXCIX; vgl. die Übers. von Allen, 1974, 185.

[130] 175, 14, 20f., 26 (Ani).

[131] Cha (Schiaparelli, 61, Z. 59f.); s. auch Lb (Budge III, 77, 44f.).

rdj.t-mrw.t=f-pw r-rmṯ nṯr.w ꜣḫ.w mwt.w nḥm=f-pw m-ꜥwꜣjj n-nṯr nḥm-zj m-jḫ.wt-nb.wt ḏw.wt šs-mꜣꜥ ḥḥ-n-zp (175, 60ff. – Cha)[132] — "Worte zu sprechen [über] eine Figur des Horus...[133], gemacht aus Lapislazuli. Sie wird gegeben einem Mann an seinen Hals. Einen großen Schutz bedeutet dies auf Erden, der einem Mann (auch) Macht verleiht(?) in der Nekropole. Es bedeutet, seine Beliebtheit zu gewähren bei Göttern, Menschen, Verklärten und Toten. Es bedeutet, ihn zu retten vor der Gewalttat eines Gottes und einen Mann zu retten vor allen bösen Dingen. Für wirksam befunden, Millionen Mal (geprüft)."

Bei Ḫꜥ findet sich eine zweite Bildzauberanweisung zu diesem Spruch. Am Ende des Dialoges zwischen Atum und Thot wird verlangt, diese Passage über die Fajence–Statuette (twt) des Thot zu rezitieren, die einem Mann an seine Hand zu legen ist.[134]

Der apotropäische Charakter dieses Spruches hat seine Verwendung im Rahmen eines spätzeitlichen Vernichtungsrituals gegen die Feinde des Pharao zur Folge gehabt.[135]

3. Bildbezeichnung rpjj.t

CT Spell 22

CT I, 63c erwähnt eine "rpjj.t–Figur aus Wachs, welche das Böse vertreibt". Es handelt sich, wie aus dem folgenden Text ersichtlich ist, um eine Figur der Tefnut.[136] Allgemein werden Wachsfiguren im Rahmen von Schadenszauber–Aktionen zerstört oder verstümmelt.[137] Ungewöhnlich mutet es daher an, daß eine derartige Figur hier zur Abschreckung (ḫsr) dienlich sein soll. In Erwägung zu ziehen ist eine Verkörperung der

---

[132] Schiaparelli, 61, 60ff. — eine Vignette des Horus (mit ꜥnḫ und wꜣs–Szepter) ist über dem Text angebracht, sie weist keine Beischrift auf.

[133] Die folgende Zeichengruppe ist problematisch; ob man tatsächlich annehmen darf, daß hier auf eine Einheit von Horus und dem Tb–Inhaber angespielt wird (etwa: "H. im Zustand (o.ä.) des Ḫꜣ, indem sie einer sind")? Dies würde die Horusrolle des Adressaten natürlich eindrucksvoll unterstreichen.

[134] Ebd., 60, Z. 8f. (wiederum mit entspr. Vignette des Thot, neben dieser die Beischrift: nb-Ḫmnw — "Herr von Hermopolis").

[135] P. BM 10081 — s. S. 54 mit (9); vgl. die Instrumentalisierung von Tb 18 in gleichem Sinne in p. Ch. Beatty VIII 1, 1 – 2, 9.

[136] Zu dieser Stelle s. Kaplony, 131(89).

[137] Zu Wachsfiguren s. besonders Derchain, 1965, 161f. (46); Raven, 7ff.

Tefnut in ihrer Maat–Funktion[138] als Widerpart des Bösen.

Tb Spruch 162
Im Falle des nur in der Spätzeit belegten "SPRUCHES, WÄRME ENTSTEHEN ZU LASSEN UNTER DEM KOPF EINES VERKLÄRTEN" — ***rꜣ n-rdj.t-ḫpr-bs ẖr-tp n-ꜣḫ*** (T)[139] identifiziert sich der Sprecher mit der Himmelskuh Jḥ.t[140] (3–4) und ruft rw-pḥtj,[141] den starken Löwen, an, damit dieser — wie dereinst dem Re — nun dem NN Wärme spenden möge. Aufschlußreich ist die dazu gehörende Nachschrift (T):[142]

ḏd-mdw.w ḥr-rpjj.t-ꜣḫꜣ.tj (Jḥ.t)-jr.tw m-nbw-nfr rdjw r-ḫḫ n-ꜣḫ ḥnꜥ-jr.t=s m-zš ḥr-ḏmꜥ n-mꜣwj rdj.t ẖr-tp=f wnn-bs-ꜥšꜣ.t m-qd.t=f-nb mj-ntt tp-tꜣ mk.t-ꜥꜣ.t wr-zp2 jrw.t.n-ꜣḫꜣ.t n-zꜣ=s Rꜥw m-ḥtp=f wn.n-s.t=f-jnḥ.tw [m]-mšꜥ-m(ꜥ)hꜣdt(?)[143] [144] *wnn=f-nṯr m-ẖr.t-nṯr nn-šnꜥ.tw=f ḥr-sbꜣ.w-nb(.w) n-dwꜣ.t m-šs-mꜣꜥ* ***ḏd.ḫr=k*** *rdj.n=k-nṯr.t-tn r-ḫḫ n-ꜣḫ j-jmnw-nꜣ-jmn.w pꜣ-ntj m-ḥr.t jmj-ḥr=k n-tꜣ-ẖꜣ.t n-zꜣ=k swḏꜣ=k-sw m-ẖr.t-nṯr mḏꜣ.t-pw ꜥꜣ.t-štꜣ.w jm=k-rdj.t-mꜣꜣ=s-jr.(w)t-nb.(w)t bw.t-pw rḫw-sj ḥꜣpw-sw ḫpr-sw mḏꜣ.t-tn ḥnw.t-pr-jmn rn=s* ***jwj=f-pw*** —

"Worte zu sprechen über eine rpjj.t–Figur der jḥ.t–Kuh, die gemacht ist aus feinem Gold und gegeben wird an den Hals des Verklärten zusammen mit ihrer Anfertigung in Schrift auf einem neuen, unbeschriebenen Papyrusblatt; zu legen unter seinen Kopf. Es wird eine große Wärme sein ganz in der Art wie bei einem, der auf der Erde ist. Ein sehr großer Schutz (ist dies), den gemacht hat die Jḥ.t–Kuh für ihren Sohn Re bei seinem Niedergang (Sonnenuntergang), als sein Sitz (Platz) umgeben war von einer wärmenden Truppe.[145] Er wird ein Gott sein in der Nekropole; nicht kann er zurückgehalten werden von irgendeinem der Tore der Un-

---

[138] S. B. Altenmüller, 231f.; Assmann, 1990c, 167ff.

[139] Zu Tb 162–165 s. Lepsius, LXXVIIff. und Budge III, 22–33 (T); Allen, 1960, 285–7 (nur 162), Pls. XLIX (R mit Vignette: Himmelskuh — s. Abb. 15), XCVI (M); Faulkner, 1985, 156–161, Abb. S. 160, 163f.; p. Berlin 3031 (Hierat. Pap. II, 48 II, 7 - III, 2: Tb 162).

[140] Dazu Kakosy in LÄ III, 124f.

[141] S. de Wit, 7, 30, 230ff.; Assmann, 1969, 50, 171(11).

[142] S. Abb. 22a; s. auch die Vignette in Abb. 15 und 22b.

[143] Allen, 1974, 158(266): "perhaps a semitic term"; er übersetzt "surrounded by [ardent] troops".

[144] Zusätze bei R: s. Allen, ebd.: "If thou hast put this Goddess at the King's throat upon earth, he shall be like flame in the face ... of his enemies upon earth...".

[145] Ob hier das Abendrot gemeint ist als Garant dafür, daß die Sonne nicht in einen Zustand der Wärmelosigkeit gerät?

terwelt. Für wirksam befunden. DANN SOLLST DU SPRECHEN, nachdem du gegeben hast diese Göttin (die Jḥ.t–Figur) an den Hals des Verklärten: "O Verborgenster der Verborgenen, der, der im Himmel ist! Wende dich diesem Leichnam deines Sohnes zu, daß du ihn bewahren (eig. heilen) mögest in der Nekropole!" Dies ist ein Buch, groß an Geheimnissen. Laß es nicht sehen das Auge irgendjemandes, denn es ist Tabu! Wer es aber kennt und sich verhüllt (in Schweigen), ist einer, der (weiter) existiert. Dieses Buch, "Herrin des verborgenen Tempels" ist sein Name. ENDE."

Die Schlüsselfigur dieser Instruktion ist die Jḥ.t–Kuh, deren Einfluß auf rw-pḥtj sich der Aktant sichern möchte; die Identifikation mit ihr[146] ist ebenso erforderlich wie die Beigabe der kleinen Figur und des Bildes.

Den seit der 21. Dynastie belegten Text[147] schreibt man seit der 25. Dynastie mit Vorliebe auf die sogenannten Kopftafeln, die u.a. mit einem Bild der Jḥ.t–Kuh versehen wurden. Man legt sie unter den Kopf der Mumie und ersetzt dadurch also die Kuh–Statuetten oder vielmehr die gesamte magische Aktion, bestehend aus Spruchrezitation und Grabbeigabe.[148]

Buch von der Himmelskuh 300–312

An anderer Stelle werden wir uns näher mit diesem Unterweltsbuch beschäftigen, da es die ausführlichste tradierte Bildzauberanweisung enthält.[149] Neben dem Kuhbild ist eine Zauberfigur zu verwenden: *ḥkꜣw wꜥb-ḥr-ḏꜣḏꜣ=f jrj-rpjj.t ꜥḥꜥ.tj ḥr-tꜣ=k-rsj(.t) jrj-nṯr.t-ḥr=s m-ḥrj-jb=s ḥfꜣw ꜥḥꜥ(.w) ḥr-sd=f ḏr.t=s ḥr-ẖ.t=f sd=f ḥr-tꜣ ddw-n=f Ḏḥwtj jꜣw sꜥḥ-p.t-ḥr=f ...* —

"Zauberer, wenn du rein bist an deinem Haupt, mache eine rpjj.t–Figur, die an deiner südlichen Seite steht, und mache (forme) eine Göttin auf ihr — in ihrer Mitte — und eine Schlange, die auf ihrem Schwanz steht, ihre (der Göttin) Hand an ihrem (der Schlange) Leib, ihr Schwanz auf die Erde (reichend)! Es wird ihm Thot gewähren, daß Lobpreis und Ehre des Himmels auf ihm sind..." [150]

---

[146] Fehlt in p. Leiden T 20 (Allen, 1974, 158f.).

[147] P. Berlin 3031 (s. ob.).

[148] Zu den "Hypokephaloi" s. Bonnet, 1953, 389f.; Kessler in LÄ III, 693 (mit Lit.); Beispiele s. Abb. 23.

[149] S. S. 119ff.

[150] Fecht zieht einen Bezug der Figuren zu ḏ.t und nḥḥ in Betracht (in: Hornung, 1982, 122).

Die beschriebene Figur erinnert an Darstellungen aus zwei anderen königlichen Unterweltsbüchern:

a) Die sog. Nutszene im 5. Abschnitt des Höhlenbuches. Die als die "Geheime" bezeichnete Himmelsgöttin hält in ihrer rechten Hand einen widderköpfigen Gott, in der linken die Sonnenscheibe; zu beiden Seiten sind zwei auf ihren Schwänzen stehende, menschenköpfige Schlangen zu sehen. Außerdem sind 4 Krokodile, ein Skarabäus, ein Widder, ein zweiter widderköpfiger Gott mit Sonnenscheibe und das Sonnenkind, das von zwei Armen aufgenommen wird, dargestellt. Das gesamte Emblem ist als eine symbolische Wiedergabe des Sonnenlaufes aufzufassen.[151]

b) Ein sehr ähnliches Bildmotiv im "Buch von der Erde", Teil D, 3. Szene.[152]

4. Bildbezeichnung sšmw

CT Spell 472

Der "Spruch für das Veranlassen, dass Uschebtis die Arbeiten für ihren Herrn verrichten in der Nekropole" (CT VI, 1a) ist bekannter in seiner Totenbuchfassung Tb 6.[153] Für den hier verfolgten Zusammenhang ist die Nachschrift von größtem Wert, welche die Särge B_2L und B_1P überliefert haben (VI, 2j–k):

ḏd-mdw.w ḥr-sšmw n-nb n-tp-tꜣ jrw m-jsr m-nbs djw [m]-kꜣr n-ꜣḫ — "Worte zu sprechen über ein **sšmw** des Herrn auf der Erde, gemacht aus Tamariskenholz[154] (oder) aus Christdorn-Holz,[155] gegeben [in] die Grabkapelle (**kꜣr**) des Verklärten."

Der Begriff sšmw im Sinne von Bild etc. begegnet in keiner anderen Nachschrift aus dem Corpus der Sargtexte, während er — wie wir noch sehen werden — in den Tb-Sprüchen keineswegs selten ist. — Wiewohl eine zusammenfassende Betrachtung ägyptischer Bildterminologie im Rahmen der Bildmagie in Kapitel VIII dieser Arbeit vorgenommen wird, möchte

[151] Hornung, ^{2}1984, 373ff., Abb. 79 — s. dort auch die Beischriften.

[152] Ebd., 463ff., Abb. 99 — s. Abb. 24.

[153] S. bes. Morenz, 1975, 295ff., v.a. 299 ("Die Herkunft der Uschebti"). S. auch Titel zu CT Sp. 210: "Nicht Arbeiten zu verrichten in der Nekropole" (III, 164/165a); Tb 5: "Spruch nicht zuzulassen, dass ein Mann Arbeiten verrichtet in der Nekropole" (der Spruchtext erscheint in CT Sp. 431 unter einem gänzlich anderen Titel).

[154] Zu jsr-Holz s. Grundriß VI, 62f.; Germer, 54ff.

[155] Zu nbs-Holz (Christdorn) s. Grundriß VI, 300ff.; Germer, 82ff.

ich eine Interpretation dieses Befundes bereits hier anbieten. —

Einerseits wird der Verstorbene von den Göttern ehrenvoll aufgenommen und in die jenseitsweltliche Gemeinschaft integriert, was die Herrschaftsantrittstopik in VI, 1c–d anzeigt: *jtj.n=f-pḥtj=f ꜣ.t=f jtj.n=f-n=f ns.wt=f* ("Er hat Besitz ergriffen von seiner Kraft, von seiner Stärke. Er hat für sich Besitz ergriffen von seinen Thronen"). Andererseits kann er dort zu einem Beitrag aktiver Solidarität in Gestalt einer Arbeitsleistung verpflichtet werden. Es sind nun nicht einfach Diener, die er statt seiner dazu delegiert; es sind vielmehr persönliche, quasi an seiner Identität partizipierende Substituenten. Dies wird in der vorliegenden Instruktion durch das Postulat weitestgehender Porträthaftigkeit der zu verwendenden Uschebtis zum Ausdruck gebracht. Die Phrase sšmw n-nb n-tp-tꜣ verstehe ich als Bezeichnung für eine Art Double, das — nach dem lebenden (irdischen) Vorbild gearbeitet — spezifische, im einzelnen festgelegte Funktionen (und Qualitäten) des Dargestellten zu übernehmen vermag.

Die Tb–Fassung begegnet nur selten auf Papyri, häufig ist sie den Uschebti–Figuren selbst eingeschrieben.[156]

D. Zeichnungen

1. Ohne nähere Bildbezeichnung

CT Spell 81

Spruch 81 der Sargtexte enthält zunächst eine kurze Rede des Schu, in der er sich selbst hinsichtlich seines Verhältnisses zu Atum prädiziert: "Ich bin Schu, der Sohn des Atum. Er hat mich gezeugt in seiner Nase, und ich bin herausgetreten aus seinen Nasenlöchern. Er hat mich gesetzt auf seinen Hals (bꜥn.t) und geküsst jeden Tag" (II, 44a–c).

Somit bietet der Text die Essenz des vorangehenden Spruches 80, in dem Schu die 8 Chaosgötter als Zeugen für seine Beziehungen zu diesem Gott anruft, bevor eine Rede des Atum an Nut zitiert wird (II, 32b–34f). Deren Erwiderung wie auch der anschließende Monolog des Schu (II, 35i ff.) stellen heraus, daß er wirklich der lebende Sohn und Erbe Atums ist. Die zu diesen Sprüchen gehörende Nachschrift (II, 44h) fordert:

ḏd-mdw.w ḥr-Ḫmnj.w zš(.w) m-qnj.t m-stj m-ḏr.t nt-zj nsb hrw-nb dwꜣ-zp2 (nach B_1C) —

[156] Schneider I, 78ff. (mit Lit.).

"WORTE ZU SPRECHEN ÜBER DIE 8 URGÖTTER, INDEM SIE GEMALT SIND MIT **qnj.t** UND MIT NUBISCHEM OCKER (**stj**) AUF DIE HAND EINES MANNES; ABZULECKEN JEDEN TAG SEHR FRÜH AM MORGEN."

Weshalb soll diese Prozedur vollzogen werden? Eine Sequenz aus Spell 78 kann vielleicht Aufschluß geben. Dort lesen wir (CT II, 19c–e): "O ihr acht Urgötter, (mit denen) Schu schwanger war, die Schu gebildet hat, die Schu geschaffen hat, die Schu zusammengefügt hat, die Schu erzeugt hat mit dem Ausfluß, der in seinem Leibe ist." Daß die Urgötter aus Schu hervorgegangen sind, ist auch aus CT II, 23d und 28b ersichtlich. Die durch den magischen Akt realisierte Umkehr jenes Emanationsprozesses dient offenbar der Identifikation des Aktanten mit dem Gott Schu; dadurch wird er selbstredend auch der wirkungsmächtigen Gottessohnschaft zu Atum teilhaftig. Daneben muß die Konfluenz dieses Aspektes mit dem Motiv des "Götter Essens", das aus den Sargtexten bekannt ist und die Einverleibung magischer Potenz anzeigt, ebenfalls gesehen werden.[157] Möglicherweise ist dem bei G_1T überlieferten Rubrum zu Spell 76 das Ziel der Zauberhandlung zu entnehmen, deren Legomenon die Sprüche wiedergeben: "HERAUSZUGEHEN ZUM HIMMEL, ZU STEIGEN IN DIE BARKE DES RE UND DIE GESTALT ANZUNEHMEN EINES LEBENDIGEN GOTTES" (II, 1i).

CT Spell 341

Die Intention, die der Aktant mit diesem Spruch verfolgt, wird in CT IV, 345d angegeben (nach B_1L): *sjʿr=j-nfr m-hrw-pn* — "Ich will aufsteigen lassen das Gute täglich".[158] Der Gedanke liegt nahe, diese Formulierung mit der Phrase "die Maat aufsteigen lassen" in Vergleich zu stellen, die in funerären Texten des öfteren begegnet.[159] In CT IV, 345g–i finden wir sodann: "ES SOLL SPRECHEN EIN MANN DIESEN SPRUCH ÜBER SIEBEN UDJAT–AUGEN, DIE IN SCHRIFT (gegeben) SIND, ZU WASCHEN (abzuwaschen) MIT BIER UND NATRON, ZU TRINKEN VON EINEM MANN."

[157] Neben CT Sp. 573, aus Pyr. 393–414 ("Kannibalenhymnus") redigiert, seien erwähnt: CT III, 340d, 341c; IV, 16d, 35g–h, 61d; VII, 19l, 39e(?), 236d, 347b–c, 495e. Zu CT II, 44h in diesem Sinne: Heerma van Voss, 1984, 32.

[158] Faulkner (AECT I, 275): "I come to an end happily today" — s. seine Anm. ebd., 276 (9).

[159] Z.B. CT IV, 61a <> Tb 79, 9(Nu); IV, 90j, 164k; VI, 267v, 322q<>Tb 71, 5(Aa), 352h; VII, 332g<>Tb 144, 17(Nu), 387c<>Tb 130, 6–7 (Nu); Tb 124, 19 (Nu). Dazu Assmann, 1990c, 192ff.

(Man vergleiche dazu p. Deir el-Médineh 1 vso. 6, 5–6 und die allerdings schlecht erhaltene Instruktion p. Chester Beatty VIII vso. 3, 4–9).

Tb Spruch 148 > Abb. 25

Der auch in Tempeln des NR auftretende Spruch[160] dient in erster Linie der Nahrungsversorgung.[161] Im Papyrus des Nu findet sich die folgende Nachschrift: "WORTE ZU SPRECHEN DURCH EINEN MANN — WENN RE SICH ZEIGT (*dj=f-sw*) — ÜBER DIESE GÖTTER, DIE GEMALT SIND MIT GRÜNER FARBE AUF EINE TAFEL (*ꜥn*). GEGEBEN WERDEN FÜR SIE OPFERGABEN UND SPEISEN VOR IHNEN AN BROT,BIER, FLEISCH, GEFLÜGEL UND WEIHRAUCH. GEMACHT WERDEN FÜR SIE INVOKATIONSOPFER (*pr.t r-(ḥr)ḫrw*). NÜTZLICH IST DIES VOR RE. DIE SPEISUNG DES BA[162] BEDEUTET DIES, (und zwar) IN DER NEKROPOLE. EINEN MANN ZU BEWAHREN, BEDEUTET DIES, VOR JEGLICHEM ÜBEL. BENUTZE ES ABER NICHT FÜR IRGENDJEMANDEN, AUSSER FÜR DICH SELBST (*wpw-ḥr-ḥꜥ=k*), DIESES BUCH DES Wennefer! ANLANGEND DEN, FÜR DEN DIES AUSGEFÜHRT WIRD: ES WIRD RE SEIN STEUERRUDER UND SEIN SCHUTZ (*mk.t*) SEIN. ER IST EINER, DER NICHT KENNT IRGENDWELCHE FEINDE IN DER NEKROPOLE, IM HIMMEL, AUF DER ERDE UND AN JEDEM ORT, AN DEN ER GEHEN WIRD. EINEN VERKLÄRTEN WIRKLICH ZU SPEISEN, BEDEUTET DIES. FÜR WIRKSAM BEFUNDEN, MILLIONEN MAL (erprobt)" (148, 15–19).

Die "nn n-nṯr.w" sind die auf den Vignetten abgebildeten sieben Kühe mit dem Stier und den vier Rudern.[163] Der Spruchtext besteht im wesentlichen aus Anrufungen dieser Gestalten: "Ihr möget geben Brot,Bier, Opfergaben (ḥtp.w), Speise (ḏfꜣw) und Verklärtheit (ꜣḫw)[164] dem Verklärten

---

[160] Janssen, 86ff. Zur Belegsituation: Assmann, 1973, 82f.; Saleh, 81ff.; Hornung, 1979, 505f. (Verweis auf Kairo CG 20520 — MR-Stele aus Abydos).

[161] Titel bei Nu: *rꜣ n-sḏfꜣw-ꜣḫ m-ẖr.t-nṯr* — "SPRUCH, EINEN VERKLÄRTEN ZU SPEISEN IN DER NEKROPOLE".

[162] Zum Motiv "Speisung des Ba" vgl. v.a.: Pfb. I, 169ff. (Sz. 28), 241–243 (Sz. 40), 305ff. (Sz. 56) — "Wer ihnen opfert auf Erden...", s. dazu Hornung, Pfb. II, 212f. S. ebf.: Tb 18 VII, 2(Aa) — Opfer vor den "Bau der Kinder der Schwachen"; Tb 110, 28f. (Aa) — "mein Ba hinter mir, meine Nahrung (ḥw) vor mir" <> CT V, 383d; Tb 183, 22f. (Ani) — Opfer für die Bau der Toten (mwt.w); Amd. I, 112, 5 — Opfer, die hervorgehen für die Bau. Zum Leib (ẖ.t) des Ba: Tb 1, 34f. (Ani); Pfb. I, 306.

[163] Nav. I, CLXVII; Faulkner, 1985, 142f.; Saleh, Abb. 103f.; Allen, 1960, Pl. XLVI (R), XCII (M); Davis, 1908, Pl. XII — s. Abb. 25.

[164] Assmann übersetzt "Zaubermacht" — 1973, 83.

NN. Ihr möget ihm geben Leben, Heil und Gesundheit, Herzensweite (ꜣw.t-jb) und Dauer auf Erden. Ihr möget ihm gewähren den Himmel und die Erde, den Horizont, Heliopolis und die Unterwelt (dꜣ.t). Er kennt all dieses (*jw=f-rḫ.w-st-tm(w)*). Möget ihr für mich Gleiches tun"[165] (148, 10–11 (Nu))! —

Die Zentralität dieses Totenbuchtextes wird nicht allein durch die Belegsituation offenkundig, sondern kommt auch darin zum Ausdruck, daß in Rotschreibung ausgeführte Zusatztexte, die Anweisungen zur Praxis magischer Handlungen beinhalten, in einigen Handschriften voran– oder nachgestellt werden. Das Totenbuchexemplar des Juja hat den sog. Spruch Tb 190 vor den Spruch 148 gesetzt; er ist auch in Tb 133 — dort als Nachschrift — zu finden. Daß auch die zu Tb 64 gehörende Nachschrift mit diesem Spruch in Zusammenhang gebracht wurde, haben wir bereits gesehen (Pc). — s. S. 86).

Tb Sprüche 163 und 164 > Abb. 26a und b

Sehr ausführliche Anweisungen zur Verwendung von Zauberzeichnungen enthalten diese nur in der Spätzeit belegten Sprüche.[166] Dabei handelt es sich um Bilder im Spruchtext angerufener Wesen und ihrer Attribute:

"Es ist zu sprechen über eine Schlange mit zwei Beinen, mit einer Sonnenscheibe und zwei Hörnern, derweil zwei Udjataugen mit (je) zwei Beinen und mit zwei Flügeln (vor ihr sind). Das, was in der Pupille des einen (Auges) ist: Eine twt–Figur "Dessen mit erhobenem Arm" (fꜣj-ꜥ) und dem Gesicht des Bes mit Doppelfeder (šw.tj), sein Rücken als Falke (gestaltet). Das was in der Pupille des anderen ist: Eine twt–Figur "Dessen mit erhobenem Arm" und dem Gesicht der Neith mit Doppelfeder, sein Rücken als Falke. Zu malen mit trockener Myrrhe (ꜥntjw-šw) und unterägyptischem Wein ([jrp]-mḥj) (?) — zu wiederholen (nachzuziehen) mit oberägyptischem Grünstein (wꜣḏ-šmꜥw) und mit Wasser aus einem Brunnen aus dem Westen Ägyptens (*mw n-tꜣ-ẖnm(.t) jmnt.t n(.t)-Km.t*) — auf eine grüne Binde. Es soll ein Mann einwickeln (bnd) alle Glieder damit" (163, 13–16 (T)).

"Worte zu sprechen über eine Mut mit drei Gesichtern — eines das

[165] Der Aktant der Handlung bezieht sich selbst mit ein. Zu einem entsprechend deutbaren Befund im Amduat–Schlußtext der 1. Std. (I, 22) — "Wer diese sšmw.w ausführt..." — s. Assmann, 1970, 57(2): gemeint sei nicht der Schreiber, sondern der Offiziant.

[166] Zur Belegsituation s. S. 98 (139).

Gesicht der Pachet[167] mit Doppelfeder, ein anderes ein menschliches Gesicht (ḥr n-pᶜjj.t) mit der weißen Krone und der roten Krone, ein anderes das Gesicht eines Geiers mit Doppelfeder — sowie mit einem Phallus und mit zwei Flügeln und mit Krallen des Löwen. Zu malen mit trockener Myrrhe und frischem Weihrauch — zu wiederholen (nachzuziehen) mit Tinte — auf eine Binde aus Leinen (prjj n-jnsj). Es ist ein Zwerg,[168] der vor ihr steht und einer hinter ihr — sein Gesicht auf sie (gerichtet), mit Doppelfeder, sein Arm ist erhoben (Adorationsgestus) — (je) mit zwei Gesichtern, eines das Gesicht eines Falken, das andere das Gesicht eines Menschen. Zu umwickeln (wt) (ist) die Brust damit" (164, 12–14 (T)).

Die im p. BM 10257 vorfindliche Vignette zeigt exakt die in den Nachschriften beschriebenen Gestalten.[169]

Die spätzeitliche Stellung dieser beiden Instruktionen zeigt sich nicht nur in den relativ komplizierten Zauberzeichnungen und Spruchtexten, die für eine deutlichere Betonung des Geheimnischarakters der Magie sprechen, sondern auch in den äußerst differenziert formulierten Intentionen der magischen Handlungen. Damit zeigen sich hier bereits Tendenzen, die — wie wir noch sehen werden — in den griechisch-magischen Papyri (PGM) ihre Fortsetzung erfahren. Lediglich annehmen darf man, daß diese Entwicklung mit der Ausprägung eines stärker spezialisierten Typs des Magiers (Aktanten) einhergeht. Die thematische Ausweitung der magischen Handlungen ist sicherlich auch durch ihre zunehmende Demotisierung (hinsichtlich der Klienten) zu erklären.

Eine für die Sprüche 163–165 gemeinsame Überschrift lautet: "SPRÜCHE, ENTNOMMEN einem anderen Schriftstück als Zusatz für (das Buch) "Herauszugehen am Tage"" — *rꜣ.w-jn(w) r-kjj šᶜ.t m-ḫꜣw-pr-m-hrw* (T). Unmittelbar darauf folgt der ausführliche Titel zu Tb 163 (T): "SPRUCH, NICHT ZUZULASSEN, DASS ZUGRUNDE GEHT (**skj**) der Leichnam eines Mannes in der Nekropole, um ihn zu retten vor den Fressern der Ba's, die einsperren (ḏdḥ) in der Unterwelt (dꜣ.t). Nicht zuzulassen, daß man aufrichtet seine Verbrechen auf der Erde (seines ird. Daseins) gegen ihn

[167] Ursprünglich löwengestaltige Göttin von Speos Artemidos, später Isis— Pḫꜣ.t, Herrin der Schrift; Lit.: Graefe in LÄ IV, 640f.

[168] Vgl. p. Deir el-Médineh 1 vso. 4, 5 – 5, 2; p. Leiden I 348 vso. 12, 2–6 (s. S. 27f. mit (3)).

[169] S. Faulkner, 1985, 163 — s. Abb. 26b. Nur die in die Udjat-Pupillen einzuzeichnenden Figuren sind nicht ausgeführt; die gleichen Motive auch in T (s. Lepsius, LXXVII (163) und LXXVIII (164) — Abb. 26a).

(*tmw-rdj.t-ṯsj.tw-bt3.w=f ḥr-tp-t3-ḥr=f*). Zu schützen sein Fleisch und seine Knochen vor Gewürm (dnm.w) und jedem Gott, der Schaden anrichtet (thj) in der Nekropole. Zu gewähren sein Herausgehen und sein Hinabsteigen nach seinem Belieben sowie daß er alles das tun kann, was er will (*jr.t-pn-ntj-nb m-jb=f*), ohne daß er gehindert wird (*nn-jntnt.tw=f*)."
Weitere Ausführungen folgen im Anschluß an die oben wiedergegebenen Weisungen (163, 16–19 (T)):

"Nicht kann er abgewehrt werden von irgendeinem Tor der Unterwelt (d3.t). Er wird essen, trinken und urinieren mit seinem Unterkörper (m-pḥt.t=f), wie als er auf Erden war. Nicht wird irgendeine Angelegenheit (ḫnw) gestellt werden gegen ihn. Die Zauberkraft (3ḫ) der Hände der Anderen (k(3]jj) ist in ihm für immer und ewig. Wenn dieses Buch benutzt wird auf der Erde: Nicht soll er entblößt (kf3) werden durch die Boten des Schadenstifters (thw), der Verbrechen begeht (*ntj-jrw-bt3.w(?)*) auf der ganzen Erde! Nicht soll er erstochen werden! Nicht soll er sterben durch das Schwert (š^cd) des Königs! Nicht soll er ergriffen werden zu irgendeinem Gefängnis! Er soll vielmehr eintreten in den Gerichtshof (qnb.t) und gerechtfertigt heraustreten! Er soll unversehrt sein vom Schrecken der Sünden (ḥrw-jzf.t), der auf der ganzen Erde entsteht!"

Diese Nützlichkeitsverweise beziehen sich also sowohl auf das irdische als auch auf das nachtodliche Leben. Man kann die Instruktion sogar separat "auf der Erde benutzen". Dabei wird eine fast typologische Entsprechung beider Lebens- und Rechtssphären erkennbar. "Keine Angelegenheit soll gegen ihn gestellt werden", d.h. er soll gerechtfertigt werden vor dem jenseitigen Gericht; auch vor irdischen Gerichtshöfen und Gefängnissen soll der Nutznießer geschützt werden. Nachstellungen gilt es zu wehren: Im Jenseits sind es die Torhüter, die dem Verstorbenen in den Weg treten, auf Erden sind es Verbrecher, die ihm gefährlich werden können. — Mit dem "Schwert des Königs" ist vielleicht der drohende Tod auf dem Schlachtfeld gemeint. — Neben der magischen Vorsorge ist jedoch auch die moralische Lebensführung nicht vergessen. Die Instruktion soll den Betreffenden im Kampf gegen die jzf.t (Sünde, Übeltat) unterstützen. Im Verein mit den 3ḫ.w–Zauberkräften bleibt ihm das Ertragen einer "verkehrten Welt" im Jenseits, das den Bösen zuteil wird, erspart.

In einem kleinen Exkurs sollen nachstehend die charakteristischen Merkmale dieser "verkehrten Welt" erfaßt und einige instruktive Belege zusammengestellt werden. Da ist zunächst einmal die drohende Bestrafung oder gar Vernichtung des Ba zu nennen.[170] Einige Beispiele aus der Toten-Literatur:

- Amd. Nr. 33: "Die die Ba's zerschneidet" (Dn.t-bꜣ.w) als Name einer Gestalt aus dem OR der 1. Std.;[171] den gleichen Namen trägt auch die 3. Nachtstunde (I, 44, 7). Das Motiv des "Seelenschneidens" begegnet bereits in den Sargtexten (CT IV, 301a – Sp. 335).[172]

- Amd. I, 53, 9: Braten und Schlachten der Ba's.

- I, 116, 2f.: "Was sie zu tun haben in der Unterwelt, ist, die Toten zu braten (mꜥq) und die Ba's zu geben in die Vernichtungsstätte" – zu feuerspeienden Schlangenstäben im UR der 7. Std.

- I, 121, 3: "Mögen eure Ba's vernichtet (ḥtm) sein!"

- I, 133, 3: "Wer es kennt, dessen Ba wird das Krokodil (ꜥbš) nicht verschlucken (ꜥm)".

- I, 145, 4: sštꜣw-bꜣ.w — "Der die Ba's geheim macht" — als Name eines Hinrichtungsgerätes (= Nr. 591).

- I, 189, 1f. — zur Vernichtung der Feinde: "Gestraft (njk) werden sollen eure Leichname mit dem Strafmesser (njk(jj).t)! Zerbrochen (zꜣw) werden sollen eure Ba's, zertreten werden sollen eure Schatten, abgeschnitten werden sollen eure Köpfe!"

- Pfb. I, 320f. — zu den Feinden des Osiris: "Euer Ba ist vernichtet und lebt nicht (mehr)..." — Sz. 59.[173]

- Tb 127, 7f. (Ramses IV)[174]: Türhüter, welche die Ba's einschlürfen (sẖb) und die Leiber der Toten verschlingen (ꜥm).

---

170 Dazu Hornung, 1968, 29f.

171 S. Hornung, Amd. II, 15 — mit Verweis auf die Stele des Baki (Varille, 131).

172 Vgl. auch die drohende Ausreißung (fqꜣ) des Ba in p. Ch. Beatty VIII vso. 4, 8f. – s. S. 147.

173 Vgl. Statue Ramses'III. (JE 69771) Spr. 8, Z. 23: "Dein Ba ist vernichtet, so daß er nicht auf der Erde umherwandelt und nicht auf den Emporgehobenen (Gegenden) des Schu umhergeht" — s. Drioton, 79.

174 Naville I, CXLI.

Zur Furcht vor der Einsperrung des Ba siehe vor allem:

- Titel zu Tb 91:[175] "SPRUCH, ZU VERHINDERN, DASS EINGESPERRT (**ḫnr**) WIRD der Ba des Mannes IN der Nekropole" (Ani).[176]

- In den Sargtexten sind folgende Titel in den gleichen Zusammenhang zu stellen: CT Sp. 242: "SPRUCH, EIN TOR ZU ÖFFNEN FÜR DEN BA" (III, 327a); Sp. 493: "Nicht abzusperren (ḫnr) den Ba einer Frau vom Aus– und Eingehen nach seinem Belieben in der Nekropole" (VI, 73a–B3Bo); Sp. 491: "Einen Weg zu öffnen für meinen Ba, meine ꜣḫ–Kraft, meinen Zauber (ḥkꜣ), meinen Schatten" (VI, 69a) = Titel zu Sp. 499 (VI 82a, dort fehlt allerdings ꜣḫ=j).[177]

Ein weiteres interessantes Motiv ist die Angst vor einer "umgedrehten Welt" im Jenseits. Auch dazu seien einige Texte aus der funerären Literatur genannt:

- Tb 51: "SPRUCH, NICHT KOPFÜBER GEHEN ZU MÜSSEN (**sḫdw**) IN DER NEKROPOLE: Mein Abscheu, mein Abscheu (bw.t)! Nicht werde ich meinen Abscheu essen. Mein Abscheu ist Kot (ḥs); ich werde ihn nicht essen..." (51, 1–2 (Nu)).

- Tb 52: "SPRUCH, NICHT KOT ESSEN ZU MÜSSEN IN DER NEKROPOLE" — Der Spruchtext beginnt mit der gleichen Sequenz wie der zu Tb 51. Diese findet sich auch in Tb 189, 1–2 (Nu): "SPRUCH, EINEN MANN NICHT KOPFÜBER GEHEN ZU LASSEN UND NICHT KOT ESSEN ZU LASSEN: Mein Abscheu ist...".[178] Der Spruchtext zu Tb 52 hat Entsprechungen in CT Spells 199 und 772.

- Tb 53: "Spruch, nicht Kot essen und Urin trinken zu müssen in der Nekropole" <> CT Spell 218 mit dem Titel "Brot zu geben in Heliopolis"[179] (CT III, 195h).

---

[175] Der Spruchtext entspricht CT Spell 496 — dort jedoch kein Titel.
[176] Nu: "...der Ba des NN...".
[177] S. auch CT VI, 78f–79d (=Sp. 497): "O all ihr Götter...bereitet einen Weg für meinen Ba,..."; VI, 83g–i (Sp. 500).
[178] Von Budge als Tb 52b gezählt — I, 160—164.
[179] Gleicher Titel in CT Spell 183.

- Tb 82: "SPRUCH, GESTALT ANZUNEHMEN ALS PTAH, BROT ZU ESSEN, BIER ZU TRINKEN, (Schmutz) ABZULASSEN MIT DEM HINTERTEIL (**sfḫ.t m-pḥwj**), LEBENDIG ZU SEIN IN HELIOPOLIS" (Nu).

- CT Sp. 427: "ZU ESSEN MIT DEM MUND, (Schmutz) ABZULASSEN MIT DEM HINTERTEIL (wie ob.), AUSGESTATTET ZU SEIN (mit) **ꜥft.t**[180], MACHT (**sḫm**) ZU HABEN ÜBER WASSER" (CT V, 271e–h).

- CT Sp. 479 (VI, 41g–42b): *wnm=j m-rꜣ=j fgn=j (*  *) m-ꜥr.t=j*
  "Ich esse mit meinem Mund, ich entleere aus meinem Hintern".

- Außerdem s. die CT Spells 184–208, 211, 213–217, 220, 224, 339 (CT IV, 339d), 771, 772, 1011–1014.

Der Titel zu CT Spell 203 weist auf die Qualität hin, in deren Besitz die "verkehrte Welt" nicht zu fürchten ist: "SPRUCH FÜR ꜣḫ–KRAFT IM WESTEN (T_1Be),[181] NICHT ESSEN ZU MÜSSEN KOT, NICHT KOPFÜBER GEHEN ZU MÜSSEN" (III, 129g–130a).

Der Totenbuchspruch 164 weist nur den Titel "EIN ANDERER SPRUCH" auf; auch er beinhaltet jedoch einen Annex an die bereits betrachtete Nachschrift (164, 14–16 (T)):

"Er wird ein Gott unter den Göttern sein in der Nekropole. Nicht soll er zurückgehalten werden für immer und ewig! Unversehrt sein sollen sein Fleisch und seine Knochen wie die eines, der nicht sterben wird! Trinken soll er Wasser vom Überschwemmungswasser (ḥbb.t) des Flusses! Es sollen ihm gegeben werden Äcker im Binsengefilde; es soll ihm ein Stern des Himmels gegeben werden! Er soll unversehrt sein gegen den Strafenden (njk),[182] gegen den Widersacher (tꜣr), der in der Unterwelt ist! Nicht soll man einsperren die Ba's (wie) einen Raubvogel (ḏrw(.t))! Er soll ausführen seine Rettung vor dem, der an seiner Seite ist! Nicht

[180] Ein Wort mit unklarer Bedeutung; vgl. den Titel von Sp. 431 (V, 278a — s. de Buck, CT V, 278 5*); zu ꜥft.t Stellen und Kommentar von Faulkner, AECT III, 131(1).

[181] T_3Be: "SPRUCH FÜR ꜣḫ–KRAFT IM GOTTERKENNEN" — *ꜣḫ m-rḫ-nṯr*.

[182] Vgl. Amd. I, 121, 3f.: *njk-ṯn Njk m-njk.t=f* — "Es bestraft euch der Bestrafer mit seinem Meser", Nr. 499; s. auch I, 126, 3 und Nr. 520; Höhlenb. Nr. 271.; zu njk vgl. ob. Amd. I, 189, 1f.

können ihn fressen irgendwelche rꜣ–Schlangen[183]!"

Sprüche wie diese sind vielleicht auch ein Resultat der sog. saitischen Totenbuchredaktion, die einen der seltenen Ansätze zu einer Kanonisierung von Texten in Altägypten darstellt. Da die Totenbuch–Papyri oft — wenn nicht in der Regel — noch zu Lebzeiten des Inhabers gekauft wurden, konnten und sollten die Sprüche ihre Wirkung bereits zu Gunsten seines irdischen Lebens entfalten. Ähnliches gilt, wie wir noch sehen werden, auch für die königlichen Unterweltsbücher in den Grabanlagen des NR.

Die unterschiedlichsten "nachtodlichen Anliegen" werden hier zusammengefaßt und mit Benutzungsangaben auch für diese Welt ("Wenn es benutzt wird auf der Erde") versehen. Der Komplexität des textlichen Befundes entspricht der ikonische; ohne die Hinzufügung einer Vignette hätte auch ein geschickter Zeichner Schwierigkeiten bei der Anbringung der geforderten Bildmotive auf eine Leinenbinde. Es darf wohl angenommen werden, daß die Übernahme praktischer magischer Verrichtungen unterschiedlicher Bestimmung in den funerären Kontext die Ausstattung des Verstorbenen mit einem Totenbuchexemplar als Ersatzhandlung befördert hat. Die Totenbuchinstruktionen treten als vertextete und ikonisierte Handlungen an die Stelle der alten magischen Praktiken. Die Bilder müssen gar nicht mehr auf Leinenbinden übertragen werden. Die Papyri werden selbst zu Zaubermitteln. (Vgl. den Befund von Tb 151 !)

Buch von der Himmelskuh 251–271

Zu den Vorbereitungen, die der Aktant zu treffen hat, gehört auch die Anbringung eines Bildchens der Maat mit weißer Farbe auf seine Zunge (259f.) zum Erwerb magischer facundia.[184]

Sonnenlitanei 112–114 [185]

Neben der auf den Titel dieses Unterweltsbuches unmittelbar folgenden ausführlichen Rezitationsanweisung — mit der wir uns noch befassen werden[186] — bietet die 3. Litanei den Vermerk:

[183] Vgl. p. mag. Harris VI, 4–5; p. Turin 123, 13; p. Turin 131, 8; Metternichstele 25 und 131f. (Hinweis auf Giftigkeit dieser Schlangen); ebd., 81.

[184] Zu diesem Begriff s. Abt, 93 (=19]).

[185] Zählung nach Hornung, 1975 (=Sol. I); (1976=Sol. II).

[186] S. S. 118.

*ḏd.tw-rꜣ-pn n-nṯr-nb zš.w-nn m-ḏ.t-sn ḥr-pḏ.tj ntj-dꜣ.t ᶜ.wj tp-sn m-jḫ̮.t-nṯr ṯwt-bꜣ m-sn.nw-Rᶜw jwᶜ n-Dbꜣ-ḏmḏ jw-šd.tw-mḏꜣ.t-tn ẖr.t-hrw ḫ̮ft-Rᶜw-ḥtp=f m-jmn.t šs-mꜣ*ᶜ —

"Gesprochen wird dieser Spruch für jeden Gott, indem diese (Götter) gemalt sind in ihrer Gestalt (ḏ.t) auf den beiden Bogen,[187] die in der Dat (Grabkammer) sind. Zwei Portionen sind vor ihnen als Gottesopfer. Du bist ein Ba als Zweiter des Re,[188] der Erbe des Deba–Demedj.[189] Es wird rezitiert dieses Buch täglich vor Re, wenn er sich niederläßt im Westen. Für wirksam befunden."

Offenbar liegt hier der Bezug auf eine separate Aktion vor, denn es wurde, wie wir noch sehen werden, zunächst empfohlen, das Buch mitten in der Nacht zu lesen (Sol. 2). Genau dies schreibt auch der Schlußvermerk vor: "Wer dieses Buch liest, der lese es, indem er gereinigt ist, zur Stunde der Mitternacht..." (264).

Man geht wohl nicht fehl in der Annahme, daß die Vereinigung von Re und Osiris, die ja in der Nacht stattfindet,[190] und die Identifizierung des Aktanten mit den Protagonisten des Sonnenlaufgeschehens die entscheidenden Passagen dieses Buches sind.[191] Der Wunsch, an diesem Regenerationsprozeß par excellence zu partizipieren, soll durch die Rezitation des Textes und die Anfertigung der magischen Zeichnungen realisiert werden. Ob es sich im Falle der "zweiten Handlung" (112ff.) um eine Art Vorbereitung auf die mitternächtliche Rezitation der gesamten Litanei handelt? Dann wäre die Aussage "Du bist ein Ba als Zweiter des Re, der Erbe des Deba–Demedj" (113f.) der zugehörige Spruchtext, der vor jeder einzelnen Figur der Litanei aufgesagt werden muß, vielleicht, um — gemeinsam mit den Opfergaben — diese Gestalten zu "initialisieren".

2. Bildbezeichnung twt

CT Spell 100

Das Rubrum zu diesem Spruch, der die Begegnung mit jenem rätselhaften zj-pf behandelt — die uns noch in CT Spell 101 beschäftigen wird (s. S. 216) —, gibt an (CT II, 97i): "WORTE ZU SPRECHEN ÜBER EINE **twt**–

[187] S. Hornung, Sol. II, 126(261); evtl. die beiden Wände im Grabkorridor.
[188] Hornung, Sol. II, 76 und 125(254) übers. "alter ego des Re".
[189] Zu diesem: Hornung, Sol. II, 99(16).
[190] Sol. 176–178; Hornung, Sol. II, 137f. (406); Assmann, 1969, 101ff.
[191] S. das Inhaltsschema in Hornung, Sol. II, 25.

FIGUR DES CHONTAMENTI, WOBEI SIE GEMALT IST AUF SEINE HAND (**ḏr.t=f**)."

Da die diese Instruktion beinhaltenden Handschriften die Nachschrift zu Spell 98 nicht aufweisen, muß diese hier wohl für eine Spruchfolge Gültigkeit besitzen (evtl. 98–100). Derjenige, welcher in 96g–h angesprochen wird — er soll den Ba zu jenem Mann bringen —, wird der zu malende Chontamenti sein, d.h. der Angerufene wird visualisiert.

Tb Spruch 165 > Abb. 26c und d

Das oben zu den Tb Sprüchen 163 und 164 Gesagte trifft in vollem Umfang auch für Tb 165 zu. Den beiden in einer Vignette in p. BM 10257 zu findenden Gestalten[192] korrespondieren zwei Anweisungen zur Herstellung von Zauberbildern, die hier allerdings ausdrücklich als twt bezeichnet werden. Der Spruchtext richtet sich an eine spezielle Ausprägung des Amun und weist Prädikationen auf, die bei der Formulierung der Zeichnungen zur Anschauung gebracht werden (T):

ḏd-mdw.w *ḥr-twt n-fꜣ-ꜥ šw.tj m-tp=f rd.wj=f(j)-wn.tw*[193] *ḥr-jb=f m-ḫpr zš m-ḫsbd ḥr-mw nw-qmjj(.t) ḥnꜥ-wꜥ-twt jw-ḥr=f m-ḥr n-rmṯ jw-ꜥ.wj=f(j)-wsṯn.w jw-ḥr n-šf.t ḥr-qꜥḥ=f-jmn.t m-kjj ḥr-qꜥḥ=f-jꜣbj zš ḥr-wꜥ-jshꜣ pꜣ-twt n-fꜣj-ꜥ m-ꜥqꜣ-ḥꜣ.tj=f zš-pꜣ-twt ḥr-pꜣjj=f-mnḏ.wj nn-rdj.t-rḫ-s(j)* ***kjj-ḏd*** *rmn S(w)gꜣdjj ntj-m-dꜣ.t zwr=f-mw m-ḥbb.t nt-jtrw psḏ=f mj-sbꜣ m-ḥr.t* —

"WORTE ZU SPRECHEN ÜBER ein twt–Bild "Dessen mit erhobenem Arm"[194] (mit) der Doppelfeder auf seinem Kopf, seine Beine geöffnet (auseinander gestellt), seine Mitte als Skarabäus (ausgeführt), zu malen mit Lapislazuli und Harzwasser. Außerdem ein twt–Bild, sein Gesicht ist das Gesicht eines Menschen, seine Arme hängen frei herab, ein Widdergesicht auf seiner rechten Schulter, ein anderes auf seiner linken Schulter, zu malen auf eine Leinenbinde (mit) einem Bild "Dessen mit erhobenem Arm", seinem Herzen genau gegenüber. Male das (andere) Bild auf seine beiden Brüste, ohne zuzulassen, daß es kennt — ANDERE LESART: (ohne zu) unterstützen (o.ä.) — S., der in der Unterwelt ist. Er soll (ferner) trinken Wasser vom Überschwemmungswasser des Flusses. Er wird leuch-

---

192 Faulkner, 1985, 164 – Abb. 26c; vgl. die Vignette in T – Lepsius, LXXIX — Abb. 26d.

193 PsP nach Černý–Groll, 196 Par. 2.

194 Vgl. den libyschen Horus *Ḥr-Ṯḥnw qꜣ-ꜥ* — "mit erhobenem Arm" — Kees, 1983a, 208(4).

ten wie ein Stern am Himmel" (165, 11–15 (T)).

Auch hier geht es ganz offensichtlich darum, geheimnisvolle Sonderkenntnisse bezüglich der Götterwelt zu bekunden und zur Erreichung mannigfacher, jedoch genau festgelegter Ziele zu nutzen.[195]

Die Termini tj.t und rpjj.t finden sich in funerärern Texten nicht als nähere Bestimmungen zu magischen Zeichnungen.

3. Bildbezeichnung sšmw

Tb Spruch 100/129 > Abb. 27a und b

Dieser Text liefert ein besonders instruktives Beispiel für den Gebrauch von Zauberbildern; wir wollen ihn daher näher betrachten! Es handelt sich um "EIN BUCH FÜR DIE VERVOLLKOMMNUNG EINES ACH[196] (**sjqr-ꜣḫ**) UND FÜR DIE GEWÄHR SEINES HINABSTEIGENS ZUR BARKE DES Re, zusammen mit denen, die in seinem (des Gottes) Gefolge sind" (Nu).

Der nachfolgende Spruchtext nimmt Bezug auf Taten, die der Adressat zu Gunsten der Götter verrichtet hat, und empfiehlt ihn dem Re als Verstärkung für seine Bootsmannschaft (z.B.):
šmꜥ.n=j dwꜣ.n=j-jtn zmꜣ.n=j m-jmj.w-hṯt jnk-wꜥ-jm=sn jrj.n=j-sn.nw n-ꜣs.t swsr.n=j-ꜣḫ.w=s[197] (100, 4–6 (Nu)) — "Ich habe gesungen, und ich habe die Sonne angebetet. Ich habe mich mit den Sonnenaffen vereint;[198] ich bin nun einer von ihnen. Ich habe mich zum Zweiten der Isis gemacht.[199] Ich habe gestärkt ihre Zaubermacht."

Dies allein reicht jedoch offensichtlich nicht aus. Es folgen Angaben über eine magische Handlung (100, 9–13 (Nu)):

ḏd-mdw.w ḥr-sšmw-pn ntj-m-zš zš.w ḥr-šw-wꜥb m-dqw n-ḥm.t-wꜣḏ.t*[200] *šbn.w ḥr-mw nw-ꜥntjw rdjw n-ꜣḫ ḥr-šnb.t=f nn-rdj.t-tkn=f

---

[195] Titel: "SPRUCH FÜR DAS LANDEN, NICHT ZUZULASSEN, DASS DER AUGAPFEL VERLETZT WIRD (**thnj**), ZU ERHALTEN (**srwḏ**) den Leichnam, ihr Wasser zu verschlucken (sꜥm)" (Ť).

[196] Vgl. den Titel zu Tb 133 (Nu); s. Demaree, 242f.; T. G. Allen übersetzt: "for initiating a blessed one" (1974, 82).

[197] Budge II, 76 hat für Nu ꜣḫ.w=n; Pb 100, 5: ꜣḫ.w=s; Ae und Te: ꜣḫ.w=sn (der Götter Zaubermacht).

[198] Zu diesen s. Assmann, 1969, 208–210.

[199] Assmann (ebd., 345): "Ich habe den Zweiten der Isis gespielt".

[200] *dqw n-ḥm.t-wꜣḏ.t*; vgl. p. Harris 33b, 13; 64a, 16 (als Material für Siegel); p. Ebers 70, 16, 21; 87, 14; p. Berlin 3038 5, 5.

m-ḥ*ᶜ*.w=f jr-*ꜣ*ḫ-nb jrjw-n=f-nn jw=f-h*ꜣ*j=f r-wj*ꜣ *n-R*ᶜ*w m-ẖr.t-hrw nt-r*ᶜ*-nb jw-ḥsb-sw Ḏḥwtj m-pr.t h*ꜣ*.t m-ẖr.t-hrw nt-r*ᶜ*-nb šs-m*ꜣᶜ *ḥḥ-n-zp —

"WORTE ZU SPRECHEN ÜBER DIESES **sšmw**–BILD, DAS GEMALT IST, GEMALT AUF EIN UNBENUTZTES PAPYRUSBLATT MIT PULVER VON GRÜNER GLASUR, VERMISCHT MIT MYRRHENWASSER; ES WIRD GELEGT EINEM VERKLÄRTEN AUF SEINE BRUST, OHNE DASS ES SEINEN LEIB BERÜHRT. WAS JEDEN VERKLÄRTEN BETRIFFT, FÜR DEN DIES GETAN WIRD: ER KANN EINSTEIGEN IN DIE BARKE DES Re TAGTÄGLICH. Thot WIRD IHN REGISTRIEREN BEIM AUS– UND EINSTEIGEN TAGTÄGLICH. FÜR WIRKSAM BEFUNDEN, MILLIONEN MAL (geprüft)."

Einige Zusätze sind in der Version zu finden, die das Grab Ramses'VI. bietet:[201] *zš-sw m-qd-nfr.(w)t p*ꜣ*-wj*ꜣ *n-R*ᶜ*w m-mjt.t jr-dqw n-ḥm.t-w*ꜣ*ḏ.t ḏd.tw=f r-ḥsb-w*ꜣ*ḏw p*ꜣ*-jrw ?-jm=f.* Piankoff übersetzt: "Paint it well, the barge of Re likewise. As to the grains of green stone, they are called Green Reckoning, the ones out of which rings are made."[202] In der problematischen Passage *ḏd.tw=f r-ḥsb w*ꜣ*ḏw p*ꜣ *jrw ? jm=f* liest Piankoff ? als šn(w), während Allen jrw n-ᶜ annimmt und somit zu der eher überzeugenden Übersetzung gelangt: "As for [the powder] of green glaze, it is mentioned in order to emphasize the green, this with which [the document] is to be written."[203]

Von der Aufrichtung des Djed–Pfeilers und der Anbringung des Tit–Amuletts berichtet der Text — wie auch Ba[204] — anschließend; in Aa folgen auf Kapitel 100 die diese betreffenden Instruktionen 155 und 156.[205]

Wiewohl auf die Vignetten des Totenbuches und ihre Genese an anderer Stelle eingegangen wird — s. Kap. VII —, sei hier darauf aufmerksam gemacht, daß die zu Tb 100 gehörende zu den ältesten zählt. Sie begegnet bereits auf der Lederrolle der Hatnefer und einem ebenfalls in die frühe 18. Dynastie datierenden Brüsseler Papyrus.[206] Die Vignetten in den Handschriften Pb, Cc und Pc[207] zeigen den Verstorbenen mit verschiedenen Göttern in einer Barke. Obwohl sie bereits durch ihre charakte-

[201] Nav. II, 236; Piankoff/Rambova, 1954, pl. 106.
[202] Op.cit., Texts, 321f.
[203] Allen, 1974, 82.
[204] Nav. II, 236; s. die Vignette - 2 Djed–Pfeiler - in Nav. I, CXIII.
[205] Naville, Einleitung, 151.
[206] Capart, 1934, 246 mit pl. II.
[207] Naville I, CXIII; s. Abb. 27a und b.

ristischen Attribute hinreichend gekennzeichnet sind, wird die Identität der Göttergestalten durch Beischriften angegeben (bei Cc und Pc): Isis, Thot, Chepri und Schu (bei Pc zusätzlich Nephthys). Die Vignette in Pb bietet nur den Namen des Inhabers; über dem Bild findet sich jedoch eine höchst interessante Beischrift: *mḏꜣ.t nt-sjqr-ꜣḫ rdj.t-hꜣ.t=f r-* — "Schrift für die Vervollkommnung des Verklärten und die Gewährung seines Hinabsteigens in." Statt der Angabe des Zieles dieses Hinabsteigens ("die Barke des Re" o.ä.), steht unter der Zeile das Bild.

Der Fassung im Grabe Ramses'VI ist übrigens kein Bild beigefügt. Die über dem Text angebrachte Szene (König in Adoration vor Maat) gehört zu Tb 126.

Tb Spruch 125 > Abb. 28

Eine umfangreiche Nachschrift gehört zu dieser wohl bekanntesten Instruktion des Totenbuches; sie setzt sich folgendermaßen zusammen:

1. eine ausführliche Rezitationsanweisung (Angaben zu Kleidung, Kosmetik, Opfergaben):[208] — "Gesprochen werden soll dieser Spruch, wenn einer rein ist (wꜥb) und (durch Enthaltsamkeit) gesäubert (twr),[209] wenn er bekleidet ist mit einem Gewand (ḥbsw), weißen Sandalen (ṯb.t-m-ḥḏ.tj), geschminkt mit Augensalbe (msdm.t), gesalbt mit Myrrhen, nachdem er geopfert hat ein Rind, Geflügel, Weihrauch, Brot, Bier und Kräuter (sm.w)" (125, 47–49 (Nu));

2. die Beschreibung eines auszuführenden Zauberbildes;

3. Betreffvermerk (Bemerkungen über die Wirkungen der Aktion für den Adressaten);

4. Wirkungsversicherung (*šs-mꜣꜥ ḥḥ-n-zp*).

Hier soll zunächst auf die Bildanweisungen eingegangen werden; sie lauten:

jsk-jrj-n=k sšmw-pn ntj-m-zš ḥr-zꜣtw-wꜥb m-stj sẖr.w m-ꜣḥ.t ntj-n-ḫnd[210]*-šꜣj ꜥw.t-ḥr=f* (125, 49–50 (Nu)) —

---

[208] S. dazu die Listen S. 258ff.

[209] Hygienische Sauberkeit bzw. kultische Reinheit.

[210] Zu *ntj-n-sḏm=f* (s. bes. die Schreibung bei Juja: 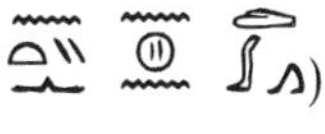) s. Gardiner, [3]1957, 152(2).

"Führe nun für dich aus dieses sšmw–Bild, das in Zeichnung (anzufertigen) ist, auf den reinen Boden mit nubischem Ocker (stj), mit Ackererde bestrichen,[211] auf die nicht getreten ist ein Schwein oder ein Stück Kleinvieh!"[212]

Mit sšmw-pn kann nur eine kursive Entsprechung zu der bekannten Vignette mit der Wägeszene gemeint sein,[213] die unter Beachtung diverser Vorschriften auf den Boden aufzumalen ist.[214] Von besonderer Bedeutung ist im Falle dieser Prozedur der Umstand, daß offenbar der Aktant mit dem Adressaten identisch sein soll (*jsk-jrj-n=k sšmw...*). Es muß daher angenommen werden, daß man bereits zu Lebzeiten vermittels einer magischen Operation für das Bestehen vor dem Jenseitsgericht Vorsorge treffen konnte. — Unabhängig davon ist die Aktion im Rahmen der Grabausstattung verschriftet — und ikonisiert — worden, um sie im ganzen präsent werden zu lassen,[215] wenn es darauf ankommen sollte.[216]

Das Hauptziel der magischen Aktion wird in der Betitelung des Textes angegeben: *pḫꜣ-NN mꜣꜥ-ḫrw m-ḫw.w-nb(.w)-jrj.n=f mꜣꜣ-ḥr.w-nṯr.w* (125, 2 (Nu)) — "Abzuspalten den NN — den Gerechtfertigten — von allen Sünden, die er begangen hat; die Antlitze der Götter zu schauen[217]." — (Der Namenszusatz mꜣꜥ-ḫrw gibt gewissermaßen das gewünschte Ziel des "Entsühneverfahrens" bereits an.) Die magische Beseitigung diverser Verfehlungen begegnet nicht allein in diesem so bekannten Text. Im Papyrus Chester Beatty VIII (4, 7) heißt es nach einer ausführlichen Zauberanweisung (s. S. 48ff.): "Sterben werden all seine Vergehen" (*m(w)t-btꜣ=f-nb*). In diesen magisch–juristischen Kontext sind auch die sog. Herzsprüche einzuordnen, die unter anderem verhindern sollen, daß das Herz ungute Taten des zu Beurteilenden, die es ihm selbst eventuell "eingegeben" hat, preisgibt. Einen weiteren Fall derartiger magischer Absicherung haben wir oben in Tb 163 kennengelernt: *wḏꜣ=f r-ḥrw-jzf.t*

---

[211] Statt sẖr.w hat Cd sẖkr.w (geschmückt mit Erde).

[212] Juja 125, 51f.: *ḥr-zꜣtw-wꜣbw* fehlt; mꜣj (Löwe) statt Kleinvieh steht in Juja, Ad, Ca, Ae, Pf, Cd.

[213] Dazu s. grundsätzlich Seeber.

[214] Zu Bodenbildern s. S. 255f. Der Gleichstand der beiden Waagschalen wird hier in effigie magisch vorgeahmt.

[215] Zum Begriff "Präsentifikation" s. S. 293f.

[216] Zum "Sitz im Leben" der negativen Konfession von Tb 125 s. Grieshammer, 1974b ("Tempeleinzugstexte"); Merkelbach; Assmann, 1990c, 136–149 (mit ausführl. Zitaten).

[217] Dazu s. S. 303ff.

ntj-ḫpr m-tꜣ-ḏr=f — "Er soll unversehrt sein vom Schrecken der Sünde, der entsteht auf der ganzen Erde!" Zu den Verheißungen des "Buches von der Himmelskuh" (Fassung Tut–anch–Amun) gehört folgende Phrase: "Nicht rechnet man (ihm) an jedwede Gewalttat, die er begangen hat auf der Erde" — *n-ḥsb.n=tw-ᶜwꜣ.t-nb(.t) jr.n=f tp-tꜣ.*[218]

Die Nachschrift zu Tb 125 weist noch einen ausführlichen Betreffvermerk auf, der (wie in Tb 163) die Sorge um das irdische Geschick des Adressaten in die Handlung einbezieht — auch dies ein Hinweis auf die Ausführung der Aktion (evtl. durch den Betreffenden selbst) noch zu seinen Lebzeiten[219] (125, 50–55 (Nu)):

"Was denjenigen anbelangt, für den diese Schrift angewendet wird: Er wird gedeihen (wꜣḏ), und seine Nachkommen werden gedeihen und nicht hungern.[220] Er wird ein Intimus (mḥ-jb) des Königs und seines Umkreises sein. Es werden ihm gegeben ein Gebäck (šns), ein Bierkrug, ein pzn–Brot, eine Portion Fleisch (wr n-jwf) vom Altar des Großen Gottes. Nicht kann er zurückgehalten werden von irgendeinem Tor des Westens. Er wird (in Prozession) gezogen (sṯꜣ.tw=f)[221] zusammen mit den Königen von Ober– und Unterägypten, und er wird im Gefolge des Osiris sein. Für wirksam befunden, Millionen Mal (geprüft)."

Tb Spruch 161

Das Verständnis dieses Textes kann durch die Betrachtung der in R gegebenen Nachschrift gefördert werden. Sein Titel lautet: "SPRUCH, EINE ÖFFNUNG (**wbꜣ.t**) in den Himmel (p.t) ZU BRECHEN, von Thot für Wennefer gemacht, als er dabei war, die Sonnenscheibe zu öffnen"[222] (Pb). Es folgen die vier Schildkrötenformeln, die in den Bereich der Zauberliteratur verweisen[223] — ("Es lebt Re, es stirbt die Schildkröte..."). Nun jedoch die erwähnte Nachschrift:

[218] S. Hornung, 1982a, 30 - T37.
[219] S. die Bemerkungen S. 309 mit (49) ("ars moriendi").
[220] Bei Nu verderbt; s. die Schreibungen in Naville II, 333, 7: hqr bei Ad und Pc; andere haben ḥtꜣ — schmutzig sein (bei Ac mit dem obligaten "Stoff–Determ."); Ca, Ta, Cd, Ab(?) haben wie Nu ḥntꜣ.n=f (ob ein Zusammenhang mit ḥntj — schlachten u.ä. — besteht?).
[221] Wohl auf die Unterweltsfahrt durch die Tore zu beziehen; s. auch Tb 136A, L., 23f. (Nu).
[222] Wohl im Sinne von "zeigen", "offenbaren"; s. Wb I, 291, 5–7.
[223] Assmann, 1969, 176 mit (46); zur Schildkröte in der Magie: Kees, 1983a, 69f.

jr-sꜥḥ-nb jr.tw-n=f sšmw.w ḥr-wt=f jw-wbꜣ.tw-n=f wbꜣ.wt-4 m-p.t wꜥ.t n-mḥj.t Wsjr-pw kt n-rsw Rꜥw-pw kt n-jmn.tj ꜣs.t-pw kt n-ꞽꜣb.tj Nb.t-ḥw.t-pw wꜥ-nb.t m-nn-ṯꜣw.w ntj-m-wbꜣ=f jw-ẖr.t=f ꜥq=f r-šr.t nn-rḫ ntj-m-rw.tj sštꜣ=f-pw nn-rḫ-ḥꜣw jmj=k-jrj.w-sw ḥr-rmṯ-nb.t m-jt=k m-zꜣ=k-rꜣ-pw wpj-ḥr=k-ḏs=k sštꜣ-pw mꜣꜥ-zp-2 n(n)-rḫ wꜥ-nb.t m-bw-nb

"Anlangend jede Mumie, für die man die sšmw–Bilder ausführt über ihrem innersten Sarg: Es werden geöffnet für sie vier Öffnungen im Himmel; eine für den Nordwind — Osiris ist das, eine andere für den Südwind — Re ist das, eine andere für den Westwind — Isis ist das, eine andere für den Ostwind — Nephthys ist das. Jedes einzelnen unter diesen Winden, die in seiner (des Sarges) Öffnung sind, Pflicht ist es, einzutreten in ihre (der Mumie) Nase. Nicht soll (den Spruch) kennen ein Außenseiter, denn für ihn ist er ein Geheimnis, nicht soll (ihn) kennen einer vom Pöbel (einer der "Zuvielen")! Gebrauche ihn nicht für irgendeinen Menschen, weder für deinen Vater noch für deinen Sohn, außer (für) dich selbst! Ein absolut wahres Geheimnis ist er. Nicht soll (ihn) kennen irgendeiner von allen Leuten!" [224]

Die Bezeichnung eines Baldachins als p.t in Tb 133, 17 (Nu) zeigt die metaphorische Verwendung dieses Wortes in magischen Texten. Hier sind m.E. der Sargdeckel und evtl. auch die den Toten umschließenden Hüllen gemeint, die für die lebensnotwendige Atemluft durchlässig gemacht werden. Ich halte es für denkbar, daß man aus Furcht vor unheilvollen Auswirkungen der Verstorbenen auf mechanisch gebrochene Öffnungen verzichtete und statt ihrer die sšmw.w aufmalte, die — wie noch anhand weiterer Quellen aufgezeigt werden soll[225] — einen im Vergleich zu den übrigen Bildnisarten spezifischen Realitätsstatus indizieren und hier für eine Einwegdurchlässigkeit der Bestattungsutensilien sorgen.

Sonnenlitanei 1–3 [226]

Dem Titel dieses Buches ("Anfang des Buches von der Anbetung des Re im Westen, der Anbetung des Vereinigten im Westen") folgt bereits eine Anweisung: "Man rezitiere dieses Buch, indem diese sšmw.w[227] in Felder[228] gemalt werden auf den Boden (, und zwar) während der Nacht.

[224] Budge III, 21f.; Allen, 1960, 284, Pl. XLIX.
[225] S. S. 189, 194ff.
[226] Vgl. dazu Sol. 112–114.
[227] Nur in R. IV und R. IX, ansonsten: nn.
[228] hsb.w — ein Hapax Legomenon; s. Hornung, Sol. II, 98(6).

Triumphieren zu lassen Re — bedeutet dies — über seine Feinde im Westen. Es ist nützlich für einen Mann auf Erden,[229] nützlich für ihn, nachdem er gelandet ist." Hornung nimmt an, daß mit sšmw.w die Figuren der Litanei gemeint seien, die auf die Wandfläche (z3tw) aufgebracht werden.[230] — Dies betrifft allerdings nur die Verwendung dieser Instruktion im Rahmen funerärer Aufzeichnung.

Wie noch gezeigt wird, sind "Bodenbilder" im Rahmen magischer Praktiken von eigener Bedeutung.[231]

4. Bildbezeichnung jrw[232]

Buch von der Himmelskuh 166–201 > Abb. 29a und b

Kein anderer ägyptischer Text gibt derartig detaillierte Vorschriften für das Erstellen eines magischen Zwecken dienenden Bildes. Der Text enthält genaueste Angaben hinsichtlich der erforderlichen Beschaffenheit und Ausgestaltung des Deiknymenons, und schließlich gewährt die bekannte Illustration der Himmelskuh[233] die Möglichkeit eines Vergleichs zwischen den Anweisungen und der sepulkralisierten Ausführung. — Hier wird davon ausgegangen, daß die tradierten Fassungen des Kuhbuches Fixierungen eines komplexen Ritualgeschehens sind, das sich aus gesprochenem Text, der Anfertigung eines Bildes und diversen Begleithandlungen konstituierte.

Der ins Einzelne gehenden Betrachtung der Anweisungen soll eine vereinfachte Übersicht des Gesamtbefundes vorangestellt werden,[234] da sich, ausgehend von der Stellung der Zeilen 166–201 innerhalb des Buches, eine modifizierte Interpretation der "Ätiologie des Unvollkommenen"[235] anbietet.

---

229 S. dazu die Ausführungen S. 309 mit (49).

230 Hornung, Sol. II, 98(6).

231 S. S. 255f.

232 Zu jrw s. auch: p. Ch. B. V vso. 4, 1–9; jrw-Bilder laufen Gefahr, unkenntlich gemacht zu werden (zn-jrw — "zerschneiden des Bildes"): Pyr. 659b (vgl. 896a, 2026a — mit sšt3); p. Turin 1993 122, 1; Urk. IV 547,11f.: *n-thj-qd=j n-zn-jrw=j*— "Mein Charakter sei nicht geschädigt, mein jrw sei nicht unkenntlich gemacht".

233 Eine Bibliographie zu dieser Darstellung gibt Hornung, 1982, 85.

234 Vgl. Hornung, op.cit., 75; Fecht, ebd., 111–123.

235 Hornung, ebd., Untertitel; vgl. Assmann, 1990c, 175f.

Teil I (1–100): *Mythos von der Dezimierung des Menschengeschlechts*

- Anschläge gegen den altgewordenen Re
- Götterversammlung
- Strafbeschluß
- Rückkehr der Rächerin Hathor
- Besänftigung der Hathor durch Bier–Ocker–Trank

Teil II(101–250): *(Konsequenz): Einsetzung einer differenzierten, hierarchisierten Weltordnung*

- Begründung: "Mein Herz ist allzu müde, mit ihnen zu sein." (von Re)
- Re wird zum deus absconditus
- Folge: Gemetzel auf Erden (aitiolog. Motiv)
- der Himmel wird gegründet (Verwandlung der Nut)
- Gestaltung des Himmels: Opfergefilde, Binsengefilde, Sterne
- Abstützung der Nut (durch Heh–Götter und Schu)
- weitere Ätiologien untergeordneter Bedeutung

EINSCHUB (166–201): Bildanweisung

(202–250): Reaktion auf veränderte Weltkonstellation (Re muß nun auch der dem Himmel konträren Unterwelt seine Referenz erweisen)

- Einsetzung des Zaubers als eines Konservationsmittels und — quantitativ differenzierten — Instrumentariums für die Begegnung mit (andersartigen) Mächten und Strukturen
- Einsetzung des Thot als Stellvertreter Re's

Teil III(251–330):

- Vermerk zu Rezitation und Wirkungsweise
- Apologie des Zaubers ("Ba–Theologie")
- diverse Aspekte und Wirkungsbereiche des Zaubers, verbunden mit Rezitationsanweisungen

Die hier als Teil III betrachteten Zeilen 251–330 ähneln also in Struktur und Inhalt sehr den Tb–Nachschriften, auch wenn sie nicht vom übrigen Text abgesetzt sind. Doch nun zu der primär interessierenden Bildanweisung! (Vermittels einer tabellarischen Übersicht wollen wir die Forderungen der Instruktion mit dem ikonischen Befund vergleichen.)

Anweisung (Zeilen nach Hornung)	Illustration
Heh–Götter vor und hinter ihr (167f.)	an jedem Bein der Kuh je 2 (bei Tut-anch–Amun in Beischrift benannt)
Maß: eine Elle und 4 Handbreit (169)	erheblich größer (160,5 cm bei Sethos I)[236]
Farbe: gelb (173)	entsprechend
Neunheit von Sternen an ihrem Leib (170)	Tut.: 15; Sethos I: 13 Sterne
Schwanz (171); Schu unter ihrem Bauch (172); seine Arme unter den Sternen (174)	entsprechend
Barke (samt Schrein u. Re) vor Schu bzw. hinter ihm (kjj-ḏd-ḥꜣ=f) (177–80)	Die Elemente sind auf zwei Barkenwiedergaben verteilt: 1. vor Schu: Barke + Ruder, stehender Re 2. hinter Schu: Re im Schrein Die Barken sind nach rechts orientiert;[237] suggerieren also die Nachtfahrt.[238]
Euter inmitten ihres linken Beines, zur Hälfte bemalt (181f.)	vor linkem Bein (> Kopf der Kuh nach Norden gerichtet)
Beischriften(183–201): sie haben keineswegs die Aufgabe lediglich erklärender Zusätze, vielmehr sichern sie die Funktion der dargestellten Wesen ab (bes. deutlich: "Du sollst nicht müde werden, mein Sohn" (186)).	in dieser Form nicht vorhanden (nur im Text); bei Tut.: 1. Rede der Mehet – weret 2. Götternamen

Von zentraler Bedeutung für das Verständnis des gesamten Buches ist die Rede der Mehet–weret. Angesprochen wird ausdrücklich der König. Er soll sich an die Stelle seines Vaters Re begeben. Bereits hier wird deutlich, daß es sich bei diesem Text keineswegs um eine bloße — resignative — "Ätiologie des Unvollkommenen" handelt. Vielmehr ist das Buch von der Himmelskuh auch ein Rezeptuar für die Begegnung mit der gesetz-

[236] Hornung, ebd., 84.

[237] Zu beachten ist die Treibtafel als Bugzier — dazu: Bieß, 47 mit Fig. 9, 58 mit Fig. 15, 185 (Modell Nr. 3 = Seeschiff der 18. Dyn.). S. auch Schott, 1970, 72; Westendorf, 1966b, 17.

[238] Das Interieur der Barken samt Götterfiguren ist entgegengesetzt angeordnet; d.h. Tag– und Nachtfahrt werden in einer Ikone zur Anschauung gebracht.

ten Weltordnung, das auf der Grundlage der anerkennenden Einsicht in dieselbe den vom Schöpfergott Re selbst "der ganzen Welt"(286) zugestandenen Zauber[239] — seine Emanation (277) — als Mittel propagiert, sich dem "Unvollkommenen" gegenüber zu behaupten. Die Anfertigung des Kuhbildes, das als Chiffre für die Gestalt dient, die Re der Schöpfung verliehen hat, bestätigt die Welt-Kenntnis des Aktanten und untermauert zudem die Realität dieser Ordnung.

Der auf die Anweisung folgende Text führt die stabilisierende Rolle des Zaubers in dieser Welt weiter aus. Paradigmatisch wird sein Wirken in und durch die ganze Welt vorgestellt. Die Unterwelt wird von zauberkräftigen Schlangen bewohnt (207), die selbst Re gefährlich zu werden vermögen. Geb wird ebenso wie der Urvater Nun als Beistand angerufen, weil er als Erdgott ihre Zaubermacht kennt. Ein Schriftstück mit bannender Formel soll an die Stätten der Unterwelt gerichtet werden (212). Doch soll den Schlangen als Gegenleistung zukommen, was ihnen gebührt (216).[240] Explizit wird gesagt, daß der Gott Heka selbst sich in den Sprüchen befinde, was deren Wirkung garantiert, es aber auch erforderlich macht, sich vor übel gesinnten Zauberern zu hüten (218f.). Doch Re, der imstande ist, sich den Zauber einzuverleiben (220),[241] gibt diese Macht an die ganze Welt weiter (224f.). Die Zeilen 226–250 beschreiben die Einsetzung des Thot in die Stellvertreterschaft des Re. In ähnlicher Weise übernimmt ja auch der regierende König die Funktion des Repräsentanten des Re auf Erden. — Thot steht für die kosmische, der König für die politische Dimension der Herrschaft.

Der folgende Rezitationsvermerk (251–271) gibt zunächst allerlei Vorschriften an, derer sich der Aktant zu unterziehen hat (Salbung, Räucherung, Einreiben mit Natron, Natronkugel im Mund, Kleidungsbestimmungen, Maat in weißer Farbe auf Zunge malen[242]).[243] Dann heißt es (265): "Wer es liest, möge diese Gestalt (jrw — die Himmelskuh) anfertigen, die in diesem Buche ist."

Die Zeilen 265–271 beziehen sich dann als Wirkungsangaben auf die gesamte magische Handlung. Dieser Zauber verhilft dem Ausführenden

[239] Vgl. Merikare P 134ff.

[240] Hier ist an die positiven Funktionen der Schlangen in der Unterwelt zu denken (etwa als Türhüter; z.B. Amd. 4. Std. UR; 5. Std. OR); im Kuhbuch heißt es: "Der Ba jedes Gottes ist in den Schlangen" (284).

[241] Zu diesem Motiv: S. 233f.

[242] S. oben S. 110.

[243] Zu Begleithandlungen magischer Akte s. S. 256ff.

(bzw. seinem Klienten (s. 313))[244] zu einem guten Auskommen im Diesseits — bestehend aus langer Lebenszeit, Besitz und sozialem Prestige:[245] "Was den betrifft, der es rezitiert: Er soll dieses jrw–Bild anfertigen, das nach diesem Buch (festgelegt) ist! Dann kann er seine Lebenszeit verbringen innerhalb von [...][246]. Es werden ihm seine Augen gehören und alle seine Glieder; nicht werden zuweit gehen seine Schritte... Seine Habe kann nicht gering werden, nicht gibt es ein Verfallen für seinen Torweg.[247] Für wirksam befunden, Millionen Mal (geprüft)."

In der Fassung des Tut–anch–Amun finden sich Zusätze, die das nachtodliche Geschick betreffen: "Anlangend jeden trefflichen Schreiber, der die Gottesworte (mdw.w-nṯr) kennt, die auf seinem Munde sind: Er kann aus– und eintreten in das Innere des Himmels. Nicht können ihn fernhalten "Die des Westens" wegen Mangels an Wasser für seinen Mund. Nicht kann fortgenommen werden sein Kopf als Opferkuchen (znw). Nicht muß er beugen (ḫ3m) seine Arme vor dem Kollegium (der Götter), vielmehr tritt er ein an der Spitze der edlen Verklärten, zusammen mit denen, die die auserlesenen Sprüche (ṯz.w m-((j)^{c}ftt)[248] kennen. Nicht rechnet man ihm an jedwede Gewalttat, die er begangen hat auf der Erde. Ferner wird seine Versorgung (?)[249] nicht gering sein. Nicht wird man aufstellen ein Fangnetz für ihn..."[250] —

Die Einbeziehung eines Weltschöpfungsberichtes in eine magische Handlung ist — wie an anderer Stelle noch ausführlicher zu zeigen sein wird[251] — keineswegs ungewöhnlich; kosmogonische Mythen spielen auch in der magischen Medizin eine Rolle. Welches auch immer der ursprüngliche "Sitz im Leben" des Buches von der Himmelskuh — oder einiger seiner Teile — gewesen sein mag, die Fassung des Tut–anch–Amun legt den funerären Gebrauch für den König durch ihre Zusatztexte eindeutig fest. Herkunft und Legitimation des Zaubers liefert die nachfolgende Ba–

---

244 "Ein w^{c}b–Priester soll die Worte sprechen...".

245 Die Transkription der Texte s. bei Fecht, in Hornung, ebd., 111ff.

246 Vgl. Hornung, ebd., 68 (181).

247 Zur Auffassung von ^{c}rrj.t als ird. Torweg s. Fecht, ebd., 127 (rr).

248 Dazu Hornung, ebd., 73 (232); Schott (1958b, 349): "welche Sprüche kennen im ^{c}ft.t, das heißt in einem das Leben im Jenseits betreffenden Buch ..., gewähltes, theologisches Wort für "Führer", d.h. als altägypt. Bezeichnung der Totenliteratur".

249 S. Hornung, ebd., (234).

250 Text: Hornung, ebd., 30 — T33–38.

251 S. S. 239ff.; s. v.a. das sog. 8. Buch Moses' (PGM XIII).

Theologie, die im Rahmen einer kosmogonischen Litanei den Zauber in die Weltordnung einbettet und sein Wirken "durch die ganze Welt" betont (277, 286). Der Zauber erscheint als omnipotente Kraftkomponente der Schöpfung. Anwendungsbeispiele folgen unmittelbar (287ff.):

1. Ein Identifikationszauber ("Ich bin jener reine Zauber, der im Munde und im Leibe des Re ist" (287–290)).

2. Eine einfache Beschwörung — "Apopompe"[252] - ("Auf dein Gesicht..." (291–294)), zusätzlich eine Identifikation zur Legitimation ("Ich bin sein Ba, der Zauber" (295)).

3. Eine Referenz an den Herrn der Zeit (296–299).[253]

4. Die Anweisung zur Herstellung zweier Figuren (300–312).[254]

5. Rezitationsvermerk für einen Priester mit Vorschriften zum Zeitpunkt (313–320) - darin: Identifikation mit nḥḥ und ḏ.t.[255]

6. Die Erwähnung der Kenntnis geheimer Götternamen, die potentielle Bedrohung fernhält.

Mit Hilfe des Zaubers ist der Benutzer dieses Buches in der Lage, die räumliche und zeitliche Verhaftung an seinen empirischen Horizont zu transzendieren. Die Entrückung von der irdischen Bedingtheit hebt die Zeitgebundenheit auf, der Adressat wird selbst zu Zeit und Ewigkeit. Der Tod wird als die Aufhebung der räumlichen Distanz zwischen Mensch und Göttern relativiert. Auf der Basis der Akzeptanz der gewordenen Weltordnung vermag es insbesondere der König, durch die bereitgestellte Emanation seines Vaters Re — den Zauber — eine Ascension im Nachvollzug des mythischen Präzedenzgeschehens vorzunehmen und so die primordiale Harmonie der Schöpfung in seinem nachtodlichen Geschick zu realisieren.

---

[252] Zu diesem Begriff: Röhrich in RGG, 1873 — "das einfache Wegschicken des Übels".
[253] Dazu Assmann, 1975b, 38 mit (129).
[254] S. oben, S. 99f.
[255] Identifikation des Königs mit Nḥḥ auch auf der Statuengruppe Ramses'III JdE 69771 — s. Drioton, 77 (7, 15) — und p. Brooklyn 47.218.138 — s. Goyon, 156.

E. Diverse Gegenstände

CT Spell 578
In CT VI, 194h–j lesen wir, daß dieser schwer verständliche Spruch zu schreiben ist "MITTEN AUF DEN "GEHEIMEN" (*m-ḫnw-ḥr n-sštȝ*) ALS GEHEIMNIS DES GROSSEN VORLESEPRIESTERS". — Das Wort sštȝ ist mit einer sitzenden Göttergestalt determiniert. Ich nehme an, daß hier ein Gegenstand der Grabausstattung personifiziert wird.[256] Borghouts setzt diesen Text in Beziehung zu p. Leiden I 348 1, 5 – 2, 9 (=Spr. 3), in dem auf die Verwendung einer Maske eingegangen wird.[257] Möglicherweise kann das Verbum ḥnmnm (hin und her blicken) — mit bezeichnendem Determinativ! — in VI, 194d eine Stütze für diese Interpretation sein; der Spruch würde demnach die Funktion des Sehens auch durch die das Gesicht verhüllenden Binden gewährleisten. Der in B_1P^a unmittelbar folgende Spell 576 dient — wie weiter unten ausgeführt wird — ebenfalls zur Aufrechterhaltung eines elementaren Lebensbedürfnisses.

Tb Spruch 166
Der bekannte "Spruch für die Kopfstütze" (Aa) soll nach der Version in TT 290 auf diese selbst geschrieben werden.[258] Unter der Inventarnummer 290 verzeichnet findet sich in der Heidelberger Universitätssammlung eine Kopfstütze, die einen guten Schlaf verheißenden Spruch und Bilder apotropäischen Charakters aufweist.[259] Die Sitte, die Kopfstütze mit schützenden Amuletten zu versehen, findet Erwähnung in den Admonitions.[260]

F. Komplexe Arrangements

Die Sonnenbarke spielt in den Totenbuchinstruktionen 130, 133, 134 und 136A eine zentrale Rolle; die Mitfahrt des Verstorbenen in der Barke des Re verhilft ihm zum Zustand des "vollkommenen Verklärten" (ȝḫ-jqr).[261]

[256] Weitere Beispiele aus den CT: s. B. Altenmüller, 340ff.
[257] Borghouts, 1971, 42; s. S. 45f.
[258] Saleh, 86 mit Abb. 111; vgl. CT VII, 23l (Spell 823); allgemein: Fischer in LÄ III, 686ff.
[259] Schott, 1958, 141ff.; Otto, 1964, 22, 97, Abb. 30; Feucht, 1986, 75.
[260] S. p. Leiden 344 14, 2; vgl. auch Buch "Schutz des Hauses": Edfu VI, 145, 7–9 — Jankuhn, 24.
[261] Vgl. dazu S. 87 (82); S. 113 (196).

Seine elementaren Lebensbedürfnisse sind gesichert, er braucht den "zweiten Tod" nicht zu fürchten, er gehört zur Klientel des Sonnengottes: *sjqr-ꜣḫ-pw ḥr-jb n-Rꜥw* — "Einen Verklärten vervollkommnen — bedeutet dies — im Herzen des Re" (133, 20).[262] Die magischen Handlungen, die diesen Zustand bewirken sollen, das Hantieren mit einer Barkennachbildung und einer Stellvertreter–Figur des Adressaten, können insofern durchaus als sekundäre (postume) Initiationsrituale betrachtet werden. In der Regel werden sie für den bereits Verstorbenen (ꜣḫ) vorgenommen worden sein (136A wohl auch noch zu Lebzeiten).[263] Sjqr-ꜣḫ könnte man also etwa mit "einen Verklärten zur Aktionsfähigkeit[264] initialisieren" wiedergeben.[265] Der Begriff "Vervollkommnung" bringt hingegen die Notwendigkeit dieser totenkultischen Verrichtung und ihre Zugehörigkeit zum Bereich der "ars moriendi" deutlicher zum Ausdruck.[266]

Tb Spruch 130 > Abb. 30

Um die Motive der Gottesnähe und der ungehemmten Bewegungsfreiheit geht es in dieser Instruktion, die auf die CT Spells 1065 und 1099 zurückgeht. Diese weisen allerdings weder Titel noch Nachschrift auf. Daß dem Verstorbenen alle möglichen Örtlichkeiten "offen sind" — u.a. auch die Türen und Tore der Nacht- und der Tagesbarke [267] — sagt Spell 1065, der seine Entsprechung in Tb 130, 1–4 (Nu) hat. Von der Beziehung zu Re handelt Spell 1099. Ihm hat der Aktant u.a. ein Maatopfer dargebracht,[268] und er sorgt für die freie Fahrt der Großen Barke (Tb 130, 25ff.). In 130, 35f. (Nu) heißt es:

---

[262] Zu *sjqr-ꜣḫ ḥr-jb n-Rꜥw* s. Assmann, 1969, 31f.: "So besagt dieser Vers, daß der Spruch dem Toten die innere Zustimmung des Sonnengottes verschaffen wird, der ihn dann "in seinem Herzen" als untadelig (jqr) erkennt".

[263] S. dazu auch den Beitrag von Assmann, 1983c.

[264] Im Sinne Demarees, 277 — (s. S. 87 (82)).

[265] Vgl. Allen, 1974, z.B. 82: "for initiating a blessed one"; s. auch Assmann, 1969, 30f. ("Einführung des bereits bestatteten und verklärten Toten in jenseitige Existenzformen und Gemeinschaften, die als "Einweihung in die Geheimdienste empfunden wird"").

[266] Vgl. Tb 137A, 36f. (Nu): *jw-jꜥb-ꜣḫ-pn sjqr.w twr.w* — "Es ist dieser Verklärte vereinigt (die "Personenkonstituenten" sind nicht mehr (durch den Tod)getrennt), indem er vervollkommnet und (kultisch) gereinigt ist".

[267] S. CT VII, 325c–d <> Tb 130, 3 (Nu).

[268] CT VII, 387c – 5 Handschriften verschreiben m-bꜣḥ=f zu sšmw=f; in Tb 130, 6f. (Nu, Lc) wird daraus sšmw=s ("N ist es, der die Maat rettet — s. Assmann, 1990c, 192 — und der aufsteigen läßt ihr sšmw-Bild zu ihm").

"Es besteigt Osiris NN deine Barke, Re; er bekleidet deinen Thronsitz und empfängt deine Würde (*šsp=f-sᶜḥ=k*)."[269] Der aus den beiden Sargtexten kompilierte Tb-Spruch trägt den Titel "SPRUCH, EINEN VERKLÄRTEN ZU VERVOLLKOMMNEN AM TAGE DER GEBURT des Osiris und einen Ba zu beleben bis in Ewigkeit" (Nu). Die Handschrift Ba. weist den Spruch aus als "Buch für die Belebung des Ba bis in Ewigkeit am Tage des Besteigens der Barke des Re, um den Hofstaat des Feurigen zu passieren".

Die Nachschrift gibt genaue Anweisungen für die Präparation eines magischen Instrumentariums (130, 38–41 (Nu)):

ḏd-mdw.w ḥr-wjꜣ n-Rᶜw zš.w m-stj m-s.t-wᶜb.t jsṯ-rdj.n=k-twt n-ꜣḫ-pn m-ḫꜣ.t=f zš.ḥr=k-(m)skt.t ḥr-gs=f-jmnj mᶜnḏ.t ḥr-gs=f-jꜣbj wdn-n=sn tꜣ ḥnq.t jḫ.wt-nb.wt nfr.wt m-bꜣḥ=sn hrw-msw.t-Wsjr jr-jrw-n=f-nn wnn-bꜣ=f ᶜnḫ(.w) r-nḥḥ n-mwt.n=f m-wḥm —

"WORTE ZU SPRECHEN ÜBER EINE BARKE DES Re, wobei sie gemalt ist mit nubischem Ocker auf eine reine Stelle, NACHDEM DU GESTELLT HAST EINE **twt**–FIGUR DIESES VERKLÄRTEN VOR SIE. DANN SOLLST DU MALEN DIE NACHTBARKE AUF IHRE RECHTE SEITE, DIE TAGESBARKE AUF IHRE LINKE SEITE! OPFERE FÜR SIE (Pl.!) BROT, BIER UND ALLE GUTEN DINGE VOR IHNEN AM TAGE DER OsirisGEBURT! Anlangend einen, für den dies getan wird: SEIN BA WIRD LEBENDIG SEIN IN EWIGKEIT. NICHT STIRBT ER ZUM WIEDERHOLTEN MALE" (130, 38–41 (Nu)).

In der Spätzeit wird eine längere Passage hinzugefügt, die bei Aa in der Nachschrift zu Tb 133 bereits auftritt (133, 22–26).[270] Dort geht es darum, daß Horus dergleichen für seinen Vater Osiris getan hat und Re auf diese Aktion mit angemessener Fürsorge zu Gunsten des betreffenden Ach reagiert. Die Horus–Osiris–Konstellation erscheint als Präzedenzfall, dem der Sohn/Erbe des Verstorbenen mit der Ausführung der beschriebenen Aktion zu folgen hat. Auch dieser Befund weist darauf hin, daß es eine separate Tradierung von Nachschriften und Begleittexten gegeben hat.[271] So konnten vorgegebene Spruchtexte (hier CT Spells 1065 und 1099) umredigiert und funktionalisiert werden.

Die zu diesem Spruch gehörende Handlung erreicht einen hohen Grad an Abstraktion. Die Mitfahrt in der Barke des Re, in Tages- und Nachtbarke dualisiert, ist das Signum schlechthin für die Einbindung des

---

[269] Entspr. CT VII, 413d–414a.

[270] Allen, 1960, Pl. XXXVII, Z. 44–48 (R).

[271] S. dazu S. 86 (74); vgl. Niwinski, 24f. ("prototype papyri").

Verstorbenen in eine götterweltlich organisierte, postmortale Sphäre.[272] Nicht ein konkreter Zustand wird mit dieser Aktion visualisiert — Gleichstand der Waagschalen in Tb 125, die Einbeziehung in die Bootsbesatzung in Tb 100 — ; es wird vielmehr eine ideale, sinnbildliche Positionierung des Adressaten in effigie realisiert. Der Verstorbene, repräsentiert durch eine twt–Figur, wird, was keinem "realen" Zustand entspricht, zwischen die beiden Barken und vor die Sonnenbarke gestellt und damit in die Konstellation des Sonnenlaufes einbezogen. Die Barken sind, der Anweisung folgend, als Bodenbilder auszuführen. Vignetten zeigen den Verstorbenen zwischen Tages– und Nachtbarke (Le)[273] bzw. von den beiden Barken eingerahmt selbst in einer dritten stehend (Ga).[274]

Tb Spruch 133 > Abb. 31

Der Spruchtext ist ein Zeugnis für die Übernahme der liturgischen Sonnenhymnik in die funerären Texte.[275] Tb 133, 3–8 (Nu) entspricht dem Hymnus CT Spell 1029, dem Beginn des Zweiwegebuches. Der Tb–Spruch hat u.a. den Titel "Buch für DIE VERVOLLKOMMNUNG EINES VERKLÄRTEN, ZU BENUTZEN AM ERSTEN TAGE DES MONATS" (Nu).[276]

Die Nachschrift nimmt wiederum Bezug auf das bereits in Tb 100 und 130 aufgetretene Motiv der Barkenfahrt[277] (133, 16–21 (Nu)):

ḏd-mdw.w ḥr-wjꜣ n-mḥ-4 m-ꜣw=f jrw m-ḥsb.w n-wꜣḏ ḥr-ḏꜣḏꜣ.t jrw-p.t nt-sbꜣ.w swꜥb.tj m-ḥsmn snṯr jsk-jr.n=k-twt n-Rꜥw m-stj ḥr-mḥ.t-mꜣ.t rdj.tj r-ḥꜣ.t-wjꜣ-pn jsk-rdj.n=k-twt n-ꜣḫ-pn mrjj=k-sjqr=f m-wjꜣ-pn sqd.tw=f-pw m-wjꜣ n-Rꜥw mꜣꜣ-sw Rꜥw-jm=f-ḏs=f jmj=k-jrw ḥr-ḥr-nb wpw-ḥr-ḥꜥ=k-ḏs=k m-jt=k m-zꜣ=k m-zꜣ-tw wr sjqr-ꜣḫ-pw ḥr-jb n-Rꜥw rdj.t-sḫm=f ḫr-psḏ.t wn=sn ḫr-mꜣꜣ-sw nṯr.w mj-wꜥ-jm=sn mꜣꜣ-sw rmṯ mwt.w ḫr=sn ḥr-ḥr.w=sn mꜣꜣ.tw=f m-ḫr.t-nṯr m-stw.wt-Rꜥw —

[272] S. Assmann, 1983b, 124ff.
[273] Naville I, CXLIV — s. Abb. 30.
[274] S. Speleers, XIV.
[275] Dazu Assmann, 1969, 371; s. auch ebd., 191f. zur osirianischen Wiederbelebungstopik in 133, 6 (Nu).
[276] Aa: "Buch für die Vervollkommnung eines Ach in der Nekropole vor der großen Neunheit"; Ta: "Spruch für die Vervollkommnung eines, der bestattet worden ist"; der Titel zu CT 1029 lautet: "SPRUCH, ZU FAHREN IN DER GROSSEN BARKE DES RE"(VII, 257c).
[277] Zur Symbolik der Sonnenbarke s. Assmann, 1983b, 71–73; ders. in LÄ V, 1087–1090.

"WORTE ZU SPRECHEN ÜBER EINE BARKE VON VIER ELLEN IN IHRER LÄNGE, DIE GEMACHT IST AUS ABGEBROCHENEN PAPYRUSSTENGELN, FÜR DAS GÖTTERKOLLEGIUM (die Barkenbesatzung), WOBEI (auch) GEMACHT IST EIN HIMMEL VON STERNEN,[278] DER GEREINIGT WURDE MIT **ḥsmn**–NATRON UND WEIHRAUCH, NACHDEM DU GEMACHT HAST EIN **twt**–BILD DES Re MIT NUBISCHEM OCKER AUF EINE NEUE **mḥ.t**–SCHALE,[279] DIE GELEGT WURDE AN DIE VORDERSEITE DIESER BARKE, UND NACHDEM DU GESETZT HAST EINE **twt**–FIGUR DIESES VERKLÄRTEN, DESSEN VERVOLLKOMMNUNG DU WÜNSCHST, IN DIESE BARKE! ER WIRD GEFAHREN — BEDEUTET DIES — IN DER BARKE DES Re. SEHEN WIRD IHN Re SELBST IN IHR. BENUTZE DIES NICHT FÜR IRGENDJEMANDEN, AUSSER FÜR DICH SELBST — DURCH DEINEN VATER ODER DURCH DEINEN SOHN![280] HÜTE DICH SEHR! DIE VERVOLLKOMMNUNG EINES VERKLÄRTEN — BEDEUTET DIES — IM HERZEN DES Re[281] SOWIE DAS VERANLASSEN, DASS ER MACHTVOLL SEIN WIRD BEI DER NEUNHEIT, SO DASS IHN SEHEN WERDEN DIE GÖTTER ALS EINEN UNTER SICH; UND WENN IHN SEHEN MENSCHEN UND TOTE, DANN WERDEN SIE NIEDERFALLEN AUF IHRE GESICHTER. ER WIRD GESEHEN WERDEN IN DER NEKROPOLE DURCH DIE STRAHLEN Re's."

Für das hinsichtlich der Tradierung von Nachschriften Gesagte ist die Variante in Aa sehr aufschlußreich. Zunächst entspricht der Text weitgehend dem nach Nu in extenso gegebenen.[282] Dann lesen wir: "Du wirst sein, indem du vollkommen bist (sjqr.tj) wie jeder Ach vor (dem

[278] Gemeint ist eine Art Baldachin: s. Tb 190, 6(Nu): "DU SOLLST ES BENUTZEN IM INNEREN EINES ZELTES AUS LEINENSTOFF, (der) GANZ MIT STERNEN BESETZT (ist)!". Tb 190 ist insgesamt als Rubrum zu verstehen, das entweder vor Tb 133 gesetzt wurde (Nu) oder vor Tb 148 (Juja, T) — dazu Assmann, 1969, 19 (mit Verweis auf PGM XIII, 652ff.). Vgl. auch Moalla V 23: *jw-ᶜȝjj.t=f m-p.t jw=s-jgp.tj m-sbȝ.wt* ("Es ist sein (des Grabes) Dach der Himmel. Er ist bedeckt mit Sternen").

[279] Vgl. p. Leiden I 348 13, 2; Tb 134 (s. dort).

[280] Ax: "durch deinen Sohn, durch ᶜ.t-wrw...".

[281] Vgl. die "Gottesbeherzigung"(Assmann, 1983b, 178): "Gegrüßet seiest du, Amun-Re, ... Vater und Mutter für den, der ihn sich ins Herz gibt (*n-rdj-sw m-jb=f*)" — Assmann, 1983a, Text 165, 21–23.

[282] Abweichungen: "...über der Barke des Re und über dem Namen des Götterkollegiums — der Himmel mit Sternen gefüllt (mḥ.tj, s. auch Ax), indem er gereinigt und gesäubert wurde..."; außerdem heißt es explizit, daß anzufertigen sei "eine Figur des Re zus. mit einer Figur des NN *m-bȝḥ nṯr=f ḥr-dwȝ-Rᶜw hrw-nb*"; s. dazu die Vignetten von Aa (Faulkner, 1985, 125 — s. Abb. 31.), M (Allen, 1960, Pl. LXXXVI), R (ebd., XXXVIII).

Herzen des) Re. Veranlassen, daß er machtvoll ist durch die Opfer und die Speisen zusammen mit jedem ꜣḫ-jqr. Zu sprechen zu dieser Rede, die gemacht hat Horus für seinen Vater Osiris Wennefer, der lebe von immer zu ewig, weil Re diesen Ach sieht wie seinen eigenen Leib, weil er ihn sieht wie die Neunheit. Groß ist die Furcht vor ihm in den Herzen der Achu und der Toten. Es wird sein Ba lebendig sein in Ewigkeit. Nicht wird er sterben zum wiederholten Male in der Nekropole."

Diese Passage findet sich in späten Tb–Handschriften — wie gesagt — in der Nachschrift zu Tb 130. Die in Aa folgende Aussage hingegen (133, 24f.) ist Bestandteil der Nachschrift zu Tb 134 in Cg, wo sie mit der üblichen Nachschrift zu Tb 130 kompiliert erscheint: "Nicht wird er abgewiesen von den Toren, von den Türen der Höhlen, von dem Portal des Landes der Götter."[283] Der Abschluß der Nachschrift sei auch zitiert (133, 25–26 (Aa)): "Nicht wird er übriggelassen an seinem Tag des Richtens. Es wird seine Stimme gerechtfertigt gegenüber seinen Feinden sein. Es werden seine Opfer auf dem Altare des Re als tagtäglicher Bedarf sein."

Eine den Verstorbenen repräsentierende Stellvertreterfigur (twt) soll also in eine (sicherlich auch schwimmfähige) Papyrusbarke gesetzt werden, dazu eine ebensolche Figur des Re. Die Fahrt in der Sonnenbarke wird magisch vorgeahmt. Das Schicksal des Adressaten wird visualisiert. Der mit Sternen versehene Baldachin gibt zu erkennen, daß sich die Barke in Aktion befindet; sie zieht am Himmel dahin. In ihr kommt der Verstorbene zu Macht ("Veranlassen, daß er machtvoll sein wird..."),[284] und seine Nähe zu Re und den vervollkommneten Achu gewährt ihm Speisung.

Tb Spruch 134 > Abb. 32a und b

Drei verschiedene Titel sind zu dieser Instruktion überliefert: "Ein anderer Spruch, einen Verklärten zu vervollkommnen" (Nu, Ta); "Spruch, einzusteigen in die Barke des Re und in seinem Gefolge zu sein" (Aa); "Anzubeten Re am ersten Tage des Monats und zu segeln in der Barke" (Ani).

Der Spruchtext besteht aus einem hymnischen Appell an den Sonnengott (Chepri),[285] deutlichen Drohungen gegen potentielle Feinde und Angreifer der Barke[286] und Referenzen hinsichtlich des Osiris NN in seiner

[283] S. Naville, 1912–1914 II, pls. XIV–XV.
[284] Dazu Assmann, 1990c, 174ff.
[285] S. Assmann, 1969, 125.
[286] Z.B.: "Abgeschnitten hat Horus ihre Köpfe — Zum Himmel als Vögel (mit euch)!

Horusrolle (134, 9) als Triumphator über die Feinde.[287] Aufschlußreich ist auch hier die Nachschrift (134, 14–17 (Nu)):

ḏd-mdw.w ḥr-bjk ꜥḥꜥ-ḥḏ.t m-tp=f *Tmw Šw Tfn.t Gb Nw.t Wsjr ꜣs.t Swtj Nb.t-ḥw.t* ***zš.w m-stj ḥr-mḥ.t-mꜣ.t rdj.w m-wjꜣ-pn ḥnꜥ-twt n-ꜣḫ-pn mrjj=k-sjqr=f wrḥ.w m-ḥknw wdn-n=sn snṯr ḥr-ḫ.t ꜣpd.w m-ꜣšr.wt dwꜣ-Rꜥw nꜥ[t]-wjꜣ=f-pw wnn-jrw-n=f-sw ḥnꜥ-Rꜥw rꜥ-nb r-bw-nb sqd=f-jm bḥn-ḫftj.w-Rꜥw-pw m-wn-mꜣꜥ šs-mꜣꜥ ḥḥ-n-zp***
— "Worte zu sprechen über einen Falken — es steht die weisse Krone auf seinem Kopf — (sowie) Atum, Schu, Tefnut, Geb, Nut, Osiris, Isis, Seth,[288] Nephthys, indem sie gemalt sind mit nubischem Ocker auf eine neue **mḥ.t**–Schale[289] und gegeben[290] in diese Barke zusammen mit einer **twt**–Figur dieses Verklärten, dessen Vervollkommnung du wünschst, wobei sie (twt) gesalbt ist mit **ḥknw**–Öl.[291] Opfere für sie (die Götter) Weihrauch auf der Flamme sowie gebratene Vögel! Anbeten Re, wenn seine Barke dahinfährt, bedeutet dies. Es wird sein[292] einer, der es (Anbetung) für ihn (Re) tut, zusammen mit Re täglich an jedem Ort, dahin er (Re) fährt. Die Vernichtung der Feinde Re's bedeutet dies in Wahrheit. Für wirksam befunden, Millionen Mal (geprüft)."

Die Vignette bei Aa[293] zeigt den Verstorbenen vor einer Barke, deren Besatzung fast genau den Anweisungen entspricht, nur Atum fehlt, und für Nephthys ist Hathor aufgenommen worden. Dies spricht dafür, daß der Schreiber des Textes und der Vignettenzeichner nicht identisch waren. Die Vignette ihrerseits unterliegt natürlich gewissen Darstellungskonventionen; so werden die Götter direkt in die Barke gezeichnet, während sie laut Nachschrift doch auf eine Schale zu malen sind, die in eine Barkennachbildung zu legen ist. Außerdem soll ja die Gestalt des Adressaten zu der Schale gestellt werden. Somit ist die Tb–Vignette das Ergebnis einer

(ein Fluch) — Ihre Hintern (ḫpd.w) werden geworfen in den See als Fische!" (134, 4–5 (Nu)).

[287] Zum Motiv Verstorbener in Horusrolle + Barkenfahrt vgl. CT I, 201a–d.

[288] Aa: statt Seth steht Horus; Ta: Seth; Tb: Horus.

[289] S. p. Leiden I 348 Nr. 23 und 35; Tb 133.

[290] Fehlt in Aa.

[291] Vgl. Otto, 1960 II, 120–124.

[292] Aa, Ta: "Zu bewirken, daß...".

[293] Photo bei Faulkner, 1985, 125 — s. Abb. 32a und b; vgl. Munro, Tf. I, 1. (p. Sn-m-nṯr, Florenz).

Umsetzung des Deiknymenons der magischen Aktion in die zweidimensionale Qualität der Zeichnung.

Tb Spruch 136A, Langfassung
Zunächst gilt es, drei Fassungen dieses Tb–Spruches zu unterscheiden:

1. Tb 136A, kurze Version. Dieser Text ist identisch mit CT Spell 1030 und hat auch den gleichen Titel: "SPRUCH, ZU FAHREN IN DER GROSSEN BARKE DES RE" (136A, K., 1 (Nu) <> CT VII, 261b).[294]

2. Tb 136A, lange Version. Sie enthält unter dem Titel "EIN ANDERER SPRUCH FÜR die Vervollkommnung eines Ach AM FEST DES SECHSTEN TAGES" (Nu) Zusätze in Gestalt von Preisungen des Wennefer und an diesen gerichtete Wünsche bezüglich des Osiris NN.[295]

3. Tb 136B, der aus den CT Spells 1033 und 1034 (einem Spruch gegen Schlangen) redigiert ist, wobei letzterer sicherlich hinzugefügt wurde, um der zweiten Intention des Spruches genügen zu können. Der Tb–Titel lautet: "Spruch, zu fahren in der großen Barke des Re und zu passieren den Hofstaat des Feurigen" (Nu).[296]

Im folgenden wollen wir uns mit der Nachschrift zu Tb 136A–Langfassung beschäftigen; wir konzentrieren uns auf die Fassung bei Nu (136A, L., 20–25):

ḏd-mdw.w ḥr-twt n-ꜣḫ-pn rdj.w m-wjꜣ-pn jsk-wꜥb.tj twr.tj snṯr.tj m-bꜣḥ-Rꜥw m-tꜣ ḥnq.t jwf-ꜣšr.t ꜣpd.w sqd.tw-pw m-wjꜣ n-Rꜥw jr-ꜣḫ-nb jrw-n=f-nn jw=f-m-m-ꜥnḫ.w n-sk.n=f wnn=f m-nṯr-ḏsr n-ḫm.n-sw jḫ.t-nb.t ḏw.t wnn=f m-ꜣḫ-mnḫ m-jmn.t n-mwt.n=f m-wḥm jw=f-wnm=f swr=f m-bꜣḥ-Wsjr rꜥ-nb jw-sṯꜣ.tw=f ḥnꜥ-nsw.w-bj.tj.w rꜥ-nb jw=f-swr=f-mw ḥr-b(ꜣ)b(ꜣ).t wnn=f ḥr-pr.t m-hrw mj-Ḥrw jw=f-ꜥnḫ.w wnn=f mj-nṯr dwꜣ.tw=f jn-ꜥnḫ.w mj-Rꜥw rꜥ-nb šs-mꜣꜥ ḥḥ-n-zp

—

[294] Einige Hss. lassen ꜥꜣ aus (Aa, Juja), ebs. B3L.

[295] S. auch Pb (Nav. II, 350); R (Allen, 1960, 220f.); zur Geschichte des Textes in der Spätzeit: Sander–Hansen, 1937, 36ff.

[296] Die CT–Titel: "SPRUCH FÜR DAS PASSIEREN DEN RING VON FEUER (an) DER KABINE (?) DER BARKE DES RE JEDEN TAG" (Spell 1033 = VII, 278a–b — zu rꜣ-jwꜣ s. Lesko, 1972, 20(bf) —); vgl. dazu VI, 387k–l. Spell 1034(VII, 281b): "FÜHRUNG (für) DIE WEGE VON ROSETAU".

"Worte zu sprechen über eine **twt**–Figur dieses Verklärten, die gegeben wurde in die Barke — wobei du gereinigt und gesäubert bist und beweihräuchert vor Re — zusammen mit Brot, Bier, gebratenem Fleisch und Vögeln. Man fährt[297] — bedeutet dies — in der Barke des Re. Anlangend jeden Verklärten, für den dies getan wird, während er noch unter den Lebenden ist: Nicht geht er zugrunde; er wird sein ein heiliger Gott.[298] Nicht trifft ihn irgendeine böse Sache; er wird sein ein trefflicher Verklärter[299] im Westen. Nicht stirbt er zum wiederholten Male; Er kann essen und trinken vor[300] Osiris jeden Tag. Er wird gezogen (herbeigebracht) zusammen mit den Königen von Ober– und Unterägypten[301] jeden Tag. Er kann Wasser trinken an einer Wasserstelle. Er wird herausgehen können am Tage wie Horus.[302] Er lebt. Er wird sein wie ein Gott.[303] Er wird angebetet von den Lebenden wie Re jeden Tag. Für wirksam befunden, Millionen Mal (geprüft)[304]."

Für besonders bemerkenswert erachte ich die Tatsache, daß diese das nachtodliche Geschick ebenso differenzierend wie umfassend regelnde Aktion bereits zu Lebzeiten des Adressaten ausgeführt werden soll, und zwar über eine Achstatuette. Diesen Umstand betont Pb im übrigen noch durch die Hinzufügung der Phrase *jw=f-ᶜnḫ(.)* nach *jw=f m-m-ᶜnḫ.w.* — Auf solche Vorkehrungen einer "ars moriendi"[305] werden wir an geeigneter Stelle zusammenfassend eingehen.[306]

Tb Spruch 153A

Diesem Fangnetz–Spruch hat R eine Nachschrift angefügt,[307] die verlangt, den Spruch über eine twt–Statuette des Verstorbenen zu rezitieren, die

---

297 Pb: "Sein Fahren — bedeutet dies — ...".

298 Heilig im Sinne von "abgesondert, hervorgehoben" — s. Assmann, 1983a, 21(e); nṯr-ḏsr auch in Tb 151 (s. 137A, 54 (Nu)).

299 Zu Ꜣḫ-mnḫ s. Demaree, 207 mit (81).

300 Pb: "mit Osiris".

301 Vgl. Tb 125, 53f.(Nu); Pb: "zusammen mit den Lebenden".

302 Pb: "Er kann herausgehen aus der Nekropole täglich — wie Horus".

303 Pb: "Er wird sein ein Gott".

304 Fehlt in Pb.

305 S. Rudolf.

306 S. S. 309.

307 Allen, 1960, 277, Pl. XLVIII.

in eine Barke zu setzen ist. Dann soll die Nachtbarke zu seiner Rechten, die Tagesbarke zu seiner Linken postiert werden. Dieser Figuration sind Opfer darzubringen. So kann der Ba in Ewigkeit leben, und der Verstorbene muß nicht ein zweites Mal sterben. Es handelt sich wohl um eine Entlehnung aus der Nachschrift zu Tb 130.

Unter anderem galt die Verwandlung des Verstorbenen in einen Fisch als durchaus erstrebenswert;[308] diese Instruktion soll ihn deshalb vor der Nachstellung mit Fischernetzen in Schutz nehmen.

Tb Spruch 144 > Abb. 33

Eine ganz ungewöhnliche Nachschrift weist dieser "Spruch, um einzutreten" (Ax) auf; sowohl die Bildbezeichnung sšmw als auch der Begriff twt sind hier zu finden (144, 21–23 (Nu)):

ḏd-mdw.w ḥr-sšmw-pn ntj-m-zš zš.w m-stj ḥr-ḏꜣḏꜣ.t-sn.nw n-wjꜣ n-Rꜥw wdn-n=sn ꜥꜣb.t ꜣpd.w sntr m-bꜣḥ=sn sꜥnḫ-ꜣḫ-pw rdj.t-sḫm=f m-m-nṯr.w-jpn nn-ḫsf(=f) nn-šnꜥw=f-pw ḥr-sbḫ.wt-dꜣ.t —

"WORTE ZU SPRECHEN ÜBER DIESES **sšmw**–BILD, DAS IN SCHRIFT (ausgeführt) IST — GEMALT MIT NUBISCHEM OCKER — MIT DEM ZWEITEN KOLLEGIUM DER Barke des Re. OPFERE FÜR SIE GROSSE OPFER, GEFLÜGEL,WEIHRAUCH VOR IHNEN (den Götterfiguren in der Barke)! EINEN VERKLÄRTEN BELEBEN — BEDEUTET DIES —, IHM MACHT ZU GEWÄHREN UNTER DIESEN GÖTTERN. DASS ER NICHT ABGEWEHRT WIRD UND DASS ER NICHT VERWIESEN WIRD — BEDEUTET DIES — VON DEN TOREN DER UNTERWELT."

Die Betonung durch die fehlende Rubrizierung bei wjꜣ n-Rꜥ macht bereits darauf aufmerksam, daß hier die Barke selbst "göttlich" ist und somit auch Gegenstand von Verehrung und Opferspenden sein kann.[309] In 144, 23–29 lesen wir weiter:

jrr=k ḥr-twt n-ꜣḫ-pn m-bꜣḥ=sn rdjw-spr=f r-sbꜣ-nb-m-nn ntj(.w)-m-zš ḏd-mdw.w-rꜣ n-ꜥrrjj(.t)-nb.t-m-nn ntj-m-zš wdn n-wꜥ.t-jm-nb.t ...[310] *ḏd-mdw.w ḥr-zjn-wꜥ.t-wꜥ.t*[311] *m-ḫt-jrj.tw-sšmw-pn jw-wnw.t-4 pḫrw m-hrw zꜣ-tw wr[.t] ḥr-ꜥḥꜥw m-p.t jrj=k-mḏꜣ.t-tn nn-rdj.t-mꜣꜣ-jr.t-nb.t swsḫ-šm.t-pw nt-ꜣḫ m-p.t m-tꜣ m-ḫr.t-nṯr ḏr-ntt-ꜣḫ-st (n-)ꜣḫ*

---

308 Gamer–Wallert, 132f.; der Fisch galt zuweilen als Manifestation des Sonnengottes (Texte ebd., 114).

309 Zur Göttlichkeit von Barken s. Assmann, 1969, 274(58), 326(13.).

310 Sehr ausführliche Angaben; s. die Tabelle S. 257 (144, 24–27).

311 Wꜥ(.t)-zp-2.

r-jrw.t-nb.t-n=f jw-ẖr.t m-hrw-pn šs-mꜣᶜ ḥḥ-n-zp —

"DASS DU ES TUST, SEI ÜBER EINE **twt**–FIGUR DIESES ACH VOR IHNEN (den Göttern in der Barke). (So) WIRD VERANLASST SEIN GELANGEN ZU JEDER PFORTE VON DIESEN, DIE GEMALT SIND. Der Spruch ist zu rezitieren bei JEDEM Torbau VON DIESEN, DIE GEMALT SIND. OPFERE JEDEM EINZELNEN VON IHNEN..."(sehr detaillierte Angaben)! "WORTE ZU SPRECHEN BEIM AUSWISCHEN EINES JEDEN EINZELNEN, NACHDEM AUSGEFÜHRT WURDE DIESES **sšmw**–BILD, (und zwar) WÄHREND DIE VIERTE STUNDE DES TAGES VERLÄUFT. HÜTE DICH SEHR VOR DEM (Mittags) STAND (der Sonne) AM HIMMEL! DU SOLLST DIESE SCHRIFT BENUTZEN, OHNE ZU ERLAUBEN, DASS IRGENDEIN AUGE (irgendjemand) SIE SIEHT! ZU ERWEITERN DEN SCHRITT EINES VERKLÄRTEN, BEDEUTET SIE, (und zwar) IM HIMMEL, AUF DER ERDE UND IN DER NEKROPOLE, DENN SIE IST NÜTZLICHER (für) EINEN VERKLÄRTEN ALS ALLES, WAS FÜR IHN GETAN WIRD AN JEDEM TAGE. FÜR WIRKSAM BEFUNDEN, MILLIONEN MAL (geprüft)."

Die auszuführende Zauberhandlung verstehe ich demnach wie folgt: Zunächst ist ein umfangreicheres Bild zu malen — ein sšmw. Es wird wohl mit dem genannten Ocker auf den Erdboden "aufgelegt" werden, da die Tore samt ihren Wächtern, die es wiedergibt, sukzessiv ausgewischt werden müssen. Dieses Bild könnte eine Art Kursiv–Form einer der Vignetten sein, die Tb 144 begleiten.[312] Dazu gehört jedoch auch eine Darstellung der Sonnenbarke, die in für den Verstorbenen vorbildhafter Weise die Tore zu passieren vermag. Eine Stellvertreterfigur desselben — twt — wird dann über die einzelnen Tore gehalten. Dabei wird der jeweilige Spruchtext rezitiert und schließlich das Überwinden der Tore durch ihr Auswischen zur Anschauung gebracht und — in Bezug auf den Verstorbenen — darstellend (magisch) vorgeahmt. Es sind also letztlich zwei verschiedene Arten des Bildzaubers miteinander verflochten: das Handeln an Bildern — sšmw — und das Handeln mit ihnen — twt.

[312] S. Nav. I, CLIVf.; Saleh, 77f.; Faulkner, 1985, 134f.; Munro, Tf. XX–XXII; s. Abb. 33.

Im Hinblick auf die Frage nach der praktischen Einbettung der ursprünglichen magischen Aktionen ist der Befund der Totenbuchinstruktionen 137A und 151 besonders wichtig. Sie stehen in unmittelbarem Zusammenhang mit der Bestattung und geben uns Gelegenheit, die real vollzogenen Aktionen mit den in den funerären Texten verschrifteten und ikonisierten Formulierungen zu vergleichen.

Tb Spruch 137A > Abb. 34

Im Totenbuchpapyrus des Nu ist ein ausführlicher Titel zu diesem Spruch zu finden:

"SPRUCH FÜR FACKELN (**tk3.w**). VERKLÄRUNGEN, DIE GEMACHT WERDEN FÜR EINEN VERKLÄRTEN, NACHDEM DU GEMACHT HAST VIER BECKEN (**š.w**) AUS TON,[313] DIE BEWEIHRÄUCHERT WERDEN MIT WEIHRAUCH UND GEFÜLLT MIT DER MILCH EINER WEISSEN KUH;[314] ZU LÖSCHEN SIND DIE FACKELN IN IHNEN!"

Kurz und bündig ist dagegen der Titel bei Nebseni gehalten: "SPRUCH FÜR FACKELN, DER AUSGEFÜHRT WIRD IN DER NEKROPOLE". Auf das Löschen der Fackeln in Milch soll hier nicht näher eingegangen werden.[315] Auf die Fackeln jedoch wird sich unsere Aufmerksamkeit angesichts einer problematischen Passage in Tb 151 noch zu richten haben.

Der nachfolgende Spruchtext, der anhebt mit den Worten "Die Fackel kommt für deinen Ka, Osiris Chontamenti, die Fackel kommt für deinen Ka, Osiris NN" (137A, 3–4 (Nu)), erweist sich als Ritualtext für den Verstorbenen im Grabe.[316] Mehrfach wird betont, daß ihm die Fackel Schutz gewähre.[317] Schließlich sollen aber auch seine Elementarbedürfnisse befriedigt werden: Opfer, Kleidung und eine gottähnliche Gestalt (*Wsjr NN m-qm3=f-m3ᶜ m-jrw=f n-nṯr-m3ᶜ* — "Osiris NN ist in seinem wahren Wesen, (nämlich) in seiner Gestalt eines wirklichen Gottes" (137A, 27f. (Nu)).

Die Nachschrift gibt detaillierte Anweisungen für die durchzuführende Aktion (137A, 28–39 (Nu)):

---

[313] Vgl. die Metallbecken, die im Rahmen der "Osirismysterien" in Dendara Verwendung fanden: Dend. Mar. IV 35, 8, 12, 14f., 18; 38, 104.

[314] Vgl. Tb 144, 26 (Nu).

[315] Dazu Schott, 1937, 1ff.; H. Altenmüller in LÄ III, 1078f.

[316] Assmann, 1969, 30f.

[317] 137A, 8 (Nu): "Es ist das Horusauge (die Fackel), dein Schutz"; s. 137A, 9, 18 (Horuskinder), 20f., 24.

ḏd-mdw.w ḥr-tkꜣ.w-4 n-jdmj wrḥ.w m-ḥꜣ.t.t nt-ṯḥnw m-ꜥ-zj-4 jrw-rn n-wṯs.wt-Ḥrw ḥr-qꜥḥ=sn stjj ḫft-nfrw-Rꜥw rdj.t-sḫm-ꜣḫ-pn m-jḫm.w-sk.w jr-jrw-n=f rꜣ-pn n-sk.n=f n-nḥḥ wnn-bꜣ n-ꜥnḫ r-nḥḥ srwḏ-tkꜣw-pn ꜣḫ mj-Wsjr-Ḫntj-jmn.tjw šs-mꜣꜥ ḥḥ-n-zp

ꜥḥꜣ-tw wr[.t] jmj=k-jrw-sw ḥr-ḥr-nb wpj-ḥr-ḥꜥw=k-ḏs=k m-jt=k m-zꜣ=k r-ntt-sštꜣw-pw-ꜥꜣ n-jmn.t bz-štꜣ.w n-dꜣ.t ḏr-ntt-mꜣꜣ-sw nṯr.w ꜣḫ.w mwt.w m-jrw n-Ḫntj-jmn.tjw sḫm=f mj-nṯr-pn rdj.ḫr=k-jrj.tw-n=f rꜣ n-tkꜣ.w-4-jpn r-ṯnw-hrw rdj.tw-spr-twt=f r-ꜥrrj.t-nb.t m-ꜥrr.wt-7-jptw nt-Wsjr wnn-pw m-nṯr sḫm m-ꜥb-nṯr.w ꜣḫ.w r-nḥḥ ḥnꜥ-ḏ.t ꜥq ḥr-sbḫ.wt-štꜣjj.t nn-šnꜥ=f ḥr-Wsjr wnn.ḫr-jrw-n=f-nn ꜥq=f prr=f nn-šnꜥ=f nn-ḏr.tw=f n-zp.n.tw=f hrw-wḏꜥ-mdw.w bw.t-Wsjr njk=f šs-mꜣꜥ

jrj=k-mḏꜣ.t-tn jw-jꜥb-ꜣḫ-pn sjqr.w twr.w wpj-rꜣ=f m-bjꜣ

spẖr-zš-pn ḫft-gmjj.t m-zš zꜣ-nsw Ḥrw-dd-f m-gm=f m-hn n-sštꜣ m-zš-nṯr-ḏs=f m-pr-Wnw.t nb.t-Wnw m-ḫntj=f jr.t-sjp.tj m-rꜣ.w-pr.w m-sḫ.wt m-jꜣjj.t-nṯr.w

Schon die zweimalige Wirkungsversicherung šs-mꜣꜥ zeigt, daß dieses Rubrum aus mehreren Teilen besteht, die der bereits angesprochenen separaten Nachschriften–Tradierung entstammen dürften. Der erste Abschnitt bezieht sich auf den magischen Apparat und bietet — wie gewohnt — einen Betreffvermerk (28–31):

"WORTE ZU SPRECHEN ÜBER VIER FACKELN AUS ROTEM LEINENSTOFF, GETRÄNKT MIT BESTEM ÖL AUS LIBYEN, IN DER HAND VON VIER MÄNNERN, WOBEI ANGEBRACHT IST DER NAME DER HORUSTRÄGER (Horuskinder) AUF IHREN OBERARMEN. ANGEZÜNDET WERDEN (die Fackeln) IN GEGENWART DER SCHÖNHEIT RE'S.[318] ZU VERANLASSEN, DASS DIESER VERKLÄRTE MACHT HAT ÜBER DIE UNVERGÄNGLICHEN (Zirkumpolarsterne). WAS DENJENIGEN BETRIFFT, FÜR DEN DIESER SPRUCH AUSGEFÜHRT WIRD: (AUCH) ER KANN NICHT ZUGRUNDE GEHEN[319] IN EWIGKEIT. SEIN BA WIRD LEBENDIG SEIN BIS IN EWIGKEIT.[320] ES LÄSST DIESE FACKEL GEDEIHEN DEN VERKLÄRTEN

[318] "Jedenfalls bezieht sich nfr vor allem auf die "Schönheit" der Morgensonne" (Assmann, 1969, 289); Texte s. ders., 1983a, z.B.: Text 63, 4f. ("Mach mir Licht, daß ich deine Schönheit schaue"); T. 65, 4f.; T. 66, 6–8 ("Mögest du geben, daß mein Gesicht geöffnet sei beim Anblick deiner Schönheit, (bei)deinen Erscheinungen des Ostens des Himmels!").

[319] Wie die jḫm.w-sk.w, so kann auch der ꜣḫ nicht der Vernichtung (skj) anheimfallen.

[320] Zum "lebenden Ba" vgl.: CT I, 249a; CT VI, 25d, s; Tb 65, 8f. (Nu); Tb 181–

WIE OSIRIS–CHONTAMENTI. FÜR WIRKSAM BEFUNDEN, MILLIONEN MAL (geprüft)."

Bereits im Spruchtext werden die Horussöhne als Helfer angerufen (17–19): "Ihr Horuskinder,..., übt euren Schutz aus über euren Vater Osiris Chontamenti,... über NN m3^{c}-ḫrw von jetzt an!" Indem vier Offizianten die Namen der vier Horussöhne auf ihren Armen tragen, übernehmen sie im Ritual deren Funktion.[321]

Der zweite Abschnitt des Rubrums (31–37) beinhaltet eine ausführliche Geheimhaltungsvorschrift, einen Gebrauchshinweis, der an die in Tb 144 geforderte Praxis gemahnt, und weitere Betreffvermerke:

"HÜTE DICH SEHR! BENUTZE IHN (den Spruch) NICHT FÜR IRGENDJEMANDEN, AUSSER FÜR DICH SELBST — (eventuell) DURCH DEINEN VATER, DURCH DEINEN SOHN —, DENN EIN GROSSES MYSTERIUM DES WESTENS IST ER, EINE EINWEIHUNG IN DIE GEHEIMNISSE DER UNTERWELT, WEIL IHN GÖTTER, VERKLÄRTE UND TOTE ALS ZEREMONIELL FÜR Chontamenti SEHEN![322] SEINE MACHT IST WIE DIE DIESES GOTTES. DANN SOLLST DU VERANLASSEN, DASS FÜR IHN VERWENDET WIRD DIESER SPRUCH DER VIER FACKELN, UND ZWAR JEDESMAL, WENN MAN SEINE **twt**–FIGUR GELANGEN LÄSST ZU IRGENDEINEM TOR VON DEN SIEBEN TOREN DES Osiris! DIES BEDEUTET, EIN GOTT ZU WERDEN UND MACHT ZU HABEN UNTER DEN GÖTTERN UND VERKLÄRTEN BIS IN EWIGKEIT UND ENDLOSIGKEIT. EINZUTRETEN DURCH DIE GEHEIMEN TORE, OHNE DASS er ABGEHALTEN WIRD von Osiris. Es wird derjenige, für den dies verwendet wird, einer sein, der ein– und ausgeht, OHNE DASS ER ABGEHALTEN WIRD, OHNE DASS ER AUSGEGRENZT WIRD. NICHT KANN ER ALLEIN GELASSEN WERDEN AM TAGE DES GERICHTES, DENN ES IST EIN TABU VOR Osiris, DASS ER GESTRAFT WERDE. FÜR WIRKSAM BEFUNDEN."

Einweihungen (bz) in spezifische Kenntnisse und Bedingtheiten diverser Realia der jenseitigen Welt sind in weiteren funerären Texten anzutreffen:

Titel ("...sich in einen leb. Ba zu verwandeln" (La)); Amd. I, 84, 5 (Name der Sonnenbarke im MR der 5. Std.: "Lebend an Ba's"); 122, 2; 177, 5f.; 182, 2f., 6; 184, 1. Vgl. Pfb. I, 320f. (s. ob. S. 107). S. Assmann, 1969, 80: "b3 ^{c}nḫ, "lebender Widder" heißt allgemein Inkarnation eines Gottes").

321 S. die Vignette in Dümichen, Tf. II; s. auch Abb. 34.

322 Hornung, 1979, 269: "ihn erblicken in der Gestalt des Chontamenti"; ich möchte sw — wie in 31 — auf r3 beziehen (so auch Assmann, 1969, 30).

- Pfb. I, 373 (11. Std., UR): der Name der 11. Pforte lautet: *štꜣ.t-bz.w* — "Mit geheimer Einführung".
- CT VI, 57b (Sp. 484): "Ich wurde eingeführt in das, was ich nicht wußte" — *bz.kwj ḥr-ḫmw.t.n=j.*
- Tb 75: "SPRUCH, ZU GEHEN NACH HELIOPOLIS UND DORT EINEN SITZ ZU EMPFANGEN" ; 75, 3 (Pb): *bz.n=j štꜣ.w-ḏsr.w* — "Ich bin eingeführt worden in die abgeschirmten Geheimnisse"; 75, 5 (Pb): *ḫꜥ.kwj bz.kwj sꜥḥ.kwj m-nṯr* — "Ich bin erschienen, ich bin eingeführt, und ich bin geehrt als ein Gott".
- Tb 78, 31f. (Nu): *mꜣ.n=j-ḏsr.w-štꜣ.w ssm.kwj r-ḏsr.w-jmn.w mj-rdj.t=s[n]-mꜣꜣ=j-msw.t-nṯr-wr* — "Ich habe gesehen die geheimen Heiltümer,[323] indem ich geführt wurde zu den verborgenen Heiltümern, als sie (Isis) veranlaßte, daß ich sähe die Geburt des großen Gottes."[324] — Die CT-Version in Spell 312 (CT IV, 81h–j) ist in zwei Fassungen überliefert:

  1. B_6C: *jw-mꜣ.n-N-pn ḏsr-sš(tꜣ) mj-rdj.t-mꜣ-N-pn msw.t-nṯr-wr* — "Es hat dieser N gesehen das geheime Heiltum, als gewährt wurde, daß dieser N sähe die Geburt des großen Gottes."
  2. D_1C schließt die Phrase an 81g an: "Ich bin herausgegangen von dort (Haus des Ruti) in das Haus der Isis,[325] zu den geheimen Heiltümern (*r-ḏsr.w-štꜣ.w*), indem ich geführt wurde zu den verborgenen Geheimnissen (*štꜣ.w-jmn.w*), als sie gewährte, daß ich sähe ihre Geburt des großen Gottes."

- Tb 113 <> CT Sp. 158: "SPRUCH, DIE BA'S VON HIERAKONPOLIS ZU KENNEN" (CT II, 349a); *jw=j-rḫ.kwj sštꜣ-Nḫn* — "Ich kenne das Mysterium von Hierakonpolis" 113, 2 (Nu), CT II, 349b; "Und dann sprach Re: Haltet geheim das Mysterium (sštꜣ-sštꜣw) betreffend diese Reuse..." 113, 7 (Aa),[326] CT II, 355b (S_2P, B_4L^a, B_4L^b)[327];

[323] Vgl. Allen, 1974, 68: "mysterious sanctities".

[324] Etwas abweichende Formulierungen bei Ani (37f.: *mꜣ.n=j-ḏsr.w-štꜣ.w ssm.kwj r-ḏsr.w-jmn.w*) und Pb (27: *mꜣ.n=j-ḏsr.w-štꜣ.w jmn.w mj-rdj.t=s-mꜣn=j-ms.wt-nṯr.w-wr.w*).

[325] Ähnlich in der Tb–Fassung: "Gekommen bin ich aus dem Haus des Ruti heute, herausgegangen bin ich aus ihm zum Haus der göttlichen Isis" (30f.(Nu)).

[326] Schreibung: *sštꜣ-zp-2 ḥr-....*

[327] Sštꜣ-štꜣw in B_2Bo, B_4Bo, B_9C, B_2P, B_1L, $B_{17}C$, B_1C.

jw=j-bz.kwj ḥr-b3.w-Nḫn — "Ich bin eingeführt bei den Ba's von Hierakonpolis" 113, 12f. (Aa), CT II, 361b.

- Tb 190: *sšt3.w n-d3.t bz-št3 n-ẖr.t-nṯr sḏ-ḏw.w wb3-jn.wt sšt3.w nn-rḫ-rsj r-srwḫ n-3ḫ* — "Die Mysterien der Unterwelt, eine geheime Einführung für die Nekropole, Berge durchzutrennen und Täler zu öffnen. Mysterien, die keinesfalls bekannt sind, für die Behandlung eines Verklärten" 190, 3f. (Nu).

Insbesondere die letztzitierte Textpassage spricht dafür, daß unter "Mysterien" hier keineswegs geheime — elitarisierte — Formen religiöser oder parareligiöser Praxis zu verstehen sind, die den Initiierten für "Einwirkungen" empfänglich machen und so seine Erlebnisfähigkeit steigern sollen.[328] Es ist vielmehr an die Ausstattung des Verstorbenen mit geheimem — wirkungsmächtigem — Wissen, also letztlich an die Steigerung seiner Zaubermacht zu denken. Ihm steht im Zustande eines "Verklärten" für sein Dasein in einer Welt im "Bereich der Götter" (ẖr.t-nṯr) ein größeres Quantum an magischer Potenz zu als in seiner menschlich–irdischen Existenz. Diese neuen Fähigkeiten werden — auch um genaueren Definitionen aus dem Wege zu gehen — mit sšt3.w (Mysterien) in Verbindung gebracht.[329]

Eine kurze Wirkungsangabe macht den dritten Teil der Nachschrift zu Tb 137A aus (36–37):

"WENN DU DIESE SCHRIFT BENUTZT, IST WIEDER VEREINIGT DIESER VERKLÄRTE, INDEM ER VERVOLLKOMMNET UND GEREINIGT IST; SEIN MUND IST GEÖFFNET MIT DEM ERZ."[330]

Die durch den Tod zerstörte Integrität der Person des Verstorbenen[331] kann durch Ritualhandlungen — die sjqr-3ḫ–Initiierung, die kultische Reinigung und die Mundöffnung — aufgehoben werden. Der Tod ist behandelbar.[332]

Den Abschluß des ausführlichen Rubrums bildet eine "Kultlegende"[333]

---

[328] S. Aristoteles fr. 45 Rose — zitiert in Nilsson I, 654 mit (1).

[329] Lit.: Morenz, 1952, 86; ders., 1960, 265: "In Ägypten war es der Tote, der geweiht, im Hellenismus ist es der Lebende, der eingeweiht ... wird"; ders., 1969, 94(1); Kees, [5]1983b, 98ff. ("Die Vorbedingungen zur Seligkeit"); Assmann, 1969, 30f., 102ff.; Junge, 1979, s. 95 (allenfalls für den Toten); vgl. auch S. 307ff.

[330] Vgl. S. 155f. (zur "Wiedervereinigung").

[331] S. dazu Assmann, 1983c, 339f.; ders. in LÄ VI, 1000f. ("der Gedanke einer Aufhebung des Todes als der absoluten Desintegration und Isolation").

[332] Assmann in LÄ VI, 659ff.

[333] S. die Auflistung S. 243ff..

(37–40):

"EXZERPIERE DIESES SCHRIFTSTÜCK GETREU SEINEM BEFUND IN SCHRIFT! Der Königssohn Hordedef WAR DERJENIGE, DER ES GEFUNDEN HAT IN EINEM GEHEIMEN KASTEN, UND ZWAR IN DER (Hand)-SCHRIFT DES GOTTES SELBST, IM TEMPEL DER UNUT, DER HERRIN VON HERMOPOLIS, ALS ER STROMAUF FUHR, UM EINE INSPEKTION DURCHZUFÜHREN IN DEN TEMPELN, AUF DEN FELDERN UND HÜGELN DER GÖTTER."

Beachtenswert ist nun, daß bei Nu ein längerer Abschnitt aus Tb 151 folgt, den Budge noch zu 137A hinzugerechnet hat.[334] In der Tat weist dieser Spruch einige Affinitäten zu dem vorstehend besprochenen auf; so geht es unter anderem wieder um eine Fackel. Von entscheidender Bedeutung ist der Umstand, daß auch Tb 151 offensichtlich ursprünglich in die Gruppe der Ritual- oder Verklärungstexte gehört. Die im Rahmen der Transposition in die funeräre Literatur (Totenbuch) überlieferten Fassungen — Tb 137A bzw. Tb 151 — sind allerdings nicht mehr als liturgische Verklärungen anzusehen. Es handelt sich nunmehr um magische Texte, die den Toten mit spezifischen Qualitäten für sein nachtodliches Leben versehen sollen.[335]

Über den Ort, an welchem die magische Handlung durchzuführen ist, klärt eine Passage bei Nu auf, die gleichsam die Überleitung von 137A zu 151 vornimmt. Hornung hat diesen Abschnitt noch zu 137A gezählt,[336] meines Erachtens ist er hingegen auf Spruch 151 zu beziehen: jrr.wt ***m-jmn.t m-dꜣ.t n-štꜣ.w n-dꜣ.t bz-štꜣ.w n-ḫr.t-nṯr*** — "Das, was auszuführen ist IM VERBORGENEN DER GRABKAMMER FÜR DIE GEHEIMEN DER UNTERWELT. EINE GEHEIME EINFÜHRUNG IN DIE NEKROPOLE."[337]

Der Titel zu 137A bei Aa sagt lediglich, daß es sich um einen "SPRUCH FÜR FACKELN, DER AUSGEFÜHRT WIRD IN DER NEKROPOLE (**ẖr.t-nṯr**)" handelt. Das Totenbuchexemplar des Juja überliefert für Tb 151 folgenden Titel: "Was geschrieben ist im Verborgenen der Dat (Grabkammer)".[338]

334 Budge II, 195–197 (=Nu 40–55).
335 S. Assmann in LÄ VI, 1005 (29).
336 Hornung, 1979, 270, Zeilen 42–44.
337 137A, 39–40 (Nu); zu beachten ist bes. die Rubrizierung.
338 Budge II, 289 C1.

Tb Spruch 151 > Abb. 35a–c

Der Überlieferungsbestand dieses Totenbuchtextes kommt dem Grundanliegen dieser Arbeit sehr entgegen. Wir sind in der Lage, die Literalisierung komplexer magischer Aktionen im Sinne einer Verschriftung und Vignettisierung über mehrere Zwischenstationen hinweg zu verfolgen. —

Im Zentrum unseres Interesses werden die "vier magischen Ziegel" stehen. Der Sargtextspruch 531, "Vorläufer" von Tb 151, erwähnt die Ziegel überhaupt nicht. Er weist auch weder Titel noch Nachschrift auf, sondern stellt eine Rede an die Mumienmaske dar; sie hebt an mit: "Gegrüßet seist du, (du) mit freundlichem Gesicht (nfr-ḥr), Herr (Besitzer) der beiden Augen (mꜣꜣw.tj — det. mit 2 Udjataugen),[339] den Anubis zusammengeknüpft hat, den Ptah–Sokar emporgehoben hat (sqꜣ), dem Schu die Stützen (des Himmels) (sṯs.w) gegeben hat, mit freundlichem Gesicht unter den Göttern, den Re dem Osiris gegeben hat gegen das Mysterium (sštꜣ), das gegen ihn verwendet werden sollte, um zu beenden den Anschlag (sqr) des Seth gegen ihn" (CT VI, 123b–h). Anschließend wird eine "Glieder–Vergottung" der Maske vorgenommen.[340] Die der Maske zugedachten Funktionen werden genau spezifiziert: "Mögest du ihn verklären (sꜣḫ=k-sw), mögest du für ihn seinen Feind niederzwingen (dꜣr), mögest du ihn leiten zu den schönen Plätzen der Nekropole, mögest du schlagen die Bande des Seth für ihn" (CT VI, 125a–d).

Dieser Sargtextspruch bildet gleichsam den Kern der Totenbuchfassung. Es treten nun apotropäische Formeln hinzu, die mit magischen Ziegeln in Zusammenhang gebracht werden. Es sind vor allem die späteren Handschriften, welche ein sehr differenziertes Bild bieten und dazu Vignetten konzeptionell einbeziehen.[341] — Die beiden Versionen des Spruches, die Nebseni überliefert, sind als Redaktionen des CT Spells aufzufassen; sie weisen allerdings bereits eine Rede des Anubis[342] und einen Titel auf: "SPRUCH FÜR DEN GEHEIMEN KOPF".[343] Reden von Isis und Nephthys finden sich in Pc.[344]

Doch nun zu dem Abschnitt des Spruches, der den Ziegeln gewidmet ist! Wir wollen uns zunächst an die Version bei Juja halten[345] und einige

[339] Die Stelle lautet bei Aa: *nb-mꜣ.tw-wḏꜣ.t* — 151, 3.

[340] Vgl. dazu p. Leiden I 348 1, 5 – 2, 9 (Spr. 3).

[341] Af (Nav. I, CLXXIII) — s. Abb. 35a; R (Allen, 1960, Pl. XLVIII).

[342] Nav. I, CLXXIV, 1; s. Abb. 35b.

[343] Ebd., CLXXV, 1 = Budge II, 288.

[344] Nav. II, 427f.

[345] Budge II, 289f.

Passagen aus den Übersetzungen von Allen und Hornung hinterfragen.[346] Eine drohende Rede an den "Lassofänger" macht den Anfang (es spricht der nachstehend geforderte Tonziegel bzw. die auf ihm angebrachte twt–Statuette):
"Der du kommst, an den Haaren zu ziehen (fortzuziehen) (spsw), ich lasse dich nicht an den Haaren ziehen![347] Der du kommst, mir Übles anzutun (wdj), ich lasse dich mir nichts Übles antun! Ich werde dich an den Haaren ziehen, ich werde dir Übles antun! Ich bin der Schutz (zꜣ) des göttlichen Osiris Juja, des Gerechtfertigten" (151, 1–2 (Juja)).

Es folgt die Anweisung für eine magische Handlung: *ḏd.tw-rꜣ-pn ḥr-ḏb.t nt-sjn-wꜣḏ ḫtw-rꜣ-pn-ḥr(=s) jr-n=s bb.t m-zꜣtw nt-dꜣ.t ḥnᶜ-rdj.t-twt n-jmꜣ n-ḏbᶜ-7 m-qꜣ=f wpjw-rꜣ=f smn(.w) ḥr-ḏb.t-tn ḥr-zꜣtw-mḥ.tj ḥr=f r-rsj ḏbꜣ-ḥr=f* — "Es wird gesprochen dieser Spruch über einen Ziegel (ḏb.t) aus ungebranntem Ton (sjn-wꜣḏ), eingeritzt ist dieser Spruch darauf. Mache für ihn (ḏb.t) eine Nische in den Boden (der Grabkammer), zusammen mit dem Geben (gleichzeitig gib') eine twt–Figur aus Dattelpalmholz — 7 Finger in ihrer Höhe, ihr Mund geöffnet,[348] indem sie befestigt ist auf diesem Ziegel — auf den nördlichen Boden, (so daß) ihr (der Nische) Gesicht (die Öffnung) nach Süden (gewandt) ist! Bedecke ihr (der Nische) Gesicht (mit Erde[349])" (151, 3–5 (Juja))!

Ganz ähnlich die Anweisung bei Nu: ***ḏd-mdw.w ḥr-ḏb.t nt-sjn-wꜣḏ ḫtw-rꜣ-pn-ḥr=s ḥnᶜ-twt n-jmꜣ n-ḏbᶜ-7 m-qꜣ=f wpjw-rꜣ=f jr-n=f bb.t m-zꜣtw-mḥ.tj ḥr=f r-rsj ḏbꜣ-ḥr=f*** (137A, 51–52)[350] — "WORTE ZU SPRECHEN ÜBER EINEN ZIEGEL AUS UNGEBRANNTEM TON — EINGERITZT IST DIESER SPRUCH DARAUF — UND ÜBER EINE **twt**–FIGUR AUS DATTELPALMHOLZ VON 7 FINGER IN IHRER HÖHE, IHR MUND GEÖFFNET. MACHE FÜR SIE (twt) EINE NISCHE IN DEN NÖRDLICHEN BODEN (der Grabkammer), IHRE ÖFFNUNG NACH SÜDEN! BEDECKE IHRE ÖFFNUNG!"

Es folgt eine Textsequenz, die uns bereits in Tb 64 begegnet ist, also ein weiteres "Nachschriften–Versatzstück" (137A, 52–55 (Nu))[351]: "DIES WIRD AUSGEFÜHRT, WENN EINER GESÄUBERT UND REIN IST, OHNE

[346] Allen, 1974, 147–150; Hornung, 1979, 318–323.
[347] Bei Af heißt es: "Der du kommst, mit dem Lasso zu fangen (spḥ) ..." (III, 1 Budge II, 284; Nav. I, CLXXIII d).
[348] Gemeint ist natürlich die zeremonielle Mundöffnung.
[349] Vgl. 151, 14 (Juja).
[350] Budge II, 197.
[351] Vgl. auch Tb 125, 47–49 (Nu).

DASS ER KLEINVIEH ODER FISCHE GEGESSEN HAT, OHNE DASS ER SICH FRAUEN GENÄHERT HAT. OPFERE ABER NUN BROT,BIER,WEIHRAUCH AUF DER FLAMME FÜR DIESE GÖTTER! WAS ANBETRIFFT JEDEN VERKLÄRTEN, FÜR DEN DIES GETAN WIRD: ER WIRD EIN ABGESCHIRMTER GOTT (**nṯr-ḏsr**) SEIN,[352] DER SICH IN DER NEKROPOLE BEFINDET. NICHT KANN ER ABGEWEHRT WERDEN VON IRGENDEINEM TOR DES WESTENS.[353] ER WIRD SEIN IM GEFOLGE DES Osiris AN JEDEM ORT; ER WIRD DORT UNVERSEHRT SEIN. FÜR WIRKSAM BEFUNDEN, MILLIONEN MAL (geprüft)."

Sehr viel einfacher dagegen ist die Nachschrift bei Pb gehalten: "Worte zu sprechen über ..., eingeritzt ist dieser Spruch darauf, gemäß diesem sšmw–Bild."[354] Damit ist, worauf wir noch zurückkommen werden, die entsprechende Vignette gemeint.[355]

Von besonderer Aussagekraft ist nun auch die zweite "Ziegel–Formel" des Spruchtextes. Dazu sei zunächst die Übersetzung Hornungs zitiert:[356] "Ich bin es, der den Sand daran hindert, das Verborgene zu versperren, und der den zurückweist, der sich (selber) zur Brandfackel der Wüste zurückweist. Ich habe die Wüste in Flammen gesetzt, ich habe den Weg (des Feindes) in die Irre geleitet." Ich möchte eine andere — wie ich denke — verständlichere Übersetzung vorschlagen. Zu diesem Zwecke sollen mehrere, ausreichend gut erhaltene Handschriften einander gegenübergestellt werden:

1. Juja (5f.): *jnk-jḥ(w)-šᶜj r-ḏbꜣ-jmn.t štꜣ-zmj.t jw-stnm.n=j-wꜣ.t jw=j-m-zꜣ-Wsjr-nṯr.t NN*[357]; bei štꜣ wird es sich um eine Verschreibung von stꜣ handeln.

2. Af: *jnk-jḥ(w)-šᶜj r-db* (>ḏbꜣ)*-jmn.t ḫsf(w)-ᶜ-ḫsf(w)-sw r-tkꜣ-zmj.t jw-stj.n=j-zmj.t jw-stnm.n=j-wꜣ.t jw-m-zꜣ n-NN mꜣᶜ-ḫrw;*

   Sehr ähnlich ist dieser Fassung die in Pb, sie differiert in folgenden Punkten: *...ḏbꜣ-jmn.t* (r fehlt); tꜣ zu emendieren in tkꜣ; *jw-stj.n=j-zmj.t* fehlt; *wꜣ.t-jsfw* (Weg des Übeltäters).

[352] S. auch Tb 136A–L., 22(Nu).
[353] Vgl. Tb 144, 23 (Nu).
[354] Nav. II, 428 d.
[355] S. Ratie, pl. III.
[356] Hornung, 1979, 320f., Zeilen 54–57.
[357] S. Davis, 1908, pl. XII; Budge II, 289.

3. Nu (137A, 47f.): *jnk-jḥ(w)-š^cj r-ḏbꜣ-jmn.t ḫsf(w)-ᶜ m-tkꜣ-zmj.t jw-stnm.n=j-wꜣ.wt...*

4. Cf[358]: *rꜣ n-tkꜣ jmj-ẖr.t-nṯr jnk-jḥ(w)-šᶜj r-ḏbꜣ-jmn.t n(?)-ḫsf(w)-ᶜ n-ḫsf-sw r-tkꜣ-zmj.t jw-stꜣ*(>stj)*.n=j-zmj.t m-ᶜḏ-mꜣᶜ m-ḥbs-rḫtw jw-stnm.n=j-wꜣ.wt=s(n) jw=j-m-zꜣ-Wsjr NN.*

Einige Bemerkungen seien meinem Übersetzungsvorschlag vorangestellt. Das Verbum jḥ begegnet im Wb unter ᶜḥ (I, 213, 17-19; 214, 2–3); es hat die Grundbedeutung "umspannen", "einfangen". tkꜣ muß nicht als Substantiv aufgefaßt werden ("Fackel"); hier handelt es sich um ein Nomen agentis, das abgeleitet ist von dem Verbum tkꜣ "fackeln, brennen". Schließlich ist hervorzuheben, daß zmj.t — "Wüste" — eine kakophemistische Bezeichnung für die Grabstätte sein kann.[359] Im Pfortenbuch wird das Gebiet der ersten Stunde (das "Zwischenreich") zmj.t genannt:

- *jn-Rᶜw n-zmj.t ḥḏ-zmj.t psḏ-n=ṯ jmj.t=j* — "Es spricht Re zur "Wüste": Leuchte auf, "Wüste"! Es erstrahlt für dich das, worin ich bin (die Sonnenscheibe)"(Pfb. I, 4; Sz. 2);

- *jn-nn-jmj.w-zmj.t n-Rᶜw j-jmnw-n mj-rk-r=n* — "Es sprechen die, die in der "Wüste" sind, zu Re: O, der du uns verborgen hast,[360] komm doch zu uns!" (I, 8f.; Sz. 3);

- *jw-wdnw n-zmj.t ddw-ꜣ.wt n-jmj.w=s m-wᶜ m-nn-jmj.w=s* — "Wer opfert der "Wüste" und Opferspeisen gibt denen, die in ihr sind, ist einer unter denen (wird einer sein...), die in ihr sind" (I, 10f.; Sz. 3).

- Isis erscheint als Herrin der zmj.t in den CT Spells 48 und 49, wo sie den Verstorbenen empfängt — CT I, 211e, 221a, 222 Z. 104. Als Herr der "Wüste" gilt auch Anubis — CT VI, 249p (Sp. 629). Die Verstorbenen werden als ""Jenseitsversorgte" (jmꜣḫ.jj) bei der zmj.t, solche, die in der zmj.t sind", bezeichnet (VI, 223h (Sp. 609)). "Götter und Verklärte, die im Himmel und in der "Wüste" sind", spricht Spell 317 an – CT IV, 112c. Hathor wird in Tb 186 Herrin der westlichen "Wüste" genannt (Titel in Da).

---

358 Naville, 1912, Pl. I.

359 Wb III, 445.

360 Verbergen hier im Sinne von bestatten — s. Hornung, Pfb. II, 40(6).

- In dem Sargtextspruch 695 (s.u.) heißt es: "Ich bin ein Zögling des Ḥ3[361] in seiner "Wüste"...Mein Sitz ist seine "Wüste". Seine westliche "Wüste" ist mein Horizont (3ḫ.t)" (CT VI, 329d, f).
- Das Grab selbst — für den Befund in Tb 151 natürlich besonders aufschlußreich — wird in CT VI, 293p (Sp. 666) *ḥw.t-zmj.t* genannt; in Spell 846 (VII, 50j) heißt es: "Heraus geht das Feuer gegen das Gotteshaus des "Wüsten"–Gottes [...]".[362]

Meines Erachtens kommt es auf einen Antagonismus der Verben tk3 und stj an, deren ersteres — in dieser Passage — eine negative Denotation hat (im Sinne von verbrennen, anfackeln), während für das letztere eine positive (erleuchten) zu postulieren ist. Demnach ist folgender Parallelismus zu konstatieren:

jḥ(w)-šʿj r-ḏb3-jmn.t

jnk

ḫsf(w)-ʿ-ḫsf(w)-sw r-tk3-zmj.t

jw-stj.n=j-zmj.t

dazu:

jw-stnm.n=j-w3.(w)t

Übersetzung (nach Af): "Ich bin einer, der zurückhält den Sand vom Verstopfen den Verborgenen (den Grabeingang), der abwehrt den (Arm des) ihn Angreifenden vom Verbrennen der Grabstätte. (Vielmehr) habe ich erleuchtet die Grabstätte; ich habe irregeleitet den Weg (Pb: des Übeltäters). Ich bin der Schutz des (Osiris) NN."

---

361 Der Gott der libyschen Wüste, "Herr des Westens" — Lit. bei Kees, 1983a, 189 mit (7), 327 mit (1); Wildung in LÄ III, 923.

362 Der Text ist leider relativ schlecht erhalten; vom Rubrum ist nurmehr zu lesen: "... ZU ERGREIFEN ZAUBER (*ḥk3.w*)" (VII, 50u). Der Spruch sollte dem Verstorbenen seine Zauberkräfte erhalten — vgl. 50a ("Zurück ..."), 50e ("Ich bin vor dir, damit du dich umwendest" — *jw(=j) m-b3ḥ=k wḏb=k*).

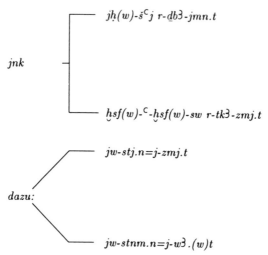

Daß man ḫsf-r mit “verhindern, daß” o.ä. übersetzen kann, zeigt auch Pyr. 1439–1440, wo wir das Muster finden: “Verhindert werden soll X, “jr + (Verb in Infinitiv)””, also etwa: “Verhindert werden soll deine Schiffsmannschaft, dich zu rudern”. Ein bereits in Transkription vorgestellter Zusatz in Cf (*stj.n=j-zmj.t m-ꜥḏ-mꜣꜥ m-ḥbs-rḫtw*) bekräftigt das Verständnis von stj (erleuchten) und zmj.t (Grabstätte): “Ich habe erleuchtet die Grabstätte mit echtem Fett und gewaschenem Leinen.”

Die befürchtete Verbrennung der Grabstätte geht besonders eindrucksvoll aus einer Passage des Papyrus Chester Beatty VIII hervor, die auch das bereits angesprochene Motiv der drohenden Vernichtung des Ba beinhaltet.[363] In einem “BUCH, DIE FEINDE ZU BANNEN” (vso. 4, 1 - 7, 5) fordert der Aktant Osiris dazu auf, den Namen des Zaubers preiszugeben, “der kommt, den N, geboren von M, zu holen” (4, 4). Er teilt dem Gott zunächst mit, daß eben dieser Zauber seinerseits bereits wichtige Geheimnisse verraten hat. Mehrfach wird ein Kasten aus Akazienholz (*ꜥfḏ.t*[364] *nt-šnḏ.t*) angesprochen, der “Osirisreliquien” zu beinhalten scheint. Das Wissen um dessen Inhalte hat der Zauber nicht für sich behalten können: *bn-jnk-(j)ḏd-sw bn-jnk-wḥm-sw m-pꜣj-ḥkꜣ ntj-ḥr-jj r-mn-ms n-mn.t r-ḏd-sw wḥm-sw ḏd.n=f-štꜣ.w n-Wsjr ḏd.n=f-qmꜣ n-nṯr.w* — “Nicht ich bin es, der dies sagt, nicht ich bin es, der es wiederholt. Dieser Zauber, der kommt gegen den N, geboren von M, er sagt es, er wiederholt es. Er hat genannt die Geheimnisse des Osiris, er hat genannt das Wesen der Götter” (4, 5–7).[365] Im Anschluß daran wird Osiris nun für den Fall, daß er den Namen nicht angeben will, bedroht: “Sollte Osiris seinen Namen nicht wissen: Nicht werde ich ihm erlauben, hinabzufahren nach Busiris, nicht werde ich ihm erlauben, aufwärts zu segeln nach Abydos.” — Es folgt die Sequenz: *jw=j-r-fqꜣ-bꜣ=f jw=j-r-sḥtm-pꜣ-ẖꜣ.t=f jw=j-r-dj.t-ḫ.t m-jz-nb-sꜣ.wj* — “Ich werde ausreißen seinen Ba. Ich werde vernichten seinen Leichnam. Ich werde Feuer geben an alle seine Grabstätten” (4, 8f.).

Wie die übrigen Texte in Tb 151 ebenfalls noch zeigen werden, ist es der Ziegel selbst, der hier spricht; der Fackel kommt eine apotropäische

---

[363] S. S. 107f.

[364] S. auch CT I, 160b–c (Sp. 38): “Ich habe gesehen den ꜥfd.t- Kasten des Sjꜣ. Ich kenne das, was in ihm ist”.

[365] Diese Phrase wird im Text mehrfach wiederholt — s. die Wiedergabe des gesamten Textes von Gardiner, 1935 II, 72–74.

Funktion zu.[366] Die Bedeutung der Fackel in funerärem Kontext mögen einige Textbeispiele unterstreichen:

- "Zündet an (sḥḏ) eine Fackel, ihr Aufseher der Kammern, ihr Götter, die ihr in der Dunkelheit seid! Gebt euren Schutz über euren Herrn" (CT I, 216e–h)!

- "GESTALT ANZUNEHMEN ALS FEUER IN DER NEKROPOLE AN JEDER STELLE DES WESTENS" (CT IV, 34i).

- "Angezündet wurde eine Fackel gegen ihn (Apophis) in den Häusern des Sepa" (CT V, 245b).

Auch aus dem Zweiwegebuch sind einige interessante Passagen anzuführen:

- "Ich bin das Horusauge, nützlich in der Nacht, das Feuer macht durch seine Vollkommenheit (nfrw)" (VII, 305g–h). In diesem Spruch (Spell 1053) wird auf die Abwehr der Feinde und des Apophis Bezug genommen (VII, 306b).[367]

- "LICHT IST MEIN ÖFFNEN DER FINSTERNIS" (VII, 371h–i).

- "Ich bin unter Maat. Mein Abscheu ist Finsternis, ich öffne die Nacht. Feuer" (VII, 372b–c).

- "Er hat erleuchtet die Finsternis unter denen, die kommen mit Opfergaben..." (VII, 375b).

- "Ich bin die Fackel, die befindlich ist in euch, ich werde passieren mit Schu in den Nun..., ich bin der, der Macht hat über die Finsternis.... Ich bin sein Schutz in der Finsternis..." (VII, 479h–480c).

- "Ich öffne die Finsternis, so daß das Feuer keine Macht hat über ihn wie über einen anderen in der Nacht" (VII, 484d–f).

- "Es vergehe die Finsternis, es entstehe das Licht, mir gehört das Schreiten" (VII, 485d–f)!

[366] Dazu s. auch Assmann, 1972, 63 mit(60) — Verweise auf p. Ch. Beatty VIII vso. 1, 8f.; p. Ch. B. IX vso. B; p. Ch. B. XIV, 9f.; Feucht, 1985, 69ff.; zur Fackel in medizin. Kontext: p. BM 10059 7, 9.

[367] Vgl. Spells 1054, 1070, 1080.

- "O Feuer, bereite für mich einen Weg, auf daß ich passieren möge" (VII, 498f–g)!
- "Es kommt die Fackel, die vertreibt den, der fortholt" (Tb 137B, 3–4 (Aa).
- "Du siehst die Fackel, du atmest die Luft, geöffnet ist dein Gesicht im Hause der Finsternis (Grabkammer)" (Tb 169, 17 (Pb)).

An dieser Stelle sei auch ein Zusatz zitiert, den Cf hinsichtlich der Fackel in Tb 151 gibt: "Es ist, daß diese Fackel dauert ewig und immer für NN in ihrem Haus, ihrem Gebäude, ihrem Felsgrab (ḥr.t), ihrer Höhle als eine gegebene (Fackel) von Osiris, dem Herrn des Westens, als eine gegebene von den Göttern, die in der Nekropole sind." Von Interesse ist eine Stelle aus dem Denkstein des P3-ḥrj, die den bei der Betrachtung der "Herzsprüche" des Totenbuches angesprochenen Aspekt vom "Gott im Menschen" noch einmal nachdrücklich in Erinnerung ruft (Urk. IV, 117, 1–15):
"Du gehst heraus an jedem Morgen, du kehrst zurück (nw=k-ṯw) an jedem Abend. Angezündet wird eine Fackel für dich in der Nacht, bis die Sonne über deinem Leib aufgeht (*stj.tw-n=k tk3 m-grḥ r-wbn.t-šw ḥr-šnb.t=k*). Man sagt zu dir: "Willkommen, willkommen in diesem deinem Hause der Lebenden!" Du schaust (dgjj=k) Re im Himmelshorizont, du siehst (sgmḥ=k) Amun, wenn er aufgeht. Du erwachst gut jeden Tag, beseitigt sind dir alle Übel (sḏb.w). Du durchwandelst (zbj=k) eine Ewigkeit (nḥḥ) in Wohlbehagen (nḏm-jb) in der Gunst des Gottes, der in dir ist.[368] Dein jb–Herz hast du, nicht läßt es dich im Stich (bṯ); deine Opferspeisen bleiben an ihrem Ort."

Die Fackel hat die Aufgabe, der elementaren Angst vor der Dunkelheit entgegenzuwirken und unheilvolle Einflüsse fernzuhalten. In solcher Funktion begegnet sie auch im Götterkult.[369] -

Dieser Spruch der Fackel "soll nun gesprochen werden über einen Ziegel aus ungebranntem Ton,[370] befestigt ist (darauf) eine brennende Schilffackel (wꜥ3-g3š-stj(w)) mit Feuer" (151, 6–7). Bei Nu heißt es dazu: "...indem befestigt ist eine Fackel auf seiner Mitte (des Ziegels), getränkt mit sfṯ–Öl und angezündet mit Feuer..." (137A, 48f.). Dann soll — wie

[368] S. auch Urk. IV, 149, 3f. (Denkstein des Nebamun).
[369] S. Urk. IV, 771; p. Berlin 3055 I,2 (dazu Moret, 1902,9–14,bes. 13f.); Siut I, 278.
[370] Zusatz bei Nu: "eingeschrieben ist dieser Spruch darauf" (137A, 48).

bereits zitiert — wieder eine Nische angefertigt werden, in die der Ziegel hineinzugeben ist, bevor sie mit Erde verdeckt wird. Ganz entsprechend ist zwei weitere Male zu verfahren, wobei zunächst eine Ton–Figur des Anubis auf den Ziegel zu stellen ist, schließlich ein "Fajence–Djed–Pfeiler, seine Einkerbungen aus Feingold, bekleidet mit Königsleinen, wobei Salbe hinzugefügt wurde darauf" (151, 12f.(Juja)).

Diese vier Ziegel sind an je einer Seite der Grabkammer abzulegen.[371] Ihre Aufgabe wird in einer die Instruktion abschließenden Zeile noch einmal fixiert: "Abzuwehren die Feinde des Osiris, wenn sie kommen in irgendeiner ihrer Erscheinungsformen" — *ḫsf-ḫftj.w nw-Wsjr jy m-ḫpr.w-nb.w* (151, 14 (Juja)).

"Magische Ziegel" der beschriebenen Art und Figuren, die auf ebensolchen plaziert gewesen sein könnten, hat man in Gräbern des NR gefunden.[372] Aus dem Grab Thutmosis'IV stammt eine Statuette mit der Aufschrift:

jnk m-ḥwj-šᶜj r-ḏbꜣ-jmn.t ḫsf(w)-ᶜ-ḫsfw-sw r-tkꜣ-zmj.t jw-tkꜣ.n=j-zmj.t jw-stnm.n=j-wꜣ.t-jsfw jw=j m-zꜣ-Kartusche — "Ich bin der, der den Sand zurückhält vom Verstopfen den Verborgenen (Grabeingang), der abwehrt den ihn Angreifenden vom Anfackeln der Grabstätte. Ich habe (mit Fackeln) erleuchtet die Grabstätte. Ich habe irregeleitet den Weg des Übeltäters. Ich bin der Schutz des Königs NN."[373] — Bemerkenswert ist die Schreibung von ḥwj für jḥ(w); der Antagonismus von tkꜣ und stj kommt hier dagegen nicht zum Tragen. Eine Figur der Tjuja weist ebenfalls diesen Textabschnitt auf.[374] Zahlreicher sind jedoch beschriftete Ziegel[375] und amulettartige Djed–Pfeiler.[376]

Für die in dieser Arbeit verfolgte Thematik ist — wie angesprochen —

[371] Dies betonen die zusätzlichen Angaben bei Nu: "Das, was gegeben wird in den (z.B.) nördlichen Boden." Es folgt die entspr. "Ziegelrede", dann die Anweisungen für die Ausführung der Handlung (137A, 43, 46, 49f.). Nu hat im übrigen eine andere Reihenfolge als Juja. Juja: Figur, Fackel, Anubis, Djed. Nu: Djed, Anubis, Fackel, Figur.

[372] Lit. s. Kakosy, 1988, 72 (3).

[373] Carter/Newberry, 9f. mit pl. IV.

[374] Davis, 1907, 29.

[375] Den von Kakosy genannten Arbeiten — s. (289) — sei hinzugefügt: Gardiner, 1915, 116–118.

[376] S. van Voss, 1964, pl. XVII; Capart, 1943, fig. 29; zu den Nischen: Thomas, 71ff. (s. bes. Carter–Zitat, 72f.); zu PGM vgl. Betz, 37(15).

ein Vorgang von Wichtigkeit, den man als die Emanzipation der Tb–Verschriftung von in realiter vollzogenen Zeremonien bezeichnen könnte. Es sind Bilder (Vignetten), die im Tb–Spruch 151 die Aufgabe der verwendeten Gegenstände übernehmen. Dies führt letztlich — ohne Bezug auf die chronologische Abfolge der Tb–Niederschriften — zur Herausbildung eines komplexen Bild–Text–Bezuges, deren Stationen wie folgt zu skizzieren sind:

1. Anbringung der Mumienmaske und Rezitation von CT 531 bzw. Tb 151 als Legomenon; evtl. Beschriftung der Maske mit dem Spruchtext (s.u. das Beispiel der Goldmaske des Tut–anch–Amun).

2. Komplexere magische Aktion unter Verwendung der Ziegel mit twt–Figur, Anubis, Fackel und Djedpfeiler. Über diese Realien werden separate apotropäische Formeln gelesen — und auch auf dieselben geschrieben. Sie werden in Nischen in der Grabkammer gestellt.

3. Die Gegenstände werden durch ein sšmw–Bild ersetzt (s. die Reihung von Tb 151–156–155 in Pb).[377] Im Text findet sich statt ihrer Beschreibung die Phrase mj-sšmw-pn — “gemäß diesem Bild”.

4. Tableau in Af und TT 96.[378] Nachschriften und Hinweise fehlen, den abgebildeten Gegenständen sind die apotropäischen Formeln als “Reden” beigeschrieben.

Der — ursprüngliche — Kern dieses Spruches, der auf den Sargtextspruch 531 zurückgeht, findet sich ohne die später hinzugefügten Götterreden als Rede an die Mumienmaske (“Sei gegrüßt, (du) mit freundlichem Gesicht...”) und Glieder–Vergottung allein dreimal unter den Inschriften aus dem Grabe des Tut–anch–Amun.[379] Im Inneren des großen Goldsarges ist er sowohl auf dem Sargunterteil als auch auf dem –Oberteil eingraviert.[380] Eine weitere Fassung findet sich auf der Rückseite der so bekannten Goldmaske;[381] sie ist ausführlicher als die beiden anderen

---

[377] Ratie, pl. III — Dat.: Thutm. IV (Munro, 282f.); s. Abb. 18.

[378] Nav. I, CLXXIII — Dat.: 20./ 21. Dyn. (Allen, 1974, 242); Saleh, 84; Katalog “Sennefer”, Köln, 68 bzw. 69 — s. Abb. 35a und c (T).

[379] Vgl. auch die beiden recht ähnlichen Fassungen in Aa — Nav. I, CLXXIV bzw. CLXXV.

[380] S. Beinlich/Saleh, Skizze S. 78, Texte: 79 bzw. 81.

[381] Beinlich/Saleh, 82f. — Text 256a; die Glieder–Vergottung ist in den CT etwas ausführlicher, das sꜣḫ̌–Motiv fehlt im Tb.

und kommt der CT–Version näher. Sie sei nachfolgend in Übersetzung wiedergegeben:[382]

"Sei gegrüßt, (du) mit freundlichem Gesicht, [Herr] des Schauens (mꜣtw), den Ptah–Sokar zusammengeknüpft hat, den Anubis erhöht hat, einer, dem Thot die (Himmels–)Stützen (wṯs.w) gegeben hat! (Du) mit freundlichem Gesicht unter den Göttern! Dein rechtes Auge ist die Nachtbarke, dein linkes Auge ist die Tagesbarke, deine Augenbrauen (jnḥ.w) sind die Neunheit, dein Scheitel ist Anubis, dein Hinterkopf (mkḥꜣ) ist Horus, deine Haarflechte (ḥnsk.t) ist Ptah–Sokar. Du befindest dich vor Osiris! Er sieht durch dich. Du führst ihn zu den guten Wegen. Du schlägst für ihn die Bande des Seth und fällst (für) ihn die Feinde vor der Neunheit im großen Fürstenhaus in Heliopolis, um für ihn zu ergreifen die Wrr.t–Krone[383] dort vor Horus, dem Herrn der Menschheit (pꜥ.t). Osiris König Nb-ḫ̆pr.w-Rꜥw, der Gerechtfertigte, dem Leben gegeben sei gleich Re!"

Ebenfalls aus dem Grab des Tut–anch–Amun stammen drei magische Figuren, denen die behandelten apotropäischen Formeln eingraviert wurden.[384] — (Das bedeutet natürlich, daß sich die vier oben erwähnten "Verfahren" einander keineswegs ausschließen.)[385]

Abschließend sei auf den Sargtextspruch 461 verwiesen, der die Beziehung zwischen Ziegeln und Grab zum Inhalt hat: "O Menschen — männlich wie weiblich — ich trage herbei (jšš) den Ziegel, der sich befindet im Grabe meines Vaters, und verstopfe euren Mund damit" (CT V, 334a–c). Beide CT Handschriften lassen diesem Text Spell 337 folgen, der die Rechtfertigung gegen die Feinde thematisiert. Die gleiche apotropäische Wirkung, welche den Ziegeln und ihren Objekten zugeschrieben wird, erkennt man auch der Mumienmaske zu, denn — wie gesehen — der erste Teil des Spruches richtet sich ja an sie. Insgesamt ist Tb 151 mithin als Text

[382] In seiner 1979 erschienenen Totenbuchübersetzung beklagt Hornung noch den Umstand, daß dieser Text "bisher... trotz allen "Tut–Fie-ber(s)"... unpubliziert blieb" (13).

[383] Eine Anspielung auf den mythischen Thronfolgeprozeß vor dem Tribunal des Geb in Heliopolis; der König erscheint hier als Erbe des Horus. In den übrigen Texten lautet diese Passage: "Du ergreifst einen guten Weg in Gegenwart des H..." — s. Tb 151, 9 (Aa - Nav. I, CLXXV); in CT Sp. 531: "Der König hat befohlen, daß N gerechtfertigt wird gegen seine Feinde vor Horus..."(CT VI, 125f) — inhaltlich knüpft Tut. hier an!

[384] Vgl. die Angaben bei Thomas, op.cit.

[385] Die Texte s. bei Beinlich/Saleh, 92 — Texte 257–260.

anzusehen, der im Zusammenhang mit den Bestattungszeremonien steht. Es spricht einiges dafür, daß die Situation in der Balsamierungsstätte der eigentliche "Sitz im Leben" dieser Instruktion ist.[386] Insbesondere die Bedeutung der Fackel in den (hinzugefügten) apotropäischen Formeln — wie schon in Tb 137A und B — gemahnt an ein Balsamierungsritual. Dafür spricht v.a. der Befund von Tb 137B ("Spruch, die Fackel anzuzünden für NN" — *rꜣ n-stꜣ.t-tkꜣ* (Aa)). Die Fackel wird hier als Horusauge bezeichnet, das in der Balsamierungsstätte (wrjj.t) lebt.[387] Einen ebenso deutlichen Verweis finden wir in dem Sargtextspruch 236: "Ich bin einer, der eintritt und hinausgeht, einer, der geht zur (?) reinen Stätte (Balsamierungsstätte), der anzündet eine Fackel (stj-tkꜣ) für Anubis am Tage der Behandlung (srwḫ) dessen, der in seinem Verwesungsgeruch ist. Entfernt euch von mir, ihr Schlächter[388] des Osiris! Ihr habt keine Macht (sḫm) über diese meine Füße" (CT III, 305c–f). — Die Bewahrung des Körpers vor unheilvollen Einwirkungen in der Balsamierungsstätte ist gerade deshalb wesentlich, weil er vor der abgeschlossenen Mumifizierung ja noch nicht zum ꜣḫ geworden ist, sich insofern also in einer kritischen Situation befindet. —

Der Papyrus Mimaut liefert hierzu im übrigen eine interessante Parallele: Zum Zwecke der Denunziation unliebsamer Mitmenschen soll ein Kater ertränkt und vergottet werden; dem Sonnengott wird gesagt, die "Feinde" hätten dies getan. An ihnen soll sich dann der Totengeist des Tieres rächen.[389] Dieses muß allerdings ordnungsgemäß bestattet und versorgt werden, und so heißt es in PGM III, 21f.: "...bestatte ihn, und zünde 7 Lampen auf 7 ungebrannten Ziegeln an, und opfere ihm Räucherwerk von Harz, und verspeise es!"

Die Anbringung der komplexen Vignette in TT 96 unterstützt die Interpretation dieses Ikons als Apotropaikon zum Schutze der Grabanlage —

---

[386] S. Assmann, 1972, 127; vgl. die Vignette in Aa - Nav. I, CLXXIV — s. Abb. 35b (Anubis an der Bahre); die zweite Vignette in Aa (Nav. I, CLXXV) zeigt lediglich eine Mumienmaske.

[387] wrjj.t als Balsamierungshaus des Anubis s. CT I, 217f–218c, 221a(mit Verweis auf Isis als Herrin der "Wüste"); III, 323e (Sp. 240): "Anubis inmitten der Mysterien (sštꜣ.w) der wrjj.t"; s. auch III, 294e–g ("...Osiris in der wꜥb.t...der Müdherzige inmitten der Mysterien der wrjj.t"), 297d (Sp. 229).

[388] ꜥḏ.tj.w von ꜥḏ.t - Gemetzel.

[389] S. dazu Harrauer; Merkelbach/Totti, 81ff.

der vier Wände mit ihren Nischen! —.[390] So betrachtet erweist sich die Instruktion Tb 151 als Komprimierung zweier ursprünglich verschiedener magisch-apotropäischer Handlungen. Der in den Sargtexten bereits belegte Spruchkern hat den Schutz der Mumienmaske zum Ziel; die vier Ziegel mit ihren Aufsätzen haben ihren Ursprung wohl in einem Balsamierungsritual, wo sie den Körper des Verstorbenen schützen sollten. Eben diese Aufgabe soll schließlich (nach der Bestattung) auch die Mumienmaske erfüllen.[391] Das "Arrangement", das nach Ausweis der Totenbuchformulierung im Grabe selbst anzubringen ist und dann ikonisiert wird (in Papyri oder als Tableau auf einer Grabwand (TT 96)), dient nunmehr dem Schutz des Grabes samt Inhalt, also auch der Mumie.

Tb Spruch 110

In diesem sḫ.t-ḥtp- (Opfergefilde)-Spruch versichert der Aktant mehrfach, über ḥkꜣ.w-Zauber zu verfügen (110, 11, 20, 28 (Juja)).[392] Außerdem finden ein jwn.t-Gewand und ein Djeniu-Krug Erwähnung,[393] und der Sprecher gibt an, sich in Leinen gekleidet und eine Binde angelegt zu haben "wie Re, der im Himmel ist",[394] was ihn berechtigt zu behaupten: "Ich bin ein Gefolgsmann des Re...".[395]

Tb Spruch 39

Auf Vernichtungsrituale nach Art des "Apophisbuches" könnten einige Passagen dieses Spruches hinweisen. Dazu vergleiche man 39, 8–10 ("Apophis ist gefallen durch deine Stricke, die Fesseln der südlichen, nördlichen,...Götter sind um ihn...") und 39, 11–13 (Ca) ("Du mit verstümmeltem Kopf, zerschnittenem Gesicht u.s.w.") mit p. Brem-

[390] So auch Kees, 1983b, 255.

[391] S. dazu CT Sp. 240 (vgl. ob.) — CT III, 323c–e: "Nicht habt ihr Macht (sḫm), dieses mein Gesicht (ḥr) zu nehmen...; ich bin ein Genosse des Anubis, der inmitten der Mysterien der wrjj.t ist".

[392] Bei Aa steht md.wt statt ḥkꜣ.w (110, 12, 21, 29); die entspr. CT Stellen: V, 345c, 364a, 368c (alle mit ḥkꜣ.w).

[393] 110, 19 (Juja), 20 (Aa) <> CT V, 363b (ḏnjw); s. Hornung, 1976, 119 (187).

[394] 110, 35 (Juja), 36 (Aa); altertümliche Ausdrucksweise mit js (s. dazu Edel, AÄG, § 828).

[395] Hornung (1979, 215, V. 122): "Ich bin Re, dem die folgen, die im Himmel sind"; CT V, 385s–u: "Ich habe mich bekleidet mit dem sechsfach gewobenen Leinen, umgebunden die Stirnbinde des Re, der im Himmel ist, und so folgen mir die Götter, die im Himmel sind" (B3L).

ner Rhind 22, 2 (spucken); 22, 5 ("auswischen mit dem linken Fuß"); 22, 8 (zerstechen); 22, 17 (fesseln); 22, 20 (stechen); etc.; — (Vgl. auch Tb 7).

CT Spell 695
Nur einmal belegt (in B_1L) ist eine schwer verständliche Instruktion, deren Ziel wie folgt angegeben wird: "(Für) eine Bestattung im Westen als (Jenseits)–Versorgter (jmꜣḫjj),[396] Streit zu beseitigen (dr-šnṯ.t), damit er hinabsteigen kann zu seinem Besitz (jš.t) des Westens" (CT VI, 328a–b).

Der Spruch–Text zu Spell 695 ist eine Rede an den (J)-mr=f, der in den Sargtexten mehrfach begegnet.[397] Er soll zu Osiris schicken und ihn auffordern, einen Kasten mit einem Schriftstück (ꜥfḏ.t-ẖr.t-ꜥ) zu öffnen, um die Worte des Gottes mit geheimem Gesicht (štꜣw-ḥr) zu vernehmen, der der östlichen (sic.) Wüste vorsteht.[398] Diese Worte bestätigen vor allem die körperliche Integrität des Verstorbenen: "...er sagt, daß er der ist, der mich zusammenknüpfen wird, um zu vervollständigen das, was bei mir zusammenzuknüpfen ist" — *ḏdw-wn.tj.fj ḥr-ṯz-wj r-mḥ.t-ṯzw.t=j-ptf* (VI, 328c–g).

Das Motiv des "vollzähligen" — wieder zusammengefügten — Verstorbenen wird in den funerären Texten mit einem reichen Vokabular behandelt. Neben dem bereits in den Pyramidentexten belegten ṯz — knoten, knüpfen — [399]

- Pyr. 286c, e ("Er hat geknüpft seinen Kopf an seinen Hals"); 373c (von einem Teil der Krone); 572c ("Geknüpft ist für dich dein Kopf an deine Knochen,...deine Knochen an deinen Kopf"); 610b ("Angeknüpft haben für dich die Götter dein Gesicht") = 642c = 1805a; 672c ("Nicht angek. wird dein Kopf") = 682e; 1227c (vom Horusauge); 1368b (von den Knochen); 1801b–c ("Es (das Horusauge) knüpft deine Knochen an (für dich), es vereinigt (dmḏ) deinen Leib (ꜥ.t) für dich, es fügt zusammen (sꜣq) dein Fleisch[400]"); 1965b–c

[396] Assmann in LÄ VI, 661; zu jmꜣḫ vgl. Kees, 1983b, 27f.
[397] Stellen bei Grieshammer, 1970, 121 mit(5) ("Bezeichnung für den Vater im Sinne von "Liebling, Freund, Helfer""); Edel, AÄG, §639g ("der von ihm Gewünschte").
[398] Gemeint ist Ḫꜣ, als dessen Kind sich der Aktant bezeichnet — VI, 329d.
[399] Vgl. die ob. zitierte Passage aus CT Sp. 531 (VI, 123c) <> Tb 151, 3 (Aa): "zusammengeknüpft von Anubis (bzw. Ptah–Sokar)"; s. auch Tb 99B, 4 (Juja): "O du, der Köpfe anknüpft und Hälse befestigt".
[400] S. auch 1981b.

("Er hat keine Füße, er hat keine Hände, womit (m-jšs.t) kann er zusammengeknüpft werden?"); 1966d ("Siehe, er ist zusammengek., siehe, er ist Gestalt (*mk-sw-ḫpr*)") = 1969b[401]; 1995a ("Ich (Horus) habe dich gefunden, indem du zusammengek. bist"); 2076c ("Zusammengek. sind seine Knochen als Osiris") = 2097a —

begegnen in den CT und Tb Sprüchen andere Bezeichnungen für den Vorgang der Wiederherstellung der physischen Integration. Einige wenige Beispiele mögen hier genügen:

- CT I, 96a (Sp. 31): *jw-twtw-ḥ^cj.w m-jrw.t-n=f* — "Es ist, daß der Versammelte (Ganzheitliche) jubelt über das, was an ihm getan wurde".

- CT V, 108h–k (Sp. 397)[402]: *jn-jw=k-mḥ.tj jw=j-mḥ.kwj jn-jw=k-^cpr.tj jw=j-^cpr.kwj* — "Bist du vollzählig? Ich bin vollzählig. Bist du ausgestattet? Ich bin ausgestattet".

- Tb 64L., 37 (Nu) = 64L., 46 (Aa): *s3q-wj zp-2* — "Ich bin zusammengefügt, bin zusammengefügt"; s^cq findet sich auch in CT Sp. 405 (V, 202e–f): "Siehe, er ist gekommen, gekleidet (wnḫ(.w)) und zusammengefügt".

- Tb 82, 9 (Nu): "Mein Kopf ist der des Re, ich bin vereinigt (dmḏ)[403] als Atum".

- Tb 99B, 28–29 (Juja): ""Sage mir meinen Namen", spricht das Ufer (jḫm.t). "Das vereinigt hat (ḥtmw) den mit ausgestrecktem Arm[404] in der Balsamierungsstätte" ist dein Name".

Die Erwähnung der Balsamierungsstätte kann als Indiz dafür angesehen werden, daß diese Wendungen zur Phraseologie eines Balsamierungsrituals gehören.

Ein anderes Motiv, das ebenfalls mit Vorbereitungen auf eine Bestattung in Einklang gebracht werden kann, ist die Versicherung, über

[401] Umgekehrte Reihenfolge.
[402] Ein Fährmannverhör ähnlich Tb 99A.
[403] Zu dmḏ s. S. 295f.
[404] Vgl. Tb 163, 14f.; 164, 14 (T): "Der mit erhobenem Arm". Im AR ist ein Horus aus Libyen mit erhobenem Arm belegt (Ḥrw Ṯḥnw q3-^c) — Kees, 1983a, 208(4).

sm–Pflanzen ("Futterkraut")[405] zu verfügen, die sich selbst die Könige wünschen. Der Spruchtext endet nach der bereits erwähnten Angabe der Vaterschaft des Ḥꜣ[406] mit der Aussage: "Nicht soll gegen mich ein Befehl ergehen, nicht soll Streit eines Gottes gegen mich sein" (VI, 329h–i)! Das ebenfalls sehr problematische Rubrum lautet:

ḏd-zj rꜣ-pn mꜣꜣ=f-kꜣ.wt m-sḏꜣw=f(?)[407] *nt-ẖr.t-nṯr m-jḫ.t-hꜣꜣ(.w)*[408] *r-ẖr.t-nṯr sṯ-zj-sdbḥ(.w)*[409] *sḫd(.w) sṯ-ꜥ.wj=fj-mḥ(.w) m-jrṯ.t n-kꜣ.w r-hꜣꜣ=f-sj ḥr-kꜣ.wt=f(?) nt-ẖr.t-nṯr jrrw.t r-gs-zj-ꜥḥꜥ.w r-rꜥ.w-7 m-jr.t-nn rꜥ-nb sṯ-ṯw-ḥr-rmjj.t r-hꜣꜣ m-jr.tj=k(j) jrr=k-jrjj.t kjj-zp sṯ-ṯw-ḥr-ḏd-wp.t-tn m-ꜣbd (n-ḥb) smd.t (nt-ḥb)* (CT VI, 329j–r) — "Ein Mann soll diesen Spruch rezitieren, wenn er sieht Erzeugnisse[410] in seinem Schatzhaus (?) (in) der Nekropole als Habe, die hinabgeht zur Nekropole! Der Mann soll versorgt sein (gekleidet sein), er soll dazu veranlasst worden sein, stromab zu fahren! Es sollen seine Hände gefüllt sein mit dem Samen (lit. Milch) von Bullen, auf dass er ihn (den Samen) hinablasse auf seine Erzeugnisse (?) der Nekropole! Das, was zu tun ist an der Seite des Mannes, indem er steht an sieben Tagen, während dies täglich getan wird: Du sollst dabei weinen, so dass es hinabrinnt (Tränen) aus deinen Augen! Du sollst tun, was zu tun ist, ein anderes Mal, während du diese Vorschrift sprichst, am Monatsfest und am Halbmonatsfest!" Zum Verständnis dieser Instruktion können nur einige wenige Aspekte angeführt werden. Gerade an dieser Stelle wird einmal mehr bewußt, daß wir von einem wirklichen Verständnis eines beträchtlichen Teils der "Sargtexte" weit entfernt sind. Der "Sitz im Leben" zahlreicher Sprüche und Spruchfolgen kann bestenfalls unscharf umschrieben werden (z.B. "im Rahmen der Bestattungszeremonien", "Trauerritual", u.s.w.). Die Position dieses Textes in der Niederschrift (B_1L)

405 Faulkner übersetzt "herbage" — AECT II, 260f. mit (10).

406 S. 146 mit (361).

407 S. de Buck, CT VI, 329 2*; vgl. Sinuhe B 286f.

408 jḫ.t als Maskulinum behandelt — s. Wb I, 124, 2.

409 Vielleicht auch nur sd(.w) — 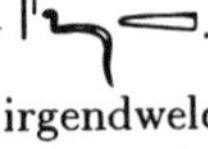.

410 Mit "Arbeiten" müssen hier irgendwelche Gegenstände gemeint sein, also Arbeitsresultate, nicht die Arbeitsleistung selbst.

— CT Spells ... 146[411]-225[412]-226[413]-695-30-32(1)-31-32(2)-33-34-[414]... – spricht für seine Instrumentalisierung im Umfeld des Bestattungsgeschehens im Familienkreis. Sicherlich arbeitet der vorliegende Spruchtext mit Deck- oder Geheimnamen: Die "Bullenmilch" ist vielleicht auch in VI, 328m gemeint (*jw-ḏꜣ.n=j-rꜣ(=j) n-ḥḏt-djj m-wꜥb.t* — "Ich habe (meinen) Mund entgegengestreckt der Weißen, als sie gegeben wurde an die Balsamierungsstätte."). Eventuell besteht auch ein Zusammenhang zwischen den fallenden Tränen und dem fallenden "Samen". Das sm-Kraut ist nur als Sammelbegriff für Jenseitsnahrung verständlich.

Mit allen Vorbehalten möchte ich davon ausgehen, daß diese Instruktion zwei getrennte Handlungen in der Nekropole vorschreibt. Der erste Abschnitt (j–n) ist im Sinne einer "ars moriendi" auf den Inhaber des Grabes zu beziehen, der angesichts der zusammengetragenen Grabausstattung — evtl. in einer Art Magazin (sḏꜣw) — mit der "Bullenmilch" die erarbeiteten Gegenstände (kꜣ.wt) gleichsam einzuweihen hat. Die Fahrt gen Norden, die zuvor unternommen worden sein muß, könnte die sogenannte Abydosfahrt ansprechen, die nach dem Zeugnis von CT Spell 34 (!) ihren Ausgang in Busiris nimmt (CT I, 122b).[415] Das, was "neben dem Mann" zu tun ist (vielleicht in der wꜥb.t–Balsamierungsstätte), wird den Erbsohn angehen; diese Trauerzeremonie ist bei bestimmten festlichen Anlässen zu reaktualisieren.

Ein weiteres Beispiel für zeremonielles Weinen in Zusammenhang mit einem Getränk (hier Bier) bietet der Dramatische Ramesseumpapyrus (Sz. 34, Z. 105–106): "Horus spricht Worte zu Geb: "Sie haben diesen

---

411 Titel: "ZU VEREINEN DIE FAMILIE EINES MANNES MIT IHM IN DER NEKROPOLE" (CT II, 180a) — vgl. Spells 131, 134, 135, 136, 142, 143, 144, 761.

412 Titel: "SPRUCH FÜR DIE RECHTFERTIGUNG EINES MANNES GEGEN SEINE FEINDE IN DER NEKROPOLE" (CT III, 212a) — (mit div. Zusätzen in einigen Hss.).

413 Titel tlw. verderbt: "SPRUCH, EINEN MANN RUHIG SEIN ZU LASSEN (**rdj.t-gr**) IN DER FINSTERNIS..." (CT III, 251a); die Spells 225–226 gehören — zus. mit Spells 761–765 — in eine Verklärungsliturgie — s. Assmann in LÄ VI, 999.

414 Vorrangiges Thema der Spruchgruppe Spells 30–37 ist der Empfang des Verstorbenen im Westen; der Titel dieser Gruppe: "WORTE ZU SPRECHEN: BEWIRKEN, DASS LIEBEN WIRD DER WESTEN EINEN MANN. BEWIRKEN, DASS JUBELN WIRD DER WESTEN ÜBER EINEN MANN UND ÜBER ALLES, WAS FÜR IHN GETAN WIRD ZUR RECHTEN ZEIT JEDES FESTES DER NEKROPOLE — IN ALLEN JAHREN, AN JEDEM TAG, ZU JEDER ZEIT" (CT I, 83d–h).

415 Zur — wohl kultisch fiktiven — Abydosfahrt s. Kees, 1983b, 233f.; Altenmüller in LÄ I, 42ff., 884.

meinen Vater unter die Erde gebracht (ꜣḥꜣḥ)"[416], / Osiris / ꜣḥ–Brot / Horus spricht Worte zu Geb: "Sie haben ihn beweinen lassen (srmj)" / Isis, die Hausherrin / srm.t–Bier (das zum Weinen Gebrachte)".

---

416 Dazu Sethe, 1928 II, 214(105a) — mit Verweis auf Pyr. 38b.

Kapitel VII.

Der ikonische Befund — Deiknymena und Vignetten

Ausgehend von den in den Kapiteln IV – VI im Detail untersuchten Instruktionen soll nun versucht werden, einige wesentliche Gestaltungs– und Funktionsmerkmale der zahlreichen Texten hinzugefügten Vignetten zu umreißen und ihre Beziehungen zu den in den Handlungsanweisungen genannten Deiknymena zu untersuchen. Dabei sollen auch die semantischen Relationen zwischen den Spruchtexten und –titeln einerseits und den geforderten Deiknymena und den beigefügten Vignetten andererseits beachtet werden. Auf die materielle Beschaffenheit und äußere Gestaltung der Deiknymena wird in Kapitel X C 2) eingegangen.

Textbegleitende Bilder sind bereits in Niederschriften aus dem Alten Reich zu finden;[1] auch die Sargtexte weisen einige wenige "Vignetten" auf.[2] Als älteste erhaltene Illustrationen gelten für gewöhnlich die Bilder des Dramatischen Ramesseumpapyrus. Die Datierung der Niederschrift dieses Ritualtextes, insbesondere aber die der Vorlage ist jedoch umstritten.[3] Das Bildfeld könnte eine Zutat der Fassung des Mittleren Reiches sein.[4]
Im folgenden wollen wir zunächst die Beziehungen zwischen den magischen Instruktionen und den sie gegebenenfalls begleitenden Bildern näher betrachten und somit den reichlich unscharfen Begriff "Vignette(n)" differenzieren. Dann sollen auch solche Vignetten vorgestellt werden, die einfache Sprüche der Struktur a–b (ohne Handlungsanweisungen (c)) begleiten.

---

[1] Übersicht bei Altenmüller in LÄ III, 137ff. — *Illustration.

[2] Spells: 232 (CT III, 300a – G1T); 234 (s. CT III, 301(2) – T3C); 399 (CT V, 161f. – G1T und A1C); 466 (CT V, 359–362); 520–524 (Illustrationen der "Redenden" — CT VI, 117); 649–653 (s. Plan CT VI, 271 – G1T); 655 (G1T – ᶜḏ evtl. als Signum für "wohlbehalten sein"); 758–759 (CT VI, 386 – B1L; dazu Assmann, 1969, 51); 934 (G1T und A1C); 1088 (CT VII, 366i (?)).

[3] Kurze Darstellung bei Altenmüller, LÄ I, 1139 D.

[4] Vgl. Otto, 1960 II, 3f. (zur Herkunft der Bilderreihe aus einem "nichtmythischen, dramatischen Ritual" und zu einem älteren Statuenritual, dem auch Teile des Mundöffnungsrituals entstammen; s. auch Schott, ¹1945, 6ff.).

A. Typologie der Vignetten

1. Bildschreibung (Piktographie)

Die wohl einfachste — und im hieroglyphischen Schriftsystem angelegte — Beziehung ist eine Gleichsetzung von Schrift und Bild, also das Schreiben in oder mit Bildern. Auf die Worte "Zu sprechen über" o.ä. folgen eines oder mehrere Piktogramme:[5]

CT Sp. 341 (IV, 345g B3L)	– 7 Udjataugen;
p. mag. Harris IX, 12 (=V)	– 2 Krokodile in Umrahmung;
p. Deir el-Medineh 36	– 2 bemannte Barken, 2 Udjat-Augen, 2 Skarabäen;
p. Leiden I 347 12, 9	– Upuaut;
p. Leiden I 348 12, 10 (22)	– 19 hierogl. Zeichen;
p. BM 10059 Nr. 34 (11, 13)	– Anubis, Udjat-Auge;
p. Ch. Beatty VI vso. 2, 8	– 4 hockende Götter für die *pꜣ 4-ꜣḫ.w-šps.w-jpw*.

Diese relativ einfachen Zeichen mußten dem potentiellen Benutzer nicht näher beschrieben werden. Es ist anzunehmen, daß der Aktant sie, auch wenn die jeweilige Anweisung dies nicht ausdrücklich verlangt, rasch auf eine Leinenbinde oder ein Papyrusblatt skizzierte und darüber den Spruchtext aufsagte.

2. Bildbeschreibung

Das Gegenteil derartiger Vignettenschreibung liegt vor, wenn zu zeichnende Deiknymena lediglich beschrieben werden, somit deren genauere Ausführung wesentlich der an Konventionen geschulten Kenntnis des Aktanten überantwortet wird. Davon sind folgende Instruktionen betroffen:

Instruktion	Bildbezeichnung
CT Spells 81; 100	/ ; twt
Buch v. d. Himmelskuh 251–271	/
p. Chester Beatty V vso. 4, 10 – 6, 5	/
p. Chester Beatty XV	/
p. Leiden I 346 II, 3–4 und III, 3–4	/
p. E. Smith vso. 19, 2–14 (Spr. 5)	/
p. Leiden I 348 6, 4 – 8, 7 (Spr. 13)	twt
p. mag. Harris VI, 4–9 (I)	twt
p. mag. Harris VII, 1–4 (L)	twt

[5] Vgl. die Schreibungen in p. Ch. B. V vso. 4, 5; 5, 10; 6, 1, 3 und p. Deir el-M. 1 vso. 8, 4, 6 — s. S. 36.

3. Autarke Bilder

Es gibt allerdings auch Bilder, die nicht in unmittelbarem Zusammenhang mit dem Spruchtext oder Handlungsanweisungen stehen und von diesen gar nicht erwähnt werden. (Es fehlt also auch das obligatorische "Zu sprechen über" o.ä.).

p. ChesterBeattyVI	vso. zwischen 2 und 4
p. ChesterBeattyVII	vso. 7 (? - Erhaltungszustand)
– –	vso. 8 (? – –)
p. Deir el-Medineh 1	vso. 3, 3 - 4, 4
p. Leiden I 348 13, 3	

In allen diesen Fällen — ausgenommen p. Leiden I 348 13, 3 — ist trotzdem ein semantischer Bezug des jeweiligen Bildes zu Spruchgehalt und -intention unverkennbar. Ohne Textreferenzen auftretenden Bildern, die den hier angesprochenen ikonographisch durchaus ähnlich sein können und z.B. auf den sog. "Zaubermessern"[6] oder auch auf Kopfstützen begegnen, kann oftmals apotropäische Funktion zugesprochen werden. Sie sind jedoch nicht Thema dieser Untersuchungen.

Bilder dieser Art — man beachte etwa die kleinen Zeichnungen in p. Ch. B. VII vso. 7[7] — signalisieren auch unabhängig von konkreten Bezügen den magischen Charakter des jeweiligen Textes. Sie versehen den betreffenden Spruch oder gar eine längere Passage aus einem Papyrus — evtl. gar diesen im ganzen (Leiden I 348, 13) — mit einem Hinweis auf "höhere Mächte". So untermauern sie die magische Funktionalität der Instruktion(en) durch die Anwendung des Prinzips der Visualisierung.

4. Illustrationen

Zeichnungen

Die bei weitem häufigste Art der Bild-Text-Relation in den uns primär interessierenden Instruktionen ist die den Spruch begleitende Illustrierung des jeweiligen Deiknymenons. Wir wollen nachfolgend zwei Typen

---

[6] Dazu v.a. Altenmüller, 1965; ders., 1986. Einige dieser Gegenstände tragen kurze, formelhafte Wendungen des Typs: "Worte zu sprechen durch die (abgebildeten) Schutzfiguren: "Wir sind gekommen, und wir breiten unseren Schutz über NN"". (s. A., 1965, Nr. 21, 90, 98; ders., 1986, 24f.); ein sog. Zaubermesser als magisches Gerät auch im Amduat (I, 11, 8 = Nr. 63): der "Stundendurchfahrer" — ḏ3j-wn.wt — hält eines in seiner Linken. Beisp. s. Abb. 36a, b.

[7] S. Abb. 9.

von Illustrationen unterscheiden. Zunächst sollen nur diejenigen betrachtet werden, die konkret im Rahmen magischer Aktionen zu verwendende Zeichnungen zur Anschauung bringen; es handelt sich also um Vorlagen für in der Regel kursiv ausgeführte "Zauberbilder".

Instruktion	Bildbezeichng.	Textreferenz
Tb 148	/	"über diese Götter"
Tb 163/4	/	genaue Beschreibungen
Sol. 112–114	/	"indem diese gemalt sind"
Tb 165	twt	genaue Beschreibung
Tb 100/129	sšmw	"über dieses sšmw"
Tb 125	sšmw	"führe aus dieses sšmw"
Tb 161	sšmw	"für die man ausführt die sšmw.w"
Sol. 1–3	sšmw	"indem diese sšmw.w gemalt werden"
B. v. H. 166ff.	jrw	"dieses jrw–Bild anfertigen" (265)
p. D. el–M. 1 vso. 5, 3–7	/	"mache für dich in Schrift"
p. Ch. B. VII vso. 7	?	?
p. Leiden 348 12, 4–7 (21)	twt	genaue Beschreibung [8]
p. Tur. 77+31	twt; rpjj.t	genaue Beschreibung [9]
p. D. el–M. 1		
vso. 6, 7–8	tj.t	"über das tj.t"
vso. 7, 3–4	tj.t ?	genaue Beschr. (7, 1–2)
p. Leiden 348 vso. 2 (36)	sšmw	"über dieses sšmw"

Im nächsten Kapitel (VIII) soll das Problem der ägyptischen Bildterminologie erörtert werden. Gleichwohl weist die vorstehende Übersicht bereits eine Differenzierung auf. Festzuhalten ist in diesem Zusammenhang etwa die Beobachtung, daß im Falle der Verwendung von sšmw–Zeichnungen ausführlichere Beschreibungen offensichtlich stets durch einfache deiktische Referenzen ersetzt werden. Die beigefügte Vignette fungiert hier in der Tat als eine Art Vorlage, die dem Aktanten die Anfertigung der teilweise relativ komplexen und figurenreichen Deiknymena erleichtern

[8] Vignette folgt unmittelbar.
[9] Vignette nebenstehend; s. Abb. 10.

soll; weitere Hinweise wären überflüssig. Die Termini twt, tj.t und rpjj.t erweisen sich hingegen als relativ unspezifische Bildbegriffe.

PLASTISCHE FIGUREN UND GEGENSTÄNDE

Die folgende Tabelle betrifft Instruktionen, die von solchen Vignetten begleitet werden, die die zu verwendenden plastischen Figuren und andere Gegenstände illustrieren; d.h. die Bilder zeigen allein das jeweilige Realium, nicht dessen Anwendung oder das erwünschte Resultat der Handlung. Der Verweis auf Textreferenzen kann hier selbstredend entfallen. Es werden in der Regel mehr oder weniger ausführliche Beschreibungen der Gegenstände gegeben. Die Vignetten erscheinen als Zusätze, auf die im Prinzip auch verzichtet werden könnte (s. ob.).

Instruktion	Figur/Gegenstand
Tb 30B	Herzskarabäus [10]
Tb 155/6	Amulette
Tb 157/8	Amulette
Tb 159	Amulett
Tb 175 (Cha)	twt-Statuetten
Tb 162	tj.t-Statuette
Tb 166	Kopfstütze
Tb 130	twt-Statuette, gemalte Barken
Tb 133	Papyrus-Barke mit twt-Figur, Schale
Tb 134	Barke, Schale, twt-Statuette [11]
Tb 136A	twt-Statuette in Barke
Tb 144	twt-Figur und gemalte Pforten (sšmw)
Tb 151	Mumienmaske (Aa) [12]
p. D. el-M. 1	
vso. 4, 5 – 5, 3	Zwerg aus Wachs[13]
vso. 7, 2–3	šps-Statuette [14]

5. Situative Bilder

IN ZUSAMMENHANG MIT INSTRUKTIONEN

Ist schon der letzteren Aufstellung eine besondere Bedeutung der Totenbuchvignetten zu entnehmen, so wird dieser Eindruck noch verstärkt

[10] Entsprechende Vignette bei Pb und Pe (Nav. I, XLIII); s. Abb. 17.

[11] Besonders detaillierte Beschreibung der Zeichnung auf der Schale !

[12] Nav. I, CLXXV.

[13] "Der Zwerg, der hier in Schrift gegeben ist, aus Wachs".

[14] S. vso. 7, 4 – ganz links.

durch den Umstand, daß zahlreiche Totenbuchinstruktionen von bildlichen Motiven begleitet werden, die nicht irgendwelche im Verlaufe der jeweiligen magischen Handlung relevante Bilder oder Gegenstände ("Deiknymena") zur Anschauung bringen — wir wollen sie daher auch nicht als Illustrationen bezeichnen —, sondern Bezug nehmen auf die mit der Aktion verbundenen Intentionen oder die Aktion selbst; d.h. visualisiert werden (erstrebte) Handlungen, "Zielobjekte" der jeweiligen Handlung oder auch Güter bzw. Gegenstände, die man sich erhofft. Häufig wird der Nutznießer der jeweiligen Handlung, d.h. hier konkret der Inhaber der Totenbuchhandschrift (NN), bei einer bestimmten Tätigkeit und/oder neben einem Gegenstand dargestellt. Seine entsprechende Fähigkeit bzw. seine (Verfügungs)-Gewalt über irgendetwas wird also ("bildmagisch") vorgeahmt.

[Zu den Totenbuchvignetten s. grundsätzlich Naville I; Allen, 1974 (nur Beschreibungen); Faulkner, 1985 (mit Photos); Munro, Kap. III. ("Tradierung der Vignetten innerhalb der 18. Dyn."), Listen 26–28; Spätzeit: Lepsius (T); Allen, 1960. Auf spez. Tb–Publikationen (z.B. Budge, 1899; Naville, 1908 (Juja); Speleers (Ga); Ratie (Pb)) wird in Kap. VI verwiesen. Wenn nicht anders vermerkt, ist nachfolgend Nav. I zu konsultieren.][15]

Tb [16]	Gegenstand [17]	Vignette	Intention [18]
35	s^{c}m–Pflanzen	Schlangen (Ax)	zu verhindern, daß Mann gefressen wird von Schlangen
105	Amulett	Mann vor Ka	Ka zufriedenstellen
160	Amulett	Thot überreicht A. Kapsel	das A. dem NN zu geben (Rede des Thot)
26	Herzskarabäus	Anub. gibt NN Herz	das Herz dem NN zu geben
27	"	NN vor s. Herz[19]	zu verhindern, daß H. genommen wird
29B	"	–	Spr. für ein Herz

[15] In der Hand des Benutzers wird zumindest Hornung, 1979 — mit einer repräsentativen Auswahl an Vignetten — vorausgesetzt und deshalb auf die Beigabe allzu zahlreicher "Bildchen" verzichtet.

30B	"	Totengericht[20]	das H. sich nicht widersetzen zu lassen
64	"	NN betet Sonne an	Herausgehen am Tage
140	Udjat-Auge	NN adoriert Göttern [21]	Aufnahme in Barke Re's
7	Wachs-Schlange	Mann speert Schlange	an Apophis' Sandbank vorbeizugehen
89	Ba-Vogel aus Gold	Ba-Vogel auf Sarkophag[22]	damit der Ba seinen Körper berührt
168	twt-Figur mit eingelegter Zeichnung	Grüfte der Unterwelt	eintreten zu lassen
153A	twt-Figur in Barke[23]	NN und Fangnetz[24]	dem Fangnetz zu entkommen
137A	4 Fackeln, 4 Tonbecken mit Milch	4 Männer mit Fakkeln u. Becken(Nu)	Spr. für Fackeln
110	jwn.t-Gewand, Krug	Opfergefilde	> Opfergefilde
39	Vernichtungsritual	Mann speert Schlange	Schlangen zu vertreiben
101	Leinenbinde	NN + Barke[25]	Barke zu schützen
147	Textvorlage	Tore und Götter	Tore u. Götter zu kennen

[16] Tb-**Instruktionen**, Reihenfolge nach Kap. VI.
[17] Gemeint ist der magische Apparat, der hier nicht mit dem Motiv der Vignette koinzidiert.
[18] Zumeist nach dem Spruch-Titel und/oder dem "Betreffvermerk".
[19] Ani.; s. auch Nav. I, XXXVIII - s. Abb. 37.
[20] Nav. I, XLIII; Hornung, 1979, 434f.; s. Abb. 17.
[21] S. Allen, 1960, Pl. XXXIX; ders., 1974, 116(235).
[22] S. Abb. 21a und b.
[23] Entlehnung aus Nachschrift zu Tb 130.
[24] Allen, 1974, 151(253).
[25] Ga; Speleers, fig. 35.

IN ZUSAMMENHANG MIT "SPRÜCHEN"

Die unter den Punkten 1 und 3 bis 5a behandelten Vignetten sind allesamt Bestandteil magischer Instruktionen. Insbesondere im Totenbuch sind nun auch zahlreiche Vignetten zu finden, die im Zusammenhang mit (einfachen) Sprüchen stehen. Inwieweit diese einen magischen Apparat entbehrenden Texte als Verschriftungen magischer Aktionen oder "nur illokutiver" Handlungen anzusehen sind, läßt sich wohl nur fallweise entscheiden. Es spricht jedoch nichts dagegen, davon auszugehen, daß die nachstehend aufgeführten Vignetten zumindest prinzipiell ihren Ursprung in Deiknymena — also wirklich verwendeten Bildern und Gegenständen — haben.[26] Auch sie weisen zumeist Motive auf, die das Ziel der jeweiligen Handlung — des "Spruches" — vorstellen. Im folgenden soll der Versuch unternommen werden, die Intentionen dieser Sprüche (ebenfalls vorwiegend anhand der Spruchtitel) zu differenzieren, um unter Zuhilfenahme eines größeren Materialbestandes auch über die Gestaltung der Deiknymena der magischen Instruktionen nähere Aufschlüsse zu gewinnen.

Zunächst wollen wir uns den Sprüchen zuwenden, die der **Abwehr gefährlicher Tiere** dienen sollen:

Spruch	Vignette	Spruch - Intention
31	Mann mit Messer, Krokodil[27]	das K. zu vertreiben
32	4 Männer weisen je ein K. ab[28]	4 Krokodile zu vertreiben
33	Mann mit Messer, 4 Schlangen[29]	jegliche Schl. zu vertreiben
36	Mann speert Käfer[30]	einen Käfer abzuwehren
37	2 Uräen auf Goldzeichen (Ce)	die beiden Mr.t-Schlangen zu vertreiben[31]
40	Mann speert Schlange, die Esel angreift (Le)[32]	den Eselsverschlinger[33] zu vertreiben
41	Mann mit Messer u. Papyrusrolle (Pb)	Schaden abzuwehren

Die Tb Sprüche 7 und 39, die wir zu den Instruktionen gerechnet haben,

[26] S. dazu unten Abschnitt B 4.

[27] S. bes. Cha - Schiaparelli; Hornung, 1979, 98; außerdem Pe und Le in Nav. I, XLIV.

[28] Ga; Speleers, XXVIII.

[29] Le; Pe nur die 4 Schlangen; s. Nav. I, XLVI.

[30] S. Nav. I, XLIX: Ba, Le (Mann mit Messer vor Käfer); s. Abb. 38.

[31] S. Hornung, 1979, 438; Berlandini in LÄ IV, 80ff.; Guglielmi, bes. 156, 160.

[32] S. Abb. 39.

[33] Vgl. CT III, 169h; Amd. Nr. 185 (Hornung, Amd. II, 54).

werden von ikonographisch sehr ähnlichen Vignetten begleitet, beide zeigen die Speerung einer Schlange.[34]

Zu den "situativen Bildern" im obigen Sinne gehören auch Vignetten, die ganz bestimmte — angestrebte — **Handlungen** vor Augen führen:

Spruch	Vignette	Intention/Handlung
2	schreitender Mann (Pf)	am Tage herauszugehen
5	auf Matte hockender Mann (Pd)	zu verhindern, daß ein Mann arbeitet
8	NN mit Stab und Tuch (Ani)	herauszugehen
10	NN führt Gefangenen vor (Juja)	hervorgehen gegen Widersacher
67	NN u. sein Ba zwischen Toren[35]	das Grab zu öffnen
68	schreitender Mann (Cd); NN über Horizont (ꜣḫ.t)(Pc)	hervorzugehen am Tage
74	Schreitender (Pc); NN, halb aus der Erde ragend (Pf, Cha)	aus der Erde herauszugehen
75	Schreitender vor Gebäude (Pf)	nach Heliopolis zu gehen
92	Ba u. Schatten am Grab (Pc)[36]	Grab zu öffnen für den Ba; Hervorgehen des Schattens
117	Schreitender in Wüste (Aa, Ai)	Weg einzuschlagen in Rosetau
118	NN mit Stab (Ai)	nach Rosetau gelangen
119	NN vor Osiris in Schrein (Pj)	ein- u. auszugehen in Rosetau
123	NN vor Haus (Ax, als Ba: Aw)	in das "Große Haus" treten
124	NN vor Göttergestalten (Ax, Pj)	hinabsteigen zum Tribunal
132	NN mit Stab vor Haus (Ae, Pc)	sein Haus wiederzusehen
137B	Fackel wird entzündet[37]	Fackel anzuzünden für NN
152	NN legt Hand an Haus (Pb, Ik)	Haus zu bauen
174	NN vor Haus (Af)	Verst. herausgehen lassen

In einigen Fällen greifen die Vignetten gewissermaßen vor. Die Tb Sprüche 99A und 99B dienen dem Herbeiholen der Fähre; die zugehörigen Vignetten zeigen den Verstorbenen bereits in einer ebensolchen, begleitet vom Fährmann (Pb, Aa).[38] Spruch 102 soll es dem Verstorbenen ermöglichen, in die Sonnenbarke einzusteigen; selbstredend zeigt die Vignette ihn in derselben (Ax, Pa, bei Pe: vor der Barke).

Eine besondere Handlung ist die **Adoration** vor bestimmten Göttern. Der Verstorbene wird im Akklamations-Gestus vor dem jeweiligen Gott dargestellt:

---

[34] Tb 7: Pe; Tb 39: Pb (Nav. I, IX bzw. LIII).
[35] P. Reinisch; s. Thausing/Kerszt-Kratschmann, Tf. XI.
[36] Ausfliegender Ba-Vogel: Aa, Ap; NN + Ba am Grab: Cc.
[37] Aa: durch die nilpferdgestaltige Jpj — s. Abb. 40a und b; Ba: durch NN selbst.
[38] S. weitere Realisationen dieses Motivs in Nav. I, CXII.

Tb 173: Osiris – Aa;[39]
Tb 185: Osiris – Pd;[40]
Tb 186: Hathor, Mehetweret.[41]

Ähnliche Gestaltungen finden sich dort, wo es darum geht, in das Gefolge eines Gottes einzutreten:

Tb 95:	Thot – Pc;
Tb 96/7:	Thot – Aa;[42]
Tb 103:	Hathor – Aa;[43]
Tb 104:	"Spruch, zwischen den großen Göttern zu sitzen (wohnen)" (Aa);[44]
Tb 138:	"Spr., in Abydos einzutreten und im Gefolge des Osiris zu sein";[45]
Tb 184:	Osiris – Pp.

Derartige Bildkonstellationen sind fester Bestandteil der Dekorationsprogramme der Gräber des Neuen Reiches, die u.a. auch Totenbuchtexte samt Vignetten aufweisen. Wiewohl es sich dabei um Darstellungen anderen Formates handelt, weist ihr Funktionsrahmen (Grabanlage) sie doch als solche Bilder aus, denen zumindest eine magische Konnotation zuzusprechen ist.

[39] Titel: "Anbeten den Osiris–Chontamenti, den Größten Gott, Herrn von Abydos, König der Unendlichkeit (nsw-nḥḥ), Herrscher der Ewigkeit, den edlen Gott in Rosetau" (173, 1 Aa); zu Tb 173 s. auch Assmann, 1969, 104f. (zu der Querzeile bei Aa — s. Nav. I, CXCVf. — Motiv der Umarmung und Verklärung).

[40] Titel: "Lobpreis geben dem Osiris, vor dem Herrn der Ewigkeit (ḏ.t) die Erde zu küssen, den Gott zufriedenstellen mit dem, was er möchte, die Maat sprechen, wenn sie ihr Herr nicht kennt" (Pd); zu "Tb 185": Allen, 1974, 203–209.

[41] "Anzubeten Hathor, Herrin [des Westens, die Erde küssen] vor Mehetweret" (Lb). Die Vignette (La, Lb, Ap, Da) zeigt den Verst. vor der Hathorkuh und einer fackeltragenden Nilpferdgöttin; die letztere auch in der Vignette zu Tb 137B ("Spruch, anzuzünden die Fackel für NN") bei Aa mit Beischrift: "Jpj, Herrin des Schutzes" (dazu Meeks in LÄ III, 172ff. (*Jpet)); s. Abb. 34.

[42] Zu Thot vgl. die CT Spells 337–339.

[43] Entspricht CT Spell 588.

[44] Die Vignette zeigt den Verst. auf einer Matte kniend zwischen zwei sitzenden Göttern, die jeweils als nṯr-ꜥꜣ — Großer Gott — bezeichnet sind (Aa); bei Juja steht er vor drei Mumien.

[45] Das Tb des Ik (p. Busca) bietet ein komplexes Bild, welches die res sacrae von Abydos vorstellt ("Abydos–Fetisch", Standartengötter, 2 Upuaut auf Standarte, 2 liegende Anubis u.a.) — s. Abb. 41.

Desweiteren korrespondieren Vignetten mit **Besitz- und Verfügbarkeitsansprüchen** des Verstorbenen: Tb 22, 23, 38A/B, 54 bis 59, 62, 63A, 106, 137B, 167. Zumeist ist er neben dem "Gegenstand" seines Strebens abgebildet (Luft — durch ein aufgeblähtes Segel symbolisiert —,Wasser, Opferspeisen, ein Udjat-Auge (Tb 167)). Der Spruch 22 soll dem NN den Mund zurückgeben in der Nekropole; gezeigt wird er selbst mit der Hand am Mund (Pc, Pd), bei Aa ist es ein Priester, der an den Mund des Nebseni faßt. Eine Mundöffnung bringt die Vignette zu Tb 23 folgerichtig zur Anschauung (Aa, Ani).

Kenntnisse zu vermitteln ist das Anliegen einiger Tb- Sprüche. Die betreffenden Wesen und Mächte werden in Vignetten erfaßt (Tb 108, 109, 112, 113, 114, 116). Gleiches gilt für die Tore und Götter in Tb 145 und 147 sowie die "vierzehn Hügel" in Tb 149. Spruch 119, der dem Namen des Osiris gewidmet ist, wird von einer Darstellung des Gottes im Schrein (Pj) oder einem leeren Schrein (Juja) begleitet; vor diesen ist NN im Adorationsgestus zu sehen.[46]

Die Vignetten zu den **Verwandlungssprüchen** bringen erwartungsgemäß das jeweilige "Zielobjekt" oder "-tier" zu Gesicht (Tb 77, 78, 80, 81A/B, 82 bis 88).

Unsere Aufmerksamkeit verdienen auch die Fälle, in denen Götter oder Wesen Darstellung finden, die im zugehörigen Spruchtext angeredet werden, d.h. ein Spruchtext-**Adressat** wird abgebildet.

Ein unmittelbarer Bezug zwischen Spruchintention und Vignette — wie er sich bei den Verwandlungssprüchen zeigt — ist also nicht zwingend erforderlich. Es kann auch jedwedem Anliegen eine Vignette beigeordnet werden, die irgendeine im Text genannte Wesenheit zeigt.

Spruch	Vignette	Tb-Stelle
9	Widder (Pb, Pc)	9, 1f. (Ani)
68	Hathor unter Baum (Pb)	68, 10 (Nu)
79	Götter (Pc, Pd, La)	79, 4-6 (Nu)
90	Schakal (Fa)	90, 2ff. (Nu)
126	vier Paviane (Ab)	126, 2 (Nu)
127	hockende Götter (Ik)	127, 2f. (Ik)
135	NN vor 4 Göttern (Ga)	135, 2 (Lepsius, 55)

[46] Einordnen mag man hier auch Tb 145 und 150.

141/2	NN vor Osiris (Ba, Ld)	141, 1; 142, 65ff. (Nu)
180	NN vor Sonnengott und drei weiteren Gottern (La)	a) 180, 5f.; b) 180, 7f. c) 180, 8–10 (Pa)
181	NN vor Osiris u. and. Göttern(La)	181, 5ff.; bes. 181, 16f. (La)
183	Thot (Ag)	183, 3f., 41, 42f. ("Ich bin Thot") (Ag)

Für unsere Betrachtungen ebenfalls aufschlußreich sind solche Sprüche, deren Anliegen darin besteht, den Verstorbenen **vor der Einwirkung irgendwelchen Übels zu bewahren.** Auch in diesen Fällen soll eine Übersicht nähere Aufschlüsse geben:

Spruch	Vignette	Intention
28	NN verbirgt sein Herz vor einem bewaffneten Dämon (Pb)[47]	zu verhindern, daß das Herz fortgenommen wird
30A	NN mit/vor s. Herzen (Lb, Pc)	das Herz sich nicht widersetzen lassen
44	NN vor Opfertisch (Ani)	nicht noch einmal zu sterben
45	Anubis mit Mumie (Ani)	nicht zu verwesen
46	Reiher, Ba–Vogel, Tor (Ani)	nicht zu vergehen
50	NN wendet sich ab von Richtstätte (Ani)	nicht in die Richtstätte einzutreten
61	NN mit seinem Ba (Pd)	daß der Ba nicht geraubt wird
63B	NN vor 2 Feuerzeichen (Cc)	nicht im Wasser verbrannt zu werden
91	Ba–Vogel (Ani, Pc)	daß der Ba des NN nicht eingesperrt wird
93	"Isis–Blut" hält NN fest(Pb)[48]	zu verh., daß ein Mensch z. Osten übergefahren wird
153A	NN vor Fangnetz (Aa, Pb)[49]	dem Fangnetz zu entkommen
153B	NN vor Fischnetz, das von Affen[50]bedient wird (Pb)	aus dem Fischnetz zu entkommen

[47] Lit. dazu: Hornung, 1979, 432. Ax: NN mit Herz.
[48] NN vor drei Göttern (Ani); s. auch Abb. 20.
[49] S. auch TT 359; Saleh, 85f., Abb. 110.
[50] S. 153B, 8–9 (Nu).

Die situativen Bilder zeigen in der Regel eine tautologische Tendenz;[51] sie bringen im Spruchtext erwähnte Zusammenhänge und Gestalten zur Anschauung oder realisieren in effigie die angegebene Intention. Heerma van Voss macht darauf aufmerksam, daß auch das Fehlen eines ikonischen Motivs von Bedeutung sein kann. Die Abwesenheit des Grabherrn in einer Vignette, die zu dem Opfergefildespruch Tb 110 gehört, soll unterstreichen, daß dieser sich nicht an dort anfallenden Arbeiten beteiligen muß.[52]

B. Aspekte der Ikonisierung

Die Tradierung und damit notwendig verbundene schriftliche Fixierung einer magischen Handlung zum Zwecke ihrer beliebigen Reproduzierbarkeit ist im Rahmen der funerären Magie selbstredend von besonderer Wichtigkeit. Schließlich soll dem Verstorbenen die Wirkung der sich auf diese Weise unendlich wiederholenden Aktionen dauerhaft zugute kommen, gleich ob er dabei selbst als Handelnder gedacht ist oder von quasi automatisch ablaufenden Zeremonien profitiert. So können einmal real vollzogene magische Handlungen, die von dem Verstorbenen noch zu seinen Lebzeiten oder von einem Erben und Nachfolger durchgeführt worden waren, geradezu mitverewigt werden. Dazu ist es erforderlich, den Spruchtext zu verschriftlichen. Ein dazugehöriges Deiknymenon kann man als Grabbeigabe konzipieren, die eventuell mit dem Spruchtext versehen wird (Uschebtis, Kleinplastiken). Eine andere, einfachere Möglichkeit besteht darin, es als illustrierende Vignette zu ikonisieren. Spruchtexte, die oftmals mit Handlungsanweisungen verbunden und von Vignetten begleitet sind, haben — wiewohl sie sich auch in der Grabdekoration finden — zumeist Eingang in die dem Verstorbenen beigelegten sogenannten Totenbuch–Papyri gefunden. Inwieweit die einzelnen Sprüche (a–b) auf magische Aktionen in unserem Sinne zurückzuführen sind, läßt sich aufgrund der fehlenden Handlungsanweisungen (c) manchmal schwer entscheiden; in einigen Fällen ermöglicht eine Vignette Rückschlüsse auf ein Deiknymenon.

---

[51] S. dazu Stock, 179ff. ("tautologische Illustration").

[52] Heerma van Voss, 1991, 155ff.

1. Zur Typologie der Motive — semantische Kriterien

Grundsätzlich ist zwischen den im Verlaufe magischer Handlungen verwendeten Deiknymena (Bilder — samt Zeichnungen — und Gegenstände verschiedener Art, anikonische (symbolische) "Zaubermittel")[53] und Vignetten zu unterscheiden, welche zum Phänomen der Verschriftung solcher Handlungen, aber — wie gesehen — in der funerären Literatur auch zu einfachen Spruchtexten gehören.

Keineswegs weist jede Instruktion eine das jeweilige Deiknymenon illustrierende Vignette auf.[54] Die dem Vergleich dienende Heranziehung der Totenbuch**sprüche** hat ohnehin die Notwendigkeit einer Typologisierung der Vignetten deutlich gemacht. Wir wollen nachfolgend eine ebensolche noch einmal zusammenfassen:

A.	Instruktionen (a–b–c)	– "autarke Bilder" div. Funktion (v.a. apotropäischen Charakters) – Illustrationen (der Deiknymena) – "situative" Bilder (Bezug auf Intentionen der Handlung ohne Berücksichtigung des magischen Apparates – 5a)
B.	Sprüche[55] (a–b)	– "situative" Bilder

Letztere haben wir unter Berücksichtigung der jeweiligen Spruchintention(en) weiter unterteilt:

- apotropäische Bilder (Abwehr von gefährlichen Tieren/ Feinden);
- szenische Bilder (konkrete Handlungen wiedergebend);
    - Adorations-Bilder;
- verheißende Bilder (Besitz- und Verfügbarkeitsansprüchen gemäß);
- informierende Bilder (Kenntnisse (z.B. topograph.) vermittelnd);
- vorstellende Bilder (zum Zwecke der Verwandlung);

[53] Angesprochen werden nachfolgend insbes. die "Ikone".
[54] S. die Tabelle zu 5a.
[55] Der Begriff "Spruch" signalisiert lediglich, daß die in den Tb–Papyri überlieferten textlichen Manifestationen keine Anweisungen zur Durchführung konkreter magischer Aktionen enthalten !

- darstellende Bilder (betr. die Götter, deren Hilfe man erhofft);[56]
- apopompeische Bilder (zur Abwendung div. Übels, z.B. Krankheit (–sdämonen). Die "apotropäischen" Bilder beziehen sich auf "reale" Feinde/Widersacher, derer es sich in Gegenüberstellung zu erwehren gilt (z.B. Schlangen); derartige Instruktionen sind in sekundärer Verwendung auch in die Totentexte übernommen worden.

Diese Subtypologie ist nun auch auf die Deiknymena selbst übertragbar. Die folgende Auflistung soll also Antwort geben auf die Frage: Was visualisieren eigentlich die bei der Ausführung magischer Akte herangezogenen Ikone?

Im obigen Sinne szenische, verheißende, informierende und vorstellende Charakteristika sind — zumindest als Hauptmerkmale — bei den Deiknymena nicht zu konstatieren. Dagegen finden wir:

- apotropäische Deiknymena: CT 37; Tb 7, 11, 39 ("Vernichtungsritual"); p. mag. Harris IX, 5–13 (V).
- apopompeische D.: Tb 153A; p. BM 10059 Nr. 38; p. Deir el-Médineh 1 vso. 3, 3 – 4, 4; p. Ch. Beatty VI vso.

Der größte Teil der Deiknymena dient aber der Vergegenwärtigung des– bzw. derjenigen Götter oder Wesen, deren Zuwendung der Aktant zu bewirken sucht. Die Tabelle S. 171f. hat ja bereits gezeigt, daß einfache Sprüche begleitende Vignetten Götter darstellen können, auch wenn es der jeweiligen Handlungsabsicht folgend möglich wäre, einen unmittelbaren semantischen Bezug zwischen Bild und Instruktion zu realisieren. Im Kapitel X C und D werden wir uns eingehend mit der Anfertigung solcher Ikone und u.a. mit den umfangreichen "begleitenden Handlungen" (Dromenon) befassen. Die folgenden Tabellen belegen, daß keineswegs nur die bekanntesten Götter im Rahmen magischer Aktionen gezeigt werden:

---

[56] Der Begriff "darstellende Bilder" soll hier nur als Behelf dienen, in Kap. XII C 1 wird ein adäquater Terminus ("Präsentifikation") vorgestellt.

Instruktion		präsentifikatorische Darstellung
CT Sp.	22	Tefnut (rpjj.t aus Wachs)
	81	Acht Urgötter (auf Hand gemalt)
	83	Ba des Schu (in Löwengestalt)
	100	Chontamenti (twt–Figur)
Tb	148	7 Kühe mit Stier und 4 Ruder
	162	Jḥ.t–Kuh (rpjj.t–Fig. u. Zeichnung)
	163	Schlange mit Beinen, 2 Udjat[57]
	164	Mut mit 3 Gesichtern, 2 Zwerge
	165	"Der mit erhobenem Arm"
	175	Horus, Thot[58](twt–Fig.)
B. v. H.	166–201	die Himmelskuh als Mehetweret[59]
	300–312	Göttin mit Schlangen
Sol.	1–3	Figuren der Litanei
	112–114	"

Insbesondere die magisch–medizinischen und apotropäischen Instruktionen fordern die Verwendung derartiger darstellender Bilder.

Instruktion			präsentifikatorische Darstellung
p. Leiden	I 343/5	vso. XXII, 1–4	Osiris, Nephthys (twt bzw.rpjj.t–Figur)
	I 346	II, 3–5	Sachmet, Schentait, Re, Schesemtet, Horus von Edfu, Sobek, Jr-ꜣšrw, Auge des Re, Horus der Achu von Opet, Ḫrj-bꜣq=f, Auge des Horus, Chnum
		III, 3–4	Epagomenengötter
	I 347		Upuaut
	I 348	(13)	Re (twt–Figur)
		(20)	Isis (rpjj.t–Figur)
		(21)	Thot (2 twt)
		(30)	Zwerg (aus Ton)
p. Ebers	94, 7–8		Ibis (aus Wachs) (>Thot)
p. E. Smith	(5)		Sachmet, Bastet, Osiris, Nehebkau
p. BM	10059	Nr. 34	Anubis (Bild eines Schakals)
		Nr. 44	Ibis (aus Ton) (>Thot)
p. Turin	77+31		Atum, Horus–Hekenu, Isis, Horus

[57] Zu Tb 163/4 s. S. 104ff.
[58] Thot nur im Tb des Cha (8f.).
[59] S. die Zusätze bei Tut–anch–Amun.

p. Ch. Beatty	V vso.	4, 1–9	1. Re, Atum, Schu, Tefnut, Geb, Nut, Anubis, Horus, Seth, Isis, Nephthys, Gr. und Kl. Neunheit 2. Re, Atum, Schu, Mḥj.t, Geb, Nut, Anubis, Horus, Seth, Isis, Nephthys, Antilope
		4, 10–6, 5	div. Göttergestalten u. Schutzsymbole ("diese Götter")
	VIII	3, 5–5, 3	Horussöhne, Upuaut
	XV		Horusfalke
p. Deir el–Médineh	1 vso.	4,5 – 5,2	Zwerg (in Wachs)
		5,3 – 7	Zwerg (in Schrift)
		5,7 – 7,4	Re–Harachte, Atum, Chepri, Schu, Tefnut, Horus, Seth, Isis, Nephthys, Upuaut, Jmj.t, Stn.t, Ḫ3tjw–Dämonen der Sachmet, Götterbarken, Auge, Sachmet (mit Neunheit)
p. mag. Harris		(I)	Amun mit 4 Köpfen, Acht Urgötter
		(L)	Onuris (–Schu)
"Cairo Calendar"		vso. XI, 2–7	Epagagomenengötter
		vso. XVI, 1–4	"

In anderen Fällen greift der Aktant zu einer Darstellung seines Klienten (NN) bzw. seiner selbst: CT 11, 103 (Ba?), 472 (Uschebti); Tb 89 (Ba), 168; p. Ramesseum IV C. 17–24.

Weniger bestimmte Handlungen, vielmehr konkrete Zustände — "Seinsweisen" (v.a. die Qualität eines 3ḫ-jqr) — streben, auch mit Hilfe entsprechender Deiknymena, einige funeräre Instruktionen an : Tb 100/129, 125 (Gleichstand der Waagschalen), 130, 133, 134, 136A, 137A, 144, 151; BvH. 166–201. Hier fällt der hohe Anteil der "komplexen Figurationen" ins Auge (Figur des NN + Sonnenbarke).

"Hantiert" wird mit Ikonen in CT 103, Tb 89 und 144, p. Rollin und Lee, p. Westcar und p. mag. Harris Spr. K.

2. Primäre und sekundäre ikonische Referenten — Deiknymena und Vignetten

Wir haben oben bereits gesehen, daß zahlreiche Vignetten nicht etwa solche Bilder oder Gegenstände illustrieren, die zur Ausführung einer bestimmten magischen Handlung erforderlich sind. Sie nehmen vielmehr Bezug auf die Zielsetzung der Handlung ("situative Bilder"). So können sie auch einfache magische Sprüche begleiten. Es besteht also kein unmittelbarer Zusammenhang zwischen einer eine Instruktion begleitenden Vignette und einem geforderten Deiknymenon. Die Vignette kann etwa eine erwähnte oder angerufene Gottheit darstellen, während die magische Anweisung die Benutzung eines allgemeineren Amulettes oder eines anikonischen Zaubermittels verlangt (s. Tabelle 5a).

Zu unterscheiden haben wir demnach die primäre ikonische Referenz des zur Aktion selbst gehörenden Deiknymenons von der sekundären Referenz der Vignette, die ein Deiknymenon illustrieren, sich aber ebenso direkt auf die Handlungsintention beziehen und insofern auch zu einer bloßen "Spruchhandlung" gehören kann. Die Betrachtung der motivlichen Vielfalt der Vignetten lehrt, daß ihre formale Gestaltung deutlich über das Darstellungsrepertoire der Deiknymena hinausgeht. Während diese in erster Linie "präsentifikatorische" Darstellungen von Göttern bieten, nutzen die situativen Vignetten alle Möglichkeiten der zeichnerischen Wiedergabe, um die Spruchintention darzustellen und somit quasi ikonisch zu unterstützen.

Bei der Betrachtung der Totenbuch–Instruktion 151 haben wir von der "Emanzipation der Tb–Verschriftung von real vollzogenen Zeremonien" gesprochen. Ehedem verwendete Gegenstände oder Figuren werden zunehmend durch Vignetten ersetzt; d.h. die Tradierung und Fixierung einer magischen Handlung erzeugt eine andere Form ikonischer Referenz. Rasch skizzierte Bildchen können an die Stelle umfangreicher magischer Arrangements treten. Wenn erklärende Verweise in der Handlungsanweisung fehlen, kann die Interpretation einer Vignette problematisch werden. Sie kann, sollte sie eine Reminiszenz an ein Deiknymenon sein, auf eine degenerierte Instruktion verweisen. Zahlreiche Sprüche jedoch sind sicherlich nicht auf magische Aktionen zurückzuführen, sondern vielmehr als funeräre Texte sui generis zu verstehen, denen die magische Funktion beigesellter Ikone — gleich der Konzeption magischer Instruktionen — durch die Hinzufügung einer Vignette verliehen werden sollte. Wir haben es also nicht durchgehend mit dem Phänomen der Verschriftlichung und Ikonisierung magischer Handlungen zu tun. Die funerären Texte der Struktur a–b–d (Spruchtitel, -text, Vignette) sind neben den Instruktionen (a–b–c) als weitere Subgattung der magischen Texte anzusehen!

3. Konkretisierte Abstrakte und generelle Heilsikone — funktionale Aspekte

Die Funktionsweise von Deiknymena und Vignetten muß als prinzipiell gleichartig gewertet werden. Wir wollen nunmehr versuchen, einige Darstellungsprinzipien dieser ikonischen Referenten zu erfassen.[60]

In diesen Zusammenhang möchte ich zunächst Beobachtungen zu einigen Tb–Sprüchen stellen:

Tb 25: Eine Berücksichtigung der entsprechenden CT–Folge 410–412 ermöglicht das Verständnis der Vignette bei Ax (Nav. I, XXXVI),[61] die die Überreichung einer mumienförmigen Statuette mit Götterbart an NN durch einen Sem–Priester zeigt. CT V, 238b+d ($S_{14}C$): "Ein Gott ist dieser mein Name,[62] der befindlich ist in diesem meinem Leib." Demnach wird der Name in einer kleinen Götterfigur objektiviert und kann somit in magische Handlungen — vergegenständlicht — einbezogen werden. Der p. BM 10086 (ptolem.) zeigt an der Stelle der Statuette eine Schriftrolle, die u.a. wohl diesen Spruch Tb 25, natürlich auch den Namen des NN, beinhalten soll.[63] Das Abstraktum "Name" wird magischen Manipulationen hier ebenso zugänglich gemacht wie der Ba mit Hilfe der Instruktion Tb 89 oder das Herz anhand der Herzskarabäen in Tb 26 ff. Der Totenbuchspruch 25 kann aufgrund der Vignette demnach als Instruktion erklärt werden, d.h. die primäre ikonische Referenz in Gestalt einer den Namen darstellenden Statuette ist durch die sekundäre Referenz seitens der Vignette aufgegeben worden.

Doch nicht jede Spruchintention läßt eine solch unmittelbare Konkretisierung zu. Zahlreiche Totenbuchsprüche bieten (zumindest im NR) keine Vignette: Tb 3 (im NR), 4, 11, 12, 13, 14, 18, 20, 21, 24, 29A, 34, 47, 51 (NR), 52 (NR), 53 (NR), 60, 66, 69/70, 76, 115 (NR), 122, 131,

---

[60] Den "präsentifikatorischen" Darstellungen werden wir uns in Kap. XII gesondert zuwenden.

[61] S. Abb. 42.

[62] S. auch: CT V, 236f ($S_{14}C$, $M_{23}C$, B_1Bo), 237c ($S_{14}C$).

[63] Faulkner, 1985, 52; Allen, 1960, pl. XVII (R), pl. LXIV (M).

154, 169, 170, 171, 172, 176, 177, 178, 179, 187, 188, 189. Dies ist selbstverständlich auch darauf zurückzuführen, daß — wie gesehen — längst nicht jeder Totenbuchtext als die Verschriftung einer magischen Aktion angesehen werden darf, was sich mit Sicherheit nur von den "Instruktionen" sagen läßt. Unter diesen finden wir nun einige Beispiele, die Zeugnis dafür ablegen, daß Deiknymena nicht in direktem Zusammenhang mit der Funktion und/oder in unzweifelhaften semantischen Relationen zu der betreffenden Aktion stehen müssen. Es werden Motive verwendet, die eher eine generell heilsignalisierende Wirkung ausüben und diese in den Dienst der ein spezielles Anliegen verfolgenden Handlung stellen sollen:

Es handelt sich um das Udjat–Auge (CT 341; p. BM 10059 Nr. 34; p. mag. Harris Spr. L; p. Deir el–M. 1 vso. 6, 7–8 und 7, 4; p. Ch. Beatty VIII vso. 3, 4–9), die in den Tb–Instruktionen häufig als Signum der Gottesnähe verwendete (Sonnen–) Barke (p. Leiden I 348 Spr. 36) oder auch den Skarabäus als Symbol par excellence für die Regeneration [64] (p. Deir el– M. 36: 2 Barken, 2 Udjat, 2 Skarabäen).[65] Diese nichtpräsentifikatorischen Ikone, zu denen auch Djed–Pfeiler, Isis–Blut und Anch–Schleife gehören, sind bereits in den Anfangszeiten der altägyptischen Bilderwelt als Amulette gestaltet worden. Grundsätzlich können wir Amulette als Deiknymena betrachten, deren zugehörige Instruktionen (Handlungsanweisung(en) und Spruchtext) in der Regel nicht mittradiert wurden. In funerärem Kontext sind sie als Grabbeigaben verwendet worden.[66]

In spätzeitlichen Totenbuchpapyri sind solche Bedeutungskonventionen folgenden Deiknymena in zunehmender Anzahl zu finden. Das Udjat–Auge wird in Tb 140 mit der Aufnahme in die Barke des Re verbunden.[67] Tb 153A (dem Fangnetz zu entkommen) wird im NR von einer Vignette begleitet, die NN vor einem derartigen Netz zeigt. Papyrus R fordert indessen eine Handlung — d.h. aus dem "Spruch" wird hier eine Instruktion —, die vermutlich Tb 130 entlehnt ist und eine Statuette des NN sowie eine Barke impliziert.

Das gleiche Phänomen findet sich auch bei Vignetten zu Tb–Sprüchen; in diesem Sinne heilsignalisierende Funktion üben hier folgende Sujets aus:

---

[64] S. S. 77(23), 83.

[65] Skarabäus als Vignette zu Tb–Spr. 76 auch in TT 359 (Saleh, 40).

[66] Zur Amulett–Problematik s. auch ob. S. 20.

[67] S. S. 86.

- der Opfertisch (Spr. 44 — gegen den zweiten Tod, bei Ani);
- die Figuration Reiher, Ba–Vogel und Tor (Spr. 46 — am Leben zu bleiben im Totenreich, ebenfalls bei Ani);
- das "Isis–Blut" (Spr. 93 — gegen die Überfahrt gen Osten, Pb).[68]

Daß bereits die Beigabe eines Textes als Handlung gelten konnte, haben wir am Beispiel der Instruktion Tb 147 gesehen. Welche Funktion Texte — also verschriftete Instruktionen und Sprüche — für den Adressaten haben, zeigen deutlich drei Tb–Vignetten:
Die Vignette zu Tb 41 ("Spruch, Schaden abzuwehren") bei Pb stellt den Verstorbenen mit einem Messer in der rechten und einer Schriftrolle in der linken Hand dar. In Aq finden wir unter Tb 42 (Titel in gleichem Sinne) den NN, einen zusammengerollten Papyrus in der Linken, in beschwörendem Gestus vor einer aufgerichteten Schlange stehend. Die Abbildung zu Tb 25 in p. BM 10086 haben wir oben erwähnt. — Die einzelnen Texte stellen sich demnach nicht allein als Bestandteile einer Ausstattung mit "heilswichtigem Wissen"[69] dar, sondern als mit Hilfe der Verschriftung der Verhaftung in Ort und Zeit einer Handlung enthobene Instrumente.

4. Deiknymena, situative und additive Bilder — chronologische Aspekte

Es wurde bereits darauf hingewiesen, daß die oben unter A 4 aufgeführten Illustrationen als Vorlagen für die in der jeweiligen magischen Aktion zu verwendenden Bilder/ Gegenstände (Deiknymena) dienen. Mehrfach belegte Totenbuchtexte (Tb 25 und v.a. Tb 151) zeigen nun, wie derartige "Illustrationsvignetten" zu Substituenten der Deiknymena werden. Wir können mithin eine Entwicklung von in magischen Handlungen verwendeten Realien zu Vignetten verfolgen. Bilder können an die Stelle bestimmter Gegenstände treten, Ritualhandlungen werden komplett verschriftet.[70]

Nicht nur Instruktionen, sondern auch Sprüche werden häufig von solchen Bildern begleitet, die wir als "situative Bilder" bezeichnet haben (5a und b). Sie beziehen sich nicht auf irgendeinen magischen Apparat,

[68] Vgl. das Isis–Blut als Deiknymenon in Tb 156.
[69] Begriff nach Nagel, 15; zum "Wissen" vgl. S. 309 (51).
[70] S. in diesem Sinne bereits Sethe, 1931, § 37.

vielmehr geben sie "vorahmend" solche Motive wieder, die in direktem Zusammenhang mit den Intentionen der Instruktion bzw. des Spruches stehen. Sie visualisieren wesentliche Lokalitäten und/oder Gestalten und präsentieren die angerufenen Helfer.

Symbolische Embleme mit kulturspezifisch eindeutiger Denotation (z.B. das Udjatauge, die Sonnenbarke, der Chepri–Käfer) können ebenfalls Aktionsziele bezeichnen (Unversehrtheit,Gottesnähe, Regeneration etc.). Solchermaßen relativ unspezifische und formal einfache Ikone sind es denn auch, die in der Antike, teilweise mit neuen ("geheimnisvollen") Gehalten in Verbindung gebracht, aus ihrem ursprünglichen Bedeutungskontext gelöst und als einfache Schutzamulette (z.B. Gemmen) oder als Erkennungszeichen (*συνθήματα*)[71] verwendet werden.[72]

Eine besondere Entwicklung ist im Bereich der funerären Magie zu konstatieren, da schließlich der Verstorbene selbst vermittels der zur Grabausstattung gehörenden verschrifteten und ikonisierten Handlungen, wie auch durch die einmalig abgehaltenen ggf. periodisch wiederholten Ritualhandlungen, aktionsfähig gemacht bzw. erhalten werden soll. Dabei können Gegenstände seiner Ausstattung, z.B. Fackeln, magische Ziegel, Statuetten, als Deiknymena magischer Handlungen betrachtet werden.[73]

Im Unterschied dazu steht der Magier bei einer aktuellen magisch–medizinischen oder apotropäischen Aktion unter Erfolgszwang; er kann seine Aufgabe schlecht an Aufzeichnungen delegieren, wird also seine Kunst mit allen zu Gebote stehenden Mitteln (die nicht zuletzt auch den Patienten und evtl. Zuschauer beeindrucken sollen) ausüben.

Im Rahmen der funerären Texte setzen sich, wie der Hinweis auf die Pyramidentexte bereits angedeutet hat, die Vignetten zunehmend durch. Einen wachsenden Anteil der Vignetten in den Totenbuchpapyri hat Niwinski herausgearbeitet.[74] Die Möglichkeit einer rein symbolisch–bildlichen Artikulation umfangreicher thematischer Vorgaben wurde in der 21. Dynastie verwirklicht. In erster Linie ist an die sogenannten "Altägyptischen Jenseitsführer" zu denken.[75] Es handelt sich um überwiegend piktographische Wiedergaben von Totenbuchkapiteln nach dem Vorbild einiger die betreffenden Sprüche begleitenden Vignetten. Ledig-

---

[71] Dazu v.a. Müri, bes. 37ff.

[72] Zur antiken Rezeption s. Kap. XI.

[73] Man denke etwa an die nicht von Bildern begleiteten Pyramidentexte.

[74] Niwinski, 26 und Table II.

[75] Morenz, 1977; Köhler, 1977.

lich wenige identifizierende Glossen sind den Bildern beigefügt, die im wesentlichen drei Aspekte hervorheben: den Sonnenlauf als vorbildliche Regeneration für den Verstorbenen, die Topographie jenseitiger Stätten und schließlich das Bestehen vor dem Jenseitsgericht. Die einzelnen Motive des Totenbuches erscheinen als zu einer großen Ikone zusammengeführt. Einige Beispiele mögen an dieser Stelle genügen:

Motiv	Tb–Kapitel
NN betet vor seinem Herzen	30
NN vor der Westgöttin	8
Benu–Vogel	17
Benu und Chepri	83
Horussöhne als Wächter	124; 137A; 151A
Thot im Schutzgestus	160
Wächter u. Unterweltsstätten	145/146
4 Ruder	148
Westgebirge mit Hathorkuh	15/16

Derartige Grabbeigaben stellen sich nicht mehr als Fixierungen (ehemals) vollzogener Aktionen dar. Sie sind keine Residuen konkreter Zauberhandlungen, sie wirken durch ihre bloße Gegenwart. Es handelt sich aber auch nicht um ikonische Fiktionen, vielmehr liegen hier komprimierte und abstrahierte, "ikonisierte", Totenbuchfassungen vor.

Die besonderen Qualitäten der ikonischen Formulierung kommen immer dann besonders eindrucksvoll zur Geltung, wenn hochgradig komplexe Gestalten als Sujets für Deiknymena gegeben sind. Die spätzeitlichen Instruktionen Tb 163–165 verlangen die Anfertigung von Zauberbildern gemäß der als Vorlagen beigefügten Vignetten. Sie begnügen sich allerdings nicht mit diesen, sondern beschreiben die Deiknymena zusätzlich sehr präzise. Nachfolgend seien Instruktionen vorgestellt, die auf solche Beschreibungen verzichten und es mit einem Verweis auf die Vignetten bewenden lassen. Sie finden sich im sogenannten "magischen Papyrus Brooklyn".[76] Dieser wohl in die saitische Zeit datierende Text[77] enthält zwei ausführliche Instruktionen gegen Feinde. Als Schutzgott für diesen Abwehrzauber wird "Bes–Pantheos", eine siebenköpfige Verkörperung der Macht (Ba's) des Amun–Re, angerufen.[78] Dieser "schlechthin Unabbildbare"[79] wird in zwei Vignetten zur Anschauung gebracht, deren

[76] Sauneron, 1970a.
[77] Ders., 3–5.
[78] S. dazu (mit Text) Assmann, 1979, 12f.; ders., 1984, 281f.
[79] Assmann, 1984, 282. Das Symbol im Dienste einer coincidentia oppositorum betont

erste[80] auf die Instruktion 1, 1 – 3, 8 zu beziehen ist. In 3, 6–8 heißt es dazu:

"WORTE ZU SPRECHEN ÜBER dieses sšmw–Bild, das in Schrift ist, geschrieben (gemalt) auf neuen (unbeschriebenen) Papyrus (ḏmᶜ n–m3w). Es wird gegeben an den Hals einer Frau oder eines Kindes (nḫn). Es ist eine Rettung vor [...] Feuer, gegen Leiden (mn.t), zu entfernen (sḥrj) Tote — männlich wie weiblich, [...]."

Die andere Vignette[81] gehört zu 4, 1 – 5, 8; die entsprechende Anweisung (5, 7–8) lautet:

"WORTE ZU SPRECHEN ÜBER ...(wie oben)...an den Hals eines Mannes. EINE RETTUNG IST ES VOR TOTEN — MÄNNLICH WIE WEIBLICH, WIDERSACHERN — MÄNNLICH WIE WEIBLICH, U.S.W., DEM SCHWEIN, DER WÄCHTERIN UND DER VERSCHLINGERIN DES WESTENS (*t3-ḫḏr.t šᶜr.t ᶜm3m.t nt-jmnt.t*)[82]UND VOR ALLEM BÖSEN UND SCHLECHTEN."

Daß Bilder auch als pure Hinzufügungen mit ausschließlich informativem Wert dienen können, zeigt der Papyrus Jumilhac aus spätptolemäischer Zeit.[83] Um die Götter und "res sacrae"[84] des 17. und 18. oberägyptischen Gaues, die teilweise unkonventionelle Gestalt haben, vorzustellen, weist dieser Papyrus zahlreiche Vignetten auf.[85] Mit irgenwie wirkungsmächtigen Zauberbildern haben diese allerdings nichts zu tun.[86]

Wie die einfachen "symbolischen Embleme", so haben auch Figurationen (etwa der Bes–Pantheos) Eingang in die antiken Zauberpapyri gefunden.[87] Die Absicht schon der spätägyptischen Texte, die Macht der angerufenen Götter durch eine möglichst "überladene" Darstellung zu unterstreichen,[88] wurde v.a. in der Spätantike gerne aufgenommen.

Eliade, 1986, 94ff., bes. 97.

80 S. Sauneron, Fig. 2 — s. Abb. 43a.

81 Ebd., Fig. 3 und Frontispiz; Assmann, 1984, Umschlag; Kakosy/Roccati, 113; s. Abb. 43b. Dazu vgl. p. mag. Harris VI, 4-9 (I).

82 S. dazu Sauneron, 6–11 (mit Zusammenstellung der div. Schreibungen).

83 Vandier, 1961, bes. 251–261: "Description des vignettes".

84 So Köhler in LÄ IV, 710.

85 S. bes. Vandier, op. cit., Tf. I, Tf. II 5-15, Tf. VIII.

86 S. auch (zu griech.-röm.Tempelreliefs): Winter, 16: "aus künstlerischen Beweggründen zur Monumentalität gewachsene Vignetten zu den Texten"; Graefe, 1979, 77: "Die Vignette ist dann mehr "Determinativ" zum Text als Abbildung einer real vollzogenen Handlung".

87 S. Hopfner, §806, 516–519, Abb. 20–22; s. Abb. 44 und 45.

88 Mehrköpfigkeit aber schon in p. mag. Harris (I); s. auch Assmann, 1983a, Text

Die hier postulierte Evolution des Bildes ist ausdrücklich nicht im Sinne einer formalen und funktionalen Restriktion, sondern ganz im Gegenteil als zunehmende Differenzierung des Bildgebrauchs zu verstehen! Nach wie vor sind magische Aktionen unter Verwendung von Bildern und diversen Gegenständen ausgeführt worden; die Vignetten ersetzen also keineswegs prinzipiell die Deiknymena. Vor allem im funerären Bereich haben wir jedoch die Folgen einer kontinuierlichen Demotisierung zu berücksichtigen. Nicht zu vergessen ist in diesem Zusammenhang, daß Totenbuchexemplare, je nach Länge und Ausführung zu unterschiedlichen Preisen, käuflich zu erwerben waren; lediglich Name und Titel des Grabinhabers mußten nach dem Kauf noch eingefügt werden. Den Aufwand "echter" Zeremonien am Grabe sparte man sich schließlich auch dadurch, daß man die dazu notwendigen Handlungen samt den Deiknymena verschriftlichte und ikonisierte. Die erwähnten nurbildlichen Totenbücher sind möglicherweise als eine Art biblia pauperum für des Lesens Unkundige zu interpretieren. Die zunehmende Komplexität der ägyptischen Religion in der Spätzeit, insbesondere ihre Dezentralisierung mit den kaum mehr überschaubaren regionalen Besonderheiten, hat sicherlich ebenfalls zu dem Bestreben geführt, religiöse Inhalte und Gegebenheiten unter Zuhilfenahme von Bildern zu verdeutlichen.

Gegen diese Tendenz des Bildes, theologische Unterschiede zu nivellieren, richtet sich (wie ich in Kap. XI A und in Kap. XIII A weiter ausführen werde) die jüdische und antike Bildkritik. Sie erklärt andererseits jedoch auch die Bedeutung, die das Bild im Rahmen der Volksreligion stets innehatte. Jenseits sich wandelnder theologischer Spekulationen und regional stark differierender "Sonder-Theologien" wirkt sich das Bild aufgrund seiner größeren Zeitresistenz als solidarisierender Faktor aus.

156, 35f. — dazu ebd., S. 207(t) (mit weiteren Beispielen).

Kapitel VIII.

Die Bildterminologie in den Zauberanweisungen

Es stellt sich die Frage, ob sich angesichts der unterschiedlichen Situationen, in denen Bildzauberei begegnet, nähere Einsichten in den Denotationsbereich der zahlreichen ägyptischen Bildbegriffe ergeben. Bislang haben sich — soweit ich sehe — vor allem Hornung und Ockinga mit diesen auseinandergesetzt.[1] Ich halte es vor dem Hintergrund der in den Abschnitten IV - VI vorgelegten Texte und in bewußter Abgrenzung zur Studie Ockingas zunächst für geboten, die Befunde aus den Sargtexten mit denen des Totenbuches zu vergleichen. Dabei fällt auf, daß die Anweisungen in den CT Spells in der Regel kürzer und weit weniger komplex sind, abgesehen davon, daß Bildzauberei in den Sargtexten ohnehin eine relativ geringe Rolle spielt. Zumeist soll nach den Anweisungen ein einfacher Figurenzauber vorgenommen werden. Einer twt–Figur kommen folgende Aufgaben zu:

1. Darstellung dessen, für den die Handlung vorgenommen wird (des Verstorbenen) - CT 11, 103;
2. Darstellung dessen, den die Handlung treffen soll (Feind) - CT 37;
3. Darstellung der angerufenen Gottheit - CT 100 (Zeichnung).

Die twt–Figur oder –Zeichnung ist als Stellvertreter– oder Ersatzfigur zu verstehen. Als selbst handelnd tritt in CT 22 eine rpjj.t–Figur auf. Ansonsten geht es in den Sargtextinstruktionen um die Herstellung und Verwendung von Amuletten (Applikationen) — (CT 83, 406–408, 508) — bzw. Emblemen (CT 341 - Udjat–Augen). Schließlich werden anikonische Realien (Tiere in CT 98 und 101; Sand in CT 111) und eine Maske in CT 578 benutzt. Nur einmal finden wir die Bildbezeichnung sšmw, und zwar dort, wo es auf die Eigenwirksamkeit des Bildes und die wesensmäßige Identität mit dem Dargestellten ankommt (CT 472 - Uschebti–Spruch).

Um einiges komplizierter stellt sich die Terminologie in den Totenbuchtexten dar. Lediglich zwei Fälle einfachen Figurenzaubers mit twt–

[1] Hornung, 1967, 125ff.; Ockinga.

bzw. tj.t–Statuetten begegnen uns hier (Tb 175 und 162; eine twt–Zeichnung findet sich in dem nicht im NR belegten Spruch 165).[2] Einen Sonderfall stellt die "Vorwegnahme" theurgischer Praxis in Tb 168 dar.[3] Amulette (Tb 101 und 160) sowie "Heilsikone" verschiedener Art finden wir ebenfalls im Totenbuch (Tb 13, "Herzsprüche", 89 (Ba–Vogel), 137A (Fackeln), 140 (Udjat), 151 (die apotropäischen Ziegel), 155/6). Anspielungen auf Vernichtungsrituale weisen Tb 7, 11 und 39 auf. Die interessantesten Befunde sind unterdessen die in den Abschnitten VI D 3 (Zeichnungen — sšmw) und VI F (Komplexe Arrangements) zusammengestellten, da mit ihrer Hilfe einem der zentralen ägyptischen Bildbegriffe — sšmw — offensichtlich einige spezifische Interpretamente abgewonnen werden können. Die übrigen in Bildzauberanweisungen vorkommenden Termini (twt, tj.t, rpjj.t, jrw, šps) sind als weder funktional noch formal näher spezifiziert anzusehen.

A. Magische Arrangements im Totenbuch

Daß die magisch–medizinischen und apotropäischen Instruktionen oftmals relativ wenig komplexe magische Apparate und Deiknymena verlangen — bei den medizinischen treten häufig neben die magisch wirksamen Objekte rein medizinisch zu verstehende (offizinelle) Mittel —, dürfte kaum verwundern. Im Falle etwa eines Skorpionsstiches oder angesichts der Notwendigkeit, ein gefährliches Tier abwehren zu müssen, kann sich der Aktant nicht mit der Präparation eines umfangreichen Instrumentariums aufhalten. Relativ einfache Bilder bekannter Götter oder kleine Figuren, die man für den Fall des Falles auch bereitgehalten haben mag, begegnen hier häufig. Der Anteil an Bildern, die diejenigen Götter darstellen, von denen man sich Hilfe erhofft, ist — wie ob. gesehen — recht groß. Wenn weniger geläufige Gestalten oder umfangreichere Motive in den Anweisungen verlangt werden, wird meist eine Vignette beigefügt, die der Aktant/Magier nur kursorisch nachskizziert haben wird (z.B. auf einen Verband).

Die Ausgangssituation ist bei den funerären Instruktionen eine grundsätzlich andere. Die in verschrifteter und ikonisierter Form überlieferten Handlungen gehen auf Rituale zurück, die entweder noch zu Lebzeiten

---

2 Tb 162 ist ebenfalls nur in der Spätzeit belegt ! Drei weitere Tb–Instruktionen ohne Bildbezeichnung fordern (Götter) "darstellende" Deiknymena: Tb 148, 163, 164.

3 Vgl. p. Deir el–Médineh 1 vso. 7, 2–3.

des Adressaten — evtl. von ihm selbst — vorgenommen ("ars moriendi") oder in der Balsamierungsstätte bzw. am Grabe (ḫr.t-nṯr, dꜣ.t) praktiziert wurden. Insbesondere die Instruktion Tb 151 hat gezeigt, daß auch Teile der Ausstattung des Grabes (Statuetten, "magische Ziegel", Wanddekoration) in diese Handlungen einbezogen waren. Selbstverständlich gilt dies auch für Schutzamulette (z.B. Herzskarabäen, "Isis–Blut",Djed–Pfeiler), deren Anbringung bereits als magische Handlung zu betrachten ist.[4]

Neben Illustrationen der real verwendeten Deiknymena (Tabellen VII A 4) können im Totenbuch aber auch ikonische Interpretamente der Instruktions– bzw. Spruch–Intention zur Darstellung kommen (s. die Tabellen VII A 5). Diese "situativen Bilder", unabhängig von real vollzogenen magischen Handlungen, können sich — wie wir gesehen haben — in der Spätzeit zu rein ikonischen Abbreviaturen verdichten, die mit der Entwicklung der Sargdekoration[5] und der sog. "mythologischen Papyri"[6] einhergehen.

Daß (zumindest ursprünglich) recht komplexe Verrichtungen in der Nekropole vorgenommen worden sein müssen, hat die Betrachtung der "Arrangements" ergeben. Die Spruchintention kann in einigen Fällen geradezu szenisch formuliert werden; Figurationen, bestehend aus der Sonnenbarke, ihrer Besatzung und der Bezugsperson der magischen Aktion, werden aus Papyrusnachen und twt–Figuren zusammengestellt, also in effigie realisiert (Tb 133, 136A). Die Barke kann auch durch eine Zeichnung ersetzt (Tb 130) oder mitsamt den zugehörigen Gestalten auf eine Schale gemalt werden (Tb 134). Wenn ein komplettes "Szenarium" in Form einer Zeichnung dargestellt werden soll, ist von sšmw die Rede (Tb 100, 125, 144). In Tb 144 bildet das sšmw genaugenommen den Handlungsraum — 144, 27 (Nu) —; vor dem Hintergrund der gemalten Pforten wird mit einer die Stellvertreterfunktion ausübenden twt–Figur hantiert. Die Pforten–sšmw.w sind dabei sukzessive auszuwischen, wenn die Figur des NN sie passiert hat.

---

4 In den Sargtexten begegnen derartige Amulette ebenfalls; sie werden tlw. in den "Frises d'Objets" präsentifiziert — s. CT Sp. 83, 304, 508, 576; — dazu: Otto in LÄ I, 532; Jequier; Kees, 1983b, 164ff.; Willems, 200ff. ("Relations between the Objekt Frieze and Funerary Rituals"). Die Entwicklung zu textbegleitenden Vignetten ist in den CT noch kaum ausgeprägt — s. S. 161 (2).

5 S. zusammenfassend Niwinski in LÄ V, 441ff.; ders., 1989, 26ff.

6 Piankoff/Rambova, 1957, bes. 20–24, 29ff.

Diesem Aspekt der potentiellen Veränderung des sšmw–Bildes werden wir uns bei einer Betrachtung ausgewählter Amduat–Stellen zuwenden.

B. Zur Bildterminologie im Amduat

"Aktive Magie, die eine wesentliche Komponente der älteren Jenseitsliteratur bildet..., fehlt im Amduat, und es bleibt nur die magische Gewalt, die dem Wissen und damit auch dem Wissenden innewohnt."[7] — Im Zusammenhang der in dieser Arbeit verfolgten Thematik kommt es mir darauf an, den Beitrag der Bilder zur Gesamtkonzeption dieses Unterweltbuches zu thematisieren.[8] Die in den Gräbern vorfindlichen Niederschriften dieser "SCHRIFT DES VERBORGENEN RAUMES. DIE STANDORTE DER BA'S, GÖTTER, SCHATTEN, DER VERKLÄRTEN UND WAS SIE TUN" erweisen in Anbetracht dessen ihre Sinnsetzung; sie haben die Aufgabe, Realität zu konstituieren.[9] Die "Unterwelt" mit ihren sämtlichen Qualitäten und Gestalten wird magisch kreiert, und dies solcherart, daß mit dem Terminus dꜣ.t sowohl die jenseitige Sphäre gemeint sein kann als auch die Sargkammer der Grabanlage.[10] In seinem Aufsatz "Vom Sinn der Unterweltsbücher" äußert sich Helmut Brunner dazu wie folgt (82f.): "...so liegt der Gedanke nahe, daß nicht nur der Schauplatz dieser fünften Stunde außer durch Bilder und Texte auch durch Architektur ausgedrückt wird, sondern daß das ganze Buch ebenso wie die Architektur den Zweck hat, im Königsgrab die Unterwelt,..., herzustellen. Die Sonne soll veranlaßt werden, nachts durch das Grab zu ziehen... die Abbildung hat den Zweck, den mythischen Ort "Unterwelt" an dieser Stelle herzustellen, zu realisieren; dem Begriff "Abbild" (sšm) kommt hier ein sehr prägnanter, wirkkräftiger Sinn zu." In "Die Schrift der verborgenen Kammer" resümiert Schott (337): "Die Sargkammer des Königsgrabes ist als Unterwelt, d.h. als die ganze Unterwelt verklärt."

Offensichtlich bewirken insbesondere die sšmw–Bilder diese Realisierung der Dat. Einige signifikante Amduat–Stellen seien nachfolgend angesprochen.

---

[7] Hornung, Amd. II, 6.

[8] Zur Bedeutung der Bilder in den Unterweltsbüchern bereits Sethe, 1931, 537f.

[9] Zur "funerären Akzeption" des Amd. und der ursprünglichen kultischen Funktion s. Assmann, 1970, 57(2); ders., 1983b, 32f.

[10] S. auch die Überschrift zu Tb 151–156–155 in Pb (Nav. I, CLXXXII); s. Abb. 18.

1. Zur Denotation des sšmw–Begriffs

Im Schlußtext der ersten Stunde findet sich der Vermerk: "Es werden diese gemacht wie jenes sšmw im Verborgenen der Dat. Wer diese Bilder (zntj.w) ausführt, ist wie der große Gott selbst. Nützlich ist es für ihn auf Erden und als wahr erprobt, außerordentlich, wie dieses geheime sšmw, das in Schrift ist."[11] Die Passage *mj-sšmw-pn m-jmn.t* wird gewöhnlich mit "wie diese Vorlage, die im Verborgenen der Dat ist" wiedergegeben.[12] Hornung bemerkt dazu: "Gemeint ist: die Götterbilder in der Unterwelt sehen genauso aus, wie sie hier an der Grabwand und in der zugehörigen Vorlage gemalt sind."[13] Der Begriff "Vorlage" kompliziert m.E. die Befundlage unnötig; die Annahme einer Ambiguität von sšmw erweist sich als nicht erforderlich, wenn wir von einer Ellipse ausgehen (*jw-jrj.tw nn-[n-sšmw] mj-sšmw-pn ...*), wobei "jenes sšmw" "vermutlich auf die verborgene Sargkammer eines (bestimmten) Königsgrabes verweist, die als Entwurf ...allen anderen Gräbern als Vorbild dient".[14] Dafür sprechen auch die Ortsangaben, die wir in Amd. I, 76, 8f. und 135, 5 finden.[15] Die Einleitung zur zweiten Stunde gibt an: "Es sind diese sšmw.w (*nn-n-sšmw.w !*) der datischen Ba's in Schrift entsprechend jener Gestalt im Verborgenen der Dat."[16]

Daß diese Bilder in der Tat eine Art Eigenleben führen, zeigen die folgenden Stellen:

2. Std., Schlußtext: "Leben mögen eure Gestalten (jrw.w), damit sie eure Verklärungen sprechen.... Bleiben mögen eure Jahreszeiten, und dauern mögen eure Jahre, daß ḫpr.w (wandelbare Formen) entstehen für eure Stunden.... Ihr fahrt für meine Barken, ihr kehrt um zu den sšmw.w, das Gefilde (sḫ.t) aufs neue zu beleben" (I, 41, 2ff.). Hier sind die sšmw.w ganz eindeutig die Darstellungen im Grabe, die zeitweise — in der Nacht — von den jeweiligen Wesen heimgesucht werden. Diesen sind also drei verschiedene Existenzformen mit je spezifischer Aufgabe zu eigen:

---

[11] Amd. I, 22, 2–4. Die Kurzfassung gibt rḫ statt jrj ("Wer diese Bilder kennt...") und setzt sšmw.w für zntj.w (Amd. III, 2, 14); s. Amd. II, 39 (70); Assmann, 1970, 57 (2); vgl. Amd. I, 43, 6ff.

[12] Hornung, Amd. II, 33; ders., ^{2}1984, 69.

[13] Amd. II, 39(69).

[14] Schott, 1958b, 336f.

[15] Schott, ebd.: "Die Bilder im Westen, S., N., und O. der verborgenen Kammer in der Unterwelt können nur an Wänden eines bestimmten Raumes gemalt sein".

[16] Amd. I, 24, 8f.; vgl. I, 45, 7f.

1. jrw.w — kultische Kommunikation;

2. ḫpr.w — periodische Transformation;

3. sšmw.w — potentielle Epiphanie.

3.Std., Schlußtext: “Wie schön ist es, daß die Westlichen sehen, und wie befriedigend, daß die Unterweltlichen hören den Re, wenn er sich niedergelassen hat im Westen, sein Licht gesetzt hat in die Verfinsterung der sšmw.w” (I, 57, 4f.). Noch deutlicher ist die Rede des Re an die geheimen Ba’s, in der er sagt: “Kommt zu mir,..., um ihm (Osiris) zu huldigen und einzutreten für seine sšmw.w” (I, 58, 5f.), womit die Bilder desselben im UR der 3.Std. gemeint sind, bevor er äußert: “Ich bin hierher gekommen, meinen Leichnam zu sehen, mein sšmw zu inspizieren, das in der Dat ist” (I, 59, 7f.).[17]

Die Gestalten des MR der 4.Std. werden bezeichnet als “*sšmw.w n-ḏ.t=sn* (Bilder ihres Leibes), die Horus verborgen hat” (I, 70, 7f.).[18] Auch das Sokaroval der fünften Stunde wird sšmw genannt: “Unsichtbar und nicht wahrzunehmen ist dieses geheime sšmw der Erde, das unter dem Fleisch des Gottes ist” (I, 75, 5f.)[19], und die Beischrift zur Gestalt Nr. 392 (Aker) lautet: “Was er zu tun hat, ist, sein sšmw zu hüten” (I, 92, 9; 93, 1).

2. Zum Wesen des sšmw–Bildes

Den Denotationsbereich des Begriffs sšmw helfen einige weitere Stellen präzisieren. Den vier hockenden, mumiengestaltigen Wesen der letzten Szene des UR der 5.Std. ist beigeschrieben: “Ihr sšmw ist dabei, herauszukommen aus ihnen, aus ihrem eigenen Leib” (I, 95, 4). Hier sind die Embleme (Kronen) gemeint, welche diese Wesen auf ihren Knien halten und welche sie offenbar zeitweise zu aktivieren — regelrecht auszufahren — vermögen. Das gleiche Motiv (Hornung spricht von “Dornröschenmotiv”[20]) finden wir im Falle der vier Kästen des MR der 7. Std.: “Die Köpfe und Messer, die in ihnen sind, kommen hervor, ...

[17] Dazu Assmann, 1970, 34 19. mit (3).

[18] Vgl. I, 67, 2; I, 187, 6.

[19] S. auch I, 76, 7f.; 80, 5 (dazu II, 97 (3–4)); 82, 4f.; 86, 7–9 (dazu II, 101(3): sšmw = der gesamte Hügel); 93, 3–7; 95, 6; zum Sokaroval: II, 105f., 108; Piankoff, 1949, 139ff.

[20] Amd. II, 34(4); 134(5).

Dann verschlingen sie ihre sšmw.w wieder, nachdem der große Gott die Stätte passiert hat" (I, 127, 1–3).

Auch die 6. Std. weist einige bemerkenswerte Befunde auf: Die drei ḥw.t–Gräber der Leichenteile des Skarabäus, die im OR dargestellt sind, werden auch "die geheimen sšmw.w der Dat" genannt (I, 104, 10; 105, 2). In ihrem Inneren sind unter einer Wölbung die Skarabäusteile verborgen, nach außen abgeschirmt durch aufgerichtete Schlangen. Eine vergleichbare Situation bietet das MR dieser Stunde. Dort wird der Leichnam des "Chepri als sein eigenes Fleisch" (I, 110, 9) von einer fünfköpfigen Schlange behütet, von der es heißt: "Er ist ausgestreckt unter diesem sšmw" (I, 110, 10). Abschließend lesen wir: "Die Stimme Re's ist es, die zu dem sšmw kommt, das in ihm (der Schlange) ist" (I, 111, 2).

Im MR der 8. Std. liefert der der Sonnenbarke beigegebene Text den Schlüssel für das Verständnis der Darstellungen im OR und UR: "Es ist, daß ihre sšmw.w ihrer Leiber bleibend sind auf ihren Leichnamen, die unter ihrem (der sšmw.w) Sand sind" (I, 142, 1). Wie der Text weiter ausführt, ist es die Aufgabe der sšmw.w, die Stimme Re's zu empfangen und sie an die unsichtbar im Sand verborgenen Leichname weiterzuleiten. Doch auch die sšmw.w sind nicht permanent sichtbar, denn "ihre Pforten öffnen sich täglich auf die Stimme dieses Gottes hin, dann verhüllen sie sich wieder" (I, 142, 2). Stellen wie diese sind dafür verantwortlich, daß das Wörterbuch sšmw als Erscheinungsform von Göttern und gar als eigene Art von Wesen verzeichnet.[21] Auch die Hinrichtungsgeräte des MR der 8. Std. werden mit sšmw.w terminiert: "Komm doch zu deinen sšmw.w, unser Gott,..., daß du in deinen Gestalten ruhen mögest (*ḥtp=k-jrw.w=k*)" (I, 143, 5f.) !

Ein letzter Beleg für das "Dornröschenmotiv" im Amduat mag diese Auflistung beschließen (11. Std., OR); von den vier Windgöttinnen heißt es: "Ihre Ba's leben täglich von der Stimme des sšmw, das hervorkommt aus ihren Füßen" (I, 184, 1).[22]

Die letzteren Stellen haben einen Aspekt des sšmw–Bildes aufweisen können, den des Geheimnisvollen, Unzugänglichen und nur phasenweise Sichtbaren, während die ersteren gezeigt haben, daß es sich um ein potentiell aktivierbares, dann eigenwirksames "Bild" handelt, das seine Ruhezeiten hat und erst einer Belebung oder Funktionssetzung bedarf.

---

[21] Wb IV, 290, 14.

[22] Vgl. I, 187, 8: Uräen mit Kronen, die ihre sšmw.w (die daran befindlichen Köpfe) wieder verschlingen.

Die Darstellungen der diversen Wesen, die sich in den Königsgräbern befinden — im "verborgenen Raum" (ᶜ.t-jmn.t) —, werden durch die Stimme, d.h. letztlich durch die Präsenz des Sonnengottes vitalisiert; somit vollzieht sich in den Gräbern sukzessiv der nächtliche Sonnenlauf. Der transitorische Charakter der sšmw–Bilder kommt insbesondere am Ende des Amduat zum Ausdruck, wo der Re–Osiris–Leib, der in der dꜣ.t verbleibt, als sšmw bezeichnet wird, während der Sonnengott als ꜣgb-wr diese und das sšmw verläßt (Amd. I, 205, 3–5): *wnn=f m-sḫr-pn m-sšmw jmn.n-Ḥrw m-kkw-zmꜣw jn-sšmw-pn-štꜣ twꜣ-Šw ẖr-Nw.t prr-ꜣgb-wr m-tꜣ m-sšmw-pn* — "Daß er beschaffern ist, ist in dieser Art, (nämlich) als sšmw, das Horus verborgen hat in der Urfinsternis. Es ist dieses geheime sšmw, das Schu stützt unter Nut, so daß herausgehen kann die "Große Flut" aus der Erde und aus diesem sšmw".

C. Zum Bildbegriff sšmw

Ein eindeutiges Interpretament für den sšmw–Begriff wird sich wohl schwerlich finden lassen, zumal Wortfelduntersuchungen gerade in der Ägyptologie meines Erachtens nur textgattungsintern erfolgversprechend sein können. Was die magischen Texte anbelangt, so konnten wir vor allem dank der Amduat–Befunde zwei Charakteristika ermitteln: sšmw.w zeichnen sich aus durch "Eigenwirksamkeit", und sie sind in der Regel nur in bestimmten Situationen (phasisch) in Funktion. Bei seiner Untersuchung nicht magischer Texte kommt Ockinga zu vergleichbaren Ergebnissen.[23] Interessant ist hier in erster Linie die Deutung von sšmw als Prozessionsbild.[24] Die diesbezüglich aussagekräftigste Stelle beinhaltet die Lehre des Ani (p. Boulaq 4, VII, 13): "Du darfst nicht fragen nach seinem sšmw, und geh nicht zu dicht heran, wenn es erschienen ist,[25] umschmeichle es auch nicht in dem Wunsch, es zu tragen!" Volten übersetzt hier neutral "Erscheinungsform",[26] Brunner dagegen "Prozessionsbild",[27]

[23] Op.cit., 40–49 (mit zahlreichen Stellen, bes. aus Urk. IV); s. auch E. Schott, 49 (90, 91); sšmw als Götterkultbild: p. Berlin 3049 III, 5; IV, 8; IX, 5 (s. Assmann, ÄHG, Nr. 127A, Z. 49 bzw. 85f.; 127B, Z. 62); vgl. auch CT VII, 475j: "Ich kenne sie in ihren sšmw.w".

[24] Ockinga, 41f.; s. auch Barta, 1968b; Assmann, 1969, 309 (8.).

[25] Vgl. Tb 125, 17 (Nu) — Budge II, 123: "Nicht habe ich abgelenkt den Gott (das Gottesbild) bei seinem Auszug".

[26] Volten, 112.

[27] Brunner, 1988, 207, Z. 229ff.

worauf das Determinativ ("Beinchen") deutlich verweist. Wesentlich ist der Charakter des allgemein Unzugänglichen auch hier.[28]

Die Wortbildung sšmw ist ebenfalls aufschlußreich; es handelt sich um ein Nomen agentis, abgeleitet von sšm (führen, leiten), welches eine Kausativbildung von šm (gehen) ist.[29]

Einen weiteren Aspekt möchte ich anhand einiger Stellen aus der Sonnenlitanei noch anführen. Im 13. Anruf der "Großen" Litanei wird von Re gesagt, daß er an Lebenszeit größer sei als der Westen und dessen sšmw.w;[30] der 52. Anruf preist ihn als den, "dessen Macht (bꜣ.w) des Hauptes wie die seines sšmw ist".[31] Die 5. Litanei enthält die Passage: "Ich kenne die Geheimnisse, die in der Dat sind, die geheimen sšmw.w des Osiris, welche die, die in seinem Gefolge sind, nicht kennen, wegen des Geheimnisses des verborgenen Raumes" (Sol. I, 144). In der 8. Litanei lesen wir: "Ich kenne dich, ich kenne deine sšmw.w, ich kenne die Namen deines Gefolges" (I, 257). Diesen Stellen möchte ich eine Aussage hinzufügen, die sich am Ende der 7. Litanei vorfindet (I, 237): "Hoch ist der Ba des Re im Westen, angesehen ist sein Körper in seinen twt–Bildern." Hier ist natürlich zum einen eine deutliche Dualität formuliert, die den Ba in den Westen — die jenseitige Welt — verweist, wohingegen sich die Bildnisse der kultischen Zuwendung erfreuen;[32] andererseits offenbart sich eine Divergenz zwischen den ständig kommunizierbaren Kultbildern mit Stellvertreterfunktion und solchen, die zeit- und ortsspezifischen Qualitäten unterliegen. — Auf die besondere Beziehung zwischen Ba und Bild werden wir an anderer Stelle noch einzugehen haben.[33] — Daß die phasischen sšmw.w durchaus zum festen Bestand des Westens gehören, beweisen neben den Amduatbefunden (s.v.a. B. 1) Textstellen aus dem Pfortenbuch.[34]

Auch die Mumie kann nach Ausweis der Sargdeckelinschrift des Merenptah als sšmw angesprochen werden: *ᶜq=k-jm=j qnj=j-sšmw=k*

28 Zum geheimen sšmw–Götterbild einige Beispiele aus Assmann, 1983a: Text 54, Z. 6; 83, 5; 113, 56; 156, 46; 181a, 32; 181b, 34f.; 205b, 5; vgl. 17, 7f.

29 Dazu (mit Lit.) Ockinga, 40f.

30 Sol. I, 18.

31 Sol. I, 60; II, 114(142): "sšmw meint speziell das Kultbild, aber auch die gemalten oder gravierten Darstellungen".

32 Vgl. p. Leiden J 350 IV, 16f.

33 S. Kap. XII B.

34 S. Pfb. I, 226 = 38. Szene (II, 163, Z. 6); I, 231 = 39. Sz. (II, 165, 2); I, 321 = 59. Sz. (II, 220, 13); I, 363 = 72. Sz. (II, 253, 6); I, 378 = 82. Sz. (II, 267, 4).

mw.t=k-jm=j ḥ3pt=s-bz=k — "Du trittst in mich ein, ich umfange dein sšmw; dein Sargkasten bin ich, daß er verberge deine Gestalt."[35] Die Funktion, die den sšmw.w der Götter und unterweltlichen Gestalten nach Ausweis der Unterweltsbücher zukommt — nämlich eine phasenweise Aufnahme derselben zum Zwecke ihrer konkreten Verkörperung —, ist ebenso der Mumie des Verstorbenen zuzuschreiben. Sie bietet ihm die Möglichkeit des zeitlich begrenzten Aufenthaltes in seinem Grab — etwa zur Nahrungsaufnahme, die durch den Totenkult gesichert wird.

Die Texte aus den Unterweltsbüchern sind besonders geeignet, unseren Eindruck von den sšmw–Bildern als solchen eines autarken Seinsmodus zu bekräftigen. Schon die Instruktionen CT 472 und Tb 161 haben darauf aufmerksam machen können, daß es sich bei den sšmw.w nicht einfach um ikonische Wiedergaben handelt, sondern um "Bilder", die gegenüber den "dargestellten" Personen bzw. Gegenständen selbst keinen Wesensverlust aufweisen. So sind die vielleicht aufgrund der Furcht vor unheilvollen Auswirkungen des Verstorbenen "nur" aufgemalten Scheinöffnungen in Tb 161 dem Zweck der Luftzufuhr dienende, reale Öffnungen, jedoch — wie die Amduat–"Bilder" — nur für einen begrenzten Zweck und Zeitraum; ohne die Wirkung der Sprache (des Spruchtextes) sind sie wie alle sšmw.w (vgl. etwa auch Tb 125) latent.

[35] Z. 3f. — Assmann, 1972a, 28f.

Kapitel IX.

Ausgewählte Beispiele nichtikonischer Magie

Bevor wir uns im nachfolgenden Kapitel mit den einzelnen Bestandteilen der magischen Aktionen näher befasen werden, soll anhand einiger signifikanter Belege gezeigt werden, daß sich die nichtikonische Magie strukturell und intentionell nicht von der bislang betrachteten ikonischen Magie unterscheidet. Es werden — wie gehabt — magische Instruktionen vorgestellt, die neben Titel (Intention) und Spruchtext auch einen magischen Apparat aufweisen ("a–b–c–Struktur"). Dieser wird nun nicht nach dem Postulat der Visualisierung — "Präsentifikation" — gestaltet, sondern trägt vorwiegend den Prinzipien der Material- und Farbmagie Rechnung.[1] Eine gänzlich überzeugende Klassifizierung der Befunde (nachfolgend A. bis E.) ist nicht zu leisten; so werden etwa pflanzliche Fasern zu Knotenamuletten verarbeitet. In nicht wenigen Fällen kommen mehrere "Zaubermittel" — etwa mineralische und tierische und/oder pflanzliche — gemeinsam zur Anwendung. Im Hinblick auf die in dieser Untersuchung angesprochenen Fragen wird in erster Linie auf die Relationen zwischen Spruchtitel (bzw. -intention), Spruchtext und den jeweiligen "Zaubermitteln" Wert gelegt.

A. Knotenamulette

Knoten werden bereits in den Pyramidentexten erwähnt:

- Pyr. 234b (PT 230): "Die beiden Knoten von Elephantine sind dies, die sich befinden im Munde des Osiris, geknüpft für Horus auf (seinem) Rückenwirbel (bqsw)".[2]

---

[1] S. dazu S. 246ff. insbesondere die Tabellen 249ff.

[2] Hier ist an eine Koinzidenz von ṯzw(.t) - Knoten — und ṯz - Ausspruch — zu denken. Zur Stelle s. Sethe, Kommentar I, 201f.: "eine mythologische Hypostase" für ein zu benutzendes Amulett (ursprünglich ein Knebel, der dem Osiris von seinen Feinden angelegt worden war (?)).

- Pyr. 399c–d (PT 273): "Der König ist ein Herr der Opfergaben (ḥtp.t), der das Tau (ᶜqꜣ) knüpft[3] und seine Speise (ꜣw.t) selbst bereitet". — Pyr. 514a (PT 319): "Der König hat geknüpft die Taue (Fasern) der šmšm.t - Pflanze".[4]

- Pyr. 1376a (PT 555): "Knüpft seine Seile (ᶜḥ.w=f),[5] bringt zusammen (zmꜣjj) seine Fährschiffe"[6] <> CT I, 191a–b, 197d–198a (Sp. 146) = Pyr. 1742b (PT 615).

- Pyr. 1214b–1215b (PT 519): "Isis, die Große, die knüpfte die Binde (mḏḥ) in Chemmis, als sie brachte ihren Leinenstoff (dꜣjw) und mit Wohlgerüchen versah (jdj) ihren Sohn Horus, das junge Kind".

Der letztgenannte Text weist auf eine Art Mannbarkeitsritual hin. Binden und mehr oder weniger kunstvoll ausgeführte Knoten an Kleidung und Ornat haben dekorative und auszeichnende — insofern auch sozial differenzierende und definierende — Funktion.[7] Nicht zuletzt daher dürfte ihre Verwendung in der magischen Medizin und im apotropäischen Zauber rühren; sie zeigen eine besondere Macht an. Außerdem ist selbstredend die praktische Aufgabe des Knotens zu berücksichtigen: Er fixiert (in der Magie dämonische Einflüsse, in der Medizin Gift) und schließt ab (in der Medizin Wunden über einem Verband).[8]

1. magisch–medizinische Instruktionen

p. Leiden I 343 + 345 XXVII, 6 - XXVIII, 5

In diesem Papyrus, der in die Ramessidenzeit datiert,[9] wird die Herstellung diverser Tinkturen angezeigt, welche dem Kranken appliziert werden sollen; über dieselben sind die betreffenden Sprüche zu rezitieren. Es handelt sich meist um rezeptartige Vorschriften, die sich auf Pflanzen, tieri-

[3] ṯz-ᶜqꜣ s. auch in Tb 99 B, 2, 5–6 (Juja); ein Hinweis auf die Fähigkeit des Königs, sich selbst eine Fähre zu verschaffen und dem "dreifachen Elend" — hungern, dürsten, schifflos sein — zu entgehen (vgl. Pyr. 1376a–b, 1742b–d).

[4] Eine in der Medizin gegen Entzündungen verwendete Pflanze nicht sicherer Bestimmung; Germer, 197ff. spricht sich gegen Hanf aus.

[5] S. auch CT Sp. 474 (VI, 22m) <> Tb 153A, 22 (Nu): Stricke (jḥ.w) am Fangnetz; s. auch CT Sp. 479 (VI, 38r (ᶜḥ.w)); Tb 99A, 17–18 (Pb): jḥ.w.

[6] Zur Stelle s. J. P. Allen, 1984, §53 und 578.

[7] Beispiele und Lit. bei Staehelin in LÄ III, 459f.

[8] Zu ᶜnḫ–Zeichen und "Isis–Blut" als Knoten s. Staehelin, ebd.

[9] Massart, 1954, 1; Gardiner, 1906, 97.

sche Produkte (Honig,Kot,Urin) und pflanzliche Produkte (Samen,Wein) beziehen. Die zu behandelnden Krankheiten werden mit smn bzw. ᶜḫw bezeichnet.[10] Da medizinische Heilmittel und Prozeduren hier ja nicht behandelt werden, wollen wir uns auf die Angaben zur Verwendung von Knotenamuletten beschränken.[11]

Ein solches wird in dem Spruch XXVII, 6 – XXIII, 5 gefordert: "Es wird gesprochen dieser Spruch sieben Mal über (einen) Knoten [gemacht in] **jnsj**–Leinen; es wird gelegt einem Manne an sein Bein." Der zugehörige Spruchtext dient der Bezugsetzung dieses Knotens zu demjenigen, den Apis dereinst für seinen Bruder Rnwjj aus Punt (?) geknüpft haben soll; außerdem wird von neun Göttern behauptet, daß sie diesen Spruch in eigener Sache verwendet hätten.

p. Leiden I 348 3, 8 – 4, 3 (=Spr. 8)

Weitere Aufschlüsse über Knotenamulette gewährt uns dieser Text. "Es wird gesprochen dieser Spruch über **ᶜ3.wt**–Leinenfäden vom Rande eines **nḏ**–Gewebes, wobei sie versehen sind mit sieben Knoten und gegeben an den linken Fuss eines Mannes." Bemerkenswerterweise geht es hier um die Beseitigung von Kopfschmerzen. Die in die Knoten eingeschlossene "magische Potenz" des Spruches soll offenbar in den Kopf des Erkrankten aufsteigen, um dort ihre heilsame Wirkung zu entfalten. Eine Aussage des Spruchtextes (4, 2) bekräftigt diese Interpretation: "Es wird gegeben nach unten, um zu heilen das oben Befindliche." Borghouts hat weitere Textstellen gesammelt, die eine Diffusion magischer Potenzen erkennen lassen.[12] Diesen sei folgende Passage des p. Ebers hinzugefügt: "Ein Ibis aus Wachs werde auf Holzkohle gegeben! Es werde veranlaßt, daß der Rauch davon in ihr Genital eintrete" (94, 8). Im allgemeinen dienen Knoten aber eher der Fixierung: "Ich habe es (das Gift) eingeschlossen (*ᶜnb.n=j*) in 7 Knoten" (p. Chester Beatty VII 3, 8). Sie sollen das Gift davon abhalten, weiter in den Körper

---

[10] Dazu Grundriß VII–1, 152 bzw. VII–2, 753; Massart, 1954, 50ff.: smn könnte ein Lehnwort aus dem Akkadischen sein und die gleiche Krankheit bezeichnen wie ᶜḫw (s. auch Jonckheere, 1947, 26).

[11] S. dazu allgemein Staehelin in LÄ III, 459f. (mit Lit.); zu Knotenam. in medizin. Texten s. Grundriß VII–2, 968 (B. I. b)): Ebers Nr. 811 (7 Knoten); s. auch p. BM 10059 Nr. 40 (4 Knoten).

[12] Op.cit., 71(107); s. auch ebd., 18 (zu Spr. 8); Massart, 1954, 100(13); s. außerdem: p. BM 10059 12, 3–14 (s. unten).

einzudringen (vgl. ebd. 6, 4–7).

p. BM 10059 Nr. 9 (=3, 8 – 4, 1)
Der schwer beschädigte Text[13] gibt zu erkennen, daß die tmjj.t–Krankheit der Augen mit einem sehr feinen Faden samt Knoten behandelt werden soll; auch šbb.tj–Maische (3, 12) findet Erwähnung.[14] Bei tmjj.t handelt es sich um eine von Dämonen bewirkte und durch die Augen eintretende epilepsieartige Erkrankung.[15]

p. BM 10059 Nr. 36 (=12, 3–14)
Die Augenleiden š3rw [16] und ḫpw sollen vermittels dieser Instruktion beseitigt werden. Nachdem der Spruchtext ausgeführt hat, daß Isis und Atum dem entsprechend erkrankten Osiris sowie Isis zudem ihrem Sohn Horus behilflich ist — im letzteren Falle unter Anwendung einer Haarflechte (nbd)[17] — , wird eine interessante Prozedur beschrieben. Ein Riemen (spw)[18] wird mit sieben Knoten versehen, die dann nacheinander ins Feuer zu halten sind, um Feuchtigkeit für die Augen zu gewinnen. Der Erhaltungszustand der betreffenden Passage (12, 12 Anfang) erlaubt es leider nicht, auszumachen, was in diese Knoten eingeschlossen werden mußte. Eine zweite Maßnahme ist ebenfalls durchzuführen: sṯr.(w)t–Wimpern[19] sind sowohl auf die rechte als auch auf die linke Fußsohle des Kranken zu legen, was wiederum auf die Vorstellung von der Diffusionsfähigkeit magischer Potenz verweist.

2. apotropäische Instruktionen

p. Berlin 3027 9, 3–7 (=N)
Ein Amulett aus einer Haarflechte (dbn.t nt-šnj[20]), in die vier Knoten zu machen sind, nimmt sicherlich Bezug auf die im Spruch erwähnte Göttin Hathor (9, 5), "deren Gesicht ja von zwei schweren Flechten umrahmt

---

13 Wreszinski, 1912, 178.
14 Wreszinski, ebd., empfiehlt den Vergleich mit p. Berlin 3027 1, 4; zu šbb.t s. auch B. v. Himmelskuh, 72.
15 Grundriß VII–2, 952f.; (eine ähnliche Krankheit ist nsjj.t).
16 Ebbell, 1924, 57f.: Nachtblindheit; Grundriß VII–2, 835.
17 S. auch Tb 172, 11 (Aa).
18 Vgl. Urk. I, 286–12, 289–10; Goedicke, 1967, 123 (19).
19 S. Grundriß IV–2, 57; vgl. Naville, 1873, 82.
20 Abfall von Haaren (jsw.t nt-šnj): p. Hearst Nr. 257 = 17, 11.

wird"[21]. Nach Diodor (I. 83) war es in Ägypten üblich, zur Erfüllung eines Gelübdes nach der Genesung von einer schweren Krankheit ein Haaropfer darzubringen. Herodot berichtet von einer anderen Gepflogenheit:

"Jeder Bewohner einer Stadt bezeugt ihnen (den heiligen Tieren) seine Ehrfurcht, und zwar auf folgende Weise. Nach einem Gebet zu dem Gott, dem das Tier heilig ist, scheren sie ihren Kindern die Haare, entweder den ganzen Kopf oder den halben oder ein Drittel und wägen die Haare mit Silber auf. Dies Silber bekommt die Wärterin des Tieres, die dafür Fische kauft und sie ihm zerschnitten zum Fraß gibt. Dies ist die Ernährungsweise der Tiere" (II, 65).[22]

Vereinzelt gefundene Lehmkugeln mit Haarsträhnen belegen deren Verwendung in magischem Kontext.[23]

p. Berlin 3027 vso. 6, 1–6 (=V)
In ganz ähnlicher Weise korrespondieren der Text dieses Spruches — Knoten, die Isis und Nephthys aus Gottesfaden (nṯrj) angefertigt haben — und die Anweisung, aus jbhtj-Stein, Gold und sieben Leinenfäden (mḥw.w) ein Schutzmittel mit sieben Knoten herzustellen, das an den Hals des Kindes zu plazieren ist, um seinen Leib zu schützen.

p. BM 10059 Nr. 42 (=14, 1–2)
"DIE EINWIRKUNGEN (**tꜣr**) EINES TOTEN ODER EINES GOTTES DURCH DIE ZAUBER (**ḥkꜣ.w**) des Anubis abzuwehren", sind zwei Knoten aus ꜥꜣ.t–Leinen von rꜣ-jꜣꜣ.t–Gewebe an die Öffnung des Genitals zu halten.[24]

p. Ramesseum X
Um den "Schutz der Glieder vor allen männlichen und allen weiblichen Schlangen" zu erwirken, sind "Worte zu sprechen über ein rꜣjꜣ–Gewebe, versehen mit zwei Knoten; zu geben einem Mann an seine rechte Hand. Ein mk.t–Schutz der Glieder ist das gegen alle männlichen und weiblichen Schlangen." Hier sollen die Knoten vermutlich das Gift der Tiere aufhalten, wie auch aus p. Turin 135, 8f. hervorgeht: "Wenn das Gift (doch) die sieben Knoten passiert, die Horus gemacht hat...". Der Spruchtext

[21] Erman, 1901, 34.
[22] Übersetzung: Horneffer.
[23] S. Bonnet, 1953, 267f.
[24] Vgl. p. BM 10059 Nr. 41.

verbindet das Schicksal des NN mit dem des Kosmos ("mein Schutz ist der des Himmels" etc.) und identifiziert ihn mit verschiedenen Göttern (Seth, Horus).[25]

3. funeräre Instruktionen

CT Spells 406 - 408 [26]

Hier handelt es sich um Sprüche, die im Zusammenhang mit Knoten stehen. Die sieben Knoten der Mḥ.t-wr.t[27] sind es, die es zu kennen gilt (CT V, 211a, 212a, 222a, 224c, 225a).[28] Diese ṯz.w wurden in späterer Zeit als Schöpferworte interpretiert und als eigene Wesenheiten aufgefaßt.[29] In CT Spell 407 richtet der Aktant seine Rede an diese Knoten. Er versichert ihnen, sie und ihre Namen zu kennen. Dann ersucht er sie um Schutz und Heil für seinen Körper; zuvor jedoch spricht er sieben göttliche Wesen an, die der Mḥ.t-wr.t Beistand geleistet haben und also auch für ihn bzw. seinen Klienten handeln sollen. Vielleicht dienen die sieben Knoten im Rahmen einer magischen Handlung als manipulierbare Substitute für diese angesprochenen Nothelfer. Einen vergleichbaren Befund bietet CT Spell 691 <> Tb Spruch 71.

Folgende Übersicht soll diese Behauptung verdeutlichen:

	CT 406–408	— CT 691 - Tb 71
Anrufungen an:	Tauknüpfer, Fährmann, Seth, Lautstimmiger, Erdgott, Neith, Herr des Samens der 5 Bullen (=7)	Falke, Horus, Thot, Osiris, Schreckfuß,[30] Wandelnder,[31] 7 ṯz.w (=7)
Intentionen:	Heil, Schutz vor Schlachtstätte,[32] nicht kopfüber gehen zu müssen	Hervorgehen am Tage, Verlängerung des Lebens,[33] Jenseitsversorgung

[25] Eine Parallele zu diesem Text bietet p. Ramesseum XVI, 8.

[26] S. dazu El Sayed, 1974b.

[27] S. diese auch in CT IV, 244–245a, 246–247b (Sp. 335) <> Tb 17 §18 (17, 35f. (Aa)); CT VI, 322b (Sp. 691) <> Tb 71, 1 (Aa); Tb 186, 2 (Lb).

[28] Zur Schreibung: in CT V, 212a mit Det. Buchrolle (B2L), übrige Stellen ohne Det. Vgl. CT Spell 691 <> Tb 71: CT VI, 323q — ohne Det.—, Tb 71, 16 (Aa) — Det. sitz. Mann mit Hand an Mund; zu letzterer Schreibung: Fecht, 1972, 233ff. "Aussprüche". Die Tb-Stelle wird von Allen mit "counselors" übersetzt (1974, 64; entspr. Hornung, 1979, 150).

[29] Dazu Kakosy in LÄ IV, 4 (mit weiterer Lit.).

Insbesondere der siebenmalige Refrain *wḥ*ᶜ*-sw sfḫ-sw* ("Befreie ihn, löse ihn !") in CT 691 und Tb 71 gemahnt an die Deutung der 7 ṯz.w als Knoten. Auch die Aussage des Aktanten "ich kenne euch, ich kenne eure Namen"[34] begegnet im Zusammenhang mit den Knoten der Mḥ.t-wr.t.[35] Knoten sind in den Sargtexten noch anderweitig zu finden: "Gesprochen ist das Wort, und es ist geknüpft der Knoten hinter mir im Himmel, bewacht wird die Erde von Re tagtäglich" (CT VI, 261c–d = Spell 640). In Tb 50 lautet diese Passage: "Geknüpft wurden vier Knoten um mich vom Wächter des Himmels" (50, 2–3 Aa), bzw. "...ein Knoten um mich im Himmel, zugehörig zur Erde, von Re..." (50, 1–2 Nu). "Er hat befestigt die Knoten gegen die Müden zu seinen Füßen..." (VI, 261e). "Es ist geknüpft der Knoten um mich durch Seth" (VI, 261f), desgl. "...durch Nun" (VI, 261k), "...durch Nut" (Tb 50, 4 bzw. 5). In CT Spell 670 werden ebenfalls Knoten durch Götter verliehen: Re (VI, 298j), Thot (298k), Neith (298l), Atum (298m). Der Titel zu Spell 995 lautet: "DIE BEIDEN KNOTEN DES IBIS". Der Rezitator versichert Re–Atum, diese Knoten zu kennen (CT VII, 211j), wodurch er sich als ȝḫ-ᶜpr (wohlausgestatteter Verklärter) erweist.

So konnten auch Knoten gemäß ihrer Anzahl (zumeist 4 oder 7) und ihrer Zuordnung zu bestimmten Göttern zu Gegenständen besonderen Wissens werden und den Aktanten als zauberkundig ausweisen; daß man ihnen die Fähigkeit zuschrieb, magische Kräfte zu fixieren, haben wir bereits anläßlich der Betrachtung ihrer Verwendung nach magisch–medizinischen Instruktionen gesehen.

---

30 Bzw. "Der an seinen Füßen Gefesselte" (71, 10 nach Aa).

31 Bzw. "Der von Nechen" (71, 13 Aa).

32 Vgl. dazu den Titel von CT Sp. 640 bzw. Tb 50 !

33 Zur Phrase *wbn=j r-znn=j* — "(bis ich fortgehen und) mich zu meinem Abbild erheben werde" (CT VI, 324e; Tb 71, 21 Aa) vgl. die Bemerkungen von Reitzenstein, 178f.

34 CT VI, 323w–x; Tb 71, 18 Aa.

35 CT V, 222b–c, 226j.

B. Organische Substanzen

1. magisch–medizinische Instruktionen

p. Hearst Nr. 85 = 7, 4–6

Gegen Giftstoffe der ꜥꜣꜥ–Krankheit[36] wird ein Bannspruch an Tote und andere Verursacher der Beschwerden gerichtet, der mit der Phrase ***d̲d.wt-r=f m-ḥkꜣ.w*** ("WAS MAN DARÜBER SPRICHT ALS ZAUBER") eingeleitet wird. Darin heißt es unter anderem: "Ich habe gebracht Kot (ḥs) zum Essen gegen dich!" Dann wird der Benutzer angewiesen, einen gekochten ꜣbd̲w–Fisch, dessen Maul mit snt̲r–Harz gefüllt ist, vor dem Schlafengehen zu essen.

Der ꜣbd̲w–Fisch, dessen zoologische Bestimmung nicht gesichert ist,[37] ist uns in zwei Instruktionen aus dem Papyrus Leiden I 348 bereits begegnet.[38] Diese und andere Texte, die Borghouts zusammengetragen hat,[39] belegen seine mythische Rolle als Helfer des Sonnengottes, dessen Aufgabe darin besteht, das Nahen der Apophisschlange rechtzeitig anzukündigen.[40] Hinsichtlich der dämonischen Verursacher der Krankheit wird einem solchen Indikator des Bösen eine entsprechend abstoßende, für den Patienten heilsame Wirkung zugeschrieben worden sein.[41]

Exkremente (ḥs) finden in der ägyptischen Medizin nicht selten Anwendung; neben dem Kot von Menschen wird der von nicht weniger als 19 Tieren in Rezepten genannt.[42] Zumeist sollen Verbände oder Räuchermittel mit Kotklumpen (*d̲rw.t nt-ḥs*) versetzt werden. In drei Fällen jedoch wird die Einnahme desselben gefordert:

- gegen innere Krankheiten muß Eselskot in Wein verabreicht werden (p. Hearst 13, 14–15 = Nr. 208);[43]

- Kot vom jdw–Vogel in Öl und Bier wird zur Bekämpfung von

36 Vgl. p. BM 10059 Nr. 38 (=13, 3–7); s. Jonckheere, 1944, 31; Grundr. VII–1, 129ff.: "Hämaturie".

37 Gamer–Wallert, 27ff.

38 P. Leiden I 348 8, 5 (=Spr. 13) und 12, 11 (=Spr. 23).

39 Borghouts, 1971, 210ff.

40 Dazu Borghouts, ebd., 130 (300); Gamer–Wallert, 113ff.

41 Vgl. Ebbell, 1927, 16.; s. auch Preuß, 1904.

42 S. die Auflistung in Grundriß VI, 358–363. Neben ḥs ist wohl auch das Wort šꜣw mit Kot (in der Regel von Menschen) zu übersetzen — s. dazu Grundriß VI, 472f.; šꜣw begegnet jedoch nicht in Einnahmemitteln.

43 Vgl. Eselshoden (smꜣ.tj) in Wein — p. Ebers 90, 4–5 = Nr. 756.

Asthma (gḥw)[44] eingesetzt (p. Ebers 55, 2–4 = Nr. 326);

- Fliegenkot, der sich an der Mauer befindet, mit Mohnkörnern (špnn) ist ein "Heilmittel für das Beseitigen von übermäßigem Geschrei (ᶜš3w.t)" (wohl von Kleinkindern) (p. Ebers 93, 3–5 = Nr. 782).

Kot spielt in der Heilkunst der Antike[45] und selbst noch in der der frühen Neuzeit[46] eine nicht zu unterschätzende Rolle.

p. Leiden I 348 3, 5–8 (=Spruch 7)
Die Nachschrift zu diesem Spruch lautet:
ḏd.tw-r3-pn ḥr-t3-m3m.t nt-ḥf3w-r.djw(.t) m-ḏr.t zjnw-tp-jm=f (3, 8) — "ES WIRD GESPROCHEN DIESER SPRUCH ÜBER DIE ABGESTREIFTE HAUT (?) EINER SCHLANGE,[47] DIE GEGEBEN WURDE IN DIE HAND. ES SOLL ABGEWASCHEN WERDEN DER KOPF DAMIT." Selbstredend handelt es sich um eine Aktion zur Bekämpfung von Kopfschmerzen. Im Spruchtext (3, 7) wird u.a. der den Krankheitsdämonen feindliche Jnj-dj-f genannt, dessen Name in einigen Texten mit einem Schlangendeterminativ versehen ist.[48] In der antiken Magie war die Schlange als angeblich besonders scharfsichtiges Tier bei Blindenheilungen beliebt;[49] auch das Abwaschen der Krankheit wurde dort praktiziert.[50] In der mittelalterlichen "Wolfsthurner Handschrift" findet sich ein Mittel gegen Epilepsie: Ein Riemen aus Hirschleder ist dem Patienten um den Hals zu legen. An diesen wird "im Namen des Vaters und des Sohnes und des Heiligen Geistes" die Krankheit gebunden. Man beseitigt sie, indem man den Riemen einem Verstorbenen ins Grab gibt und sie damit im wahrsten Sinne aus der Welt (der Lebendigen) schafft.[51]

---

44 Grundriß IV–2, 138 (1); Ebbell, 1924, 147.

45 S. Muth, 70ff., 129ff. — v.a. mit PGM–Stellen.

46 Ebd., 131ff. (2) mit Hinweis auf die "Heilsame Dreck–Apotheke" des Kristian Frantz Paullini, Frankfurt a.M. ³1699.

47 Das ansonsten nicht bekannte m3m.t könnte mit m3wj "sich erneuern" zusammenhängen und würde sich dann auf die Regenerationstopik der Schlangen beziehen.

48 S. Borghouts, 1971, 68f. (99); B. Altenmüller, 302.

49 Weinreich, 107f.

50 Ebd., 31(3); s. dazu auch S. 263ff.

51 Kieckhefer, 12f.

p. Leiden I 348 4, 5–9 (=Spr. 10)
Für den Zusammenhang von "Legomenon" und "Dromenon" ist dieser Text bezeichnend. Eine Auseinandersetzung zwischen Horus und Seth wird angesprochen, die um einen b3.t–Busch entbrannt ist und in deren Folge Horus nun unter Kopfschmerzen zu leiden hat, laut Borghouts "an unknown and very interesting episode from the conflict between Horus and Seth...".[52] Im Anschluß an die Forderung an Isis, die Krankheit des Horus zu vertreiben, wird der Aktant dazu angehalten, den Spruchtext "ZU SPRECHEN ÜBER KNOSPEN (**nḫm.w**) EINES EINZELNEN **b3.t**–BUSCHES; ZU DREHEN LINKS HERUM[53] UND ZU BEFEUCHTEN MIT SCHLEIM (**ḥs3w**)"[54]. Unter Zuhilfenahme der snb–Pflanze soll schließlich ein Knoten–Amulett aus diesen Substanzen hergestellt werden.[55]

Von besonderer Bedeutung ist in dieser Textpassage die unterschiedliche Schreibung des Begriffes b3.t-wᶜ.t. In Zeile 6 wird er mit einem Gottesdeterminativ versehen, in Zeile 8 (Nachschrift) fehlt dieses. Es wird also Wert gelegt auf eine Differenzierung zwischen dem mythisch-sakralen Busch und dem zu verwendenden Äquivalent.[56] Daß der b3.t–Strauch eine nicht unerhebliche Rolle in der ägyptischen Magie und Medizin spielt, zeigen zahlreiche Belege.[57] Der ansonsten unbekannte "Mythos" des vorliegenden Spruchtextes erscheint als ein zum Zwecke der Legitimation und Potenzierung der magisch medizinischen Hilfeleistung konstruiertes Legomenon.[58]

p. Budapest 51.1961
Einmal mehr haben wir es hier mit Zaubersprüchen gegen Kopfschmerzen und andere Krankheiten zu tun. Ein charakteristisches Motiv zahlreicher magischer Texte bestimmt den Anfang; das Ausbleiben der Nilüberschwemmung wird angedroht. Die Ankündigung diverser kataklysmischer Zustände für den Fall, daß dem Adressaten einer magischen Handlung keine Hilfe von Seiten der angerufenen Götter zuteil werde, gehört zum

52 Op. cit., 19; b3.t auch in Tb 101, 10 (Nu).
53 S. Blackman, 1936, 104; vgl. z.B. I 348 11, 9; p. Ramesseum III B, 12–14.
54 Vgl. I 348 11, 1–2, 9; p. Ch. Beatty VII 6, 1; p. Budapest 51.1961 III, 1ff.
55 Zur Verwendung der snb–Pflanze in Amuletten: Derchain, 1965, 168ff. (88).
56 S. auch Borghouts, op.cit., 81 (125).
57 Klasens, 72f., 88; b3.t–Büsche, die Horus in Buto schützen: Edfu VI, 16, 14 — dazu s. Blackman/Fairman, 67(19.); vgl. auch p. Berlin 3027 vso. 2, 3: Horuskind im b3.t–Gebüsch versteckt.
58 Dazu S. 241f.

Phänomen der "Drohungen gegen Götter",[59] welches zu erklären und gar zu rechtfertigen auch Jamblichos sich genötigt sah. Er verweist darauf, daß sich diese Formeln "gegen eine bestimmte urteilslose und unvernünftige Klasse" von Stoffdämonen richten.[60] Eher ist davon auszugehen, daß der jeweilige Aktant irgendeinen unvorstellbaren Sachverhalt (oder auch deren mehrere ("Der Süden wird zum Norden werden" o.ä.)) etwa im Sinne von "So wahr wie dies und das nicht geschehen wird!" heraufbeschwört, um sich selbst und gegebenenfalls auch seine(n) Klienten zu ermutigen. Die als *magia daemoniaca* bekannte aggressive Variante der abendländischen Magie (im Unterschied zur *magia naturalis*), die stets offiziell verboten war und deren Anhänger kriminalisiert wurden, ist für das alte Ägypten nicht nachweisbar.

In I, 5 – II, 4 wird sodann die unheilvolle Einwirkung von Verstorbenen thematisiert, die mit dem Ausruf *šp=ṯn ḥm n-mꜣt.wt nt-sw.t* — "Weichet zurück vor den Stengeln der sw.t–Pflanze" — konfrontiert werden. Die zugehörige Nachschrift lautet (II, 4–6): "WORTE ZU SPRECHEN VIERMAL ÜBER **mꜣt.wt nt-sw.t.** EIN FEINER FADEN SOLL IN VIER KNOTEN GEBUNDEN WERDEN; DIESER SPRUCH SOLL ÜBER JEDEN KNOTEN GESPROCHEN WERDEN. ER SOLL AUF DEN KOPF DES MANNES GELEGT WERDEN." Es folgt die Versicherung der Wirkung des Spruches (*mꜣᶜ ḥḥ-n-zp*).

Die sw.t–Pflanze ist nicht sicher zu bestimmen. Laut Germer "muß man auch immer die Möglichkeit berücksichtigen, daß diese Pflanze im heutigen Ägypten eventuell gar nicht mehr vorkommt".[61] Mꜣt.wt nt-swt begegnen noch mehrfach in diesem Papyrus: II, 9–10 wird von ihnen gesagt, daß sie die Fackeln des Re anzünden;[62] zur Präparation eines Knotenamulettes dienen sie im Verein mit Pflanzenschleim (III, 1; ähnlich III, 4–5; 7–8).[63]

Mythische Motive werden in den Spruchtexten genannt; vor allem erfolgt der Verweis auf eine Kopfkrankheit oder –verletzung des Horus (III, 5ff.). Kopfbeschwerden bedeutender Gottheiten sind zwar auch aus

---

59 H. Altenmüller in LÄ II, 664ff. (mit zahlreicher Literatur); ferner: Grapow, 1911; Sauneron, 1951; ders., 1966, 40ff.; Schott, 1959; Borghouts, 1971, 30; Assmann, 1984, 85ff.; Gutekunst in LÄ VI, 1353f. (194) mit weiterer Lit.

60 De mysteriis VI, 5–7.

61 Germer, 197.

62 Kakosy, op.cit., 245 (ff) spricht sich für ein Wortspiel stꜣ <> sw.t aus.

63 S. ob. Anm. 54.

anderen Texten zu belegen,[64] trotzdem spricht sich Kakosy für einen ad-hoc–Mythos aus.

p. Chester Beatty VII 5, 5 – 6, 2

Der Spruchtext bietet zunächst ein Wortspiel: *nrj-Rᶜw m-ẖnw-k3r ḥr-ḫnms=f s3w-nrw* — "Es erschrickt Re inmitten des Schreines[65] wegen seines Freundes, des Rinderhirten"[66]. Etwas weiter unten heißt es dann: "Bringe zu mir das bk3.t nt-sw.t,[67] daß ich abwende (šnᶜ=j) das Gift, das in deinem Körper ist, daß es entferne (sw3=s ?) das, was in deinem Körper ist." Mit dem "es" kann durchaus das Kraut gemeint sein, dessen Anwendung die Nachschrift fordert: ***ḏd.tw-r3-pn ḥr-bk3.t nt-sw.t jwḥw m-ḥs3w n-ᶜw3jj.t sšn.tw***[68] ***ḥr-j3bj jrw m-ṯz.wt-7 dj.tw r-r3 n-dmw ḏd.tw-r3-pn ṯnw [...]*** — "Es wird gesprochen dieser Spruch über das **bk3.t nt-sw.t**–Kraut, das befeuchtet ist mit fermentiertem Schleim. Es wird linksherum gedreht, gemacht mit (zu) 7 Knoten. Es wird gegeben an die Öffnung der Wunde (des Einstichs). Man spricht diesen Spruch jedesmal wenn...[]." Vielleicht darf man die Bezugnahme auf den Rinderhirten als Hinweis auf eine magisch–medizinische Handlung deuten, die für einen etwa von einem Skorpion gestochenen Hirten oder Landarbeiter ausgeführt werden konnte. Die relative Einfachheit des Rezeptes mag als weiteres Indiz gelten.

p. Chester Beatty VII 6, 4–7

Horus führt bei seiner Mutter Isis und seiner (!) Schwester Nephthys[69]

---

[64] CT III, 3f–4b (es wird an des Großen Gottes Schulter gespuckt, und seine Schläfe wird gekühlt); Eb. 46, 22; auch an die "Geschichte" von der Rudermannschaft des Re, die ihrer Köpfe verlustig ging, sei gedacht (p. Eb. 58, 6–15).

[65] Weitere Belege für *Rᶜw m-ẖnw-k3r=f* s. Borghouts, 1971, 35f. (3) — vgl. p. Leiden I 348 1, 3.

[66] Zu nrw vgl. Pyr. 244b; ein weiteres Wortspiel mit nrw Pyr. 280: *j-nrw-sḥ.wt=k ...j3ḫ-nrw tp-mjz=f* — "Ach, es sind in Schrecken deine Gefilde...überschwemmt ist die Rinderherde vor ihm" — in CT VI, 236p–u erscheint diese Stelle stark korrumpiert: *j-rwj-sḥ.wt=k...j3ḫw nrw tp-š=f* — "Ach, es fliehen deine Gefilde ... der Glänzende, die Rinderherde vor seinem See".

[67] Gardiner, 1935 I, 59: "shoot of a rush"; Borghouts, 1978,56: "node (?) of a reed".

[68] S. Borghouts, 1971, 120 (255).

[69] Zu Nephthys als sn.t, nicht sn.t nt-mw.t (Tante) des Horus s. Borghouts, 1971, 125f. (284) — mit weiteren Stellen. In Anlehnung an den Sprachgebrauch des Alltags

Klage darüber, daß er von einem verwaisten Mädchen (nmḥ.t) gebissen worden sei. Gardiner möchte in diesem eine Skorpionengöttin sehen.[70] Die zugehörige Anweisung lautet:
šp-wḥꜥ.t ḏd-mdw.w [ḥr]-jwb.t nt-tꜣ.w n-jt ḥḏw.w mnš.t sšmmw djw r-s.t-psḥ n-ḫntj.n=f — "Fließe aus, Skorpion! WORTE ZU SPRECHEN [über] KRUME VON GERSTENBROTEN,ZWIEBELN, ROTEN OCKER, ERHITZT UND GEGEBEN AN DEN ORT DES BISSES. Es (das Gift) KANN NICHT AUFWÄRTSFLIESSEN (auf das Herz zu)."

Eine weitere interessante magische Anwendung der Zwiebel enthält der Papyrus Ebers (Nr. 844 = 97, 20): "Knolle (ṯꜣ) der Zwiebel; werde gegeben an die Öffnung des Loches (einer Schlange)." So soll das Reptil daran gehindert werden, sein Schlupfloch zu verlassen.

p. BM 10059 Nr. 3 (=1, 11 – 2, 2)
Dem stark beschädigten Spruch ist zu entnehmen, daß ein ḫzd-bnr–Geschwür[71] mit snṯr–Weihrauch und Harn behandelt werden soll; der Spruchtext ist leider nicht zu restituieren.

p. BM 10059 Nr. 24 (=8, 1–7)
Gegen die ꜥḫw–Krankheit[72] werden hier verschiedene Götter bemüht; zum Legomenon gehört u.a. folgende Phrase: *tmm-ḏw.t jr.t=ṯn nn-n-nṯr.w tm-ḏw.t-nb.t jr.t=j* (8, 6-7) — "Wenn das Böse nicht das zu euch Gehörige ist, ihr Götter, ist nicht irgendein Böses zu mir gehörig."[73] Außerdem versichert der Aktant: "Ich habe gebracht ein Kraut (smw), das von selbst entstanden ist" (8, 6). Der erste Teil der Nachschrift korrespondiert damit: "Worte zu sprechen über das Ende einer Tamariskenpflanze (rꜣ-ꜥ-jsr)".

p. BM 10059 Nr. 41 (=13, 14 – 14, 1)
Blut — insbesondere im Verlaufe der Menstruation — einzudämmen, ist der Anwendungsbereich dieser Instruktion. Im Spruchtext heißt es u.a.:

---

hat die korrekte Verwandtschaftsbezeichnung sich gegen den mythischen Topos der "Schwester Nephthys" nicht durchsetzen können.

70 Gardiner, 1935 I, 59.

71 Ebbell, 1927, 20: "Dattelbeule".

72 Eine fiebrige Erkrankung; s. Grundriß VII–1, 152; Massart, 1954, 50–52.

73 Zur Konstruktion vgl. Edel, AÄG, §§ 1033 und 1118.

"Es komme heraus Anubis, abzuhalten den Nil vom Betreten der Stätte (w^{c}b.t) der Tait" (13, 14f.).[74] Die "Stätte" der Stoff- und Webegöttin ist nichts anderes als ein Tampon, der laut Rubrum aus nḏ-Fäden von rȝjȝȝ.t-Gewebe hergestellt werden soll.

p. BM 10059 Nr. 48 (=15, 2-4)
Das probate Motiv des hilfebedürftigen Horusknaben, dem seine Mutter Isis beisteht, wird in diesem Spruch zitiert. Es geht um ein Mittel gegen Verbrennungen. Außer dem Wasser, das sie ihm aus Mund und Lippen spenden will, versichert die Göttin, jnbw-Pflanzen [75] mitgebracht zu haben. Viermal ist dieser Spruchtext zu rezitieren; daß die erwähnten Pflanzen ebenfalls eine Rolle spielen, ist anzunehmen.

p. Ramesseum III B. 23-34
Der b^{cc}-Kinderkrankheit[76] sucht diese Instruktion dadurch zu wehren, daß sie die Anwendung eines Mittels vorschreibt, das wiederum der kranke Horus und Isis dem Rat der Ammen und Kinderfrauen der Nut (27) verdanken: "Man sagt diesen Spruch über sieben Flachs(fäden), gedreht (und) gesponnen mit Spinnen (ḫ̆sf) durch die soeben Niedergekommene; es werden sieben Knoten daraus gemacht, es werde gegeben dem Kind an seine Kehle. Dann soll man holen eine Schwalbe [...] in ihrem Schnabel."[77] — Der Übertragung von Krankheiten etc. auf Tiere, Bilder und Gegenstände werden wir uns an geeignetem Ort im Zusammenhang noch zu widmen haben.[78]

2. apotropäische Instruktionen

p. Berlin 3027 7, 6 - 8, 3 (=L)
Spruch L dient der Vertreibung der ssmj-Kinderkrankheit (**dr**-ssmj). Hochinteressant ist die Handlungsanweisung:
ḏd-mdw.w [...] jw=tw ḥr-rdj.t-wnm-ḫrdw pnw-pfsw rȝ-pw mw.t=k rdjw-qs.w=f r-ḫ̆ḫ̆=f m-stp n-ḥȝtjw jrj.tw-ṯz.wt-7 — "WORTE ZU SPRECHEN [ÜBER...], während man veranlaßt, daß das Kind ißt eine gekochte Maus

[74] Vgl. 10059 13, 7f.; 14, 1 (=Nr. 39 bzw. 42).
[75] Unbestimmte Pflanzenart — s. Germer, 237f.
[76] Dazu Grundriß VII-1, 244f.
[77] Grundriß IV-1, 293f.
[78] S. S. 263ff.

— oder auch seine Mutter; es werden gelegt ihre Knochen an seinen (des Kindes) Hals in einer Binde aus feinem Leinen. Man macht 7 Knoten" (in die Binde). Das Essen einer Maus[79] begegnet auch in CT V, 31b–d (Tb 33, 2–3 (Nu)): "O Rerek, bewege dich nicht! Siehe, Geb und Schu sind aufgestanden gegen dich, weil du eine Maus gegessen hast, den Abscheu des Re." Es handelt sich um einen Spruch zur Vertreibung von Schlangen. Der schwer verständliche Text L läßt leider nicht erkennen, ob hier eine ähnliche Absicht vorliegt.

p. Berlin 3027 8, 3 – 9, 3 (=M)
Im Spruchtext werden Krankheitsdämonen wiederholt als "Diejenigen, die ferne sind dem Essen des ᶜdw–Fisches" bezeichnet. Ein ebensolcher wird auch zur Herstellung eines Knotenamulettes benötigt, das dem Kind umzuhängen ist.

p. E. Smith vso. 18, 1–11 (=Spr. 1)
Spruch 1 ist "ZU SPRECHEN ÜBER DIE BEIDEN GEIERFEDERN. ES IST DAMIT ZU BESTREICHEN EIN MANN; SIE WERDEN GEGEBEN ALS SEIN SCHUTZ AN JEDEN ORT, DAHIN ER GEHEN WIRD." (18, 9–11) — ***ḏd-mdw.w ḥr-šw.tj n.tj-nr.t sẖrw n-zj-jm rdjw m-zꜣ.w=f r-bw-nb šm=f.*** Die beiden Federn nehmen Bezug auf die im voranstehenden Spruchtext genannten, die Nechbet um den Adressaten der Handlung knüpfen soll (18, 3–4). Westendorf weist darauf hin, daß diese Federn als Abzeichen für Sonnengötter aufzufassen sind und sich somit hier eine Identifikation mit dem Sonnengott andeutet.[80] Diese Attribute des Gottes werden laut Nachschrift durch Geierfedern ersetzt, die also ihre magische Kraft aus der Analogie beziehen. Der Titel des Spruches ***rꜣ n-ḫsf-ṯꜣw n-jꜣd.t-rnp.t*** — "SPRUCH FÜR DAS ABWEHREN DES HAUCHES DER SEUCHE DES JAHRES" gibt seinen Verwendungszweck an, der noch einmal bekräftigt wird durch einen Annex an die Nachschrift ("EIN BESEITIGEN DER PLAGEN (**dḥr.wt**) IST DIES IM JAHRE DER SEUCHE").

---

[79] Dazu Brunner–Traut in LÄ III, 1250 (mit Lit.); vgl. PGM IV, 2455f. (in einem Erscheinungszauber). Zur medizin. Verwendung der Maus s. Dawson, 1924; Grundriß VI, 197f.

[80] Op.cit., 93(7).

p. E. Smith vso. 18, 11–16 (=Spr. 2)
Auch hierbei handelt es sich um eine Instruktion, die den Hauch der Seuche abwenden soll. "Zu sprechen seitens eines Mannes, ein (Stück) **dz**–Holz in seiner Hand, während er hervorkommt nach draussen und um sein Haus herumgeht." Das dz–Holz begegnet auch in p. Anastasi III 2, 3 und IV 9, 2, ist aber nicht sicher zu identifizieren.[81] Offensichtlich wird ein Schutzritus in Gestalt einer Zirkumambulation verlangt, der den Wind, der Krankheiten bringt (s. 18, 13–14), vom Eindringen in das Haus abhalten soll.

p. E. Smith vso. 19, 18 – 20, 8 (=Spr. 7)
Die Nachschrift lautet: *ḏd-zj rꜣ-pn ḥr-ḥꜣ.t-nfr.t ṯzw-nkt.w n-ḫt-dz-nb*(dw?) *m-stp n-ḥꜣꜣ rdjw-swꜣ=sn ḥr-jḫ.wt sḥrw-jꜣd.t ḫsfw-swꜣ n-Ḫḫtj.w ḥr-jḫ.wt-nb.wt wnm.(w)t mjt.t ḥr-ḥnkjj.wt* — "Es spreche ein Mann diesen Spruch über das Vorderteil einer **nfr.t**–Pflanze — geknüpft an ein Stück **dz**–Holz,[82] befestigt (geflochten) mit einem Lappen von **ḥꜣꜣ** (oder ḥꜣtjw)–Stoff[83]! Es wird veranlasst ihr (dieser genannten Dinge) Passieren (Entlangbewegen)[84] an den Dingen (die zu schützen sind). Es wird entfernt die **jꜣd.t**–Seuche, abgewehrt das Gehen der **Ḫꜣtj.w** auf alle Dinge, die gegessen werden, desgleichen (ihr Gehen) auf die Betten." Die im Spruchtext (19, 20) der Bastet zugeordneten Ḫꜣtj.w–Dämonen ("Halte zurück (ḫtj) deine Ḫꜣtj.w, Bastet!") sind in den Pyramiden– und Sargtexten zu finden:

– *nj-ksw-Ḫꜣwtj ḥr=k* — "Nicht werden sich über dich beugen die Ḫ." (Pyr. 748c)

– *jḥm-ḥr.t twrw-Ḫtj.w* — "Es möge die Grabanlage versorgt(?)[85] wer-

[81] Ebd., 96(7).

[82] S. Spruch 2.

[83] Stp n-ḥꜣw: p. Kahun (med.) 2, 8; p. Hearst 1, 16; 10, 8–9. stp n-ḥꜣtj: p. BM 10059 14, 8–9; p. Berlin 3027 8, 3; ḥꜣtj bereits in Pyr. 737b (im Sinne von "Hülle") — s. Sethe, Kommentar III, 369.

[84] Gemeint ist, daß der Aktant mit diesem magischen Instrument an den Dingen vorbeischreitet, die er zu schützen wünscht.

[85] Ob ein Zusammenhang von jḥm mit jḥms — Diener — besteht? Sethe übersetzt: "daß der Himmel begünstige (?)" — s. Kommentar V, 171ff., Ḫꜣtj.w führt er auf ḫꜣw.t — "Gemetzel" — zurück. Faulkner: "May there be benefited(?) the tomb.." — 1969, 200f.

den von dem, den die Ḫ. respektieren!" (Pyr. 1265c)

- *jḫr-n=k Ḫ3tj.w ḥr-ḥr(.w)=sn m3s-n=k jḫm.w-sk.w* — "Es fallen vor dir die Ḫ. auf ihre Gesichter, es knien vor dir die Unvergänglichen Sterne." (Pyr. 1535b)[86]

- *ḫsf=j-Ḫ3tj.w jr-n=k-w3.t sw3=j-jm=s* — "Ich werde vertreiben die Ḫ. Bereitet einen Weg für mich (ihr Götter[87]), damit ich auf ihm schreiten kann!" (CT III, 368 a–c (S^1C_a))[88]

- *ḥms-r=k ḥr-ḫndw=k-bj3 njs=k r-Ḫ3tj.w ḫrp=k jḫm.w-sk.w* — "Setze dich auf deinen ehernen Thron, daß du herbeirufest die Ḫ. und leiten mögest die Unvergänglichen Sterne!" (CT VI, 107d–f)

Diese Ḫ3tj.w–Dämonen sind vielleicht gefürchtete nächtliche (von ḫ3wj— "Abend, Nacht" ?) Gespenster, was insbesondere durch ihre Verbindung mit den Zirkumpolarsternen suggeriert wird. Daß diese Wesen in einer engeren Beziehung zu Sachmet stehen, haben wir bereits gesehen — p. Deir el–Médineh 1 vso. 7, 2; evtl. mit bildlicher Wiedergabe (s. S. 45 (82)).[89]

Die in dieser Instruktion geforderte Desinfizierung auf magisch–offizinelle Weise wird begleitet von der Rezitation eines Spruchtextes. Er besteht aus drohenden Ausrufen gegen die Krankheitsdämonen ("Verbrennen sollen deine Boten, Sachmet!...") und einer Identifikationsformel, die den Akteur als Horus erweist, was seinen eigenen Schutz und eine Verstärkung der Wirkung dieser Handlung gewährleisten soll.

p. E. Smith vso. 20, 8–12 (=Spr. 8)
Gegen Krankheitsdämonen wird einem Mann eine š3ms–Blume in seine Hand gegeben. Dabei soll er den Spruchtext selbst rezitieren, in dem es u.a. heißt: "š3ms–Blumen sind bei mir, der Abscheu deines Gefolges, und so verschonen mich deine Šm3j.w ("Wanderer")–Dämonen".[90] Die Pflanze ist als Arznei verwendet worden,[91] ihre spezifisch magische Kon-

[86] S. auch Pyr. 1274a.
[87] Die übrigen Handschriften beinhalten diese Evokation, haben aber statt Ḫ3tjw "Nwnw".
[88] S. auch CT III, 366a (Ḫ3t.w bzw. Ḫ33.w).
[89] Vgl. auch p. Leiden I 346 I, 4: *Ḫ3tj.w tpj.w-ᶜ-Sḫm.t prjj.w m-jr.t-Rᶜw* — "H., die vor Sachmet sind, hervorgekommen aus dem Auge Re's".
[90] S. auch 18, 14; 20, 1.
[91] Germer, 318–321.

notation erhellen etwa folgende Stellen: p.Berlin 3038 6, 7 ("Räuchermittel für das Entfernen eines/r Toten"); 8, 7 ("für das Beseitigen des Schattens eines Gottes, eines/r Toten").[92]

p. Ebers 98, 2–6 (Nr. 848)
"Ein anderer (Spruch) für das Nichtzulassen, dass eine Weihe raubt (*ẖnp-ḏrwjj.t*): Ein Zweig der Dornakazie (ḏꜥꜥ n-šnd.t) werde aufgestellt!" Es folgt ein schwer verständlicher Spruchtext, in dem vielleicht Horus als Verkörperung für Raubvögel angesprochen wird.[93] Offizinell verwendet wurden vor allem die Blätter der šnd.t–Pflanze (*ḏrḏ n-šnd.t*).[94] Der dornige Zweig soll offenbar die Funktion einer Vogelscheuche ausüben.

3. funeräre Instruktionen

CT Spell 98
Ein höchst merkwürdiger Text ist von de Buck als Spell 98 in seine Sargtextedition aufgenommen worden. Ein Zusammenhang mit den voranstehenden pr.t m-hrw–Sprüchen (Herauszugehen am Tage) 90–97 besteht offenbar nicht.[95] Der Inhalt des Spruchtextes ist jedenfalls sehr fraglich.[96] Bevor wir uns diesem zuwenden, soll die hier primär interessierende Nachschrift vorgestellt werden (CT II, 94a–c): *ḏd-zj rꜣ-pn ḥr-ktt* () *nt-tp=f dj=f-sj ḥr-mꜣs.t=f ḥr-psg*[97] *r-jw-ꜥff r-ẖnp-sj* — "Es soll sprechen ein Mann diesen Spruch über ein **ktt**–Tier von seinem Kopf! Er soll es geben auf sein Knie auf Speichel, bis eine Fliege kommt, es zu schnappen!" Bei dem ktt–Tier kann es sich laut Determinativ nur um eine Laus oder einen Floh handeln; es findet sich auch in Spell 433 (CT V, 281c): "Es kommt das ktt–Tier, es kommt das ktt–Tier, indem es tot ist; zerkaut (oder verzehrt — wšꜥ) wurde das ktt–Tier." Hier soll der Parasit offenbar in Speichel eingelegt werden,

[92] S. auch o. Berlin 5570 (Hierat. Pap. III, Tf. 27); dazu: Jonckheere, 1954, 56ff., s. 57(4).

[93] Grundriß IV–2, 230.

[94] Dazu Germer, 35–38.

[95] S. CT II, 92 (7*).

[96] S. auch Faulkner, AECT I, 97(7), der sich für ein bes. hohes Alter dieses Textes ausspricht (ebd., (2)). Barguet (1986, 236ff.) ordnet CT Sp. 98 u. 101 unter "La Liberation de L'Ame–Ba".

[97] Zur Schreibung pꜥg vgl. Siut 11, 9: "Ich tat auf Erden Ehrbares (?), indem ich auf den Diebstahl spuckte" — Schenkel, 1965b, 77.

damit er nicht fortspringen oder –fliegen kann. Bleibt nur noch, auf ein beutegreifendes Insekt zu warten, welches das Tierchen beseitigt. Die Fliege ihrerseits kommt in den CT noch einmal vor: "Herbeigeführt wird die Fliege in Heliopolis für Ihjj" (Sp. 457 – CT V, 330a). Das Rubrum dazu lautet: "EINZUTRETEN UNTER DIE GÖTTER, ZU DENEN EIN MANN EINZUTRETEN WÜNSCHT" (V, 330e). Ich halte es für abwegig, an eine Variante zum Himmelsaufstieg per Heuschrecke zu denken.[98] Auf dem Ostrakon Armytage droht der Aktant damit, den Körper seines Feindes als Fliege zu betreten und in ihm Übles zu bewirken.[99] Ein "Spruch für das Reinigen der Fliege"[100] ist ebenfalls ein Indiz dafür, daß man die Rolle derselben als Krankheitsüberträgerin erkannt hatte. Der Papyrus Ebers beinhaltet ein Heilmittel "für das Nichtzulassen, daß eine Fliege beißt (psḥ): Fett (mrḥ.t) vom gnw–Vogel; werde damit gesalbt (wrḥ)" (Nr. 845 = 97, 20f.).[101] Anderes Ungeziefer findet ebenfalls im p. Ebers Erwähnung: Das Rezept Nr. 840 soll Flöhe (pjjw.w) aus dem Hause vertreiben; kk.t–Tieren (), von denen gesagt wird, daß sie im Speicher Gerste fressen, ist Nr. 849 zugedacht. Von Osiris als dem "Ältesten Gott und Herrn der Götter" heißt es im Sargtextspruch 49: "Er hat sich selbst verwandelt in einen Floh (pjj — )" — CT I, 215f. Der Papyrus BM 10059 enthält eine — allerdings nur schlecht erhaltene — Anweisung für eine Handlung, die Insekten von Verstorbenen fernhalten soll (4, 6–8 = §11).[102]

Möglicherweise geht es in unserem Spruch gerade darum, irgendein persönliches Ungemach über einen möglichst unmittelbaren "Zwischenwirt" auf die Fliege zu übertragen. Sehr interessant ist in diesem Zusammenhang im übrigen eine Textstelle völlig anderer Herkunft. In der vita Procli (c. 31) des Marinos ist die Rede von einem Sperling, der ein Tuch aufzunehmen hatte, in das zuvor eine Krankheit hineingebannt worden war. Schon Marinos hatte für dergleichen nur den Ausdruck "paradoxon" übrig.[103]

---

[98] Pyr. 891d, 1772b.

[99] O Armytage, 7–8; s. Shorter, 165ff.; Borghouts, 1978, 1f.

[100] P. Ed. Smith 19, 14.

[101] Vgl. das Antipathierezept Ebers Nr. 847 — s. S. 221.

[102] S. dazu Osing, 1992, 474–476.

[103] S. Weinreich, 90(3), 199; zur Krankheitsübertragung auf Tiere: 114f., 122(1); — auf Schlangenhaut: p. Leiden I 348 3, 5–8; — auf einen Pfeil: p. BM 10731 vso. (s. S. 69).

Abschließend soll nun aber eine Übersetzung des Spruchtextes versucht werden (CT II, 92f–93f): "Ich (dieser N) bin die Schiffstange (sm^{c}),[104] die aus dem Nun hervorgegangen ist, die das Firmament (bj3) zerteilt hat gestern, indem ich gegangen bin <zum> Himmel (p.t). Er ist gekommen <zur> Erde; er ist gekommen <zur> Erde." (Mit "Er" ist der Ba gemeint, der in den Versionen S_1C und G_2T im Text erscheint; dort heißt es (II, 93b): "Es ist gegangen mein Ba <zu> mir, <zum> Himmel, Wdh.; er ist gekommen <auf> die Erde, Wdh.."[105]) "Es ist der in ? (evtl. wš3w = Dunkelheit) Befindliche, der meinen Rücken verhüllt, weil ich ja das Morgen und der Herr des Gestern bin."

Diejenigen Handschriften, welche auch das obige Rubrum enthalten, weisen in 93e einen anderen Wortlaut auf: statt bk3 steht hier bj3, also "weil dieser N ja das Firmament von gestern ist (?)".[106] Außerdem folgt dort noch die Aussage: "Wenn ich vergesse die Vorhalle des Thot, dann läßt er vergessen den Wunsch (jb) des Toten, bis mein Ba und mein Schatten an ihm vorbeigegangen sind (?) (II, 93f)."[107]

Eine für uns befriedigende Deutung dieses Spruches dürfte schwerlich gelingen, schließlich sind "Totentexte" echte Zaubertexte.[108] Die Bedingung elitären "Wissens" soll ihren Gebrauch einschränken und somit einerseits den Benutzer qualifizieren, andererseits die Wirkungsmächtigkeit der Prozedur erhalten.

CT Spell 101

Den Titel zu dieser Instruktion hat B_2L bewahrt: "ZU SENDEN EINEN MANN UND SEINEN BA." In diesem Text wird die Begegnung des Ba mit dem zj-pf thematisiert, auf die in Spruch 99 angespielt wird: "Geh, mein Ba, damit jener Mann dich sieht..." (CT II, 94d). Wahrscheinlich ist auch das problematische =f in II, 93f (*smhjj* =f *-jb n-mwt mwt.t r-sw3.t-b3=j šw.t=j-ḥr* =f — Übersetzung s. ob. unter CT 98) auf diesen zu beziehen.[109] Eine weitere Verbindung mit Spell 98 ergibt sich aus der

[104] Vgl. Pyr. 1176a; CT I, 267f; CT III, 377d (sm^{c}.t); CT V, 147a.

[105] S. dazu: Faulkner, op.cit., 97(2).

[106] S. Graefe, 1971, 42f.

[107] S. auch CT II, 95g–96a, 104b; zu =f s. unten Spell 101 und (109).

[108] Morenz in Anlehnung an Junker, in ^{2}1984, 177, 181.

[109] S. desweiteren CT II, 95e, 96a, 96f, 98c, 102a, 106a und 108a (wo es bemerkenswerterweise nṯr-pf heißt), 110i, 111c, j; letztere Stellen sprechen evtl. für eine Identifikation mit Horus. Vgl. auch CT VI, 68a(Sp. 489): "O Osiris ... sieh meinen

Nachschrift (II, 105b–d): "WORTE ZU SPRECHEN ÜBER ... DES KOPFES, GELEGT AUF DEN BODEN IN DER NÄHE DES LICHTEINFALLS (**j3ḫw**) EINES FENSTERS." Bedauerlicherweise ist nicht klar, was "des Kopfes" in die Lichtstrahlen zu legen ist; ob es sich wieder um ein ktt–Tier handelt? Offensichtlich ist in dieser Vorschrift eine Stelle auf dem Fußboden eines Raumes gemeint, auf die das durch eine Öffnung einfallende Sonnenlicht scheint. Im zugehörigen Spruchtext lesen wir dazu (II, 100a): "Es ist Nepri, der nach dem Tode noch lebt[110] und der dich rettet aus dem Tore des Lichtglanzes."

Es überrascht vielleicht zunächst, j3ḫw in einer negativen Bedeutung vorzufinden; weitere Stellen aus den CT sind jedoch in diesem Zusammenhang anzuführen: II, 108d: "Es sind die Hundertschaften des Nepri, die dich retten ... (s. ob.)"; II, 112g: "Nicht hat Macht über mich j3ḫw"; ähnlich II, 116f–h, 254k–l; III, 337e: "Nicht hat mich durchbohrt j3ḫw"; IV, 98e: (das feurige Horusauge) "ist entstanden in der Flamme des j3ḫw"; VI, 150g–i: "Er greift an die Starke, er greift an deinen (?) Schrecklichen, den Herrn des j3ḫw"; VI, 184a–b: "Ich habe durchschritten den j3ḫw, ich habe durchschritten seine Bewegungen (nmt.wt=f)"; VI, 240c: "j3ḫw, scharf an Kraft"; VII, 179k: "Es fällt der j3ḫw mitten in meine Bewegungen."[111]

Unter der Voraussetzung, daß tatsächlich wieder ein Kerbtier verwendet werden soll, ist m.E. eine Beseitigung desselben mit Hilfe der Sonnenstrahlen (quasi an Stelle der Fliege) zu vermuten; ein derartiges Tierchen dürfte, plötzlich dem Licht ausgesetzt, sich in der Tat schnellstens auf und davon machen — und das übertragene Übel gleich welcher Art "mitnehmen". Der Spruchtext unterstreicht denn auch die Funktion des Sonnenlichtes als "Aktivator".

CT Spells 354, 340 und Tb Spruch 13

Der Sargtextspruch 354, der "SPRUCH DER **ꜥnḫ-jmj**–PFLANZEN" (CT IV, 402a), ist eine Kompilation aus Pyramidentextsequenzen (Pyr. 26a–b, 26f, 28a–b und 29a). Die Übergabe dieser Pflanzen an den Verstorbenen deutet H. Altenmüller als ein symbolisches Speiseopfer, die Rezitation des Spruchtextes als Begleitung zu Weihrauch– und Natronreinigungen.[112]

Ba, der zu dir gekommen ist".

[110] Vgl. CT II, 95e, 105e; V, 262e (vier Achu); V, 263a–b (Re); V, 290a.

[111] S. auch B. Altenmüller, 1975, 288f.

[112] In: 1968, 6.

Diese Pflanze wird auch in der Nachschrift zu Tb 13, einer Parallele zu CT Spell 340, verlangt. Die Titel dieser beiden Texte sind nahezu identisch: "Spruch, einzutreten (ᶜq) in den schönen Westen..." — es folgen "undecipherable chiselmarks"[113] (CT IV, 339e); "SPRUCH, EINZUTRETEN UND HINAUSZUGEHEN AUS DEM WESTEN" (Tb 13, 1 (Pa)). Auch die Legomena entsprechen sich weitgehend (Identifikation mit einem Falken und Anruf des Morgensternes, verbunden mit der Bitte, den Weg in den Westen zu bereiten). Gänzlich unterschiedlich sind hingegen die Nachschriften gestaltet. Während im Sargtext eine kurze Rezitationsanweisung und einer der üblichen, mit jr eingeleiteten Betreffvermerke (Anlangend einen, der...) erscheinen, handelt es sich im Tb um konkrete Angaben zu einer magischen Aktion: *ḏd-md.wt ḥr-bnn(.t) n-ᶜnḫ-jmj-rdj.tw m-msḏr-jmn n-ꜣḫw ḥnᶜ-kt-bnn(.t)-rdj.tw m-sšd n-pꜣq.t jrj.w-rn n-Wsjr NN mꜣᶜ-ḫrw-ḥr-s m-hrw-qrs* — "Zu sprechen ist diese Rede über eine Kugel aus ᶜnḫ-jmj, die gelegt ist in das rechte Ohr eines Ach, zusammen mit einer anderen Kugel, die gelegt ist in eine feine Leinenbinde, indem gemacht (geschrieben) ist der Name des Osiris NN, des Gerechtfertigten, auf sie am Tage des Begräbnisses" (BM 10471; T).[114]

Es lohnt sich, andere Texte heranzuziehen, die die Verbindung der Pflanze mit dem funerären Bereich bezeugen. Erfreulicherweise hat H. Altenmüller diese bereits zusammengetragen.[115] Hinzuweisen wäre diesbezüglich noch auf Tb 172, 26 (Aa): "Seine Opfergaben sind die ᶜnḫ-jmj–Pflanzen"; Edfu VIII 136, 2°: "Ich fülle das Auge mit ᶜnḫ-jmj und erfreue es mit seinem Zubehör (von Atum)."[116] Mit dem Saft dieser Pflanze wurden Amulette befeuchtet (Tb 155, 3 (Nu); Tb 156, 2 (ebd.)). Außerdem fand ᶜnḫ-jmj bei der Balsamierung Verwendung[117] und diente der Behandlung von Geschwüren.[118] Laut R. Germer liegt ihre "Bedeutung allerdings mehr im magischen Bereich".[119] Höchstwahrscheinlich ist

---

113 De Buck, CT IV, 339 5*.

114 Lepsius, 1842, IV.; s. auch Budge 1910 I, 35.

115 Ebd., 1ff.; s. auch Vandier, 1968, 122.

116 Junker, 1958, 105, d3.

117 S. p. Boulaq III 6, 5–7; dazu Sauneron, 1952, 19; Altenmüller, op.cit., 3.

118 P. Berlin 3038 5, 4–5.; zur Verwendung der Pflanze in der Medizin s. allgemein Grundriß VI, 98.

119 Germer, 258f., 378: u.a. wird eine Salbe (gs) zum Schutz für das Bett des Pharao aus der Pflanze hergestellt (p. Kairo 58027 IV A2, B4; der Text stammt aus dem 1. Jhd. v. Chr. — Golenischeff, 114).

die ᶜnḫ-jmj–Pflanze mit dem Henna–Kraut identisch.[120]

Tb Spruch 35
In diesem aus den CT–Spells 370–377 redigierten Spruch[121] gegen Schlangen werden die sᶜm–Pflanzen[122] als Wächter über diese Tiere genannt: "Gehe vorbei an mir (znj-wj), o Zkzk–Schlange![123] Die sᶜm–Pflanzen sind es, die dich bewachen. Das Kraut (jꜣq.t) des Osiris sind sie, der seines Begräbnisses bedarf (*dbḥ=f-qrs=f*)" (35, 3 (Nu)). In der älteren Version des CT Spruches 377 liest sich diese Passage wie folgt: "Zkzk–Schlange, die in ihrer sᶜm–Pflanze befindlich ist, hüte dich vor dem Gärtner (kꜣnj) ! Osiris ist es, der seines Begräbnisses bedarf" (so B_2Bo und S_2C - CT V, 39d–e). (Die Handschrift M_{23}C hat statt kꜣnj jꜣq.t "Hüte dich vor dem Kraut!") Im Rahmen eines Abwehrzaubers könnten die mit den Schlangen in Verbindung stehenden Pflanzen — wie ein Unkraut vom Gärtner — vernichtet worden sein. Der Titel des Tb–Spruches lautet übrigens: "SPRUCH, NICHT ZUZULASSEN, DASS GEFRESSEN WIRD nn VON EINER SCHLANGE (**ḥfꜣw**) IN DER NEKROPOLE" (Nu) <> CT V, 38a (Spell 375).

C. Mineralische Substanzen

1. magisch–medizinische Instruktionen

p. Ramesseum III B. 14–17
Der Gott ꜣgb-wr[124] und die ḥsꜣ.t–Kuh werden bemüht, den Durst eines Kindes zu löschen. Im Spruchtext begegnet auch die aussagekräftige Sequenz: *n-wnm=k-ḥqr=k n-zwr=k-jb.t=k* — "Nicht ißt du deinen Hunger,

[120] Keimer, 51–55; Lucas/Harris, 309f.; Borchardt, 1897, 168ff.; Aufrere, 1987, 34f.; zum modernen Gebrauch: Schäfer, 1917, 127f.("Färberkraut").

[121] S. El Sayed, 1974a.

[122] Eine in medizinischen Texten häufig erwähnte, jedoch nicht bekannte Pflanze; Grundriß VI, 427; Germer, 304f.

[123] S. auch Pyr. 417a–b: "Tue gegen dich, was getan werden muß gegen dich, Zkzk, befindlich in seinem Schlupfloch (?), befindlich am Fuß (im Sinne von Hemmnis ("Klotz am Bein"))!" — *jrj=k-jr=k jr.t=k-jr=k Zkzk jmj-qrq.t=f jmj-rd.*

[124] Vgl. Pyr. 265e, 499a (nicht personifiziert), 559a, 565a, 1173a; CT–Stellen: B. Altenmüller, 267; im Amduat (I, 205, 4f.) ist ꜣgb-wr die Bezeichnung für den Sonnengott, der aus der Erde und aus dem Re–Osiris–Mumienleib hervorgeht (*prr-ꜣgb-wr m-tꜣ m-sšmw-pn*).

nicht trinkst du deinen Durst."[125] Zu sprechen ist dieser Text über einen Klumpen Erde;[126] ꜥꜣ.t–Leinen[127] scheint ebenfalls erforderlich zu sein.

p. BM 10059 Nr. 8 (=3, 6–8)
Die tmjj.t–Krankheit wird als Feindin des Ptah und Verhaßte bei Thot angesprochen; Staub (jwtn) zweier Ziegel (d̲b.tj)[128] ist dem Erkrankten aufzulegen.

p. BM 10059 Nr. 26 (=10, 1–5)
Dem stark in Mitleidenschaft gezogenen Spruchtext ist nicht vielmehr zu entnehmen als eine Erwähnung der Großen Neunheit (10, 1). Wahrscheinlich dient die gesamte Instruktion der Beseitigung von Geschwüren (10, 5). Das Rubrum schreibt die Verwendung von Erde der Füße (tꜣ n-rd.wj) vor.[129]

p. BM 10059 Nr. 37 (=13, 1–3)
Hochinteressant im Hinblick auf die Beziehungen zwischen Legomenon und Deiknymenon ist dieser Spruch, der Blutungen infolge von Hämorrhoiden stillen soll. Dem Patienten ist eine (rote) Karneolperle (swtj.t-ḥrs.t) an den After zu legen. Der Spruchtext opponiert gegen das Blut unter Berufung auf Thot aus Hermopolis, als dessen Schutzwehr (dnj.t) die Perle ausgegeben wird.[130] — Ob man an eine Verbindung zwischen der blutroten Perle und dem roten Ibis denken darf? — Thot wird vorgestellt als *ḫsfw-znf-dšr* — "Der abwehrt das rote Blut" (13, 1). Karneol wurde im übrigen noch von der heiligen Hildegard im Rahmen ihrer Edelsteinmedizin gegen Nasenbluten empfohlen (Physica; Patrologia Latina. Migne CXCVII, 1265 A).

[125] Vgl. Pyr.131a–b.
[126] S. Barns, 22(17); Borghouts, 1978, 44.
[127] S. auch I 348 4, 2.
[128] Vgl. p. Berlin 3027 6, 5.
[129] Vgl. Eb. Nr. 775: Erde vom Nagel eines Mannes; 10059 15, 9–10: "Nilerde des Wasserholers".
[130] Thot als Stifter von Amuletten: Tb 160; Tb 182, 12f.; in CT: s. B. Altenmüller, 242; Thot in der Magie: Kurth in LÄ VI, 507.

p. BM 10059 Nr. 43 (=14, 2–3)
Das Zurückhalten des Blutes in der Wunde wird auch dieser Instruktion zugetraut, die als Zauber (m-ḥk3.w) über Fliegenschmutz und roten Ocker (mnš.t) herzusagen ist. In der Magie ist Fliegenschmutz — häufig auch als -kot übersetzt — nicht unbekannt.[131] Ernstlich dürfte wohl kaum jemand die Verwendung von Fliegenkot in Erwägung ziehen; es dürfte schwerfallen, ihn zu sammeln. Demnach sehe ich nur zwei Lösungen dieses "Problems". Entweder handelt es sich um eine Art Geheimname für irgendeine — evtl. mineralische — Substanz,[132] oder man muß davon ausgehen, daß die Überreste erschlagener Fliegen (Fliegenschmutz) in Anwendung gebracht wurden.[133] In 14, 3 finden wir eine Formulierung, die explizit Bezug nimmt auf den Sinn der Verwendung des Ockers: "nn r-nn" ("Dieses (mnš.t) gegen dieses" (Blut)). Dazu vergleiche man p. Ebers 57, 20 (=356): *ḏd.ḥr=k m-ḥk3.w jw-jnj.n=j-nn rdj=j m-s.t-nn* — Schweineaugenwasser wird zur Behandlung eines erkrankten Auges empfohlen. Mit Formeln dieser Art wird der Sym– bzw. Antipathie–Mechanismus magischer Operationen unterstrichen. Ein besonders instruktives Beispiel für die Anwendung eines Antipathiemittels bietet uns der Papyrus Ebers (Nr. 847 = 98, 1–2): (Heilmittel) "FÜR DAS NICHTZULASSEN, DASS MÄUSE AN DINGE HERANKOMMEN: Fett (mrḥ.t) eines Katers; es werde gegeben an irgendwelche Dinge!"

2. apotropäische Instruktionen

p. Turin 54003 rto. 13–16 (=Spr. 3)[134]
Aus dem frühen Mittleren Reich stammt dieses Beispiel für einen "Analogie–Zauber". Es handelt sich um einen "SPRUCH FÜR DAS ABWEHREN (**šnᶜ**) EINER SCHLANGE (**ḥf3w**)". Für den Aktanten bietet die Instruktion eine genaue Handlungsanweisung: "ZU SPRECHEN ÜBER TON (**sjn**), IN DEN EIN MESSER (**dm.t**) EINGESCHLOSSEN IST, DAS UMWUNDEN HALTEN (**š3rt**)[135] LEINEN, (Faden von) **dbj.t**–PFLANZE ODER HALFA–GRAS (**ᶜnb**)." Demnach muß der Spruchtext rezitiert werden, während der Aktant einen Tonklumpen in seinen Händen hält, in dem sich ein von

[131] Grundriß VI, 88 B2., 359 IV.
[132] Zu Decknamen für Drogen s. Grundriß II, 79.
[133] Fliege auch in p. Ram. III A. 13.; vgl. das zu CT Spell 98 Gesagte.
[134] Roccati, 1970, 26f.; Borghouts, 1978, §137; Osing, 1992, 473f.
[135] S. Osing, 474(g).

Gras o.ä. eingehülltes Messer befindet. Der analogische Bezug zur Intention der Handlung wird durch den Spruchtext hergestellt (nach Osing, 473): "Abgewiesen ist dein Angriff ... Ich habe deine Pflöcke (mḏꜣ.wt) übergossen mit diesem Ton (*m-sjn-pw*) der Isis, der unter der Schulter der Selkis herauskam. Mein Finger, er wird auf den Ton achtgeben (zꜣ=f), daß er versperrt...". In dem Sargtextspruch 398 werden die Pflöcke der hnw–Barke mit den "Zähnen des Osiris" gleichgesetzt (CT V, 133b–134a). In der Turiner Instruktion sind mit den "Pflöcken" die Zähne der Schlange gemeint, deren Angriff abgewiesen werden soll. So, wie das Messer durch die Umschnürung und den Tonklumpen unschädlich gemacht und in seiner Gefährlichkeit eingedämmt wird, sollen auch die Giftzähne des Reptils in seinem Maul verschlossen bleiben. Der verwendete Ton wird durch das deiktische pw ausdrücklich Isis und Selkis zugeordnet, die oftmals gegen die Wirkung von Schlangen– oder Skorpionsgift angerufen werden.

p. Berlin 3027 1, 1–4 (=A)
Der Text A dieses Papyrus ist nur sehr lückenhaft erhalten, erkennbar ist aber doch, daß die in der Nachschrift genannten Materialien innerhalb des Spruchtextes in einen natürlichen Rahmen eingebettet werden — von Fischen und Vögeln, die mit den Perlen dieses Schutzmittels irgendwie zusammenhängen, ist die Rede. "ES WIRD GESPROCHEN DIESER SPRUCH ÜBER DREI KLEINE PERLEN (**wšbjj.t**), eine aus Lapislazuli, eine aus ḫnm.t–Stein (roter Jaspis), eine aus Türkis, die aufgezogen sind auf einen feinen Faden, zu geben an den Hals eines Kindes."

3. funeräre Instruktionen

CT Spell 111
ist laut Titel (CT II, 125a–b) die "ABSCHRIFT EINES SPRUCHES FÜR DAS BEGRÄBNIS IM WESTEN" — ***mjt.t-rꜣ n-qrs m-jmn.t***. Daß Anubis in seiner Funktion als Bestatter angesprochen wird, verwundert daher nicht; auch die Nachschrift nimmt auf ihn Bezug (II, 126b–c): "WORTE ZU SPRECHEN ÜBER SAND AUS DEM TEMPEL DES ANUBIS (***šꜥj n-ḥw.t-nṯr nt-Jnpw***), INDEM ER GELEGT IST UM IHN HERUM. EIN BEGRÄBNIS BEDEUTET DIES IM WESTEN." (=f ist entweder der Verstorbene selbst — bzw. ein Bildnis von ihm — oder eine Anubisfigur, die allerdings weiter nicht erwähnt wird, jedoch nicht unerklärlich wäre, da sich der Spruchtext an den Gott richtet.) Sand spielt offenbar eine nicht unerhebliche Rolle in

medizinischen und kultischen Praktiken.[136] — In diesem Zusammenhang kann eine weitere CT – Stelle angeführt werden (II, 128c): "Ich habe ihm dargebracht (ḫnp) Sand am Rande von Hermopolis" (= Tb 28, 5 – Nu).

Verlockend ist es natürlich, eine Abfolge "mystischer Partizipationen" in etwa folgender Art aufzustellen: Anubis > Kultbild desselben (> Tempel) > Sand aus dem Tempel > Bild des Verstorbenen <> Verstorbener NN, der somit über einige "Zwischenstationen" an der schützenden Potenz des Gottes Anteil gewinnen kann.

CT Spell 576
Ein Amulett, das dem Verstorbenen sexuelle Energie gewährleisten soll, wird mit diesem Spruch wirkungsmächtig gemacht. Es ist laut CT VI, 191 m–n geeignet, "DEN WUNSCH KOMMEN ZU LASSEN ÜBER DIE FRAU JEDESMAL, WENN ER KOPULIEREN WILL".[137] Die Beschaffenheit des Amulettes wird wie folgt angegeben (VI, 191o–p): "WORTE ZU SPRECHEN ÜBER EINE GROSSE PERLE (**ẖp^{c}.t**)[138] AUS KARNEOL (oder) **ḥzmn**-STEIN,[139] ZU GEBEN EINEM ACH AN SEINEN RECHTEN ARM." Mitteilenswert erscheint mir die Meinung von T. G. Allen, der die Sprüche 576–578 zum Zweiwegebuch rechnet,[140] welchem Assmann eine magische Intention zuschreibt.[141] Im Rahmen einer Gliedervergottung wird im Spruchtext der Phallus des Verstorbenen mit dem Gott Babi gleichgesetzt (VI, 191c).[142] In Spell 822 identifiziert sich der Aktant selbst mit dem Phallus dieses Gottes, um u.a. auch die Zeugungsfunktion des Körpers zu erhalten (VII, 22w).

136 Übersicht bei Martin in LÄ V, 378f.; s. etwa Dramat. Ramesseumpapyrus Z. 86 (s. Sethe, 1928 II, 198(86b)).

137 Zandee, 1963, 153f.: "Vielleicht ist der ursprüngliche Text ein Liebeszauber für einen Lebenden."; s. auch Müller, 1966, 260ff.

138 Zur Schreibung sp^{c}.t: Müller, op.cit., 269f.; vgl. Dramat. Ram. P. Sz. 23 (Z.72ff.); s. auch Sethe, op.cit., 181f.

139 Wahrscheinlich Amethist; s. Harris, 121f.

140 1958, 152.

141 1969, 221f., 235(48).

142 S. B. Altenmüller, 56f.

D. Texte auf diversen Schriftträgern

1. magisch–medizinische Instruktionen

p. Ramesseum IV C. 12–15
Daß ein Kind ausscheidet, ist Anliegen dieser Instruktion. Der Text gibt eine Rede der Isis wieder, in der es u.a. heißt: "Fliesse aus, du kranker Kot!" Zu schreiben ist er "in grüner Farbe auf den Bauch des Kindes".

p. BM 10059 Nr. 39 (=13, 7–9)
Gegen Frauenleiden wird eine feine Leinenbinde (stp n-ḥ3tjw) appliziert. Da jedoch auf dieselbe ein Spruch zu schreiben ist — "Ich bin dieser Anubis, der zurückhält (dnj)..."; "Isis, sie schießt auf euch" (Krankheitsdämonen) — gehört dieser Text in unsere Kategorie der magisch–medizinischen Texte.

2. apotropäische Instruktionen

p. Chester Beatty VIII vso. 8, ? – 10, 1
Sehr stark zerstört sind Spruchtexte, die magisch instrumentalisierte "Hymnen an das Diadem" des Pharaos enthalten.[143] Sie sind den Resten des Rubrums zufolge auf einen feinen Leinenstreifen zu schreiben und einem Patienten an den Hals zu legen. Während der Rezitation des Spruches ist außerdem Weihrauch zu verbrennen (vso. 9, 10 – 10, 1).

3. funeräre Instruktionen

CT Spells 370 und 372
CT V, 33a–c: "Es soll sprechen ein Mann diesen Spruch ḥr=f; zu verhindern, daß diese Schlangen (ḥf3.wt) ihn fressen in der Nekropole, damit er (seinerseits) essen kann alle diese Schlangen." Wäre der Mann selbst mit "=f" gemeint, so müßte eigentlich ein ḏs=f angefügt sein. Die Annahme kann in Betracht gezogen werden, daß der betreffende Spruch über seine schriftliche Fassung rezitiert werden muß.[144] Dem entspricht CT V, 34d.

[143] S. Gardiner, 1935 I, 74f.
[144] So auch Faulkner, AECT II, 9 (10).

Tb Spruch 101

Der Titel ("Spruch, die Barke des Re zu schützen") kommt erst in R vor.[145] Juja überliefert hingegen: *mḏꜣ.t-ᶜrq-md.wt rꜣ r-bw.t-ḥn jrrw.t r-ḫḫ n-ꜣḫ-pn nn-pr.n r-ḥꜣ n-rḫ-ḥꜣw-mr(.wt) n-mꜣ-jr.t n-sḏm-msḏr* — "BUCH FÜR DAS UMBINDEN DER WORTE. SPRUCH FÜR DIE TABUISIERUNG DES SARGES. DAS, WAS ANZUBRINGEN IST AM HALSE DIESES VERKLÄRTEN, OHNE DASS (etwas davon) HERAUSGEHT, SO DASS NICHT DER PÖBEL ES KENNT, NICHT EIN AUGE ES SIEHT, NICHT EIN OHR ES HÖRT." Die per se wirksamen Sprüche müssen durch Formulierungen dieser Art als wertvolles Wissensgut gekennzeichnet und vor (profanem) Mißbrauch geschützt werden. Hier geht es um ein Text–Amulett, wie der Nachschrift zu entnehmen ist (Juja): "WORTE ZU SPRECHEN ÜBER EINE BINDE AUS KÖNIGSLEINEN (**sšd n-nzw**); ZU BESCHREIBEN MIT TINTE AUS TAMARISKENHOLZKOHLE (**rjj.t-ḏᶜb.t nt-jsr**) UND MYRRHE. SIE IST ZU LEGEN AN DEN HALS DIESES VERKLÄRTEN AM TAGE DER VEREINIGUNG MIT DER ERDE." Der Fassung Nu entnehmen wir, daß nichts anderes als eben dieser Spruch auf die Binde zu schreiben ist (101, 8): *zšw-rꜣ-pn ḥr=f...* — "Es ist zu schreiben dieser Spruch darauf...". Das Legomenon verbindet das Schicksal des verklärten NN mit dem des Re und verknüpft schließlich den Umstand der leiblichen Identität beider mit der Wirksamkeit des Spruches selbst: "Wenn du (Re) heil bist, ist auch er (NN) heil, dein Leib (ist) wie sein Leib, Re, der fortdauert durch den Spruch" — *wḏꜣ=k wḏꜣ=f ḥᶜ=k ḥᶜ=f Rᶜw ddw m-rꜣ* (101, 9 (Juja)). Es folgt der übliche Betreffvermerk: "ANLANGEND DEN, FÜR DEN AN SEINEN HALS DIESES AMULETT (**wḏꜣw**) GELEGT WIRD: ES SOLL IHM GUNST ZUTEIL WERDEN WIE DEN GÖTTERN. ER WIRD SICH GESELLEN (**ẖnm**) ZUM Gefolge des Horus. BEFESTIGT WIRD (für) IHN DIE STERNENSCHAR (**ḫꜣ-bꜣ=s**) GEGENÜBER DEM, DER IN DER Sothis IST.[146] SEIN LEICHNAM (**ẖꜣ.t**) WIRD EIN GOTT SEIN, ZUSAMMEN MIT SEINEN ANGEHÖRIGEN (**ẖr**) BIS IN EWIGKEIT (**nḥḥ**). ES SOLL ZUM WACHSEN GEBRACHT WERDEN EIN **bꜣ.t**–STRAUCH ÜBER SEINER BRUST DURCH **Mnq.t**.[147] ES WAR DIE MAJESTÄT DES Thot, DIE DIES GEMACHT HAT

[145] Allen, 1960, Pl. XXIX.

[146] In den PT begegnet Ḥrw jmj-Spd.t - Pyr. 632d, 1636b; vgl. auch CT I, 143a (vgl. 146c): "Du sollst ausgezeichnet werden (durch Mumifizierung — sᶜḥ.tw=k) im Hause der Sothis".

[147] Eine Göttin des Bieres; wohl ein personifizierter Krug — s. Helck in LÄ IV, 55; ders., 1971, 85ff.

FÜR DIE MAJESTÄT DES KÖNIGS VON OBER– UND UNTERÄGYPTEN OSIRIS — GERECHTFERTIGT —, damit das Licht (šw) weilen kann (ḥtp) auf seinem Leichnam" (101, 9–10 (Nu)).

Tb Spruch 147
beinhaltet einen Hinweis darauf, daß schon die Beigabe eines Textes zur Bestattung als Handlung aufgefaßt wurde, quasi als "perskriptive Aktion". Die Nachschrift gibt an, daß der Verstorbene selbst bei seinem Erreichen der sieben Tore den Spruch zu rezitieren habe.[148] Dann heißt es jedoch: "Anlangend jeden Ach, für den dies getan wird: Er wird dort sein..." (Pc). Da keine weiteren Anweisungen folgen, kann angenommen werden, daß mit *jrrw-n=f-nn* die Anfertigung und Beigabe der Textvorlage — des Tb–Exemplares — gemeint ist, welcher der Verstorbene die aufzusagenden Sprüche entnehmen kann.

Buch von der Himmelskuh 212–214
In diesem Unterweltstext wird die Verwendung eines Schriftstückes mit bannender Formel gegen Schlangen in der Erde und im Wasser gefordert: "Und dann fertige ein Schriftstück (zšw) an (für) jede Stätte (jꜣ.t-nb.t), für deine (Geb) Schlangen, die dort sind, des Inhaltes (r-ḏd): Nehmt euch in acht, daß ihr nicht euer Spiel treibt mit irgendetwas!"[149]

E. Rezeptartige Zusammenstellungen

Im folgenden wollen wir — allerdings in kursorischer Form — einige Instruktionen (v.a. aus dem p. BM 10059) in Betracht ziehen, die den hier für magische Texte geforderten Bestandteil der "mythischen" Proposition — in Gestalt des Spruchtextes — aufweisen. Anstelle der uns primär interessierenden Bilder oder anderer Gegenstände, denen symbolische bzw. ikonische Funktion zukommt (Deiknymena), treten nun solche Rezepte in Verwendung, wie sie in sehr ähnlichen Kompositionen der medizinischen Sammelhandschriften zahlreich zu finden sind. Einige Bestandteile dieser komplexen Zusammenstellungen sind sicherlich nicht als Pharmazien im herkömmlichen Sinne zu erklären, zumal wir sie auch aus unzweifelhaft (nur–) magischen Texten kennen.

[148] Pc; s. auch Lc (147, 1, 10f., 19f., 28f., 34, 38, 42f.).
[149] S. dazu Fecht in: Hornung, 1982a, 126(ii).

Ein einfaches Schema wird uns dabei behilflich sein, einen Überblick zu erhalten. Die einzelnen "Sprüche" sind für die hier interessierenden Aspekte im ganzen weniger von Bedeutung. Drei Punkte sind zu differenzieren:

1. Spruch–Intention (ggf. dem Titel zu entnehmen).
2. Einige Motive des jeweiligen Spruchtextes.
3. "Rezeptuar" — div. Gegenstände etc.; es handelt sich in der Regel um pflanzliche Stoffe und Mittel mit verschiedenen Zusätzen.[150]

p. Leiden I 348 1, 2–5 (=Spr. 2)

1. ? – *kjj-rꜣ* (Spr. 1 und 2 sind sehr schlecht erhalten).
2. *jmw m-p.t* — "Wehklagen im Himmel";[151] "Es spricht diese Göttin zu Re in seiner Kapelle (*m-ẖnw kꜣr=f*)"[152].
3. Zu sprechen über Katzenkot, Hämatit (djdj), Fett von Ziegen, Honig; zu verreiben (nḏ) und (in einem Verband zu applizieren).

p. Hearst 170 (=11, 12–15)

1. Gegen Asiatenkrankheit (*tꜣ nt-ꜥꜣm.w*).
2. (a) "Wer ist kenntnisreich wie Re?"
   (b) Seth hat beschworen das Meer, er wird die Krankheit ebenfalls beschwören.
3. Vier Mal zu sprechen über: frisches Olivenöl (bꜣq); ḫnf.t–Teil eines rhd.t–Kessels; Siegelsteine von šttw.t.

p. BM 10059 Nr. 6 (=3, 1–5)

1. Gegen tmjj.t (Hautkrankheit).
2. Haut des Horus <> Haut des NN.
3. Honig, pꜣwr–Getränk, zꜣwr,[153] gemahlenes pzn–Brot.

[150] Zu diesen s. stets Grundriß VI; Germer, 1979.
[151] Vgl. CT VI, 348v: "Es ist Wehklagen im Himmel seit dem Abend" (ḏr-ḫꜣwj).
[152] Zu kꜣr s. S. 208 (65).
[153] Zu pꜣwr s. Grundriß VI, 192f.; zꜣwr s. ebd., 420f. (Harz?).

p. BM 10059 Nr. 10 (=4, 2–6)

1. tmjj.t.

2. Beschwörung der sḫꜣ.t–Kuh.

3. Verband mit bzn-jqdw.w (Maurerkitt ?),[154] Zweigen der kꜣkꜣ–Pflanze,[155] qmjj.t–Harz,[156] ḏꜣr.t–Früchten und Datteln.

p. BM 10059 Nr. 32 (=11, 4–6)

1. Gegen Asiatenkrankheit.

2. Spruch in “Kreta–Sprache”.

3. Tinktur aus gꜣš-ꜥwꜣj.t–Getränk,[157] Harn, šb.t–Flüssigkeit.[158]

p. BM 10059 Nr. 40 (=13, 9–14)

1. Frauenkrankheiten, Blutfluß.

2. Die Götter zu Heliopolis halten die Krankheit fern; “ich habe gebracht...” (s. 3.)).

3. Feinstes nḏ–Gewebe, Haar eines schwarzen Fadens,[159] Haare eines gelblichen (falben) Esels[160] — zu einem Tampon einschlagen, mit 4 Knoten versehen, einreiben mit Schweineleber.

---

[154] Vgl. p. Ebers Nr. 200: in einem Verband gegen Magenleiden; Ebers Nr. 568: in einem Verband gegen eine Schwellung.

[155] S. auch Biographie des Anhurmose (El–Mashayikh), Z. 64 — in Zusammenhang mit der nšm.t-Barke — Ockinga/Al–Masri, 45(207). Germer, 331ff., bes. 335 (5.) — *ḥm.w nw-kꜣkꜣ* = Dornensträucher ?

[156] Gummi–Harz; Grundriß VI, 516–519.

[157] Eine Art Hefe ? — s. Grundriß VI, 533.; vgl. 10059 Nr. 7: *gꜣš.w n-ḥnq.t-nḏm.t.*

[158] Maische – Grundriß VI, 486ff.; die bekannteste Stelle findet sich im “Buch von der Himmelskuh” (72).

[159] Vgl. Grundriß VI, 241; s. auch p. Br. Rhind 26, 3.

[160] Vgl. Eb. 756 — Hoden eines falben Esels mit Wein trinken.

p. BM 10059 Nr. 46 (=14, 8–14)

1. Gegen Verbrennung.

2. Verbrennung des Horus; Milch der Isis.

3. ꜥꜣgjj.t–Harz[161] der Dornakazie (šnḏ.t), šꜥ.t–Teig der Gerste, wꜥḥ–Hülsenfrucht gekocht, Koloquinte (ḏꜣr.t) gekocht, Kot (šꜣw) gekocht,[162] — zu einer Masse vermischen mit der Milch einer, die einen Knaben geboren hat.[163]

p. BM 10059 Nr. 47 (=14, 14 – 15, 2)

1. Gegen Verbrennung.

2. Verbrennung des Horus; Isis ("Nil zwischen meinen Oberschenkeln").

3. Milch einer, die einen Knaben geboren hat (s. ob.), qmjj.t–Gummi,[164] Haar einer Katze.[165]

p. BM 10059 Nr. 55 (=15, 8–10)

1. Gegen Verbrennung.

2. "Angekohlt ist der Leib"; rotes Wasser; fnṯ–Gewürm.[166]

3. Nilerde (qꜣḥ) des Wasserholers,[167] qmjj.t–Gummi, stj-Ocker, pflanzlicher Farbstoff (jrtjw),[168] Fett, Wachs – Verband.

---

161 Stark gerbstoffhaltige Früchte und Rindenteile der Akazie; vgl. Ebers Nr. 482 — gegen Verbrennung; Germer, 38–40.

162 S. zur Einnahme von Fäkalien S. 204f.

163 Verweis auf Isis – Horus Konstellation (Milch der Isis) ?; zu *jrṯ.t nt-ms.t-ṯꜣj*: Grundriß VI, 53f. (IIa).

164 Vgl. Ebers Nr. 763: Milch einer, die geboren hat einen Knaben, und duftender Gummi (qmj.t nt-sṯj – ebs. Eb 540) gegen Schnupfen.

165 S. die Parallelen in p. Ebers: 499 (=69, 3–5) — Haar eines Widders; 500 (=69, 6–7) — nur Milch.

166 Laut Grundriß IV–2, 168(6) bildliche Bezeichnung für ein Gerinsel.

167 Vgl. Nr. 26 (9, 4): "Erde der Füße"; zu qꜣḥ (dunkler Nilschlamm) — Grundriß VI, 513.

168 In Verbänden: Ebers Nr. 130, p. Berlin 3038 Nr. 52.

p. Ramesseum IV C. 28–29

1. Geburt.

2. Spruch – u.a. "Scheitel (wp.t) der Großen".

3. Salbe an Scheitel der Gebärenden.

Kapitel X.

Der magische Akt — Eine "Weise der Welterzeugung"

"ZEHN KAB (Maßeinheit) ZAUBEREI KAMEN IN DIE WELT HERAB: NEUN NAHM ÄGYPTEN, EINES DIE GANZE WELT."[1]

Grundsätzlich wollen wir unter magischen Akten im alten Ägypten solche Handlungen verstehen, bei denen ein Aktant eine konkrete Leistung, bestehend aus Tat, Wort und Behandlung eines Bildes oder Gegenstandes,[2] erbringt ("Input") und damit eine sehr genau definierte Situationsänderung anzielt ("Output"). Diese kann etwa eine Beistands- oder Hilfeleistung seitens eines Numens bedingen — z.B. zur Abwendung einer Gefahr oder Krankheit — oder auch die Zusicherung bestimmter Qualitäten des jenseitigen Lebens betreffen. In diesem Zusammenhang ist darauf hinzuweisen, daß in der neueren sozialwissenschaftlichen und ethnologischen Literatur Magie nicht mehr als Widerpart der Religion verstanden wird.

[Zur Magie–Religion–Diskussion s. Lit S. 11 (1), insbes. die Beiträge von Ehnmark, Pettersson und M. und R. Wax, in: Petzoldt (Hg.); Kippenberg, in ders./Luchesi, 9ff.; s. auch Levi–Strauss, 254ff., bes. 256; Dux, 1982, 160–167, bes. 166: "Tatsächlich beruhen religiöse und magische Praktiken auf dem gleichen kognitiven Schematismus. Beide haften an der subjektivischen Logik"[3]. Vgl. auch Kieckhefer, der Magie als "Schnittpunkt kultureller Linien" bezeichnet (9ff.)]

Obwohl sich bereits im Jahre 1899 E. A. W. Budge in seinem Buch "Egyptian Magic" in diesem Sinne geäußert hatte,[4] konnte sich diese Betrachtungsweise in der Ägyptologie erst in jüngster Zeit angemessen durchsetzen.[5]

---

1 Babylonischer Talmud, Qidduschin 49b — s. Stemberger, 222f.

2 S. S. 12.

3 S. dazu ebd., 114ff., 229.

4 "The belief in magic formed a large and important part of the ancient Egyptian religion" (VII).

5 S. Gutekunst in LÄ VI, 1326; Ritner, 114ff. (mit ausführl. Lit. zur ägypt. Magie!); Assmann, 1990c, 268(104): "Komponente der Religion". Vgl. die Darstellung von

Bevor wir uns den einzelnen Komponenten dieses "Input" zuwenden werden, möchte ich nachfolgend einige grundsätzliche Bemerkungen zu meinem Verständnis der altägyptischen Magie anbringen, da ich es für unumgänglich halte, angesichts der stetig weiter ausufernden theoretischen Magiekontroversen[6] den eigenen Standpunkt kenntlich zu machen.

A. ḥkꜣ.w — Die ägyptische "Zaubersubstanz"

Die altägyptischen Quellen lassen eine oppositionelle Qualität der Magie in der Tat nicht erkennen, was besonders eindrucksvoll an ihrer Personifikation Heka verdeutlicht werden kann. Te Velde verweist in seinem Aufsatz "The god Heka in egyptian Theology"[7] nicht allein auf die Beziehungen dieses Numens zu den bedeutenden Göttern des ägyptischen Pantheons, sondern macht auch darauf aufmerksam, daß Heka in gewöhnlicher Bethaltung dargestellt werden kann, wenn seine unterstützende Wirkung angesprochen werden soll.[8] Vielmehr interessiert uns jedoch die Frage nach der Konsistenz derjenigen Kraft, die im Rahmen magischer Aktionen als "Appelldatum" "zwangsläufig einen Antwortdruck mitsetzt".[9]

In ägyptischen Vorstellungen von der Weltschöpfung spielen drei Kräfte eine wesentliche Rolle: sjꜣ, ḥw und ḥkꜣ — Erkenntnis, Ausspruch, Zauber — [10], die zunächst vor allem als Personifikationen der schöpferischen Potenzen des Sonnengottes aufgefaßt wurden,[11] sich dann aber

---

Morenz, [2]1984, 177ff. (mit Schemata 178f.!, 186: "die Öffnung der Schleusen des Rituals für den Zauber").

6 S. dazu v.a. Kippenberg, in: ders./Luchesi, 9–51.

7 S. te Velde.

8 Te Velde, 183 mit (51), pl. XXIX A; s. auch 186: "The god Heka.. was integrated in the religious order as one among the many gods"; zu ḥkꜣ vgl. auch Ritner, 104f.; Kakosy, 1989, 30ff.

9 Dazu Gehlen, 136f., 145ff.

10 S. etwa: Morenz, 1960, 173f.; Hornung, 1971, 67; Assmann in LÄ V, 679; Allen, 1988, 38. Vgl. Ḥkꜣ als Ba des Schöpfers Ptah: p. Berlin 3048 11, 7 (Wolf, 40f., Z. 8f.; Assmann, ÄHG, Nr. 143, Z. 269ff.); Ḥkꜣ mit Ḥw und Sjꜣ: s. Piankoff/Rambova, 1957, Pap. 10 und 11.

11 S. die synkretistische Bildung Sjꜣ-Rꜥw in CT VI, 269e und VII, 52p; vgl. zu Sjꜣ in den CT (mit weiteren Stellen — auch zur Beziehung zw. Sjꜣ und Re): B. Altenmüller, 183f.; zu Ḥw in den CT: ebd., 128f.; s. auch die Bemerkung von Allen, op.cit., 38 — zu CT IV, 145b–c und VII, 481g – : "Magic is the force that makes Annunciation (Ḥw) effective"; Ḥkꜣ in CT: B. Altenmüller, 160ff.

immer deutlicher zu unabhängigen “Begriffsgöttern”[12] entwickelten. Bezeichnenderweise werden sj3 und ḥw fest lokalisiert: “ḥw ist auf seinem Mund, sj3 ist in seinem Leib”.[13] Von Ḥk3 heißt es in den Pyramidentexten, er sei eine Kraft, vor der “der Himmel ächzt und die Erde erzittert”;[14] vor der Entstehung der Götter gehörte ihr das All.[15] Hier soll uns vor allem die Substantialität dieser Zauberkraft interessieren.

Zauber (ḥk3(.w)) kann nach Ausweis der Texte gegessen werden. Die wohl bekannteste Belegstelle dafür ist der sogenannte “Kannibalenhymnus” der Pyramidentexte (393a – 414c), wo die Machtergreifung des Königs über den Himmel und seine Bewohner vermittels einer kannibalischen Mahlzeit ausgedeutet wird. Dabei geht es darum, daß sich der König die Menschen und Götter einverleiben muß, um ihrer ḥk3.w–Kräfte teilhaftig zu werden und somit die Macht dieser Wesen auf sich zu konzentrieren.[16] Doch nicht nur Zauberkräfte (ḥk3.w und 3ḫ.w[17]) werden verspeist, sondern auch sj3 und b3.[18] Zahlreiche Stellen aus der funerären Literatur sprechen diese Vorstellungen an:

- CT V, 391e–i (Sp. 469): “Mein Ba gibt mir Macht (sḫm) über Ḥw. Ich habe verschluckt (ᶜm) den Sia jedes Gottes. Ich habe geraubt (nḥm) die Machtzeichen (wsr.wt) der Achu. Ich habe (zusammen)gefaßt (ḥmᶜ) ihre 3ḫ–Kräfte”.

- CT VI, 319l–n (Sp. 689): “Dieser N hat gegessen (wnm) die Unendlichkeitsgötter (Ḥḥw)[19] und Ḥw, er hat Sia verschluckt (ᶜm),[20] er hat gegessen die ḥk3.w–Zauber von (dem Gott) Heka”.

- Zauber werden gegessen (wnm): CT V, 391i (in Verbindung mit der roten Krone);[21] V, 392c: zwei Ḥw–Götter “essen das Essen der

---

[12] S. Dux, 1982, 192ff., bes. 195: “Das konstitutive Moment für die Begriffsbildung kann aber auch zur Gänze aus der Motivation der Betroffenen stammen”.

[13] CT VI, 268o (von Atum).

[14] Pyr. 924a–b.

[15] CT III, 389 (Sp. 261); dazu Allen, 1988, 37f., 88f.

[16] S. bes.: Pyr. 397b (<> CT VI, 178j–k); 400a; 410c; 411a; vgl. CT VI, 179c, 181c, j, 182c, 183e: “SPRUCH, ZU ESSEN DIE **ḥk3.w** IN IHRER GÄNZE”.

[17] Pyr. 403c.

[18] Pyr. 411d bzw. 413a.

[19] S. Sethe, 1929, §§ 143, 200f.; Kees, 1983a, 311f.; s. bes. Buch v. d. Himmelskuh, “Kuhbild” (die den Schu stützenden Götter).

[20] Sj3 im Leib s. CT VI, 268o, 399u; vgl. CT II, 116s (*Sj3 m-r3=j*); CT VII, 15l-m (“Ich habe Sia gesehen, er hat geöffnet meinen Mund”).

[21] Vgl. Pyr. 411a.

> Zauberer in zwei jmw–Schiffen, die vereinigt sind (s. CT VI, 321b), nämlich ihre ḥkꜣ.w (B_2L: sḫm.w)[22] und ihre ꜣḫ.w".[23]

Der Leib (ẖ.t) wird gefüllt mit ḥkꜣ.w: CT I, 90b = 118a = 137d = 149b; III, 321e; IV, 58a; VI, 272h, 278r; V, 322e, i, j, 323b, 325c, d und die entsprechenden Passagen in Tb 90, 2 und 5 (Nu); Tb 110, 20f. (Juja); ähnlich (ḥkꜣ.w im Mund): Tb 31, 4 (Nu).

Ein besonders interessanter Text, CT Spell 1017, der Anklänge an totenkultische Verrichtungen zeigt ("für meinen toten Vater") und ansonsten die zu erwartenden normgerechten Taten des Sohnes auf Erden beschreibt, hebt ebenfalls das Verschlucken (ᶜm) der ḥkꜣ.w und das Essen der Maat hervor (CT VII, 238e bzw. d).[24]

Im "Buch von der Himmelskuh" heißt es (218–220): "Hüte dich ferner vor jenen Zauberern, die ihre Sprüche kennen,[25] denn Heka ist selber darin — doch der, der ihn sich einverleibt (ᶜm), das bin ich" (Re).[26] Es ist auch davon die Rede, daß Altäre mit ḥkꜣ.w versehen werden.[27]

Für problematisch halte ich den Einwand, man habe es hier mit lediglich metaphorischen Redeweisen zu tun. Gewiß wird man davon auszugehen haben, daß ursprünglich das Essen bestimmter — vielleicht privilegierter — Nahrungsmittel, die zuvor mit Sprüchen und diversen Zeremonien kultisch präpariert und quasi mit Macht aufgeladen worden waren, zu initiatorischen Riten (Macht- und Ämterübernahme etc.) gehörte. Auch die regelmäßige Einnahme solcher Speisen könnte für Angehörige verschiedener Berufsstände oder Inhaber bedeutender Amtsfunktionen obligatorisch gewesen sein. Aus dem aztekischen Kulturkreis ist eine sehr eindrucksvolle Parallele dazu bekannt. Ein Wort für Priester war *teohua*, was soviel wie "den Gott (teotl) innehaben" bedeutet und sich auf den Verzehr eines aus Brotteig gebildeten Figürchens des Gottes Huitzilopochtli bezieht. Auf diese Weise gewannen die Priester Anteil an der numinosen Sphäre des Gottes, ja waren geradezu als "Gotteshüter" (teopixqui) ausgezeichnet.[28] Die residuale Phrase "die ḥkꜣw.w essen" verstehe ich demnach als eine charakteristische Ausdrucksweise der ma-

---

22 Vgl. Pyr. 1364c–d: sḫm im Leib.
23 S. auch: CT V, 394e, 398a; VI, 319n.
24 Zum "Essen der Maat" s. den Exkurs S. 238f.
25 Zu dieser Phrase Edel, 1944, 21.
26 S. dazu Hornung, 1982a, 65 (147).
27 CT III, 170b (Sp. 212).
28 Lanczkowski, 114; zum teopixqui–Prinzip: ebd., 46f., 60.

gischen Texte, die für den intensivst möglichen Kontakt des Aktanten mit übernatürlichen Kräften oder Mächten steht. Die Zauberkraft kann indessen auch verliehen werden. Der ganzen Menschheit wurde sie ursprünglich geschenkt, um Schicksalsschlägen wehren zu können,[29] in besonderem Maße steht sie dem König zur Verfügung ("denn vollkommen ist die Tochter..., weil du ihr deinen Ba, deine sḫm–Macht, dein Ansehen (w3š), deine ḥk3.w, deine Krone gegeben hast...")[30], aber auch Künstler haben einen überdurchschnittlichen Anteil an ihr.[31]

Diese Verfügbarkeit der Zauberkraft birgt jedoch beträchtliche Gefahren. Wenn die erforderliche Ordnung im Staate — und damit letztlich in der Welt — fehlt, sind die ḥk3.w enthüllt.[32] Sie können schließlich gar gestohlen werden. Vor allem der Verstorbene ist darauf bedacht, sie zu behalten, und so dienen ihm zahlreiche Sprüche dazu, alle diejenigen zu vertreiben, die sich seinen Zauber aneignen wollen.[33] Allerdings können auch Unholde ihrer magischen Potenz verlustig gehen; der Sonnengott ist in der Lage, sich in die Unterwelt zu begeben, "um die Zauber der Feinde des Osiris fortzunehmen";[34] "abgeschnitten und fortgetrieben werden sollen ihre (der männl. und weibl. Zauberer) Zauber von ihren Mündern durch Re selbst" — *bḥn.tw šnᶜ.tw-ḥk3.w=sn r-r3(.w)=sn jn-Rᶜw ḥr-ḏs=f* (p. Ch. Beatty VIII 9, 8). Schädliche ḥk3.w können unter Anwendung von Medizinen aus dem Körper vertrieben werden.[35]

Eine weitere aufschlußreiche Stelle für die Beschaffenheit der ḥk3–Kraft ist CT Spell 402, wo es heißt: "Ich habe mir diesen Zauber vereint (dmḏ) aus jedem Ort, an dem es ihn gibt."[36] Für die Quantifizierbarkeit der ḥk3.w spricht auch CT Spell 42: *(r)dj.n-Ḥr wr-ḥk3.w=k-r=f m-rn...* — "Horus hat deine ḥk3.w größer gegeben als seine in deinem Namen Wr-ḥk3.w" (CT I, 178e) — was sicher meint, daß er dem einen mehr ḥk3–Kraft verliehen hat als dem anderen. Auch die sḫm.w und 3ḫ.w–Kräfte sowie

[29] Lehre für Merikare - p. Ermitage 1116, 136–7; dem Verstorbenen werden sie gegeben: CT Spells 402, 572; vgl. CT VII, 210k. Zur Phrase "jemandes Zauber machen": Borghouts, 1971, 39f. (11).

[30] Urk. IV, 244, 3ff. (von Hatschepsut); dazu Osing, 1977.

[31] S. Stele Louvre C 14; dazu Barta, 1970, bes. 78ff.; te Velde, 185 (70).

[32] Admonitions VI 6 (Gardiner, 1909, 47).

[33] CT Spells 349, 350, 392, 418 (V, 254b–c); s. auch 442 (V, 302a), 424 <> Tb 32; 426, 441 (V, 299b–d), 444 (V, 311f), 447, 450, 586, 846; Tb 31.

[34] Höhlenbuch, 1. Abschnitt, 5. Register, 9.

[35] P. Ebers, Nr. 165, 167; p. Hearst Nr. 36, 54.

[36] CT V, 175h, 176f <> Tb 24, 3 (Ani).

die bꜣ–Macht scheinen in verschiedenem Maße — und dementsprechend wirksam — vorhanden zu sein:

1. sḫm.w: CT I, 48d–49a — *jw-pḫr.n=f-sḫm.w-Stẖ m-ḥꜣ w-sḫm.w=f* — "Es wenden sich die Mächte des Seth zu ihm, zusätzlich zu seinen (eigenen) Mächten".

2. bꜣ und sḫm: CT I, 244c–d: *mk-ṯw-jr=k bꜣ.tj spd.tj sḫm.tj r-nṯr.w-nb.w* — "Siehe, du bist "bavoller" (mächtiger), geschickter, mächtiger als alle Götter".

3. zu den ꜣḫ.w: CT I, 194e; IV, 367i (s. auch 367j – ꜥpr); CT V, 49c: "Mein Spruch ist in der Tat "achvoller" als sein Messer"; CT V, 293c: "Ich bin Atum, achvoller als die Achu"; s. auch: CT V, 395n; VII, 477i; vgl. Biographie des Anhurmose, Z. 65: *qꜣb=f-n=j ꜣḫ.w(=j)*[37] — "Er (Sokar?) möge vermehren für mich meine Ach–Kräfte!"

Bekannt ist auch, daß Isis achvoller (oft übersetzt mit "zauberischer") ist als alle anderen Götter (s. CT II, 216c). Ihre ꜣḫ–Kraft kann auch von einem Helfer verstärkt werden (Tb 100, 6 (Nu)).[38] Das Problem der Beziehung zwischen ḥkꜣ–Zauber und ꜣḫ–Kraft soll im Rahmen dieser Arbeit nicht ausführlicher untersucht werden.[39] Nachfolgend wird lediglich auf einige besonders instruktive Stellen hingewiesen:

CT II, 89c: "Meine ḥkꜣ.w sind in meinen Verklärungen (sꜣḫ.w)";

CT V, 51g–52b: ḥkꜣ.w schützen ꜣḫ.w;

CT III, 309g: "Ich bin achsam an Spruch, unversehrt an ḥkꜣ.w";

Tb 72, 3: "Ich bin mächtig (sḫm) mit meinen ḥkꜣ.w, geprüft (jp) in meiner ꜣḫ–Kraft".[40]

[37] S. Ockinga/al–Masri, 45.

[38] Zu den ꜣḫ.w der Isis: Moret, 1931, 725ff., bes. 739; Münster, 192f. Isis wird auch als Herrin der ḥkꜣ.w bezeichnet: z.B. de Garis Davies, pls. 58/59p. Westendorf übers. ꜣḫ.w der Isis (z.B. in Tb 156) zu spezifisch mit "Fruchtbarkeit": 1966c, 144ff.; LÄ III, 204.

[39] Lit: Klasens, 77; Zandee, 1953, 201f.; Assmann, 1969, 365f. (90); te Velde, 176f. mit (11); Demaree, notes 83, 159, 166, 176; Borghouts, 1971, 179f. (440); ders. in LÄ III, 1139.

[40] S. ferner: CT I, 402a–c; II, 53b–c.

Abschließend sei noch auf CT II, 61d–e verwiesen: "Ich bin eingetreten zusammen mit meinen ḥk3.w vermittels meiner s3ḫ.w."

Resümierend sei gesagt, daß die 3ḫ–Kraft dem Aspekt ḥw sichtlich näher steht als die ḥk3–Kraft, d.h. die 3ḫ.w–(Zauber)–Kräfte scheinen wesentlich mit der illokutiven Macht der Sprache verbunden zu sein. Demgegenüber bezeichnet ḥk3 eine Zauberkraft, die auf Aktionsfähigkeit zurückzuführen ist.[41] Magische Handlungen in unserem Sinne verdanken ihre Wirksamkeit also wohl eher den ḥk3.w.

Daß insbesondere der ḥk3–Zauber als durchaus situationsbedingt portionierbares und substantielles Kräftequantum gesehen wurde, zeigt kaum eine Textstelle so deutlich wie die 66. Szene des Pfortenbuches (10. Std., MR). Bevor in der anschließenden Szene der eigentliche Kampf gegen den Sonnenfeind Apophis geschildert wird, wobei drei speertragende Götter und der sog. "Alte" mit einem Strick der Schlange den Zugang zur Barke verwehren, beschreibt diese Szene die Bezauberung des Untieres. Dreizehn Gottheiten, mit beiden Händen je ein Netz emporhaltend, werden mit folgender Äußerung zitiert: "Hei, Rebell! Gebunden ist Apophis, dem Übel bestimmt ist. Dein Gesicht ist vernichtet....Der Alte ist gegen dich. Die mit den Speeren stoßen in dich. Wir bezaubern dich mit dem, was in unserer Hand ist."[42] Szene 64 sagt deutlich, was sich in ihren Händen befindet: "Ihre Zauber sind das, was auf dem Wurfnetz ist und in dem Wurfnetz in ihrer Hand."[43] Die Voraussetzung für das erfolgreiche Handeln des "Alten" und seiner Helfer ist also die bannende ḥk3–Kraft, die über Apophis geworfen wird wie eine lähmende Gegenenergie, die seine Wirkungsmacht erstickt.[44] Die ḥk3.w können wie Wurfgeschosse in Netzen aufbewahrt und im rechten Moment aktiviert werden.

Im Lichte dieser Stellen erscheint die magische Macht im alten Ägypten als energetische Essenz, welche die gesamte Schöpfung durchwaltet und sich in allen Wesen und Gegenständen zu objektivieren vermag.[45]

---

[41] Vgl. dazu auch CT VII, 466b: "Es ist Ḥw zus. mit Ḥk3 dabei, für mich zu fällen jenen Bösartigen (*ḏw-qd-pf*)".

[42] S. Hornung, Pfb. I, 345f.; Pfb. II, 235: Netze als "Kraftfeld"; ders., 1971, 203f. Zum "Zaubernetz" vgl. Harrauer, 63–67.

[43] Pfb. I, 341f.; II, 232f.

[44] S. auch Amd. I, 117, 6f.: "Er (der Sonnengott) lenkt ab (stnm) den Weg von Apophis durch die ḥk3.w der Isis u. des Ältesten Zauberers" <> III, 14, 5f.; I, 118, 5f.: "Er fährt durch die ḥk3.w der Isis u. des Ältesten Zauberers und durch die 3ḫ.w, die auf dem Munde dieses Gottes selbst (Sonnengott) sind" <> III, 15, 4f.

[45] S.v.a. die Bemerkungen zum Buch von der Himmelskuh.

Nach Maßgabe des quantitativen Anteils an ihr sind Götter und Dämonen, König, Rebellen und "Normalmenschen" hierarchisiert. Die ḥk3.w sind nicht allein ein Ingredienz des gesamten Lebens — auch des nachtodlichen —, sie können geradezu als der "Kraftstoff" der altägyptischen Welt verstanden werden.[46]

Exkurs: Zum Begriff Maat

Wie die ḥk3.w, so ist auch die m3^c.t zu den elementaren Lebensbedürfnissen der Menschen und Götter zu zählen.[47] So nimmt es nicht Wunder, daß die Maat — allerdings im Gegensatz zu Heka — in den kultischen Opferumlauf integriert wird.[48] Häufig wird auch hier der Nahrungs–Topos aufgegriffen. Die Maat kann gegessen werden — wnm — : CT II, 35g; VII, 238d; die Formel *^{c}nḫ m-m3^c.t* ("leben von der Maat") ist häufig in der funerären Literatur belegt:
Pyr. 1483c; CT IV, 62i–j <> Tb 85, 3(Nu); CT IV, 173a–b; VII, 226x, 270b, 468c; Tb 29A, 3 (Ig); Tb 65, 11–12 (Nu); Tb 96/ 97, 9(Nu), 11(Aa); Tb 147, 8 (Ani); Tb 153B, 14 (Nu); Tb 173, 3f. (Aa); Tb 183, 39f. (Ag); Pfb. I, 20 (Sz. 6); s. auch p. Berlin 3049.[49]
Bisweilen wird diese Phrase durch *s^{c}m-m3^c.t* (verschlucken) erweitert: Tb 125, 5, 8 (Nu); Tb 126, 6 (Nu). Weitere interessante Belege in diesem Zusammenhang: Texte aus dem Grab TT 49 (s. Assmann, 1983a, Text 59b, 18f.: "sein Leib ist gefüllt mit Maat,[50] ich weiß, daß du von ihr lebst, von ihr ißt (s^{c}m)");[51] Speos–Artemidos–Inschrift, Z. 9f. ("Mein Brot ist sie, ich trinke von ihrem Tau"). Beachtenswert ferner: CT III, 6a–b (Maat wird dem Re gesendet, damit seine Leber gedeihe); CT V, 35m (die Maat mit Wasser als Opfer präsentieren); CT VI, 373d (*msj=s-ḥtp.w-m3^c.t*); Pfb. I, 257 — 43. Sz. — ("Ihre Opferspeisen sind Maat").[52] Darüberhinaus kann Maat eingeatmet werden (CT VI, 255c; Tb 133, 5 (Nu)) oder sich an der Nase des Re befinden, was auf intensive Nähe verweisen soll[53]: CT II, 35c; CT VI, 271e; Tb 105, 6 (Nu): "Möge die

[46] Hornung spricht von der "Atomenergie der frühen Menschheit" (1971, 205).
[47] Hornung, 1989, 132.; s.v.a. Assmann, 1990c, Kap. VI. 3. c: "Die lebenspendende Gerechtigkeit".
[48] S. Assmann, ebd., 184–192; ders., 1970, 64.; zum "Aufsteigenlassen der Maat": s. S. 102 mit (159).
[49] Assmann, ÄHG 127B, Z. 91, 197.
[50] Vgl. etwa Tb 80, 9 (Ani).
[51] S. Assmann, 1983a, 86 (e, f); s. auch Text 62, 8, 13.
[52] S. Hornung, Pfb. II, 180(12).
[53] Vgl. CT III, 348b: "an der Nase des Osiris sein".

Maat hoch sein an der Nase des Re".[54]

Innerhalb des ägyptischen "Weltbildes", das einer stringenten "Ursprungslogik" verpflichtet ist,[55] erscheinen ḥkꜣ.w und mꜣꜥ.t[56] als zunehmend personifizierte "kategoriale Formen". — "Man kann sich auf Handlungen beziehen, mit ihnen rechnen, an ihren Wirkungen laborieren, ohne deren Urheber zu kennen. Allein, bei denen, die existentiell bedeutsam sind, und das sind regelmäßig wiederkehrende, von denen der Mensch abhängt, ebenso wie Ausnahmeereignisse, an denen für ihn alles hängt, ist es nicht ratsam, so zu verfahren.... Sobald aber das Subjekt der Handlung einmal thematisch gemacht ist, geht es in der Potentialität seines Handlungsvermögens über jedes konkrete Tun hinaus. Aus der kategorialen Form ist ein selbständiges Wesen geworden."[57]

Insbesondere die ḥkꜣ–Zauberkraft ist m.E. im Rahmen einer "präwissenschaftlichen Physik" gewissermaßen als konkret substantiell vorgestellte Effizienz zu verstehen, die dann zunehmend zum "Begriffsgott" gestaltet wird.[58]

B. Das Legomenon

"Der Mythos ist selber Logos"[59]

Im Rahmen von Ritualhandlungen verlautbarte kurze Aussprüche reichern sich im Laufe der Zeit zu längeren Texten an, die zunehmend den

---

[54] Dazu Assmann, 1969, 179; ders., 1970, 60–65; ders., 1990c, 188–192 (mit weiteren Stellen !).

[55] S. Dux, op.cit.,167: "Das Zwanghafte, das magischen Praktiken immer wieder nachgesagt worden ist, beruht auf nichts anderem als der Stringenz einer Logik, die Ursprungslogik ist und im Ursprung Subjekt und Substanz, Substanz und Emanationsformen der Substanz aneinander gekettet hält"; s. ders., 1989,128,209.

[56] Zum Verhältnis ḥkꜣ.w <> mꜣꜥ.t: p. Ebers 108, 9–17 (im Vollzuge eines Zauberspruches wird ein Maatopfer erwähnt); s. auch: te Velde, 185 mit (65), pls. XXVIIA, XXVIIIA. Ḥkꜣ zus. mit Maat: s. Piankoff/Rambova, 1957, Pap. 16.

[57] Dux, op.cit., 196; s. auch ders., 1989, 29: "Von den operationalen Strukturen müssen diejenigen Grundstrukturen im Aufbau der Welt unterschieden werden, durch die die Materialität der vorfindlichen Wirklichkeit erfaßt wird. Wir bezeichnen sie als Kategorien".

[58] Vgl. Hornung, 1971, 203f.

[59] Gehlen, 222; zum Verhältnis Mythos <> Magie (Ritual): s. Widengren, 150–57; Kirk, 8–31; Burkert, 1972, 39ff., bes. 40(4): Lit.!; Skorupski, 144ff.; Picht, 510ff., bes.513f.; in Ägypten: Otto, 1958; Assmann, 1977, 15ff.; 1984, 124ff.; Kakosy/Roccati, 57ff.

Charakter von mythischen Erzählungen gewinnen.[60] In der ägyptologischen Literatur ist zumeist der aitiologische bzw. explanatorische Aspekt des Mythos hervorgehoben worden.[61] In dieser Untersuchung ist nach der Funktion zu fragen, die Einschaltungen narrativer Elemente in magischen Verrichtungen zukommt.

Ob man den Mythos als exemplarisches Modell und Archetypus umschreibt[62] oder von "Archai" als regelhaften Abläufen spricht,[63] entscheidend ist seine bekräftigende[64] und legitimierende Funktion, die in erster Linie in der Magie zum Tragen kommt. — "Der Mythos vermag ohne Magie, nicht aber diese ohne den Mythos zu sein."[65] Durch die Mythisierung konstellativer Beziehungen[66] (etwa Mutter <> Kind <—> Isis <> Horus) sowie die Ikonisierung anthropologischer Kategorien[67] (Gottesnähe > Barkenfahrt; Herrschaft > Sonnenlauf[68]) werden Relationspunkte gewonnen, auf die je aktuelle Geschehnisse (oder Zustände) bezogen werden können. Somit ist es möglich, für das "hic–et–nunc" Legitimation anhand des Verweises auf eine entsprechende Begebenheit in einer höherwertigen (göttlichen) Sphäre einzufordern. Diese Mythembildung impliziert konsequenterweise die Möglichkeit der ad–hoc–Mythisierung, die v.a. in magisch–medizinischen Instruktionen genutzt wird.[69] Die magisch–mythische Option der Heilkunst (Instruktion statt *pẖr.t n-x*–Rezept) zeigt — wie gesehen — besonders eindringlich p. Leiden I 348 Spr. 10 mit jenem Streit zwischen Horus und Seth um einen Strauch, dessen Knospen als Medizin genutzt werden sollen, und den daraus resultierenden, der Erkrankung des Patienten analogen Kopfschmerzen des Horus.

[60] S. Schott, 1945, 119ff.; Otto, 1958, 16ff. und (31).
[61] S. Morenz, 1960, 228f.; Assmann, 1977, 16; Borghouts in LÄ III, 1137f.; Sternberg, 12f. (mit Lit.); dagegen s.v.a. van der Leeuw, 176f.
[62] Eliade, 1986a, Kap. I; ders., ^{2}1985, Kap. 7–8.
[63] Hübner, 1979, v.a. 82ff.; ders., 1985, 135ff.
[64] Otto, 1958, 26.
[65] Hübner, 1985, 348; s. 344ff.: "Exkurs über den Unterschied von Magie und Mythos".
[66] S. Assmann, 1977, 14f.
[67] S. Assmann, 1983b, 54ff.; ders., 1984, 135–138.
[68] S. Assmann, 1990c, 180ff.
[69] S. Kakosy, 1981, 253: "Die epischen Einleitungen in den Zaubertexten dürfen u.E. beim Rekonstruieren der Mythologie eines Volkes nur als zweitrangige Quellen benutzt werden. Die meisten Geschichten wurden für eben aktuelle Situationen, für Krankheiten als Präzedenzfälle in der Götterwelt erfunden".

In magisch–medizinischen Instruktionen werden die zu bekämpfenden Krankheitssymptome des öfteren auf Götter übertragen:

Kopfschmerzen des Horus:	p. Leiden 348 Nr. 8, Nr. 10, Nr. 3 (des Horus und des Thot);[70]
Kopfschmerzen des Osiris:	p. Ch. Beatty V vso. 4, 10 – 6, 5;
Augenkrankheit des Horus:	p. BM 10059 Nr. 36;
ꜥꜣꜥ–Krankheit des Horus:	p. BM 10059 Nr. 38;
Hautkrankheit des Horus:	p. BM 10059 Nr. 6;
Leibschmerzen des Horus:	p. Leiden 348 Nr. 23;
Verbrennung des Horus:	p. BM 10059 Nr. 46, 47, 48;
Hilflosigkeit des Horus:	p. Berlin 3027 P;
Nasenkrankheit des Osiris:	p. BM 10059 Nr. 36;
Leibschmerzen des Re:	p. Leiden 348 Nr. 20; s. auch p. Turin 77+31.

Regelrechte Präzedenzrezepte, die dem Patienten gemäß ihrer Anwendung auf den kranken Horus zugute kommen sollen, haben wir bereits in p. Ramesseum III B. 23–34 und p. Leiden I 348 Nr. 22 kennengelernt. Ein Rezept des Papyrus Ebers (Nr. 811 = 95, 7–14) wird eingeführt mit den Worten: "Rezept der Isis für die Brust. Die Brüste sind diese, an denen Isis in Chemmis litt, als sie Schu und Tefnut gebar. Das, was sie für sie machte (*jrw.t.n=s-n=sn*):". In diesen Zusammenhang sind auch die sog. "Göttermittel" des p. Ebers zu stellen (Nr. 242–247 = Hearst Nr. 71–75).[71] Es handelt sich um Verbandsmittel gegen Schmerzen, von denen ausdrücklich gesagt wird, daß Re (242) und Schu (243) sie für sich selbst gemacht hätten, Tefnut, Geb, Nut und Isis (244–7) hingegen für Re. Der p. BM 10059 enthält ein geheimnisvolles Buch (s. u.), in dem sich eine "BESCHWÖRUNG (**šn.t**), ZU VERTREIBEN DIE **nsj** UND **tmjj.t**–KRANKHEIT" findet. "Gemacht von Isis für ihren Vater, GEMÄSS DEM, WAS GEMACHT WURDE...seitens der Großen Neunheit an der Spitze von ... für ...(Osiris?)" (8, 8–9 = Nr. 25).

Die Arzt (Aktant) –Patient–Beziehung findet ihr mythisches Korrelat insbesondere in der Isis–Horus–Konstellation.[72] "Sie (die Magie) schafft die Atmosphäre des sich immer neu bildenden Mythos ...Er ist...ein Mani-

---

70 Weitere Stellen s. Borghouts, 1971, 15 (zu 348 Nr. 3), 70 (102).

71 Grundriß IV–1, 259f.

72 S. dazu Münster, 6–12, 195; sie findet sich natürlich auch in funerären Texten: z.B. Tb 157 (Isis und Horus im Schilfdickicht); vgl. Betz, 258(2) — zum "brennenden Horus".

fest ihres (der Magie) Anspruchs auf Gültigkeit... Die Funktion des Mythos ist nicht, Erklärungen zu liefern, sondern Gewißheit zu geben, nicht, Neugierde zu befriedigen, sondern Vertrauen in Macht (der Magie) einzuflößen."[73] Die Mitteilung einer mythischen Heilung nebst der Angabe des zugehörigen Rezeptes scheint eine universelle Grundform magisch-medizinischer Texte auszumachen. So findet sich in der sog. Wolfsthurner Handschrift aus dem 15. Jhdt. folgende Passage, die für die mittelalterliche Magie ein den altägyptischen Befunden ganz analoges Verfahren offenbart:

"Sankt Nicasius, der heilige Märtyrer Gottes, hatte einen Makel in den Augen, und er bat Gott, er möge ihn davon befreien, und der Herr befreite ihn davon. Da betete er zu unserem Herrn, wer seinen Namen an sich nehme und behalte, der solle erlöst werden von allen Makeln und Gebrechen welcher Art auch immer, und unser Herr erhörte ihn. — Also beschwöre ich dich, Makel, bei dem lebendigen Gott und bei dem heiligen Gott, daß du verschwindest von den Augen des Dieners Gottes N., du seist schwarz, rot oder weiß. Christus treibe dich hinweg. Im Namen des Vaters und des Sohnes und des Heiligen Geistes, Amen."[74]

C. Das Deiknymenon

1. Entstehungslegenden — Die Fiktion des Alters

Die Wirkkraft (*δύναμις*) magischer Handlungen und im besonderen magischer Bilder oder Gegenstände ist seit jeher durch Berufung auf historische Präzedenzen beglaubigt worden.[75] Für die ägyptischen Zaubertexte ist es charakteristisch, daß neben konkreten historischen Vorgängen — mit Verweis auf bestimmte Personen — auch mythische Zitationen begegnen; götterweltliche Ereignisse werden zum Präzedenzgeschehen.[76] Die in ihnen zur Sprache kommenden Realien (Arzneien, Amulette etc.)

---

[73] Malinowski, 1925 - in Petzoldt, 1978, 99f.; vgl. van der Leeuw, 166: "Mythos wächst aus der gegebenen Situation erst hervor", 172f.: "Die Mächte werden gleichsam in Betrieb gesetzt".

[74] Kieckhefer, 12.

[75] Zu "Kultlegenden" in der Bildkunst s. Belting, 14ff.(er unterscheidet Entstehungs-, Visions- und Wunderlegenden); s. auch 694 *Legende mit entsprechenden Beispielen; zu "Kultlegenden" in Ägypten s. Helck in LÄ III, 850ff.

[76] Dazu Otto, 1958, 27: "die "klassischen" Zaubertexte arbeiten mit einem myth. Präzedenzfall"; Morenz, 1960, 228; ders., ^{2}1984, 186; Kakosy, 1981, 253; Brunner, 1983, 62.

werden zu Vorbildern für Deiknymena. Nachfolgend wollen wir uns einige Beispiele vor Augen führen:
Die älteste Nachschrift zu einem funerären Spruchtext weisen bereits die Pyramidentexte auf.[77] Spruch PT 456, ein Hymnus an Re, bietet folgenden Annex: "Wer ihn wirklich kennt, diesen Spruch des Re, wird, wenn er sie, diese Zauber (ḥkȝ.w) des Harachte, vollzieht, ein Bekannter des Re sein, und er wird ein Vertrauter des Harachte sein. König NN kennt diesen Spruch des Re, König NN vollzieht diese Zauber des Harachte. König NN wird ein Bekannter des Re sein, König NN wird ein Vertrauter des Harachte sein. Der Arm des Königs NN wird ergriffen am Himmel als (der eines) Gefolgsmannes des Re" (Pyr. 855a–856e).

- PT 580: "Essen, essen das rote Rind für die Durchquerung des Sees (nmj-š); etwas, das Horus gemacht hat für seinen Vater Osiris, diesen König NN" (Pyr. 1550a–b).

- CT III, 240f. b (Sp. 225): Buch des Thot.

- CT VI, 193n (Sp. 577): "Es war dieses Buch zu Seiten des Chnum."

- Tb 30B: "Gefunden wurde dieser Spruch in Hermopolis zu Füßen der Majestät dieses Gottes — geschrieben auf einen Block aus oberägyptischem Sandstein (*ḏb.t n-bjȝ.t*[78]) — als Schrift des Gottes selbst — in der Zeit des Königs Mykerinos, des Gerechtfertigten. Es war der Königssohn Hordedef, der ihn fand, als er sich anschickte, die Tempel des Landes zu inspizieren" (Ig).

- Tb 68, 11 (Nu): Bücher des Thot.[79]

- Tb 64: Zwei unterschiedliche Nachschriften sind zu dieser Instruktion überliefert. Die Fassung bei Nu haben wir bereits betrachtet (Ziegel, gefunden von Hordedef). Bei Aa findet sich die Variante: "Gefunden wurde dieser Spruch im Fundament dessen, der in der Henu–Barke ist, durch einen Aufseher der Maurer in der Zeit des Königs Ḥsp.tj — des Gerechtfertigten."[80] Interessant ist auch

[77] So auch Assmann, 1969, 36.
[78] Vgl. Wb I, 438, 16 – 439, 1–3.
[79] Zu von Göttern verfaßten Texten: Assmann, 1969, 222 (171).
[80] Dazu: Wildung, 1969, 25–28: der Spruch wurde also gefunden "in uralten Grundmauern des Sokaristempels von Memphis"; zu Ḥsp.tj: ebd., 29ff.; Sethe, 1897, 3 mit (1); Chassinat, 1966, 53f; vgl. p. Ebers 103, 1–2.

der Umstand, daß Nu und Juja für die Kurzfassung zu Tb 64 die Nachschrift benutzen, die bei Aa in der Langfassung begegnet (Typ Henu–Barke).[81]

- Tb 101: "Es war die Majestät des Thot, die dieses gemacht hat für die Majestät des Königs Osiris..." 101, 10 (Nu), 14f.(Juja).

- Tb 130: s. Tb 133.

- Tb 133: "die Rede, die Horus gemacht hat für seinen Vater Osiris Wennefer".

- Tb 137A: "Schreibe dieses Buch (ab), wie es gefunden wurde in Schrift! Der Königssohn Hordedef war es, der es fand in einem geheimen Kasten (hn),[82] in der Schrift des Gottes selbst, im Tempel der Wnw.t — Herrin zu Hermopolis —, als er stromauf fuhr, um die Tempel, Felder und Hügel der Götter zu inspizieren" (137A, 37–40 (Nu)).

- Tb 161: "Spruch, eine Öffnung in den Himmel zu brechen, von Thot für Wennefer gemacht...".

- p. Ebers 103, 1–2 = p. Berlin 3038 15, 1–5: "gefunden in alten Schriften (*zš.w-js.wt*) in einem hn–Kasten mit Büchern unter den Füßen des Anubis in Letopolis zur Zeit der Majestät des Königs von Ob. und Unter–Ägypten Hsp.tj, des Gerechtfertigten, nachdem er krank geworden war. Sie wurde gebracht zu der Majestät des Königs von Ob. u. U.–Äg. Hsp.tj".[83]

- p. Leiden I 343+345: ein Knoten, den Apis für seinen Bruder Rnwjj geknüpft hat.

- p. BM 10059 Nr. 25: eine Beschwörung "gemacht von Isis für ihren Vater, gemäß dem, was gemacht hat die Große Neunheit..." (8, 8). Der Text wird ausgegeben als ein "Schutz, der gefunden wurde in der Nacht; er war herabgelangt (gefallen) in den Säulenhof

---

[81] Zum Auffinden heiliger Bücher s. die bekannte "Erzählung von Seton–Chaemwese und Ninoferka–Ptah": Brunner–Traut, ^{6}1983, 171ff., bes. 177f.; Lichtheim, AEL III, 127–138.

[82] Vgl. hn–Kasten: s. S. 54 mit (7 u. 8).

[83] S. auch p. Ebers Nr. 251, 468, 589.

des Tempels von Koptos aus dem Geheim(archiv) der Götter und in die Hand des Vorlesepriesters dieses Tempels (gelangt)." – Es folgt eine ausgesprochene "Wunderlegende" (im Sinne Beltings): "Es war aber das Land in Finsternis. Es war der Mond, der auf das Buch schien auf seinem ganzen Wege. Es wurde gebracht als Wunderzeichen[84] zum König Cheops" (8, 11–13).

- Wirkungsversicherungen unter Berufung auf konkrete Zeiträume ("Dies ist gut gewesen seit den Zeiten des NN") enthält der p. BM 10059 ebenfalls: 14, 5; 15, 6 (in beiden Fällen Amenophis III).[85]

- Eine Krankheitsbekämpfung per Götterdekret bietet p. Deir el–Médineh 36.

- Eine Arzneizusammenstellung, die Isis für Horus verwendet hat und ihrerseits dem Rat der Ammen und Kinderfrauen der Nut verdankt, finden wir in p. Ramesseum III B. 23ff. (s. ob.).

- S. auch den Titel zu Buch II des p. Cairo 86637 ("Cairo Calendar"), "DAS GEMACHT HABEN die Götter des Schreines [ ] und die Vereinigung der Neunheit, das zusammengefügt hat die Majestät des Thot im "Großen Haus" an der Seite des Allherrn. ES WURDE GEFUNDEN IM ARCHIV IM HINTEREN HAUS der Neunheit."[86]

- p. Ch. Beatty VIII 3, 5 – 5, 3: "GEFUNDEN WURDE DIESE SCHRIFT IM ARCHIV, IN EINER KAMMER DES Tempels" (4, 3).

"Mythistoriai"[87] werden genutzt, um das Vertrauen in die Wirksamkeit von Arzneien[88] und Schutzmitteln zu steigern. Ihre Verbindung zu größeren Texteinheiten mit narrativer Kohärenz ist — zumindest in Ägypten

---

84 S. Graefe, 1971, 126f.: "mit dem Wort bjꜣj.t ist der Umstand der Findung als Eingreifen des Gottes gemeint. Es ist ein "Zeichen" des Gottes und steht als solches nur dem König zu".

85 Vgl. p. Ch. Beatty VII vso. 7 — die Zeichnung einer Stele mit dem Thronnamen Amenophis'I (s. Abb. 9).

86 S. S. 66.

87 Zum Begriff "mythistoria" s. van der Leeuw, 161.

88 Zum Verhältnis Medizin <> Mythos: Eliade, 1954/58; ders., 1988, 33–36, bes. 35f.: Ursprung der Medikamente.

— ein sekundäres Phänomen.[89] Daß heilige (oder magische) Handlungen gestiftet wurden und ihr Nachvollzug schon deshalb als fromme Religionsübung zu gelten hat,[90] behauptet im übrigen auch der tantrische Buddhismus:

"Erfolg in unseren Plänen mit Hilfe der Mantras (Zaubersprüche) erklärt sich dadurch, daß der Buddha sie geweiht hat und so einen unvorstellbar tiefen Einfluß auf sie ausübt" (Maha–Vairocana–Sutra, 4. Kap.).[91]

Abschließend sei des "verschlungenen Büchleins" aus der Apokalypse des Johannes gedacht; das Phänomen der "Herkunftslegende" wird mit dem Motiv der Einverleibung verbunden: "Und ich ging weg zu dem Engel, wobei ich ihm sagte, daß er mir das Büchlein (*τὸ βιβλαρίδιον*) geben möge. Und er spricht zu mir: "Nimm und verschlinge (*κατάφαγε*) es, und es wird deinen Bauch bitter machen, aber in deinem Mund wird es süß wie Honig sein." Und ich nahm das Büchlein aus der Hand des Engels und verschlang es, und es war in meinem Munde wie süßer Honig" (10, 9–10).

2. Zur Material– und Farbmagie

Ikon versus Symbol

In Kapitel III sind Bilder "im engeren Sinne" nach den Kriterien der Semiotik als "Ikone" bezeichnet worden; ausschlaggebend für ihre formale Gestaltung ist das Prinzip der größtmöglichen Ähnlichkeit gegenüber dem Verweisobjekt. (In Abschnitt XII C 1 wird der Begriff "Präsentifikation" für diese Art des Handelns mit Bildern in Anspruch genommen.) Nach Peirce und Eco[92] sind im Unterschied dazu Symbole solche Zeichen, deren Bedeutung auf bestimmten Gesetzen und/oder allgemeinen Vorstellungen basiert. So kann etwa ein Tier oder eine Pflanze zum Symbol einer Gottheit werden — und in Stellvertretung für diese erscheinen —, wenn es/sie dieser konventionell zugeordnet ist. Keine Symbole sind demnach die Hei-

[89] S. Kees, 1983a, 183ff., der die Tendenz zu "outrierten Situationen" (Snell, 106ff.) in ägypt. Mythemen anspricht (bes. 185: "Steigerung ins Unnatürliche, ja Widernatürliche"); in ebensolchen Situationen — Krankheit, Gefahr, Tod — tritt auch die Magie in Kraft. Zum (sekundären) äg. Mythos s. Assmann, 1977.

[90] Diese Wertung (nebst Beispielen) bei Jensen, 352.

[91] Conze, 175.

[92] Zitate s. S. 19 mit (6 bis 9).

ligen Tiere (z.B. der Apis–Stier), da sich in ihnen Götter oder genau definierte Aspekte derselben verkörpern. Diese Relation geht über eine bloße Bei– oder Zuordnung hinaus; man könnte sie durchaus als Ikone (eigentlich: Präsentifikationen) der Götter bezeichnen. Weniger authentisch — und weniger identifikatorisch — sind symbolische Zeichen: einer Gottheit können ihrer mehrere beigesellt werden; ein Symbol muß sich keineswegs auf eine bestimmte Gestalt beziehen, es kann auch für allgemeinere Qualitäten stehen (Löwe > Stärke; grüne Pflanze > Leben und Gedeihen). In magischen Handlungen werden sowohl ikonische als auch symbolische Beziehungen zur Geltung gebracht. Es ist allerdings nicht möglich, strikt zwischen ikonischer und symbolischer Magie zu unterscheiden. Es wird nicht nur mit anikonischen Mitteln (tierische, pflanzliche und mineralische Substanzen) gezaubert. Außerdem ist selbstverständlich die Anfertigung von Bildern (Plastiken wie Zeichnungen) nicht allein auf rein formale Kriterien (Prinzip der Ähnlichkeit) gestellt. Sehr wichtig sind auch Materialien (z.B. bestimmte Steine und Metalle) sowie Farben, die von den meisten Instruktionen genau vorgeschrieben werden.

Zur Funktion der Symbole[93]

Eine Aussage der heiligen Hildegard von Bingen, die sich u.a. sehr für die Heilkraft der Edelsteine interessiert hat, kann uns vielleicht dabei behilflich sein, an das Phänomen der Material– und Farb–Magie heranzutreten:

"Auch die Geister in den Lüften schrecken vor diesem Stein zurück..., weil sie alles hassen, was wohl zusammengesetzt und geordnet ist." [94]

Eine bündige Gesamtdefinition für "Magie" wollten wir im Rahmen dieser Untersuchung erst gar nicht anstreben. Gleichwohl spricht nichts dagegen, mit absichtlich relativ allgemein gehaltenen Sätzen einige Aspekte anzusprechen, die zur Magie gehören. Die magischen Aktionen, zu denen neben Handlungen und Worten auch Bilder bzw. Gegenstände zählen, lassen sich als Handlungsspiele[95] verstehen, wobei ein Aktant (Magier) einer problematischen Situation (Gefahr, Krankheit, fragliches nachtodliches Schicksal) nach genauen Regieanweisungen ("Instruktionen") eine systematisierte Ordnung gegenüberstellt. Dazu zitiert er aus

[93] S. generell Eliade, 1954, Kap. XIII.

[94] Physica; Patrologia Latina. Migne CXCVII 1256D und A9 nach dem Text der Wolfenbütteler Hs.

[95] S. dazu Daxelmüller, 27 und 52f.

götterweltlichen Erzählungen ("Mythen"), in denen beispielhafte Geschehnisse in *illo tempore* überliefert werden. Außerdem nimmt er eine Handlung vor, die — in den Worten Arnold Gehlens — als "Appelldatum einen Antwortdruck mitsetzt",[96] also eine Veränderung der Situation X evoziert. Die vorgetragene magische Handlung muß der Situation X, gegen die sie opponiert, quasi der "aus dem Lot geratenen Welt", in puncto Kohärenz und Logik, aber auch hinsichtlich ihres Verhältnisses zur im Mythos reflektierten Welt überlegen sein. Bilder und Gegenstände (Ikone und Symbole), bzw. symbolische Werte — wie etwa Farben —, müssen mithin einem autonomen System mehr oder weniger konventioneller Bedeutungen angehören (einer "Symbolwelt"), dem der Magier die Bausteine für sein Handlungsspiel, seine gespielte Welt, entnimmt. Ziel des Aktanten ist im Idealfall die "Hierophanisation der Welt" vermittels eines symbolischen Sinnsystems.[97] Diese heilige Welt stellt er der durch Unordnung gekennzeichneten entgegen. Die "handgreiflichen" Gegenstände etc. sind ihm Garanten der rechten Ordnung. So findet sich in den hier vorgestellten Instruktionen kaum die bequemere Aufforderung: "Nimm irgendeinen Stein!" oder "Fertige eine Figur aus irgendetwas!", meist werden Material und/ oder Farbe spezifiziert. Auf diese Weise kann der Aktant der unkontrollierbaren und oft konfusen Alltags-Welt mit Hilfe eines in sich stimmigen Repertoires von Handlungen und einem dazu passenden Reservoir von Symbolen eine genau strukturierte und durch konkrete Relationen vernetzte höherwertige Welt überordnen.

Zur Bedeutung der Symbole

Bestimmten Stoffen, z.B. Mineralien[98] oder diversen Holzarten, werden ebenso wie Farben[99] konkrete Bedeutungen zugeordnet. Dabei können sehr unterschiedliche Relationen und Analogien zum Tragen kommen.[100] Neben allgemein psychisch wirkenden Entsprechungen zur Farbigkeit wesentlicher Elemente oder Gegebenheiten der Alltagswelt ("blutrot", "grasgrün"), können sich kulturell spezifische — quasi sekundäre — Farbgebungen (etwa auf dem Aussehen von Göttern basierend) als wesentlich

[96] Gehlen, 136f.

[97] Vgl. Eliade, 1954, 518.

[98] S. generell Lucas/Harris; Iversen; jetzt grundlegend Aufrere, 1991.

[99] Dazu s. Kees, 1943; Brunner-Traut in LÄ II, 122ff.; Aufrere, ebd., Bd. 2, 553ff. ("Minéraux rouges, défense et agression"), 573ff. ("Couleurs et minéraux").

[100] S. die Anmerkungen zur Symbol-Genese des Skarabäus S. 77ff.

für die Gestaltung eines magischen Ikons oder Symbols erweisen. Die Herkunft seltenerer Mineralien sowie ihre fühlbare Beschaffenheit können ebenfalls maßgebend sein. Stets muß auch mit der Relevanz von wortspielhaften Sinnbezügen gerechnet werden. Trotzdem wäre es voreilig, die in dieser Hinsicht wenig expliziten ägyptischen Texte mit den antiken Vorstellungen von der *συμπάθεια* der Materie, in denen vor allem astrologische Aspekte eine große Rolle spielen, zu verbinden.[101] Im folgenden werden Übersichten hinsichtlich der materiellen Beschaffenheit der im Rahmen magischer Akte verwendeten Gegenstände und Bilder geboten.[102] Anschließend werden Beispiele für nachvollziehbare Symbolismen in der Farbmagie vorgestellt.

Zu den Materialien der Figuren und Gegenstände[103]

Material (Mineral etc.)	Instruktion(en)
Grünstein (w3ḏ-šmᶜj)	CT 304
Amethist (ḥzmn)	CT 576
Karneol (ḥrs.t)	CT 83, 576; p. BM 10059 Nr. 37
Feldspat (nšm.t)	Tb 27, 159, 160
Serpentin (shr.t)[104]	Tb 29B
nmḥf[105]	Tb 30B
Lapislazuli (ḫsbḏ)[106]	Tb 26, 140, 175; p. Berlin 3027 A
Granat (ḥm3g.t)	Tb 140; 3027 P
Jaspis (ḫnm.t)	3027 A
Türkis	3027 A
jbhtj-Stein (Diorit)	3027 V
Gold/Silber [107]	Tb 30B, 89, 140, 155/6, 157, 158, 162; 3027 P, V
Fayence	Tb 151, 12f. (Juja), 175; p. Brooklyn 47.218.138
Ton	CT 103; Tb 137A, 151[108]; p. Leiden 348 Nr. 12, 20, 30; p. BM 10059 Nr. 44; p. mag. Harris K; p. Ch. Beatty V vso. 4, 1–9; Turin 54003
Knochen	CT 83
Holz	CT 472, 508; Tb 137A, 51f. (Nu), 151, 3–5 (Juja)
Papyrus (Schilf)	Tb 133, 151, 6–7(Juja)

[101] S. Kap. XI A.

[102] Nicht aufgelistet werden organ. Substanzen, die selbst (unbearbeitet) im Rahmen magischer Aktionen verwendet werden.

[103] Zu beachten ist, daß einige Instruktionen Alternativen bei der Auswahl des Materials bieten.

Wachs[109]	CT 22, 37; Tb 7; p. Ebers 94, 7–8; p. D. el M. 1 vso. 4, 5 – 5, 3; p. Ch. Beatty VIII 4, 5f.; p. Westcar; p. Rollin und Lee
Gebäck (dp.t)	p. BM 10059 Nr. 38
Brot	p. Ch. Beatty VIII 4, 3; 4, 5; 11, 4
Gegenstände/Figuren ohne Materialangabe	CT 11; Tb 105, 130, 133, 134, 136A, 144, 153A, 168; B. v. d. Himmelsk. 300–312; p. Ramesseum IV C. 17ff.; p. Leiden 343+345 vso. XXII, 1–4; p. D. el–M. 1 vso. 5, 7 – 7, 4

Aus dem spätptolemäischen Buch “Schutz des Hauses”, das dem Schutz des Gottes bzw. des Königs während der Nacht dienen soll,[110] stammt eine Stelle, die besonders eindringlich die Rolle der verschiedenen Materialien und also die Bedeutung der “Material–Magie” unterstreicht:

“Ich bringe dir das Amulett des Udjat–Auges,[111] die beiden Augen und Perlen aus grünem Stein (wꜣḏ). Ich lege dir das Amulett aus Gold um deinen Nacken, den Halsschmuck (ḫḫ) aus Karneol an deine Brust. Der Falke, die Mafdet und der Löwe aus Fajence bilden deinen Schutz und wiederholen deine Abschirmung (mk.t). Die Toeris aus Fajence, der Skarabäus aus Türkis und Figuren (twt.w), aus Olivenholz hergestellt, beschützen dich (ḫwj)” (Edfu VI, 145, 3–5).[112]

---

104 S. S. 82 (57).

105 Ebd., (58).

106 Aufrere, Bd. 2, 463ff. (“Lapislazuli et régénération des dieux”).

107 S. Aufrere, Bd. 2, ch. 12 (“Theologie de l’or”), bzw. ch. 13 (“Theologie de l’argent”).

108 Die “magischen Ziegel”; außerdem eine Ton–Figur (151, 9 (Juja)).

109 Lit.: s. S. 97 (137).

110 Edfu VI, 143–151; X, 149. S. Helck in LÄ V, 749.

111 Vgl. p. Berlin 3055 VIII, 9f.: “Ich bin Thot, der sich täglich (r-tr.wj) nähert, um das Udjat–Auge für seinen (des Auges) Herrn zu suchen. Ich bin gekommen, nachdem ich das Udjat–Auge gefunden habe...”.

112 Jankuhn, 23. Zu Amuletten für Götter s. auch: p. Harris I, 26, 5; p. Salt 825 VII, 9f. (snb–Pflanzen–Amulett — vgl. Edfu VI, 143, 12).

Zu den Materialien der Zeichnungen (Pigmente etc.)[113]

Material	Instruktionen
qnj.t (gelb)[114]	CT 81; p. Leiden 346 III, 3–4;[115] B. v. d. Himmelskuh 173[116]
grüne Farbe	Tb 100/129, 148; p. L. 348 Nr. 21 (Tinte), Nr. 22; p. Ramesseum IV C. 12–15
weiße Farbe	B. v. H. 251–271
stj - Ocker[117]	CT 81; Tb 125, 130, 133, 134, 144; p. L. 348 Nr. 23; p. L. 347; Ch. B. VIII vso. 3, 4–9
Myrrhe[118]	p. Smith Spr. 5; Tb 100 (Myrrhenwasser)
Myrrhe+Wein	Tb 163
Myrrhe+Weihrauch+Tinte[119]	Tb 164
Lapislazuli+Harzwasser[120]	Tb 165
Tinte aus Tamariskenholzkohle u. Myrrhe	Tb 101
Fischblut	p. Leiden 348 Nr. 13
keine nähere Angabe	CT 100, 341; Tb 161; Sol. 1–3, 112–114; p. Cairo 86637; Turin 54052; BM 10059 Nr. 34; D. el-M. 1 vso. 5,3 - 7; 5,7 - 7,4; 7,5 - 8,8; p. D. el-M. 36; L. 348 Nr. 36; p. Ch. B. V vso. 4, 1–9; 4, 10–6, 5; Ch. B. VII vso. 7 u. 8; Ch. B. VIII 4, 8f.; Ch. B. XV; L. 346 II, 3–4; mag. Harris I, L, V

Symbolische Bezüge in der Farbmagie

Über die "Farbensymbolik in ägyptischen religiösen Texten" hat Kees (1943) ausführlich gehandelt; das "Schrifttum rein magischer und medizi-

113 S. Lucas/Harris, 361ff., bes. 362–4; Iversen.
114 Auripigment; s. p. Berlin 3038 Nr. 77 (7, 5) in einer Räucherung gegen einen Skorpionsstich.
115 Mit Myrrhe nachzuziehen; s. S. 60 (43) — mit weiteren Stellen.
116 S. dazu auch Hornung, 1982a, 63(117).
117 In der Medizin häufig in Einnahmemitteln: Grundr. VI, 467–469 (tabellarische Übersicht). S. auch Aufrere, op.cit., Bd. 2, 651ff.
118 Myrrhe — ᶜntjw — von weicher bis öliger Konsistenz (Det.: Topf od. Salbengefäß) — s. Grundr. VI, 99–104.
119 Weihrauch — snṯr — aus Terebinthenharz (Det.: Kügelchen) — Grundr. VI, 449–454.
120 mw nw-qmj.t; zu qmj.t-Gummi: Grundr. VI, 516–519.

nischer Bestimmung" hat er allerdings nicht berücksichtigt. In Ergänzung zu seiner Studie sollen einige Beispiele für die unterschiedlichen Formen des Symbolismus in der Farbmagie angeführt werden. Dabei wollen wir uns auf die hier behandelte Textgattung "Instruktionen" und auf den definierten Zeitraum beschränken. Befunde, die anderen Gattungen angehören (z.B. Orakeldekrete), verdienten eine eigene ausführliche Bearbeitung.[121] Schließlich besteht gerade im Falle des Amulettwesens die Gefahr, durch eine vorschnelle diachronische Betrachtungsweise die Zeugnisse aus dem Mittleren und Neuen Reich zu verunklären. Bei spätzeitlichen und ptolem. Texten muß mit äußeren Einflüssen gerechnet werden (s. Kap. XI zur Explikation der Bildzauberei in der Antike).

Die Details zu den jeweiligen Instruktionen sind den Abschnitten IV bis VI zu entnehmen.

Einige plastische Figuren sollen aus grünen Mineralien hergestellt werden: "Grünstein", Serpentin, grüner Jaspis (nmḫf), Türkis und Diorit werden verlangt (auch Feldspat kann — je nach Unterart — einen grünlichen Farbton aufweisen); außerdem wird Papyrus als Material angegeben, ägyptische Fayence ist meist von einer grünblauen Glasur überzogen (s. Tabelle). Entscheidend für die besonders häufige Verwendung grüner Objekte sind zwei Symbolismen. Zunächst ist die geographische Beschaffenheit des Oasenlandes Ägypten für die Faszination verantwortlich, die von üppig sprießender Vegetation ausging. Nicht allein an den oft schmalen Streifen Fruchtlandes oder an den Fluß säumende Bäume ist hier zu denken, sondern auch an künstlich angelegte Gärten. Von daher ist es leicht zu erklären, daß Grün zum Symbol für Fruchtbarkeit, Wachsen und Gedeihen wurde. Bereits in den Pyramidentexten wird das gesunde Horusauge ausdrücklich als grün bezeichnet.[122] Im Alten Reich wurden bei festlichen Anlässen Pflanzen-Standarten wie Götterbilder in Prozession getragen, darunter auch der Papyrusstengel.[123] Den mit der Vegetationssymbolik häufig verbundenen zweiten Symbolismus der Farbe Grün haben wir anläßlich der Betrachtung von Tb 105 bereits angesprochen: Er wird durch den Anklang der Wörter wꜣḏ (grün) und wḏꜣ (gesund, heil) in Gang gesetzt. Außerdem wird die grüne Farbe häufig mit der Kronengöttin Wꜣḏ.t (Uto) verbunden. Die Konfluenz der verschiede-

[121] S. etwa Demot. p. Berlin P 8769; p. MacGregor; Mar. Dend. IV, 87; Berliner Amulettbrett 20600. Lit.: v.a. Edwards, 1960.

[122] Kees, 1943, 428 (64f.).

[123] Kees, 1983a, 107f. mit Abb. 10. Zu Pflanzenkulten: ebd., 83ff.

nen Aspekte kommt etwa im Amunsritual zum Ausdruck: "Es erscheint W3ḏ.t, ..., sie macht gesund (sw3ḏ=s) Amun mit ihrem Grün (ihrer Frische o.ä.) (w3ḏ=s)."[124] Dieser Text wird als "Spruch für das Schmücken mit dem grünen Gewand" zum Legomenon einer Kulthandlung.[125]

Die Farbe Rot hat erst im Laufe der Zeit die ihr oft attestierte negative Bedeutung (Farbe des Seth) angenommem.[126] In Rubren zu Tb–Instruktionen werden die Namen von Göttern — oder auch die Götterbarke in Tb 144 — häufig mit gewöhnlicher Tinte geschrieben, um ihre Rotzeichnung zu verhindern. Wichtiger für die Symbolik der roten Farbe in magischen Handlungen ist jedoch die homöopathische Beziehung zum Blut, die in magisch–medizinischen Instruktionen anklingt. Rote Mineralien (die Chalzedon–Varietät Karneol, evtl. Granat, Jaspis) und roter Ocker werden verwendet. Unter Berufung auf Thot, "Der abwehrt das rote Blut", hat der Aktant, der die Instruktion p. BM 10059 Nr. 37 befolgen will, eine Perle aus Karneol zu besorgen. Diese ist gegen Hämorrhoiden–Blutungen einzusetzen. Explizit wird die Wirkungsweise roten Ockers gegen Blut in einer anderen Vorschrift desselben Papyrus (Nr. 43) ausgedrückt: *nn r-nn* — "Dieses (Ocker) gegen dieses (Blut)".

Gelbgold als symbolischer Wert für Lichthaftigkeit und Unvergänglichkeit[127] war maßgebend für die Gestaltung zahlreicher Götterfiguren, dachte man sich doch auch das Fleisch der Götter als Gold. So wurden Teile der Architektur oder bestimmte Tempelreliefs mit Gold überzogen, Sarkophage und Mumienbekleidungen mit Gold gearbeitet, Sargkammern gelb ausgemalt.[128]

Die acht Urgötter sollen mit gelbem Ocker auf die Hand des Aktanten gemalt werden (CT Sp. 81); die Vogel–Figur, die den Kontakt des Leichnams mit seinem Ba gewährleisten soll, ist aus Gold.

Die Spruchtexte und Zauberanweisungen lassen nur eine approximative Klassifizierung der verwendeten Materialien und Farben im Hinblick auf semantische und funktionale Kriterien zu. Nicht wenige Instruktionen bieten Alternativen an, was wohl praktischen Erfordernissen zuzuschreiben ist; hatte man schon keinen Karneol, konnte man vielleicht einen Gei-

---

[124] XXIX, 2f.; Moret, 1902, 184.

[125] Vgl. Pyr. 1681/2 (Übergabe grüner Augenschminke).

[126] S. die Belege bei Kees, op.cit., 446ff., v.a. 461ff. ("Rote Gegenstände im Ritual"); Brunner–Traut in LÄ II, 124.

[127] Assmann, 1969, 171; Aufrere, Bd. 2, ch. 12.

[128] S. Arnold in LÄ II, 754f. (*Goldverkleidung).

erknochen beibringen (CT Sp. 83). Es ist — Brunner–Traut folgend[129] — auch daran zu denken, daß diverse Aspekte bestimmter Götter mit je spezifischer Farbe verbunden wurden. Häufig mag auch der schlichte Wunsch nach Differenzierung des Alltäglichen die Motivation für die Verwendung ganz bestimmter Substanzen etc. gewesen sein — man denke doch nur an den Marken- und Typenfetischismus unserer Tage. Da reichte es nicht aus, irgendeinen Stein zu verwenden, es mußte unbedingt ein XY sein. Auf diese Weise verstand es der Magier natürlich auch, seine Praktiken als geheimnisvoll und "schwierig" herauszustellen. Man konnte ihn somit nicht entbehren. Dies heißt nicht, daß es — zumindest ursprünglich — nicht auch Bedeutungskonventionen gegeben habe; es sei nur davor gewarnt, in jedem Fall und um jeden Preis solche zu postulieren — oder zu konstruieren. — Ich möchte außerdem behaupten, daß die Wiedergewinnung des ästhetischen Selbstverständnisses der altägyptischen Kultur — und hier ist die Farbigkeit gewiß eines der kompliziertesten, aber auch wichtigsten Phänomene — erst in den Anfängen steckt. Zu berücksichtigen wäre in diesem Zusammenhang (auch im Hinblick auf die magische Konnotation) zunächst die differenzierte Gestaltung des menschlichen Erscheinungsbildes unter Zuhilfenahme von Kleidung, Schmuck und Kosmetik.[130]

Zur Verortung der Zeichnungen

Bildträger	Instruktionen
Hand	CT 81, 100; p. L. 348 Nr. 21; p. Turin 54052; p. mag. Harris L
Zunge (des Aktanten)	B. v. d. Himmelskuh 251–271
Bauch (des Patienten)	p. L. 348 Nr. 22; p. Ram. IV C. 12–15
Papyrus	Tb 100/129; p. D. el–M. 1 vso. 5, 3–7; p. D. el–M. 36; p. Ch. B. VIII 4, 7
Leinenbinde[131]	Tb 101, 163/4/5; p. Ch. B. V vso. 4,1–9; 4,10ff.; p. L. 346 II,3–4; III,3–4; p. L. 348 Nr. 13, 36; p. Smith Spr. 5; p. Turin 54052; p. Cairo 86637; p. BM 10059 Nr. 39 (Text); p. D. el–M. 1 vso. 7, 5 - 8,8
Verband (?)	p. BM 10059 Nr. 34
ntj–Gewebe	p. L. 347

[129] In LÄ II, 125.

[130] Ansatzweise — u. mit adäquatem Bildmaterial! — in Zoffili, bes. die Tafeln S. 222ff. (Schminke).

Boden	Tb 125, 130; Sol. 1–3; p. mag. Harris I
Grabwände	Sol. 112–114
Sarg	Tb 161
(Mumien–)Maske (?)	CT 578
Kopfstütze	Tb 166
Tafel (^{c}n)	Tb 144
Schale (mḥ.t)	Tb 133, 134; s. auch L. 348 Nr. 23 u. 35
ohne nähere Ortsangabe	CT 341; Tb 144; B. v. d. H. 166–201!; p. D. el–M. 1 vso. 7, 1ff.; p. Ch. B. VII vso. 7 u. 8; mag. Harris V
?	p. Ch. B. VIII 4,8f. 4,10f.;[132] p. Ch. B. VIII vso. 3,4–9; Ch. B. XV

Insbesondere die naturgemäß kurzlebigen Bodenbilder legen Zeugnis dafür ab, daß einige Zeichnungen einer dauerhaften Fixierung nicht bedurften; vielmehr kam es auf die Anfertigung des Bildes an, die — eine Art Schöpfungsakt — der Konstituierung einer geordneten "Welt" durch den Aktanten sichtbaren Ausdruck verleihen sollte.[133] Bodenbilder finden sich auch im sog. "Pharaobuch" (p. Kairo 58027): "Worte zu sprechen über diese Götter, welche geschrieben (gemalt) sind auf Papyrus und in den Sand in der Umgebung des Bettes (des Pharaos) aufgezeichnet sind" (III, 11f.). Im Buch "Schutz des Hauses" heißt es: "Ich bilde den Schutz deines Ka's mit diesen Göttern, eingeritzt (ḫtj) in den Sand unter deinem Bett" (Edfu VI, 145, 6–8)[134] und: "Ich habe ein Udjat–Auge mit nubischem Ocker (stj) auf den Boden (s3ṯw) gezeichnet, damit deine Majestät schläft in seinem Inneren" (Edfu VI, 145, 7–9).[135]

Ähnliches kann gewiß im Hinblick auf die Körper– (Hand) Bilder gesagt werden. Auch diejenigen Zeichnungen, die auf Verbände, Binden oder Papyrusblätter gemalt wurden, entzogen sich in der Regel jedweder Rezeption.[136]

---

131 S. auch: Edfu VI, 145, 2 (Binde aus Königsleinen mit tj.wt–Figuren – Jankuhn, 23).

132 Einzugravieren (š^{c}d) auf ein Amulett?

133 Leroi–Gourhan (155) spricht von "Ausführungsritus".

134 Jankuhn, 23f.

135 Ebd., 24; s. auch Assmann, 1969, 49 mit (51).

136 Zu zeitlich befristeten Bildern vgl. Shulman, v.a. 4f.: Reispulver– "Labyrinthe" auf Türschwellen, die im Laufe des Tages (automatisch) ausgewischt werden. — Diesen Hinweis verdanke ich Herrn Prof. G. Sontheimer. S. auch: Eliade, 1954/8, 197: Bild aus Maismehl, das bis zur Genesung des Kranken erhalten bleibt, 200 (Sandzeichnungen); ders., 1984, 96: "Diese Zeichnungen (sandpaintings),..., reaktualisieren nacheinander die Geschehnisse, die in illo tempore vor sich gingen"; ders., 1988, 33f.

Aus dem Tang–zeitlichen China haben sich Bronzestempel erhalten, mit denen — nach Ausweis von Texten — bei Neujahrszeremonien an bestimmten Pilgerorten "zehntausend Buddhas" oder kleine Stupas in den Sand an einem Flußufer eingedrückt wurden. Der für dieses Ritual verwendete Terminus lautete "Einstempeln in das Wasser"(shuiyin)[137].

D. Das Dromenon — begleitende Handlungen[138]

Die Nachschriften zahlreicher Instruktionen fordern, wie wir im einzelnen schon gesehen haben, oftmals nicht allein die Verwendung von Bildern und/oder diversen Gegenständen, sondern außerdem weitere Handlungen, die der Aktant zu vollziehen hat. Nachfolgend möchte ich diese möglichst übersichtlich zusammenstellen.

1. Die Initialisierung der Bilder

Häufig sind die Deiknymena vom Aktanten einer Art Weihe zu unterziehen; auf diese Weise werden sie von gewöhnlichen Bildern unterschieden und im obigen Sinne in die sakralisierte Welt eingeführt, die der Magier der "Situation X" (Krankheit, Gefahr, Tod) gegenüberstellt. Der heiligen Geschichte ("Mythos") werden heilige Bilder bzw. Gegenstände zugeordnet.

BILDOPFER

Gegenstand des Opfers	Instruktion
Rind, Geflügel, Weihrauch, Brot, Bier, Kräuter(sm.w)	Tb 125, 48f. (Nu)
Brot, Bier und alle guten Dinge (m-bꜣḥ=sn !)	Tb 130, 40 (Nu)[139]
Natron u. Weihrauch (zur Reinigung)	Tb 133, 17 (Nu)
Weihrauch auf Flamme, gebratene Vögel (n=sn)	Tb 134, 16 (Nu)
Brot, Bier, gebratenes Fleisch, Vögel	Tb 136A, 21(Nu)
Alle guten und reinen Dinge (n=s)	Tb 140, 11f. (R)
Speisen, Vögel, Weihrauch (m-bꜣḥ=sn);	Tb 144, 22 (Nu)

[137] S. dazu Hou Ching–lang.
[138] Dazu generell Mauss, 1989, 78–93, bes. 84ff. (Opfer in der Magie).

ein Stierschenkel, Herz und Rippenstück eines roten Stieres, 4 Schalen Blut vom zuckenden Herzen, 16 Weißbrotlaibe, 8 pzn–Brote, 16 šns–Brote, 8 ḫnfw –Brote,ḥbnn.wt–Brote, 8 Krüge Bier, 8 Schalen Maische ? (ʿtḫ?), 4 Tonbecken– gefüllt mit der Milch einer weißen Kuh, frische Kräuter, frisches Olivenöl, Salben, Augenschminke,ḥꜣt.t–Öl, Weihrauch auf die Flamme	Tb 144, 24–27 (Nu)
Speiseopfer (ḥtp.t-ḏfꜣ.w) an Brot, Bier, Fleisch, Vögeln, Weihrauch (m-bꜣḥ=sn); Invokationsopfer (n=sn)	Tb 148, 15f(Nu)
Weihrauch	B. v. H. 253
2 Portionen (ʿ.wj) als Gottesgabe (jḫ.t-nṯr) (tp=sn)	Sol. 113
Brot, Bier, Weihrauch auf Feuer (n=sn)	p. L. 346 II, 3f.
Fleisch, Vögel, Weihrauch auf Feuer	p. Berl. 3027 F
7 Weißbrote, 7 sꜣšr.t–Kuchen, 7 Rippenfleischstücke, 7 Männer aus Brot, 7 Gurken, 4 Näpfe ?, 4 Näpfe Salz, 4 gebratene Fleischstücke, 4 Näpfe Früchte, 4 Näpfe Weihrauch, 4 Näpfe Wein, 4 Krüge Bier, 4 Bündel Blätter	p. Ch. B. VIII 4, 3–5[140]
Brot, Bier, Weihrauch, Geflügel, ?	p. CH. B. VIII 9, 10 - 11, 6
Weihrauch	p. Ch. B. VIII vso. 8, ? - 10, 1
Natron und Weihrauch ?[141]	Tb 105, 3(Nu)

Opfervermerke beinhalten auch die königlichen Unterweltsbücher, z.B. Amd. I, 24, 8 – 25, 1:

— *jw-jrj.tw-nn-sšmw.w n(w)-bꜣ.w-dꜣ.tj.w m-zš(.w) mj-qd.w-pn m-jmn.t nt-dꜣ.t jw-wdn.tw-n=sn tp-tꜣ m-rn.w=sn jw-ꜣḫ n-zj tp-tꜣ šs-mꜣʿ ḥḥ-n-zp* — “Es werden angefertigt diese sšmw–Bilder der unterweltlichen Ba’s in Schrift (in Bildern), gemäß dieser Gestalt (Vorlage) im Verborgenen der Grabkammer. Es wird ihnen geopfert auf Erden in ihren Namen. Es ist nützlich für einen Mann (bereits) auf der Erde. Für wirksam befunden, Millionen Mal geprüft.”

---

139 Vgl. Tb 153A.

140 In 5, 1 ausdrücklich als Opfer bezeichnet.

140 S. S. 49ff. (für ein Amulett ?).

Der noch zu Lebzeiten des Königs ausgeführten Grabdekoration, d.h. den Niederschriften der Unterweltsbücher mit ihren Bildern, werden also Opfer dargebracht. Schließlich ist das Funktionieren der sšmw.w — v.a. für den Zeitraum nach dem Ableben des Königs — sicherzustellen. Die Bilder müssen regelrecht ernährt werden.[141]

BILDSALBUNG[142]

Instruktionen: Tb 134, 15(Nu); Tb 144, 26(Nu); Tb 151, 12f. (Juja); p. L. 348 Nr. 23.

2. Die Präparation des Aktanten

Mit nicht–alltäglicher Kleidung und ggf. anderen Accessoires stattet sich der Aktant aus, um auch sich selbst als Teil jener höheren Welt zu erweisen, die sein Handlungsspiel determiniert. Die Reinigung dient — ebenso wie etwa das Anlegen weißer Sandalen — der Hierophanisation seiner selbst. In das Konzept einer möglichst weitgehend geordneten Aktion, mit der der Magier seine "Welt" präsentiert, gehört die exakte zeitliche und örtliche Fixierung derselben. Ein weiteres Merkmal zahlreicher magischer Handlungen ist das Verbot, irgendeinen nicht adäquat Präparierten zusehen oder teilnehmen zu lassen, da die gesamte Aktion dann profaniert werden würde. Schon die ungeregelte Weitergabe der Kenntnis des Spruchtextes wird untersagt. Die "Welt", die der Magier mit Sprache, Tat und Gegenständen erschafft, ist sehr empfindlich gegenüber Einflüssen aus der unheiligen und ungeordneten Außenwelt, der er widerstehen will.

KLEIDUNGSVORSCHRIFTEN

Kleidung etc.	Instruktion
"ZU EINEM FALKEN ZU WERDEN, EINEN MANN ZU VERKLÄREN IN DER NEKROPOLE. EINEM MANN MACHT (*sḫm*) ZU VERLEIHEN GEGENÜBER SEINEN FEINDEN. ES SOLL SPRECHEN EIN MANN, BESCHUHT MIT WEISSEN SANDALEN (*ṯb(.w) m-ḥḏ.tj*), (gehüllt in) ROTES LEINEN, BEKLEIDET MIT DEM BRUSTLATZ."	Titel zu CT Sp 149[143]

[141] Vgl. Amd. I, 77, 1; die entspr. Befunde des Pfortenbuches hat Barta — mit Transkriptionen — zusammengestellt (1990, 91 Texte 17–23).

[142] S. dazu (mit Lit.): Otto, 1960 II, 120ff.; Altenmüller, 1969, 24 mit (2).

[143] CT II, 226b–227b; zu diesem Spr. s. (mit ausführl. Kommentar) Grieshammer, 1970, 131ff., s. bes. 134 (2).

jwn.t-Gewand, ḏnjw-Krug	Tb 110, 19
ḥbs-Gewand, weiße Sandalen[144]	Tb 125, 47f. (Nu)
2 neue Leinengewänder (šsr.wj), weiße Sandalen	B. v. H. 256, 258
Verschleierung (ṯ3m), Stab	p. Berlin 3027 F

In diesen Zusammenhang läßt sich auch eine Passage aus der "Lehre für Merikare" stellen: "Beim monatlichen Priesterdienst lege weiße Sandalen an, betrete den Tempel, enthülle das Mysterium, trete ein in die Kultstätte (ḫm), und esse Opferbrot im Gotteshaus!"[145]

Reinigungsvorschriften etc.

Mittel	Instruktion
Augenschminke, Salbung mit ᶜntjw	Tb 125, 48 (Nu)
"indem du gereinigt u. gesäubert u. beweihräuchert bist"	Tb 136A Langf. 20f. (Nu)
Ölung u. Salbung, Ohren u. Hände mit Natron (eingerieben), Natronkugeln (bd.w) im Mund[146], Reinigung im Überschwemmungswasser, Maat auf Zunge	B. v. H. 252ff.
gereinigt sein	Sol. 264
Enthaltsamkeits- u. Keuschheitsgebote	Tb 64;[147] p. Ch. B. VIII vso. 10, 10f.[148]

Nachfolgend möchte ich eine in diesem Zusammenhang oftmals angesprochene Stelle in einem Übersetzungsversuch wiedergeben, da — soweit ich sehe — bislang noch keine Bearbeitung dieses Textes greifbar ist. Es handelt sich um eine Passage aus der Schrift "de abstinentia"[149] des Neuplatonikers Porphyrios (IV, 7), die auch für die asketische Lebensführung der spätägyptischen Priester ein beredtes Zeugnis ist:[150]

[144] Weiße Sandalen s. auch Pyr. 1197c (PT 518), 1215a (PT 519); vgl. auch p. BM 10081 34, 20ff. — Schott, 1956, 185.

[145] Den Text s. bei Helck, 1977, 38.

[146] S. dazu Assmann, 1969, 155 (23); vgl. auch Pyr. 27e, 512a–b, 563a, 1368a, 2015c; Tb 172, 1 (Aa), 178, 14f. (Aa); p. Ebers 14b–18b, 98,17f.; p. Turin 58, 11; JE 69771 (Statuengruppe Ramses'III) — s. Drioton, 70f. mit (c): Spr. III, 2: "ich wasche meinen Mund, ich verzehre Natron"); s. auch p. Ch. B. VIII 3, 3–5.

[147] Vgl. Apuleius, XI 23, 1–3 — dazu: Griffiths, 139, 286ff.; Junge, 1979, 108.

[148] S. auch Tb 125, 12(Nu): "Ich habe nicht geschlechtlich verkehrt, ich habe nicht ejakuliert (im Heiligtum meines Stadtgottes" (Zusatz bei Aa)) — "das Skandalon schlechthin" (Burkert, 1972, 270); s. Assmann, 1990c, 140f.

[149] Der griech. Titel lautet: "Über die Enthaltsamkeit an Beseeltem" — *περί ἀποχῆς ἐμψυχῶν*.

[150] Zur Theologie des Porphyrios s. Nilsson II, 436–447 (zu de ab.: 443–6); zur Einstellung des P. zur Theurgie s. S. 271 mit (30). Die diese Passage rahmenden Abschnitte IV, 6 und 8 hat Fowden übersetzt (Fowden, 54f.).

“Speisen und Getränke, die es außerhalb Ägyptens gibt, anzurühren, war ihnen nicht gestattet. So waren gar viele Wege der Schwelgerei ausgeschlossen (worden). Aller Fische innerhalb Ägyptens selbst enthielten sie sich und aller Vierfüßler, die einhufig oder vielfach gespalten oder nicht hörnertragend sind, und aller Vögel, die fleischfressend sind. Viele aber enthielten sich ein für allemal aller lebenden Tiere (“aller, die eine Psyche haben”). Und bei Reinigungen (*ἁγνεῖαι*) taten dies alle, wenn sie (nämlich) nicht einmal ein Ei zu sich nahmen. Und auch von anderen Speisen machten sie eine Ausnahme (enthielten sich), die nicht ohne (weitere) Einschränkung(en)?[151] war, wie sie zum Beispiel die weiblichen Rinder verschmähten, von den männlichen Tieren aber alles, was doppelt (Zwillingstiere?) oder befleckt oder verschiedenfarbig ist, was hinsichtlich seiner Gestalt unterschiedlich (abweichend) ist oder was gezähmt ist — als ob es schon allein durch die Arbeiten (also wohl domestizierte Tiere) geheiligt sei — und solchen ähnlich, die verehrt werden, oder einem solchen (Tier) entspricht, wie es abzubilden möglich wäre,[152] oder alles, was einäugig ist oder zur Ähnlichkeit mit Menschen neigt.

Und noch Zehntausende andere Beobachtungen der Kunst, die sich mit diesen Dingen beschäftigt, gibt es, und zwar Beobachtungen der sogenannten moschosphragistai (Männer, die Kälber zum Opfer aussuchen und die ausgewählten Tiere mit einem Siegel kennzeichnen), die bis zu Abhandlungen in Büchern führen. Noch unnützer aber ist das bezüglich der Vögel, zum Beispiel das Verbot, eine Turteltaube zu essen: Denn ein Falke, so sagen sie, läßt ein Tier, das er gepackt hat, oftmals wieder los, indem er ihm als Lohn für eine Begattung mit ihm die Rettung schenkt. Um also nicht unbemerkt auf eine solche (Taube) zu treffen, vermieden sie ihre ganze Gattung.

Dieses waren allgemeine religiöse Bräuche, aber je nach Geschlechtern der Priester unterschiedlich und nach der jeweiligen Gottheit eigentümlich. Die Reinigungen aber waren rein von allem. In dem Zeitraum aber, wenn sie irgendetwas von dem ausführen sollten, was mit dem heiligen religiösen Brauch (*ἱερά θρηςκεία*) zusammenhängt, in dem Zeitraum also, der eine bestimmte Anzahl von Tagen vorhergehen läßt (Vorbereitungszeit), da enthalten die einen sich 42 Tage lang, andere mehr, wieder andere weniger als diese 42 Tage, niemals aber weniger als 7 Tage, eines

[151] *οὐκ ἀσυκοφάντητον ἐποιοῦντο παραίτησιν.*

[152] Text korrupt; vielleicht ist von solchen Tieren die Rede, die von Hieroglyphen dargestellt werden?

jeden beseelten Wesens, aber auch jeglichen Gemüses und jeder Hülsenfrucht und vor allem jeglichen Verkehrs mit Frauen; denn mit Männern hatten sie auch die übrige Zeit keinen Verkehr. Dreimal am Tag wuschen sie sich mit kaltem Wasser, wenn sie vom Lager aufstanden, vor dem Frühstück und vor dem Schlafengehen. Und wenn es sich einmal traf, daß sie träumten, dann wuschen sie sich sofort den Körper mit warmem Wasser ab. Kaltes Wasser hingegen benutzten sie auch sonst in ihrer übrigen Lebensführung, obwohl es nicht sehr reichlich vorhanden war. Ihr Lager war aus Palmzweigen, die sie Bais nennen, geflochten. Der Untersatz für ihren Kopf war ein hölzerner, gut geglätteter Halbzylinder. Zu dürsten, zu hungern und wenig zu essen aber pflegten sie ihr ganzes Leben lang."

ZEITLICHE BESTIMMUNGEN

Zeitpunkt der Handlung	Instruktion
Sonnenaufgang	Tb 148; p. Ch. B. VIII vso. 10, 8
sehr früh am Morgen	CT 81; Tb 137A;[153] p. Ch. B. VIII 4, 8
4. Tagesstunde	Tb 144
"vor Re"	p. Ch. Beatty XV; Sol. 112–114
vor dem Schlafengehen	p. Hearst Nr. 85
nachts	CT 742; Sol. 1–3
Mitternacht	Sol. 264
am ersten Tage des Monats	Tb 133, Titel (Nu); Tb 134, Titel (Ani)
am 1. und 15. Monatstag	B. v. H. 313
Monats- u. Halbmonatsfest	CT 695
Fest des 6. Tages	Tb 136A, L. (Nu)

[153] "In Gegenwart der Schönheit Re's" (s. S. 137 mit (318)); Hornung übers.: "bei Sonnenuntergang" - 1979, 268, Z. 5.

Sonnenaufgang am letzten Tag des 2. Monats der pr.t–Zeit	Tb 140
Epagomenen	p. L. 346 III, 3–4; p. Cairo 86637
Tag der Geburt des Osiris	Tb 130, Titel (Nu)
"vom letzten Tag des Jahres bis zum Eröffnungstag (des neuen) Jahres, am Wag–Fest und bei Tagesanbruch des Renenutet–Festes"	p. L. I 346 II, 5
Zeitpunkt der Bestattung (explizit)	CT 83; Tb 13, 101, 155/6, 157–9, 130–Titel(Ba)

Explizite örtliche Bestimmungen

Ort[154]	Instruktion
vor dem Haus (circumambulatio)	p. Smith Spr. 2
an den Betten	p. Smith Spr. 7
am Fenster	CT 101
in einem Kreis aus Sand	CT 111
am Wasser	p. mag. Harris K
unter einem Baldachin ?	Tb 133, 190,6 (Nu)
in der Nekropole	Tb 137A, Titel
am Grabe	CT 37
Grabkapelle (k3r)	CT 472
Grabkammer (d3.t)	Tb 151

Restriktionen

Inhalt	Instruktion
— zu befestigen "ohne daß (etwas davon) herausgeht, so daß nicht der Pöbel es kennt, nicht ein Auge es sieht, nicht ein Ohr es hört"	Tb 101, 1f. (Juja)
— "Mache das nicht für irgendjemanden, sondern für dich selbst — durch deinen Vater oder deinen Sohn —; hüte dich sehr!"	Tb 133, 20 (Nu)
— "Hüte dich sehr, daß du es nicht tust für irgendjemanden, außer für dich selbst — durch deinen Vater oder deinen Sohn!"	Tb 137A, 31f. (Nu)

[154] Daß zahlreiche funeräre Instruktionen sich auf den Leichnam (z.B. Applizierung von Amuletten), magisch–medizinische auf einen Patienten beziehen, ist selbstverständlich.

— "Schütze dich vor dem (Mittags-)Stand am Himmel! Nutze dieses Buch, ohne es irgendjemanden sehen zu lassen!"	Tb 144, 28 (Nu)
— "Gebrauche es nicht für irgendjemanden, hüte dich sehr!"	Tb 147 (Pc)
— "Lasse es nicht irgendeinen Menschen sehen!"	Tb 156, 5 (Nu)
— "Nicht soll kennen (den Spruch) ein Außenseiter, denn für ihn ist er ein Geheimnis; nicht soll (ihn) kennen der Pöbel! Nutze ihn nicht für irgendeinen Menschen — weder deinen Vater, noch deinen Sohn —, außer für dich selbst, denn er ist ein wahres Geheimnis; nicht soll ihn irgendjemand kennen!"	Tb 161 (R)[155]
— "Laß es nicht sehen das Auge irgendjemandes, denn es ist Tabu!"	Tb 162
— "Benutzen sollst du (dies), ohne irgendeinen Menschen (es) sehen zu lassen, außer deinem wirklich Vertrauten und dem Vorlesepriester, ohne (es) sehen zu lassen einen anderen, ohne einen Diener, der hinzukommt von draußen!"	Tb 190, 5f. (Nu)
— "Nicht sehen soll der Pöbel unter allen Leuten (es) bis in Ewigkeit!"	Tb 190, 9 (Nu)
— "Mache es nicht für einen anderen, sondern nur für dich selbst!"	p. L. 348 Spr. 13
— "Lasse nicht zu, daß ein anderer es umwendet"— *m-rdj.t-pẖr-sw-kjj*!	p. Ch. B. VIII vso. 7, 7[156]

3. Konsum und Translation

Magische Zeichnungen sollen bisweilen abgeleckt werden: CT 81 — "abzulecken (von der Hand) jeden Tag sehr früh am Morgen"; p. Turin 54052 — von der Hand aufzulecken.[157]

Trinken soll der Patient solche Bilder, die abgewaschen worden sind

[155] S. Budge III, 22; Allen, 1960, 284 u. pl. XLIX, Z. 9–12.

[156] "Buch, Feinde ... (etc.) zu entfernen".

[157] S. Heerma van Voss, 1984, bes. 32; Ritner, 107f.; vgl. Tb 149 V, 6 (Nu): "Jeder Gott und jeder Tote, der meinen Spruch ablecken will,...der soll in die Tiefe stürzen".

mit Bier und Natron (CT 341), Bier und Menschenurin[158] (p. Deir el–Médineh 1 vso. 5, 6), Wein (p. Deir el–Médineh 1 vso. 6, 6) oder Bier alleine (? p. BM 10059 Nr. 34). Daß die Zauberessenz ḥkꜣ.w selbst eingenommen werden konnte, haben wir bereits zur Genüge in Betracht gezogen; mit den durch die magischen Spruchtexte substantiell potenzierten Bildern gedachte man wohl ebenfalls, besonderer Wirkungskräfte teilhaftig zu werden.[159]

Vornehmlich aus der Spätzeit sind die sogenannten "Horusstelen" bekannt.[160] Ihre Vorderseite weist eine Darstellung des auf Krokodilen stehenden Horusknaben auf, während die Rückseite zumeist mit Zaubertexten gegen Schlangen, Skorpione und/oder Krokodile versehen ist. Diese in der Regel kleinen Stelen wurden mit Wasser übergossen, das, nachdem es die magische potentia der Texte und des Bildes in sich aufgenommen hatte, zu trinken war oder offizinell verwendet wurde (zur Waschung eines Patienten z.B.). Heilkräftiges Wasser fand auch in einem Sanatorium in Dendara Anwendung. Von Statuenbasen floß das Wasser, das vermutlich aus dem Heiligen See stammte, in verschieden große Sammelbecken, in denen die Patienten Bäder nahmen.[161]

Die Einnahme von Ikonen und Symbolen deutet Eliade als übertrieben gegenständliche Auffassung im Zeichen des "Infantilismus". Im Bereich der Volksmagie würden Symbole bei ihrer "Interpretation auf tieferen Ebenen" degradiert.[162] Im Rahmen der obigen Bemerkungen zur "Weltschöpfung" des Magiers — der Konstituierung einer sakralen Sphäre mit Hilfe von Mythen–Zitaten, Ikonen (Präsentifikationen) und Symbolen sowie heiligen Handlungen — wird die Verabreichung von Sprüchen oder Bildern verständlich. Auch der Patient soll in die geheiligte Welt miteinbezogen werden.

Andererseits können Krankheiten "aus der Welt geschafft" werden, indem der Aktant sie auf Bilder oder Symbole überträgt.

---

[158] Vgl. S. 204f.

[159] Vgl. Burkert, 1990, 94, 131 (140): *ὑγίεια* direkt trinken.

[160] Kakosy in LÄ III, 60–62; Ritner. Das größte Exemplar ist die "Metternichstele" (s. Sander–Hansen, 1956).

[161] Daumas; Westendorf in LÄ V, 376f.; Kakosy, 1989, 226f.

[162] Eliade, 1954, 513 — mit einem altrumän. Volksrezept gegen Verstopfung (Trinken von Wasser, das über einen mit den Namen der Paradiesflüsse beschriebenen Teller gegossen wurde).

Rezeptor	Instruktion
ktt–Tier	CT 99, 101 (?)
Schwalbe[163]	p. Ram. III B. 33
Schlangenhaut (Krankheit abwaschen)[164]	p. L. 348 Nr. 7
Wasser aus mḥ.t–Schale	p. L. 348 Nr. 23
Tierphallus aus Gebäck	p. BM 10059 Nr. 38
Pfeil	p. BM 10731
Kugeln aus Ton	p. L. 348 Nr. 12
rpjj.t–Statuette der Isis	p. L. 348 Nr. 20

Für das "Wandern" magischer Wirkungskräfte sind auch solche Textzeugnisse beizubringen, in denen davon die Rede ist, daß Gegenstände nicht an die erkrankten Glieder gelegt werden; so fordert p. BM 10059 Nr. 36, zur Bekämpfung einer Augenkrankheit Wimpern an die Fußsohlen des Patienten zu legen. Gegen Kopfschmerzen muß nach dem p. Leiden 348 (Spr. 8) ein Knotenamulett an den Fuß des Leidenden plaziert werden.[165] Rauch, der beim Verbrennen von Wachsfiguren freigesetzt wird, hat ebenfalls die Fähigkeit, die "magischen Essenzen" der Bilder zu transportieren — p. Ebers 94, 7–8; p. Ramesseum IV C. 17ff.

[163] Zur Krankheitsübertragung auf Tiere: Weinreich, 114f., 122 (1).
[164] Zu dieser Praxis in der antiken Zauberei: Weinreich, 31 (3).
[165] S. dazu (mit Lit.) Massart, 1954, 100(13); Borghouts, 1971, 18 und 71 (107); nach CT IV, 161f (Sp. 326 - nur Sq6C) kann Sjꜣ an den Füßen des Verst. befestigt werden <> Pyr. 307b (PT 257).

Kapitel XI.

Zur antiken Explikation des Phänomens "Bildzauberei"

Im Unterschied zu den bisher behandelten altägyptischen Quellen sind einige antike Texte durchaus geeignet, unser Bedürfnis nach einer Explikation des Phänomens "Zaubern mit Bildern und Gegenständen" zu befriedigen.[1] Der Grund dafür liegt, um dies hier bereits vorwegzunehmen, in einer geänderten Bildauffassung. Diese Texte, insbesondere die "philosophisch" zu nennenden der spätantiken Schriftsteller, sind letztlich Zeugnisse einer gänzlich anderen Geisteshaltung; sie setzen eine kritische Reflexion über die Bildnisfrage schlechthin voraus: In welchem Verhältnis stehen "das Dargestellte" und die "Darstellung"? Das Bild wird nun als Medium verstanden. "Das alte Bild ließ sich gerade nicht auf eine Metapher reduzieren, sondern erhob den Anspruch auf eine unmittelbare Evidenz von Augenschein und Sinn", bemerkt Hans Belting in seinem Werk "Bild und Kult".[2] Die Residuen des alten Bildgebrauchs haben "uralte Wurzeln, die weit vor die gräkorömische Kultur zurückreichen, und (bedürfen) keiner besonderen Erklärung".[3] Eine solche, wenn vielleicht auch nicht "besondere" Erklärung möchte ich im XII. Kapitel dieser Untersuchung vorstellen. Zunächst wollen wir uns jedoch einige Texte vor Augen führen, die, aus uns näheren Kulturkontexten stammend und in relativ vertrauter Phraseologie abgefaßt, behilflich sein können, ein wenig Licht in die alten Bildkonventionen zu bringen.

[Grundsätzlich möchte ich hier darauf hinweisen, daß der an den nachfolgend angesprochenen Aspekten der spätantiken Theosophie Interessierte sich — soweit nötig — einen Überblick anhand folgender Literatur (jeweils mit Beispielen und weiteren Lit.-Angaben!) verschaffen sollte, da im Rahmen dieser Untersuchung nur Einzelheiten, v.a. solche, die angesichts der altägyptischen magischen Instruktionen von Belang erscheinen, näher betrachtet werden können — (es werden bewußt zusammenfassende Darstellungen genannt): Nilsson II, 520–539;

---

[1] Eine weitgefächerte Auswahl antiker magischer Texte bietet Luck; Lit. zur antiken Magie: ebd., 479ff.

[2] Belting, 26.

[3] Ebd., 50.

bes. 520ff. ("Der Wunder- und Zauberglaube"); 534ff. ("Der Kraftglaube"); Dodds, 1970, 150–163 (Anhang II: "Theurgie"); Fowden, 75–87 ("Sympatheia" und "Magic"); Zintzen, in: ders. (Hg.): "Die Wertung von Mystik und Magie in der neuplatonischen Philosophie".][4]

A. "Beseelte Bilder" — die theurgische Option

"DU MUSST VIELMEHR ANNEHMEN, DASS, WEIL DIE ÄGYPTER ZUERST DER PERSÖNLICHEN ANWESENHEIT DER GÖTTER TEILHAFTIG WURDEN, SICH DIE GÖTTER FREUEN, WENN SIE MIT DEN FORMELN DER ÄGYPTER ANGERUFEN WERDEN."[5]

Die Konsequenz der seit Xenophanes (s.v.a. fr. 14, 15, 23) und Heraklit (s. fr. 5)[6] in Griechenland geübten Bildkritik[7] ist die Differenzierung zwischen den beseelten Göttern und ihren unbeseelten (Ehren–) Bildern, die sich explizit bei Platon findet (Nomoi 931 a):

"Überall bestehen von altersher über die Götter doppelte Gesetze. Die einen Götter verehren wir nämlich, indem wir sie deutlich vor uns sehen, den andern errichten wir als Weihgeschenke Nachbildungen und glauben, durch eine diesen, obschon unbeseelten, geweihte Verehrung bei jenen beseelten Göttern vielfaches Wohlwollen und ihren Dank uns zu verdienen."[8] Besonders eindringlich rechtfertigt noch im vierten Jahrhundert Kaiser Julian die Ehrung von Götterbildern[9] mit einer philosophischen Argumentation, die zwischen den Göttern und ihren Sinnbildern unterscheidet:

"Denn Götterbilder (ἀγάλματα), Altäre, ..., kurz, alle diese Einrichtungen haben unsere Väter als Sinnbilder (σύμβολα) für die Gegenwart

[4] Man beachte auch den Artikel "Materialmagie und -symbolik" von Barta in LÄ III, 1233–1237.

[5] Jamblichus, de myster. VII, 5 – Übersetzung: Hopfner, 167.

[6] "...Auch zu den Götterbildern (καὶ τοῖς ἀγάλμασι) dort beten sie, wie wenn einer mit Häusern schwatzte und wüßte nicht, was Götter und Heroen in Wahrheit sind" — Übersetzung: Snell, in: Heraklit, 8f.

[7] S. dazu (mit Lit.) Gladigow, 1979. Zur späteren Bildpolemik differenziert: Clerc, 89ff ("Polémique greque" bzw. "chrétienne"), dort auch "Les défenseurs des images" (171ff.).

[8] Übers. H. Müller, Platon 6, 290.

[9] Zum Kultbild in der griechischen Religion s. (mit Lit.): Nilsson I, 80–84 (zu Amuletten: ebd., 199ff.); Kerényi, 1964; (s. auch ders., 1949, 148ff.); Burkert, 1977, 148ff.; Gladigow, 1985.

der Götter geschaffen, nicht etwa, daß wir sie selbst für Götter halten, sondern damit wir durch sie die Götter ehren sollen.... Da aber auch ihnen (den Gestirngöttern) die Verehrung nicht in materieller Form dargebracht werden kann, weil sie ihrer Natur nach deren nicht bedürfen, wurde auf Erden eine weitere Kategorie von Abbildern (*γένος ἀγαλμάτων*) ersonnen, durch deren kultische Verehrung wir uns die Götter gnädig stimmen können.... Wenn wir unseren Blick also auf die Standbilder der Götter richten, wollen wir sie auf keinen Fall nur für Gebilde aus Stein und Holz halten, aber gewiß auch nicht glauben, sie seien die Götter selbst."[10]

Daß gerade diese Unterscheidung für die Ägypter kein Gewicht hatte, haben antike Autoren ihren Lesern stets mit Nachdruck versichert. — "Apis, meinen sie, sei ein beseeltes Bild des Osiris, das erzeugt werde, wenn ein befruchtender Lichtstrahl vom Monde entspringe und eine brünstige Kuh berühre."[11] "Als wir den Tempel schon ganz erreicht haben, ziehen sich der Oberpriester und wer Götterbilder (*divinas effigies*) zur Schau trug..., in das Gemach der Göttin zurück, um die von Leben erfüllten Kunstwerke (*simulacra spirantia*) auf ihre gewohnten Plätze zu verteilen."[12]

Es versteht sich von selbst, daß die *ἔμψυχα ἀγάλματα*[13] für die der Theurgie zugewandten neuplatonischen Philosophen von größter Bedeutung waren.[14] Die ihnen gewidmeten Werke des Porphyrios und Jamblichus sind nicht überliefert,[15] doch einige Bemerkungen bei Proklos, dem letzten großen Neuplatoniker, sind ebenfalls geeignet, aufzuzeigen, daß in dieser Zeit vor allem das Problem der *εἴσκρῐσις*, des Hineinbannens eines göttlichen Wesens, behandelt wurde.[16] Aus diesen Texten erfahren wir, daß es darauf ankam, den betreffenden Gott mit ganz bestimm-

---

10 Julian, ep. 293–294C — Übersetzung: Weis, 135–7.

11 Plutarch, de Is. cap. 43.

12 Apuleius, Metam. XI, 17, 1 — Übersetzung: Brandt/Ehlers, 479.

13 Zu beseelten Bildern s. auch Belting, 49f.

14 Zur Theurgie s. Nilsson II, 450f. und 453f. (spez. zur Th. des Jamblichus), 462–464; Dodds, 1970, 150ff.; Fowden, 126ff., 134ff. (zum äg. Ursprung der Th. des Jamb.). Zur neuplat. Magie: Zintzen. S. auch S. 94f. Bei Zintzen ist auch der Aufsatz von Bidez wiederabgedr. ("Der Philosoph Jamblich und seine Schule" – 1914).

15 S. dazu Hopfner, OFZ I, § 805; ders., in: Jamblichus, 240ff. (100) — mit reicher Literatur zu "beseelten Statuen"; grundsätzlich: Fowden, 131–141 ("Iamblichus of Apamea").

16 S. Hopfner, § 808; Dodds, 1970, 158ff. (*τελεστική*); Nilsson II, 412, 524–527; über Amulette: Nilsson II, 523f., 524(1): Literatur.

ten Symbolen und Attributen darzustellen. Dies und der Umstand, daß ein und derselbe Gott in verschiedenen lokalen Kultbildern unterschiedlich wiedergegeben wurde, machte es erforderlich, zu benutzende Zauberbilder genau zu beschreiben oder gar in einer beigefügten Vignette zur Anschauung zu bringen.[17] Nachfolgend seien einige interessante Passagen, die von Hopfner und Dodds aufgenommen wurden, in Übersetzung wiedergegeben:[18]

- "Der die Mysterien betreffende Zweig (*τελεστική*) reinigte gründlich, verlieh dem Bild irgendwelche Eigentümlichkeiten und Kennzeichen (*χαρακτῆρας*[19] *καὶ σύμβολα*) und machte es selbst beseelt."[20]

- "Die *τελεστική* besteht darin, Orakelstätten und Statuen der Götter (*ἀγάλματα θεῶν*) auf der Erde zu errichten und durch irgendwelche Symbole notwendige Dinge zu schaffen, die aus abgesondertem und vergänglichem Holz sind, um an der Gottheit Anteil zu haben."[21]

- "Unter diesen heiligen Bildern trugen die einen diese, die anderen jene Attribute (*συνθήματα*, Erkennungszeichen) der Höherstehenden, die mit den Bildern selbst übereinstimmten."[22]

- "Die Weihung durch irgendwelche Symbole und geheimen Attribute gleicht die Bilder dort den Göttern an und macht sie geeignet für die Aufnahme des göttlichen Glanzes."[23]

- "Die Theurgen gebrauchen, wenn sie diese Sympathie mit den Göttern bewirken, diese Geräte (nämlich Nadel, Szepter und Schlüssel) wie Attribute der göttlichen Mächte."[24]

---

[17] S. v.a. den Befund der Papyri Graecae Magicae (PGM).
[18] Über Proklos, "der den Neuplatonismus...scholastisch entwickelte": Nilsson II, 459ff. (mit Auszügen aus Hymnen des Pr.); Beierwaltes, s. bes. 328 mit (67–70). Zur Apologie des Bildes im Neuplatonismus: Clerc, 249ff.
[19] Dazu Hopfner, OFZ I, § 819f.
[20] Proklos, Theol. Plat. I 28, p. 70 — Text: Dodds, 1970, 159.
[21] Proklos, in Tim. III 155, 18 — Text: Dodds, 159. S. Beierwaltes, 385ff. (*ὁμοίωσις θεῶ — θεωποίησις*).
[22] Proklos, ad Remp. 11, p. 246 Kroll – Text: Hopfner, OFZ I, 513.
[23] Proklos, ad Cratyl. 51 pag. 19 Pasquali – Text: Hopfner, ebd.
[24] Proklos, ad Cratyl. 28 – Text: ebd.

- Vgl. dazu auch Jamblichus, de myster. I, 12: "Deshalb vermögen auch heiligehrwürdige Namen der Götter und die übrigen Symbole, uns mit den Göttern zu verknüpfen, da sie zu ihnen emporführen."[25]

- Ebd., II, 11: "Denn wenn wir auch jene Symbole nicht zu begreifen vermögen, so wirken sie doch aus sich selbst das ihnen angemessene Wirken, und die geheimnisvolle Energie der Götter selbst, zu denen diese Symbole hinaufreichen, erkennt selbst aus sich selbst die ihr eignenden Bilder (Symbole)."[26]

- Ebd., VI, 6: "Der Theurg gibt den kosmischen Mächten infolge der Kraft der geheimen Symbole seine Befehle nicht mehr als Mensch..., sondern erteilt, als gehöre er jetzt zur Rangklasse der Götter, Befehle, die kräftiger sind als seine ihm tatsächlich eignende Wesenheit."[27]

- "Mir scheint, die alten Weisen, die die Götter gegenwärtig haben wollten und daher Tempel und Götterbilder (*ἱερά καὶ ἀγάλματα*) schufen, haben die Natur des Alls beachtet und bedacht, daß die Seele zwar von leicht dirigierbarer Natur ist, sie einzufangen aber am leichtesten ist, wenn ein (auf sie) Abgestimmtes geschaffen wird, das ein gewisses Teil von ihr aufnehmen kann. Abgestimmt aber ist das irgendwie Nachgeahmte, das wie ein Spiegel etwas von der Gestalt an sich reißen kann."[28]

Daß Bildwerke gleichsam von göttlichem Glanze bestrahlt und heimgesucht werden, sagt Jamblichus ebenfalls in seinem apologetischen Werk "De mysteriis",[29] das er im Namen des ägyptischen Priesters Abammon als Antwort auf einen Brief des Porphyrios an einen ebenfalls ägyptischen Priester namens Anebon verfaßt hat:[30] "Das Verharren und Ruhen der

[25] Übersetzung: Hopfner, 26; dazu Nilsson II, 450.
[26] Ebd., 64.
[27] Ebd., 160.
[28] Plotin Enn. IV 3, 11 (IV 78 Bréhier); dazu Thümmel.
[29] Inhaltliche Übersicht und Wertung bei Nilsson II, 448–454 ("Die Schrift ist ein Grundbuch der spätantiken Religion und verdient größte Beachtung" – 448).
[30] Zusammenfassende Betrachtung der Schrift des Porph.: Nilsson II, 440–442. Zur Einstellung des P. gegenüb. der Theurgie: ebd., 441–443 ("Zwar wird die Th. von P. akzeptiert, doch wird ihr nur eine untergeordnete Bedeutung zugestanden; sie ist ein recht zweifelhaftes Mittel, die Seelen der nicht philosophischen Menschen etwas zu erheben" – 443); vgl. Fowden, 130f.: "P. was too analytical a thinker to do that, and spent his life trying to reconcile conventional religion and philosophy...".

Götter bestrahlt nämlich alles nur von außen her, mag es sich Regionen des Kosmos wie Himmel oder Erde, heilige Stätte oder Länder, bestimmte heilige Bezirke oder heilige Statuen hierzu erwählt haben, genauso wie auch die Sonne alles nur von außen her mit ihren Strahlen erleuchtet; wie also das Licht das, was es erleuchtet, rings umfängt, so hält auch die Machtfülle der Götter das, was an ihnen Anteil erhalten hat, nur von außen her umschlossen" (I, 9).[31] Für ihn sind die Bilder aufgrund ihrer Partizipation am Göttlichen geradezu Unterpfand für dessen Präsenz in der Welt. "Es ist also das Ziel des Jamblichos, aufzuzeigen, daß die göttlichen Bilder (*εἴδωλα*) — denn diese unterlegt er dem Namen des Bildes (= ordnet sie unter) — auch von göttlicher Teilhabe voll seien, nicht alleine alle diejenigen, welche die Hände der Menschen in geheimer Arbeit künstlich verfertigt und wegen der Verborgenheit des Handwerkers "vom Himmel herabgefallen" genannt haben, (denn diese seien himmlichen Ursprungs und seien von dort auf die Erde gefallen, woher sie auch den Beinamen tragen sollten),[32] sondern auch alle die, welche die Schmiedekunst, die Steinhauerkunst und die Kunst der Handwerker zu offensichtlichem Lohn und bei deutlich sichtbarer Herstellung gestalteten."[33]

Von entscheidender Bedeutung für die Einstellung der Spätantike zu Magie und Kultwesen ist der bereits erwähnte Glaube an die sympatheia der Materie, vermittels derer diese zum Immanenzmittel für den jeweils betroffenen Gott zu werden vermag. Die einzelnen Pflanzen, Tiere, Steine, Holzarten etc. wurden diesbezüglich nun genau spezifiziert.[34] Von Materialmagie hatten wir angesichts einiger altägyptischer Befunde ja ebenfalls gesprochen,[35] doch läßt sich auch hier allenfalls ahnen, was in der Spätantike philosophisch reflektiert und "wissenschaftlich" geformt vorgebracht wird.[36] "Denn es gibt nichts, was auch nur ein wenig mit den Göttern in Verbindung steht, mit dem sie sich nicht sogleich verbinden

---

[31] Übersetzung: Hopfner, 19.

[32] Vgl. die Angaben bei Burkert, 1977, 153 (84).

[33] Photios, cod. 215p. 173b, 4 s. Bekker - Text: Hopfner, OFZ I, 522.

[34] Zu antiken "Lithika" (Lit. über wunderbare Eigenschaften von Steinen): Hopfner in RE XIII, 747–769; Nilsson II, 523f.; s. den zusammenf. Artikel von Zintzen in "Der Kl. Pauly" 3, 680–682 — mit weiterer Lit. Zu magischen Gemmen: Delatte/Derchain — (s. 345ff. ("Examen mineralogique").

[35] S. S. 82f.; s. auch S. 246ff.

[36] S. Jamblichus, de myst. V, 23–24; dazu: Hopfner, ebd., 240ff.; ders., OFZ I, §§ 802, 807; Nilsson II, 523 u. 534f.; Fowden, 75ff.

würden."[37] Den Terminus "συμπάθεια τῶν ὅλων" hatten die Neuplatoniker dem philosophischen System der Stoa entnommen,[38] wo er in erster Linie dazu diente, den Glauben an die überkommene Mantik und Astrologie zu rechtfertigen.[39]

Die Beziehungen zwischen den religiösen Vorstellungen der alten Ägypter und den theosophischen Spekulationen der späteren Antike sind sicherlich noch nicht hinreichend untersucht worden; jedenfalls sind manche Gemeinsamkeiten zu offensichtlich, als daß man sie einfachhin zufällig nennen könnte.[40] — Ich denke da insbesondere an die im NR an Bedeutung gewinnende Vorstellung von der Emanation der Welt aus Gott bzw. den Göttern[41] oder die Tendenz zum "Sonnenmonotheismus".[42] — "Einige sagen, daß Apollon, Helios, Dionysos dieselben sind, und sie führen einfach alle Götter zusammen zu einer Macht und Kraft" (Dio Chrysost. XXX 11).[43]

Eine in der Ägyptologie weitgehend unbeachtete Gestalt,[44] der möglicherweise eine nicht unbedeutende Rolle bei der Vermittlung altägyptischen "Wissens" an die Theo- und Philosophen Griechenlands zuerkannt werden muß, ist Bolos von Mendes, der um 200 v. Chr. wirkte und "der Demokriteer" (oder "Pseudo-Demokritos") genannt wurde.[45] "Der leitende Gesichtspunkt...war die Sympathie bzw. Antipathie zwischen verschiedenen Dingen, Tieren, Pflanzen, Steinen. Bolos wurde viel gelesen...; die Nachwirkungen dauerten bis zum Ende des Mittelalters."[46]

---

37 Jambl., de myster. I, 15 — Übersetzung: Hopfner, 30.

38 S. etwa Porphyrios, ad Anebo 23 und 24.

39 Dazu Reinhardt; Nilsson II, 267, 534f.("Der Kraftglaube"); Pohlenz I, 217, 230f. (bes. zu Poseidonios), 360f., vgl. 391f. (zu Plotin). Frazer hat den Terminus "sympathet. Magie" als Oberbegriff für "kontagiöse" u. "imitative" Magie gewählt — dazu s. Bertholet, in: Petzoldt, 118f. ("Das Wesen der Magie").

40 Dazu Junge, 1978, 87f.: "...daß die hier darzustellenden religiösen Vorstellungen des NR manchen philosophisch-religiösen Vorstellungen der Spätantike strukturähnlich sind...".

41 S. dazu Hornung, 1971, 164ff.; Assmann, 1975a, 66ff.; ders., 1975b, 21ff.; ders., 1983b, 116f., 219f.; ders., 1984, 274ff.; Junge, op.cit., 99ff. (Die Welt als Abbild), bes. 104ff.; vgl. Jamblichus, op.cit., VIII 1–5, bes. VIII 2; zur philosophischen Theologie des Neuplatonismus (v.a. Plotin): Weischedel I, 63ff.

42 Bes. bei Macrobius — s. Nilsson II, 513ff., 576 —, der die anderen Götter in Helios als dessen Kräfte aufgehen läßt.

43 Zur 30. Rede des Dion: Nilsson II, 401(2).

44 Bezeichnenderweise ohne Stichwort im LÄ!

45 Nilsson II, 534f., 704f.; Dodds, 1970, 132f.; Fowden, 87, 90.

46 Nilsson II, 535; vgl. Dodds, 1970, 133: "Vom ersten Jhd. v. Chr. an wird B.

Auf Bolos' Theorien griffen — wie gesehen — die Stoiker (v.a. Poseidonios) ebenso zurück wie die neuplatonischen Theurgen. Schon von seinem Hauptgewährsmann Demokrit behauptete man, er habe — wie so viele andere griechische Philosophen von Bedeutung — seine Belehrung in Ägypten erfahren.[47] Daß die Herstellung und Beseelung magischer Bilder in der Spätantike ihren Ursprung in Ägypten hat, betont v.a. Jamblichus, der ja selbst im Namen eines Ägypters schreibt, im Kap. VII seiner Schrift de myster.[48] Ohnehin ist darauf hinzuweisen, daß im Unterschied zu Porphyrios aus Tyros, der, wie gesehen, eine eher unentschiedene Einstellung gegenüber der Theurgie hegte und als Schulhaupt in Rom wirkte — nachdem ihn Reisen und Studien nach Athen und Sizilien geführt hatten —, der Syrer Jamblichus aus Chalkis die neuplatonische Schule in den Orient zurückgeführt hat.

Eine wesentliche Voraussetzung für die Annäherung der spätantiken Religionsübung an die im Orient — vor allem in Ägypten — alteingesessenen magischen Praktiken war die fortschreitende Entpersonalisierung der überkommenen griechischen Religion. "Das Wiederaufleben der Kraftvorstellung ... ist das unterscheidende Merkmal zwischen der griechischen Religion der alten Zeit und derjenigen, die in der Spätzeit vorherrschte."[49] Damit gewannen auch machtgeladene magische Bilder und Objekte beträchtlich an Gewicht. "Bezeichnend ist, daß die Götter sehr oft *οἱ κρείττονες* genannt werden; den Götterbildern und den synthemata, Amuletten und dgl., welche die Theurgen gebrauchten, wohnte die Kraft inne."[50] — Inwieweit die im alten Ägypten zunehmend personalisierte "Zauberenergeia" ḥkꜣ[51] hierbei eine "Vorbildfunktion" ausüben konnte, ist nicht die primäre Fragestellung; vielmehr scheint es sich um eine grundsätzliche Adaptation der Theologie der späteren Antike an das

---

zunehmend als wissenschaftliche Autorität zitiert, die an Ansehen mit Aristoteles und Theophrast konkurrieren kann..". B. hat auch über die symp. Wirkung von Steinen gearbeitet: dazu s. die Angaben in Diels 2, 210ff.

47 Jambl., de mysteriis. I, 1; dazu Hopfner, in: Jambl., 192ff. (2–7). Zu ägypt. "Wundermännern" und der Bedeutung ägypt. Vorbilder s. auch Nilsson II, 528f.

48 S. Derchain, 1963. Vgl. auch die Ausführungen von Dodds, 1970, 161 und 277(84) — mit Lit.

49 Nilsson II, 534 — s. 534–539 ("Der Kraftglaube"); "Um die Mitte der hellenistischen Zeit wurde die Kraftvorstellung auf das pseudo-wissenschaftliche Gebiet übertragen und unter ägyptischem Einfluß durch Bolos von Mendes im Delta entwickelt..." (534).

50 Ebd., 466.

51 S. dazu S. 232ff.; ḥkꜣ wird auch von Fowden angesprochen (76f.).

altägyptische "Weltbild" mit seiner konsequenten Ursprungslogik[52] zu handeln. "Man fand die Götter nicht in den Dingen der Natur selbst, sondern in den die Dinge bewirkenden Kräften, deren verschiedene Wirkungen durch die verschiedenen Namen der Götter gekennzeichnet werden. Man erklärte die Bildung der Begriffe von den Göttern aus den verschiedenen Wirkungen verschiedener Dinge..."[53] Die ἐνέργειαι oder δυνάμεις, als die man die alten Götter nun deutete, haben quasi ihre "Vorläufer" in den aus wirkenden Substanzen oder Kräften gestalteten altägyptischen "Begriffsgöttern".

Acheiropoietische Bilder,[54] die Photios anspricht, sind mir aus dem alten Ägypten, im Gegensatz zu "Entstehungslegenden" für unfabrizierte Bücher und "Sprüche",[55] nicht geläufig. Dies ist jedoch nicht weiter verwunderlich, da sie in erster Linie eigene Kulte (samt Bildern) gegen andere rechtfertigen und diese geringschätzen sollen und insofern eine Konkurrenzsituation voraussetzen.[56] Eine andere Möglichkeit, bestimmte Bilder in einen grundsätzlich anderen Seinsmodus zu erheben, besteht darin, sie zu "weihen". In diesem Zusammenhang haben wir oben (wertneutraler) von "Bildinitialisierung" gesprochen.[57] Eine ägyptische Option solcher Funktionssetzung von Bildern/Gegenständen ist die sog. Mundöffnung, die — wie wir gesehen haben — sogar an Skarabäen vollzogen werden kann.[58] Das Bild als "Leib der Gottheit"[59] hat offensichtlich "zwei Na-

---

[52] S. S. 239 mit (55).

[53] Nilsson II, 535; s. auch das Zitat nach Moschopulos (536): "...die Griechen meinten, daß alles, was ihnen kraftbegabt zu sein schien, nicht ohne die Vorsteherschaft der Götter seine Kraft betätigen konnte...".

[54] S. dazu Belting, 64ff., 628(8): Lit.; Stephan, 51–53; (das nicht von (Menschen–) Hand gemachte Bildnis).

[55] S. S. 242ff.

[56] Belting verweist auf den Antagonismus zw. heidnischen Idolen und christlichen Wunderbildern; Stephan thematisiert in diesem Zusammenhang den Fetischbegriff ("nicht nicht von Menschenhand geschaffen" — als christl. polemischer Begriff).

[57] S. S. 256ff.; Belting spricht von "Bildkonsekration" (s. 690, * -konsekration). Zur Weihung von Bildnissen auch Nilsson II, 526f. mit(6) — bes. Arnobius, adv. gent. VI 17: "A. läßt einen Heiden sagen, daß die Heiden nicht das Metall oder den Stein als Götter...betrachten, sondern in den Bildern die Götter verehren, welche der heilige Weiheakt in die von Menschenhand gefertigten Bilder hineinbringt und diesen innewohnend macht" — Nilsson II, 526.

[58] S. S. 83 (64). Zur Weihung von Amuletten s. Nilsson II, 537 — mit Verweis auf Eitrem, Die magischen Gemmen und ihre Weihe, Symb. Osl. XIX, 1939.

[59] Assmann, 1984, 57.

turen, eine göttliche und eine materielle, die eine oberhalb, die andere unterhalb des Menschen."[60]

Die den Ägyptern zugeschriebenen Theorien und Philosopheme der spätantiken Autoren gereichten ihrerseits den frühen christlichen Schriftstellern zur Kritik an der heidnischen Idolatrie. Eine aufschlußreiche Passage findet sich in Augustinus' De civitate dei (8. Buch, Kap. 23):

"Jener Ägypter (Hermes Trismegistus) aber behauptet, die Götter seien teils vom höchsten Gott, teils von Menschen gemacht. Wer das hört, wie ich es hier sage, meint, es sei von Götzenbildern die Rede, weil das ja Werke von Menschenhand sind. Jener aber versichert, die sicht- und greifbaren Bildnisse seien gleichsam die Leiber der Götter, und in ihnen hätten gewisse eingeladene Geister Wohnung genommen.... Solche unsichtbaren Geister durch allerlei Künste an sichtbare stoffliche Gegenstände zu binden, so daß die ihnen geweihten und überantworteten Bildnisse gleichsam beseelte Körper seien, nennt er Götter machen."[61] —

Die altägyptischen Künstler "gebären" und "beleben" die Bilder ihrer Götter.[62] — Gleiches behauptet interessanterweise der Franziskanermönch Diego de Landa in seiner Beschreibung des alten Yucatán von den Maya: "Eine Sache, die diese armen Leute für äußerst schwierig und mühselig hielten, war, Götzenbilder aus Holz herzustellen, was sie "Götter schaffen" nannten."[63]

Bevor wir uns nun aber der ägyptischen Bildauffassung zuwenden, sollen noch einige weitere Beispiele antiker Bildmagie betrachtet werden.

---

[60] Ebd., 51.

[61] Übers.: Thimme; vgl. auch 8, 24: "...und riefen, da sie keine Seele machen konnten, die Seelen der Dämonen oder Engel herbei und bannten sie in die heiligen Bildnisse..."; s. auch 8, 26; 21, 6.

[62] S. Assmann, 1984, 57; Beispiele bei Helck in LÄ III, 859ff.

[63] Diego de Landa, 129f.

B. Bildzauberei in den Papyri Graecae Magicae — eidolopoios magike[64]

Die sogenannten Griechisch–magischen Papyri sind als eines der wichtigsten Zeugnisse für den Synkretismus[65] in der spätantiken Religion anzusehen. Sie datieren vom 2. Jhdt. v. Chr. bis in das 5. Jhdt. n. Chr., die meisten in die Zeit nach 300 n. Chr. Es handelt sich um Texte unterschiedlichster Herkunft und Art; abgefaßt sind sie zumeist in griechischer, aber auch in demotischer und koptischer Sprache. Sie erweisen ebenso die inkulturative Kraft der antiken Religion,[66] die es vermochte, sich in ägyptischem Gewande zu zeigen, wie die Vorbildhaftigkeit einiger dominanter Züge der altägyptischen Religionsübung.[67]

"Von den darin enthaltenen religiösen Elementen ist der Grundstock griechisch–ägyptisch, der jüdische Einschlag ist stark. Babylonisches ist selten, und vom Iranischen kommt nur der Name des allbekannten Gottes Mithras vor."[68] "In this syncretism, the indigenous ancient Egyptian religion has in part survived, in part been profoundly hellenized."[69] Der Befund der Texte zeigt recht deutlich, daß vor allem das Interesse an Praktiken, mit denen man die teilweise höchst komplexe materia magica behandelte, sehr beträchtlich war. Die altägyptischen Mytheme, die in den Spruchtexten der magischen Instruktionen so vielfältig ausgebildet worden waren, hat man erheblich vereinfacht.[70] In erster Linie wurden diejenigen Götter berücksichtigt, die in unmittelbarer Beziehung zum unterweltlichen Bereich stehen — also v.a. die Götter des Osiris–Kreises,

---

[64] Grundsätzlich: Preisendanz; Gundel; Merkelbach/Totti, insbes. Bd. 1, Kap. 1; Betz (v.a. möchte ich hier auf den angekündigten II. Bd. (Register, Indices) verweisen. Einzelheiten (v.a. zu "begleitenden Handlungen") wird man dort sicherlich umfassender aufgelistet finden als es im Rahmen dieser Studie geleistet werden könnte; ich will mich daher gerade hier auf bes. instruktive Beispiele beschränken). S. auch Nilsson, 1948; einiges auch in ders., II, 696ff.

[65] Zusammenfassendes bei Nilsson II, Zweiter Abschnitt IV ("Der Synkretismus") — = 581ff.

[66] Betz spricht von "egyptianizing transformations" (xlvi).

[67] Die "inkulturative Kraft" des Christentums erweist sich etwa in der Darstellung des tanzenden Gekreuzigten, nicht in einem gekreuzigten Shiva.

[68] Nilsson II, 596f.

[69] Betz, xlvi.

[70] "That is not to deny that there is a difference in style between Pharaonic and Graeco–Egyptian magic...A particularly notable feature of Pharaonic magic is its rich mythological content, which was drastically simplified before it passed into Greek" (Fowden, 66).

aber auch Hekate, Selene oder die babylonische Gottheit Ereschigal.[71]

Konkrete Vorschriften zur Herstellung und Anwendung von Zauberfiguren und -zeichnungen begegnen des öfteren in den PGM.[72] In einigen Fällen werden auch — was wir in den altägyptischen Quellen in dieser Deutlichkeit eben nicht finden — Charakter und Funktionsweise eines solchen Bildes näher umschrieben. Ausdrücklich heißt es im Papyrus Mimaut, daß der Sprecher sich mit seinen Bestrebungen an das Abbild des Seth-Typhon richtet:[73]

"Führe zu Ende für mich die und die Handlung — gemeinsam mit dem, was du willst, — mächtiger Seth-Typhon..., wie ich es befehle deinem Abbild (*ὥς ἂν κελεύσω τῷ εἰδώλῳ σου*), denn ich beschwöre dich...! Führe zu Ende für mich die und die Handlung bei deiner Gestalt (*ἐπὶ τῇ μορφῇ σου*)" (PGM III, 85ff.).[74]

Vermittels der Fixierung eines Bildes konnte man also einen Gott dazu zwingen, "die Formeln, Befehle, Wünsche des Magiers anzuhören".[75] Es reichte jedoch oftmals bereits aus, die Zeichen, Symbole und Gestalten der betreffenden Gottheit zu kennen und sie dieses Wissens zu versichern: "... und erhöre mich bei jeder Handlung, bei der ich dich [anrufe] (*ἐν παντί, ᾧ [ἐπικαλοῦμαι] πράγματι*), und erfülle alle meine Wünsche aufs vollkommenste (*ἐντελέστατα*), weil ich deine Zeichen und deine Symbole und deine Gestalten kenne... (*ὅτι οἶδά σου τὰ σημεῖα καὶ τὰ παράσημα καὶ μορφας*)" (III, 497-500) — es geht um ein Gebet an Helios-Re in seinen 12 Gestalten.[76]

PGM XIII bezeichnet ein Schnitzbild des Apoll als Beistand: "Fertige aus der Wurzel des Lorbeers einen beistandleistenden Apollon, der geschnitzt ist (*ἔχε δὲ καὶ ἐκ ῥίζης δάφνης τὸν συνεργοῦντα Ἀπόλλωνα [γε]γλυμμένον*)! Neben ihm befinde sich ein Dreifuß und ein pythischer Drachen! Schneide rings um den Apollon herum den großen Namen nach ägyptischem Schema: auf die Brust anagrammatisch (*ἀναγραμμα-*

[71] S. Betz, xlvi-xlvii; vgl. die Darstellungen auf den magischen Gemmen: Delatte/Derchain, Ch. II ("Dieux égyptiens"=77ff.),215ff. ("La barque solaire").

[72] S. die Abbildungen bei Preisendanz I, Tf. I-III mit Abb. 1-6; II, Abb. 1-20 (je mit Angabe der Textstelle); Hopfner, OFZ I, §§ 817f.; Abb. auch (jeweils zum Text) bei Betz.

[73] Zu PGM III, 1-164 s. Merkelbach/Totti, Bd. 1, 81ff.

[74] Zu dem Bild s. auch Harrauer, 23-25.

[75] Hopfner, OFZ I, § 805.

[76] Merkelbach/Totti, Bd. 2, 1-3, 6ff.

τιζόμενον τὸ) '*Βαϊνχωωωχωωωχνϊαβ*'[77] und auf den Rücken der Figur (*τοῦ ζωδίου*) diesen Namen..." (XIII, 102–110)!

Die Erzeugung von Geräuschen (Schnalzen und Pfeifen) kann durch die Beifügung von Zeichnungen ersetzt werden (XIII, 40 ff.): "An Stelle des Schnalzens und Pfeifens zeichne auf die eine Seite des Natrons ein falkenköpfiges Krokodil und — auf ihm stehend — den Neungestaltigen! Denn das falkenköpfige Krokodil selbst begrüßt (*ἀσπάζεται*) nach den (vier) Richtungen hin den Gott mit Schnalzen... Deshalb, anstatt des Schnalzens, zeichne das falkenköpfige Krokodil, denn der erste (kleine) Teil[78] des Namens ist das Schnalzen! Das Zweite ist das Pfeifen: an Stelle des Pfeifens einen Drachen, der in seinen Schwanz beißt, so daß die beiden, Schnalzen und Pfeifen, das falkenköpfige Krokodil und der Neungestaltige — auf ihm stehend — und im Kreise um sie herum der Drachen und die sieben Vokale sind."[79]

Einen Dieb zu schädigen, wird ein Auge auf eine Wand gemalt und mit dem Hammer geschlagen; dabei wird folgendes gesprochen: "Wie ich das Auge schlage mit diesem Hammer, so soll des Diebes Auge geschlagen werden..." (V, 70ff.). Wer jemandes Schlaf zu stören wünscht, malt ein Bildchen (*ζώδιον*)[80] auf den Flügel einer lebenden Fledermaus und entläßt sie dann als Störenfried (XII, 376 ff.). Das *ζώδιον* stellt eine sitzende weibliche Gestalt mit einer Mondscheibe zwischen Kuhhörnern dar.[81]

Was die Ausführung der Bilder betrifft, so sind Gemeinsamkeiten mit den ägyptischen Praktiken unübersehbar. Großer Wert wird auf die Zusammensetzung der Tinten für Zauberzeichnungen gelegt;[82] PGM VII schreibt vor, ein Ibis-Bild in die Hand zu malen (300);[83] die Herstellung einfacher Amulette begegnet in PGM I, 143–148 [84] und V, 215ff. (Skarabäus mit Isisbild);[85] Knoten und Faden erscheinen eben-

---

77 Vgl. ägypt. *bꜣ n-kkw* — "Ba (Seele) der (Ur-)Finsternis".
78 Preisendanz übersetzt *ἡ πρώτη κεραία* mit "Silbe"; Betz: "the first element".
79 S. Betz, 173(15); s. auch ebd., 48(80), 58(140); vgl. p. mag. Harris V.
80 S. auch: PGM XIII, 109f.; XXXVI, 106; vgl. auch Hdt. I, 70, 1.
81 Betz, 167. S. Abb. 46.
82 Z.B.: PGM I, 9–10, 243–247; II, 34ff.; VII, 300, 940ff., 999ff.; VIII, 58, 69ff.; XIII, 134f.; XXXVI, 70f., 102ff., 256ff., 280; dazu: Hopfner, OFZ I, § 804; — vgl. hier S. 251.
83 Vgl. S. 254f..
84 S. auch I, 65–70; dazu Betz, 7 (31).
85 Dazu Hopfner, OFZ II, 294f.

falls als Amulett.[86] Sprüche sollen getrunken (I, 232–244;[87] XIII, 690ff.), Ausscheidungen eingenommen werden.[88] Von einem gefundenen Buch ist die Rede (XXIVa), hymnische Anrufungen begegnen in magischen Inkantationen;[89] schließlich ist auch der genaue Zeitpunkt für die jeweilige magische Handlung in etlichen Fällen vorgegeben.[90]

Abschließend sei auf eine sehr interessante Parallele religionswissenschaftlicher Relevanz aufmerksam gemacht. Vergleichbar dem Befund des "Buches von der Himmelskuh" aus dem Neuen Reich, überliefert inmitten einer Sammlung von Zauberrezepten PGM XIII (p. Leiden J 395) einen ausführlichen Weltschöpfungsbericht (*κοσμοποιΐα*), das sog. 8. Buch Moses'.[91] Hier geht die Anrufung des Urgottes in eine epische Schilderung des Schöpfungsvorgangs über. Im Rahmen des Textes wird auch auf die Herstellung von Zauberzeichnungen verwiesen (XIII, 40ff.: falkenköpfiges Krokodil; 49ff.: Uroboros); ein Glücksamulett in Gestalt eines goldenen Plättchens, mit dem siebenvokaligen geheimen Namen beschriftet (Analogie zu Sarapis–Abraxas), ist zu weihen und abzulecken (XIII, 888–903). Seine Nützlichkeit erinnert ebenfalls an den Befund des Kuhbuches (B. v. H. 265–71): Es sichert "Reichtum, gutes Altern, Kindersegen, Glück und ein angemessenes Begräbnis" (XIII, 782f.). Offenbar ist auch hier — wie im Falle des Buches von der Himmelskuh — das Wissen um die Weltschöpfung und -ordnung für das gesamte Zauberwesen von Wichtigkeit.[92]

Die konkreten Methoden magischen Agierens, die uns in den PGM vor Augen treten, sowie der strukturelle Aufbau der einzelnen Texte (samt Vignetten) sind aus den altägyptischen Instruktionen des MR und NR bereits bekannt. Wenn nun auch keine prinzipiellen (qualitativen) Neuerungen zu konstatieren sind, so ist doch andererseits festzuhalten, daß Umfang und Details in den Handlungsanweisungen für eine zunehmende "Geheimnistuerei" der Benutzer sprechen, die von späteren Interpreten allzu

---

[86] Lit.: Betz, 7 (33).

[87] S. Betz, 9 (45). Vgl. auch Num. 5, 23f.

[88] Die Stellen s. bei Muth, 175.

[89] S. Nilsson, 1948, 60[2]f., 85[27]; vgl. p. mag. Harris G–I, Tb 133 (mit CT 1029), Tb 134 (Chepri–Hymnus), Tb 136, Tb 164 (Sachmet–Bastet), p. L. 348 Nr. 13 (Re), p. BM 10059 Nr. 10 (Isis).

[90] Nilsson, op.cit., 87[29]f.; vgl. S. 261f.

[91] Lit.: Preisendanz II, 87; Betz, 172(2); zu XIII, 732–1056: Merkelbach/ Totti, Bd. 1, 179ff.

[92] Zum Problem Magie und "Kosmogonische Mythen": Eliade, 1954/58.

häufig als organisiertes Mysterienwesen mißverstanden worden ist. Ein Problem der nunmehr stark differenzierten Alltagsmagie — man denke nur an Liebeszauber — bestand darin, den Mißerfolg einer magischen Prozedur zu erklären und (von Seiten des Magiers) auch zu rechtfertigen. Im Falle fehlgeschlagener magisch-medizinischer Handlungen konnte man auf stärkere Kräfte der die Krankheit bewirkenden Dämonen etc. verweisen, d.h. Gegenmagie erweist geradezu die generelle Funktion der Magie. Der Erfolg funerärer Magie war empirisch nicht zu überprüfen. Im Bereich der in den PGM häufig begegnenden "Alltags-" oder lebenspraktischen Magie boten komplizierte Anweisungen und nicht leicht zu beschaffende magische Apparate (Substanzen aus dem Tier- und Pflanzenreich, seltene Mineralien etc.) die Möglichkeit, erfolglose Bemühungen mit fehlerhaft durchgeführten Zauberhandlungen oder ungeeigneten Materialien zu entschuldigen.[93]

Die auf den Seiten 249ff. gegebenen Übersichten sprechen m.E. dafür, daß wir im alten Ägypten am ehesten mit wandernden "charismatischen Handwerkern",[94] einer "Mischung" aus Arzt, Zauberkünstler und Geschichtenerzähler, zu rechnen haben, die die für ihre magischen Aktionen notwendigen Dinge leicht mit sich führen konnten.[95] Sie mußten des Lesens der magischen Sprüche kundig und des Zeichnens einfacher Vignetten konventioneller Gestaltung fähig sein. Desweiteren mußten sie Leinenbinden, einige Amulette, Schreibzeug (mit verschiedenfarbigen Pigmenten) und wohl auch die eine oder andere kleine Götterfigur mit sich führen. Ungleich reichhaltiger muß das Instrumentarium eines Magiers gewesen sein, der gemäß den PGM zu handeln hatte - Nachteulenblut und Zitterrochengalle[96] muß er schon zur Hand gehabt haben. Derartige Zauberstoffe (*οὐσίαι*) begegnen in den altägyptischen Texten nicht. Nilsson[97] und Burkert[98] indessen warnen davor, "Gemeinschaften" Eingeweihter — mit entsprechenden räumlichen Gegebenheiten — vorauszusetzen. "Solche Männer werden Jünger gefunden haben, nicht aber Gemeinden gegründet haben."[99] Kleinere Zirkel neigen im allgemeinen dazu, *σύμβολα* als Erkennungszeichen zur Identitätsabsicherung

---

93 In diesem Sinne auch Merkelbach/Totti, Bd. 1, 65.

94 Burkert, 1990, 36; vgl. ders., 1984, 12f., 43ff.

95 S. dazu den Befund der Papyri Ramesseum I (s. LÄ IV, 726f.); s. S. 23f.

96 PGM XXXVI, 265 bzw. 283f.

97 Nilsson, 1948, 84[26].

98 Burkert, 1990, 46ff.

99 Nilsson, ebd.

zu verwenden;[100] Gegenstände, die am Zauber mitwirken, bezeichnet der Große Pariser Zauberpapyrus ausdrücklich als *σύμβολα*.[101] Im alten Ägypten wird die Kenntnis magischer Praktiken — wie etwa zahlreiche Totenbuch-Nachschriften zeigen — häufig vom Vater an seine Söhne weitergegeben worden sein.

Somit ist die Frage zulässig, ob von einer tendenziellen Entwicklung der alten wirkungsmächtigen Deiknymena zu — sozial — separierenden *συνθήματα* (Kennzeichen) ausgegangen werden kann.[102] Zu berücksichtigen ist bei einem Vergleich zwischen altägyptischer und griechisch-ägyptischer Magie auf jeden Fall die erhebliche Erweiterung ihrer Anwendungsgebiete, der konkreten Intentionen (der Klientel) der Aktanten. So finden sich nun zahlreiche Sprüche, die ein Traumorakel[103] bewirken oder gar die Gottheit selbst zur Erscheinung bringen sollen;[104] schließlich bilden auch Liebeszauber einen beträchtlichen Anteil der PGM.[105]

Im Falle des sogenannten Erscheinungszaubers sind wohl Elemente griechischer Religionsauffassung und -übung in die synkretistische Zauberpraxis eingegangen. Epiphanieszenen, die sich auf Visionen beziehen, sind seit minoischer Zeit geläufig.[106] Auch der Götter herbeirufende Hymnus, der *κλητικός*,[107] ist in archaischer Zeit überliefert. Sicherlich besteht ein Zusammenhang mit der *ἐποπτεία* der Mysterien.[108] —

Der altägyptische Beitrag zu diesen magischen Prozeduren setzt sich m.E. aus formalen und rein praktischen Vorbildern aus dem Bereich der "Alltagsmagie"[109] und aus für die mystische Spekulation der spätanti-

---

[100] S. Müri, bes. 37ff.; Nilsson II, 698f. (auch zu Kultgemeinschaften).

[101] PGM IV, 945 (*σύμβολα μυστικὰ*), 2305, 2311ff. (*ἅπαντα ταῦτα σύμβολόν μου πνεύματος*), 2321ff.

[102] Z.B. Jambl., de myster. I, 15, bes. II, 11; Proklos, ad Remp. 11 (s. ob. S. 270 mit (22)); dazu Müri, 40f.; zum *σύνθημα* der eleusin. Mysterien (nach Clemens v. Alex.): Nilsson I, 658f.; Burkert, 1972, 297f.

[103] Dazu Dodds, 1970, 55ff., bes. 60–62, 69–71 (mit zahlreichen Beispielen).

[104] S. dazu bes. Jamblichus, de myst. III, 28f. (*εἰδωλοποιητικὴ τέχνη* (168, 14)); Hopfner, ebd., 228f. (75); grundsätzlich: Metzler, bes. 96ff. (mit Lit.!).

[105] S. generell die hilfreiche Übersicht bei Betz, XIff.

[106] Matz, bes. 53–68; Burkert, 1977, 78, 81; zu Theophanien in Griechenland: ders., ebd., 288ff.; zu Visionen s. Beispiele bei Dodds, 1970, 297 *Vision; Jambl., de myst. III, 25.

[107] Pfister in RE Suppl. IV, 304; Metzler, 97.

[108] S. Riedweg, 49ff., 60ff., 68.

[109] Über die *εἰδωλοποιοί* urteilt der Theurg Jamblichus natürlich abfällig (de myster.

ken Theurgen höchst willkommenen altägyptischen Vorstellungen hinsichtlich natur- und "weltbestimmender" Kräfte jenseits einer weitgehend anthropomorphisierten Götterwelt zusammen. Für die Anhänger der *συμπάθεια τῶν ὅλων* war die ägyptische Religion (inklusive ihrer Mythologie) nichts anderes als eine "Naturreligion".

Besonders eindrucksvoll kommt die Wertschätzung ägyptischer (mittlerweile längst nicht mehr verstandener) Religion in einer Stelle in den Aithiopika des Heliodor zum Ausdruck, die ich abschließend zitieren möchte (9, 9): "Ägyptische Weise, die in den Wissenschaften von der Natur und von Gott bewandert sind, werden wohl kaum einem die tiefere Bedeutung dieser Dinge enthüllen, sondern nur in Gestalt eines Mythos mitteilen, während sie den in die göttlichen Mysterien Eingeweihten die Geheimnisse im hellen Licht der Wahrheit offenbaren."[110]

C. Zur koptischen Bildzauberei

Eine ausführlichere Erörterung magischer Praktiken in koptischen Quellen erübrigt sich — für unsere Zwecke — angesichts der so übersichtlichen dreibändigen Studie von A. M. Kropp. Lediglich einige besonders interessante Passagen seien hier stellvertretend mitherangezogen.[111]

- Eine Schlüsselsegnung bietet uns Text XV. In einem Zauberkreis stehend (65) soll der Aktant nach einem Opfer (46ff.) zwei Bilder (*ζώδιον*) malen, "eines für den Schlüssel, eines für deinen Hals"; die Tinte wird dabei genau vorgeschrieben (60ff.). So soll er dann Gott Vater anrufen, auf daß dieser seinen Sohn entsende, Leib und Schlüssel zu segnen.

- Eine Fundamentgründung mit Hilfe einer Wachspuppe schildert Text XIII; auf die Puppe sind dabei Phylakteria zu zeichnen (47ff.). Auch eine Fliege aus Fajence wird erwähnt; sie ist mit aufgeschriebenen Gebeten in einen Ofen zu werfen (35).

III, 28): "Denn warum sollte man wohl nur Abbilder für das, was wirklich und wahrhaft existiert, eintauschen...Oder wissen wir etwa nicht, daß es sich bei diesen Schattenbildern nur um Verschwommenes handelt, nicht aber um die wahren Gestalten des Wahren" (visionäre Göttererscheinungen).

[110] Übersetzung: Reymer, 260.

[111] Übersetzungen nach Kropp, Bd. 2.

- "Rossis gnostischer Traktat" (Text XLVII) fordert dazu auf, vier Engelzeichen zu malen[112] und diese anzurufen (14ff.). Dabei muß der Aktant einen Rosenkranz auf seinen Kopf legen, einen Myrthenzweig in seine Hand nehmen und Ammoniaksalz in den Mund geben.

- Die Beschwörung eines Bildes (ζώδιον) begegnet in Text XLVIII: "Ich beschwöre dich bei deinem Namen und deiner Kraft und deinem Bild und deinen Phylakteria und den Orten, an denen du dich befindest" — es folgt eine Beschreibung der Zauberfigur[113] - "Halte nicht inne, und sei nicht lässig, bis du dich würdigst, auf dein Bild (ζώδιον) und deine Phylakteria herabzukommen!"

- Im Rahmen eines Zaubers für eine gute Stimme (Text XXXII) heißt es: "Du mögest mir erscheinen in einem Gesichte (ὁρᾶσις)" (45)!

- Jesus-Christus-Bes wird in Text XXX aufgefordert, Raphael zu entsenden, "damit er mir Fische einsammle, [an dem Orte, an dem] dein ζώδιον und deine Amulette sich befinden werden" (20); dabei wendet sich der Sprecher ausdrücklich an ein Bild dieser Gestalt (18).[114]

Dankenswerterweise hat Kropp im dritten Band seiner Edition die unterschiedlichen Begleithandlungen sinnvoll zusammengestellt, so daß ich mich darauf beschränken kann, auf wesentliche Kapitel, die man im einzelnen mit den Tabellen S. 249ff. vergleichen mag, hinzuweisen.[115]

Zu sympathetischen Tieren, Pflanzen und Mineralien:	§§ 184–187, 288;
"Die stellvertretende Puppe im Zauber":	§ 193f.;
zur magischen Drohung:	§§ 243–256;
Zeit der magischen Handlungen:	§§ 258–260;
zur Reinheit des Ortes:	§ 261;
– des Aktanten:	§ 262;

[112] S. Kropp, Bd. 3, Abb. 10.
[113] S. ebd., Abb. 8.
[114] S. ebd., Abb. 3.
[115] S. auch die Beschreibungen der Zauberfiguren: §§ 361–371.

Kleidung und sonstige Ausrüstung:	§§ 263–267;
zum magischen Opfer:	§§ 275ff.;
zu Amuletten:	§§ 282–284;
Sprüche trinken:	§ 286, s. auch Bd. 3, 161(1) und 162(1–2);
Tinten:	§ 287;
Schutzmittel für den Aktanten:	§ 289f.[116]

Eine weitergehende Beschäftigung mit der Frage nach direkten altägyptischen Einflüssen auf die koptische Magie müßte v.a. die demotische magische Literatur miteinbeziehen, die im Rahmen dieser Untersuchungen nicht berücksichtigt wurde. Daß gerade die Gattung "magische Texte" besonders weitreichende Tradierung erfahren kann, lehren nicht nur die funerären Text–Corpora,[117] sondern auch einzelne Sprüche.[118]

[116] Ebd., 163: "Der zitierte Gott oder Dämon ist über den Zauberzwang erbittert und will sich rächen. Dagegen sichert das Amulett"; Kropp verweist auf PGM IV, 2505–17 und 2626–9.

[117] S. etwa zur Überlieferung der Pyramidentexte die Tabelle in Allen, 1950, 42f.

[118] S. oben (S. 21 mit (14)) das Beispiel aus dem p. Bremner Rhind.

Kapitel XII.

Zur altägyptischen Bildauffassung

A. Eine Kult–Bild–Theologie — Bemerkungen zur "Einwohnung"

Die Aufgabe von Kultbildern besteht darin, die grundsätzlich fernen Götter[1] zu akkomodieren: "Sein Ba ist im Himmel, sein Leib im Westen, sein Kultbild (ḫntj) ist im südlichen Heliopolis und trägt seine Erscheinung."[2] Eine in diesem Zusammenhang ebenfalls häufig zitierte Stelle ist jener Abschnitt aus dem "Denkmal memphitischer Theologie", da es heißt: "Er gebar die Götter ...er setzte die Götter ein auf ihren Kultstätten ...er machte ihren Leib ihnen ähnlich, wie sie es wünschten, und so traten die Götter ein in ihren Leib aus allerlei Holz, allerlei Mineral, allerlei Ton und allerlei Dingen, die auf ihm (dem Erdgott) wachsen, in denen sie Gestalt (ḫprw) angenommen haben" (59–61).[3] Bedauerlicherweise ist das Alter dieses Textes derartig umstritten, daß er als Zeugnis nicht den angemessenen Stellenwert einnehmen kann.[4]

Seit Junker[5] wird in Anbetracht der Befunde aus antiken Texten[6] in der Ägyptologie der Terminus "Einwohnung" verwendet; Morenz hat sich in seiner Schrift "Die Heraufkunft des transzendenten Gottes" besonders deutlich für eine — wenn zunächst auch nur latente — Bildtheo-

---

1 S. Hornung, 1971, 125ff.; Assmann in LÄ II, 761; ders., 1983a, 205(a); ders., 1983b, 195ff.; ders., 1992, 197(5).

2 P. Leiden J 350 IV, 16f.(s. Assmann, ÄHG Nr. 138, 15f.); s. auch: Lehre des Ani (p. Boulaq 4 VII, 15f.): "Der Gott dieses Landes ist die Sonne am Himmel. Seine Bilder (tj.wt) sind auf Erden." — Dazu: Morenz, 1975, 101f.; Assmann, 1984, 55f. Vgl. ders. 1983a, Text 17, Z. 37–39 — dazu: ders., 1983b, 243; s. auch Kessler, 13f.

3 S. Sethe, 1928, 68–70; Morenz, 1960, 162f.; ders., 1975, 101; Assmann, 1984, 56f.

4 Dazu Altenmüller in LÄ I, 1068f.; Schlögl, 110ff. (Ramses II).

5 Junker, 1910, 6.

6 S. etwa: Plut., Is. Osir. cap. 43; Apuleius, Met. XI, 17, 1; Jambl., de myster. I, 9; Proclus, ad Cratyl. 51 pag. 19 Pasquali; ders., ad Remp. 11, p. 246 Kroll; ders., Theol. Plat. I 28, p. 70; Photios, cod. 215 p. 173b, 4 s. Bekker; Augustinus, De civ. dei VIII, Kap. 23, 26; Lit.: Hopfner, OFZ I, §§ 802ff.; Dodds, 1970, 158ff.; Zintzen, 391ff.

logie ausgesprochen.[7] Die Belege, die er in seiner "Ägyptischen Religion" zusammengetragen hat, stammen allerdings ausschließlich aus spätzeitlichen Texten.[8] Diese möchte ich nachfolgend in einer kleinen Tabelle zur Anschauung bringen:

Bildbegriff	Art des Bildes	Terminus für "Einwohnung"
ẖntj (ḫntj)	Statue	
sštꜣ bz sḫm	zš Relief, Wandmalerei—	ꜥq
bz sḫm	Statue	hꜣj snsn
smn		zmꜣ ꜥq
ḫpr.w	ḫtj - Relief	ẖnm
bz	ḫtj - Relief	ḫnj
ꜥẖmw	Statue; Relief	snsn

Die Verben hꜣj und ḫnj — und eventuell auch ꜥq[9] — suggerieren eine rekursiv vertikale Bewegungsrichtung und legen eine temporäre Einwohnung[10] des Bildes durch die betreffende Gottheit nahe.

Ich möchte diesen spätzeitlichen Befunden nun einige Passagen aus den Unterweltsbüchern gegenüberstellen, die zumindest als Vorstufen für diese differenzierten Phraseologien angesehen werden können. Allerdings geht es dort nicht um Kultbilder, sondern um Realia der Jenseitswelt, in denen sich Götter vorübergehend manifestieren; das Prinzip der wesenhaften "Einkörperung" ist jedoch das gleiche.

Das Verbum ḫnj (sich niederlassen) finden wir in der 6. Stunde des Amduat: "Was sie in der Dat zu tun haben, ist, die Ba's zu geleiten und die Schatten niederschweben zu lassen (auf die Leichname)."[11] Sehr häufig begegnet ḥtp, und zwar in Verbindung mit –ḥr, –m oder ohne diese.[12] Relativ unproblematisch ist das Verständnis von ḥtp-ḥr im Sinne

[7] S. Morenz, 1975, 100–104; s. auch ders., 1960, 112ff.

[8] Morenz, 1960, 158ff.; Assmann, 1984, 50ff.

[9] Vgl.: "Eintretenlassen (sꜣq) des Gottes in seine Wohnung (ḥw.t-nṯr=f) und das Ruhen (ḥtp) im ḥḏ–Schrein" — Dümichen, pl. 13, Z. 64; dazu Barta, 1968, 77.

[10] Zur temporären Einwohnung in synkretistischen Verbindungen: Bonnet, 1939, 45; Otto, 1963, 269f.; Hornung, 1971, 82ff.; Schenkel, 1974, 277; gegen "Einwohnung" als synkretistische Erscheinung: Junge, 1978, 106f.

[11] Hornung, Amd. I, 113, 1; II, 120(9).

[12] Zu ḥtp mit direktem Objekt: Assmann, 1969, 123. 2; Hornung, Pfb. II, 260(5).

von "sich niederlassen (ruhen) auf";[13] ḥtp-m bzw. –jm wird meist als "verweilen in" interpretiert.[14] Die Stellen, in denen ḥtp ohne Präposition vorkommt, sind besonders interessant:

- "Du weilst in den Stelen, die auf den Gefilden der Erde sind";[15]
- "Komm doch zu deinen sšmw.w, unser Gott..., daß du einnimmst deine Gestalten" (*ḥtp=k-jrw.w=k*);[16]
- "Du nimmst ein deinen Schrein" (*ḥtp=k-kꜣr=k*);[17]
- *ḥtp=k-ḏ.t=k*;[18]
- "die Sterne einnehmen".[19]

Festzuhalten bleibt auf jeden Fall, daß die differenzierte, geradezu mechanistische Phraseologie der von Morenz vorgestellten Belege nur in spätzeitlichen Tempeltexten in Erscheinung tritt. Sie ist m.E. mit ihrem distinktiven Vokabular ein typisch reaktionär–theologisches Phänomen, fast undenkbar ohne die Notwendigkeit einer sorgfältig reflektierten Legitimation gegen andere Auffassungen. Derartige "theoretische Anstrengungen" im Gefolge interreligiöser und –kultureller Kontakte — zum Zwecke der Bekräftigung bestimmter Anschauungen oder zur Fundamentierung von Synkretismen — finden auch in der neueren Religionssoziologie Beachtung.[20] In unserem Falle handelt es sich in den Worten Hans Beltings um eine "Theologisierung der Bilderpraxis";[21] dabei ist in Rechnung zu stellen, daß "die Theologen in Bilderfragen immer nur die Theorie einer schon bestehenden Praxis nach(lieferten)."[22]

---

13 Amd. I, 46, 4; 112, 6; 115, 1.

14 Amd. I, 88, 2 (dazu: II, 101(2)); in den Std.–Einleitungen außer zur 1. und 5. Std. (dazu: II, 43(1)); I, 47, 7: "Er verweilt in seiner Gestalt eines buntgefiederten Gottes"; I, 128, 11; 193, 4f.; Pfb. I, 361 (im geheimen Gesicht niederlassen); I, 399: *ḥtp=f m-Nw.t*; dagegen I, 362: *ḥtp=f-Nw.t*; Sol. I, 149.

15 Amd. I, 20, 8; Assmann übersetzt: "Du vereinigst dich mit den Stelen" — 1969, 123.

16 Amd. I, 143, 6.

17 Amd. I, 196, 1.

18 Pfb. I, 344.

19 Pfb. I, 369; s. Pfb. II, 260(5).

20 S. Luckmann, 104.

21 Belting, 76; vgl. auch ebd., 194f.!

22 Ebd., 11; s. auch 164f.: "so kann man die Ikonenlehre als die christliche Version

B. Die "Ba–Ausstattung" — eine Wurzel für die Bildtheologie[23]

Ein Baustein für eine explizite Bildtheologie im Sinne der spätzeitlichen ägyptischen Theologie ist in der bereits in den Sargtexten belegten Vorstellung von der Übermittlung des Ba, der "sinnlich erfahrbaren Manifestation einer verborgenen Macht",[24] zu sehen. Die in dieser Hinsicht wohl instruktivste Stelle bezieht sich allerdings nicht auf ein Bild: In dem Sargtextspruch 312 (<> Tb 78) heißt es: "Ich erscheine als göttlicher Falke, nachdem Horus mich ausgezeichnet hat (s^cḥ) mit seinem Ba."[25] In diesem Spruch geht es darum, daß der Verstorbene in Stellvertretung für Horus zu Osiris in die Unterwelt gehen soll. Dazu muß er die Gestalt des Gottes annehmen, und so sagt Horus denn auch: "Ich habe meine Gestalt (jrw)[26] zu seiner Gestalt gemacht."[27] Demnach findet eine Art Persönlichkeitsübertragung statt.[28] Einmal mehr sind es die königlichen Unterweltsbücher, in denen eine Adaption dieser älteren Vorstellungen in Richtung auf eine Bildlehre festzustellen ist. Zwei Stellen möchte ich in diesem Zusammenhang anführen:

- "Sie sind es, welche die Ba's in ihren jrw(.w)–Gestalten erscheinen lassen" (Amd. I, 160, 7);[29]

- "Hoch ist der Ba des Re im Westen, angesehen ist sein Körper in seinen twt–Bildern" (Sol. I, 237). —

Über die Herkunft dieses Motivs aus dem Totenglauben hat Assmann (mit Texten) das Notwendige gesagt.[30]

antiker Bildtheorien bezeichnen"..."Auf das Bild folgt dann eine Bilderlehre, welche den Kult, den man mit ihm treibt, nachträglich rechtfertigt...".

23 S. dazu Morenz, 1975, 102; zu Ba und Bild s.v.a. Assmann, 1983b, 241–6; ders., 1984, 52ff. — (mit zahlreichen Belegen)!

24 Assmann, 1979, 35.

25 CT IV, 76h–i; Tb 78, 19f. (Nu); s. auch CT IV, 74b <> Tb 78, 13f. (Nu).

26 Zu jrw: Assmann, 1969, 64, 66 mit (114); ders., 1970, 38(26).

27 CT IV, 74a <> Tb 78, 13 (Nu).

28 Zur Beziehung Figur (im Sinne von Rolle) <> "Person" s. Mauss, 1978, bes. 236f.; Assmann in LÄ IV, 964–8.

29 S. Amd. II, 157 (6–7).

30 Assmann, 1984, 53ff.; s. bes. 64 (40–41)!

C. Zur Ontologie des Bildes

"Daß nur am Anfang der Geschichte des Bildes, sozusagen seiner Prähistorie angehörig, der magische Bildzauber steht, der auf der Identität und Nichtunterscheidung von Bild und Abgebildetem beruht, bedeutet nicht, daß sich ein immer differenzierter werdendes Bildbewußtsein, das sich von der magischen Identität zunehmend entfernt, je ganz von ihr lösen kann."[31]

Hinsichtlich der Entwicklung der Sprachformen unterscheidet Ernst Cassirer drei Phasen, die er mimischen, analogischen und symbolischen Ausdruck nennt: "In seinen ersten Anfängen gehört das Wort noch der bloßen Daseinssphäre an: statt seiner Bedeutung wird in ihm vielmehr ein eigenes substantielles Sein und eine eigene substantielle Kraft erfaßt... Es bedarf der Abwendung von dieser ersten Ansicht, wenn sich der Einblick in die symbolische Funktion ...vollziehen soll. Und was vom Sprachzeichen gilt, das gilt im gleichen Sinne auch vom Schriftzeichen."[32] —

Was sogenannte "magische Bilder" anbelangt, so ist häufig zu lesen, es sei hier von einer spezifisch primitiven Präsupposition auszugehen, die die Vorstellung von der Identität von Bild und Wirklichkeit zur Grundlage habe. Dabei wird nicht zuletzt an prähistorische Höhlenmalerei und andere vorgeschichtliche Befunde gedacht. Entschieden hat sich Adolf E. Jensen gegen derartige Betrachtungsweisen gewandt:

"Man denke sich nur die Konsequenzen einer solchen Behauptung aus. Ein so gearteter Jäger müßte doch das Bedürfnis haben, das Bild wie ein wirkliches Tier zu verspeisen... Welche Enttäuschungen müssen diese armen Jäger tagtäglich erlebt haben, wenn ihre Bilder ihnen kein Fleisch lieferten."[33]

Jensen macht darauf aufmerksam, daß in Ermangelung der mit ihnen in Zusammenhang stehenden Handlungen (Riten) und in Unkenntnis der sich auf sie beziehenden Mythen die Bilder unüberbrückbaren Verständnisschwierigkeiten ausgesetzt sind. Wir hatten angesichts der altägyptischen Befunde bereits zur Genüge die Gelegenheit, festzustellen, daß "Sprache, rituelle Akte und Ikonen" (gemeinsam) "der Artikulation des Heiligen Kosmos dienen",[34] der als transzendenter Bezugsrahmen der ma-

---

[31] Gadamer, 132.

[32] Cassirer II, 284ff; dazu Wiehl, 39ff.:"E. Cassirers Begriff der symbol. Form".

[33] Jensen, 19; s. auch 350ff. ("Bildzauber"). Skeptische Bemerkungen zur "Bildmagie" der Höhlenmaler auch bei Leroi–Gourhan (160ff.).

[34] Luckmann, 97.

gischen Akte in unserem Sinne anzusehen ist. Ohne die Referrenz der mythischen Erzählung auf die götterweltliche Sphäre, d.h. ohne die Mitteilung eines "höheren Präzedenzgeschehens", würde der magischen Aktion die notwendige Legitimation fehlen; ohne das Einbringen einer Leistung seitens des Aktanten würde sie den Charakter als "Appelldatum" vermissen lassen, das eine konkrete Antwort evoziert.[35] Worin aber besteht nun die Aufgabe des Bildes? Zunächst wollen wir die oben angesprochene Frage nach seinem Bezug zur Wirklichkeit wieder aufgreifen.

In welchem Verhältnis stehen Bild und Abgebildetes? Hans Georg Gadamer hat in *Wahrheit und Methode* der "Seinsvalenz des Bildes" einen eigenen Abschnitt gewidmet,[36] dem ich bereits das bezeichnende Motto für dieses Kapitel entnommen habe. Er unterscheidet streng Bild und bloßes Abbild[37] und macht für jenes eine "autonome Wirklichkeit"[38] geltend: "Offenkundig läßt aber das *religiöse* Bild die eigentliche Seinsmacht des Bildes erst voll hervortreten... An ihm wird zweifelsfrei klar, daß das Bild nicht Abbild eines abgebildeten Seins ist, sondern mit dem Abgebildeten seinsmäßig kommuniziert."[39] Um die spezifische ontische Qualität des Bildes zu terminieren, greift Gadamer zum Begriff Repräsentation. "Mir scheint, daß man dessen Seinsweise nicht besser als durch einen sakralrechtlichen Begriff charakterisieren kann, nämlich durch den Begriff der *Repräsentation.*"[40]

Wir haben bereits Klarheit darüber gewonnen, daß die weitaus größte Zahl der Deiknymena, also der in magischen Aktionen wirklich verwendeten ("Zauber"-)Bilder, Götter zur Anschauung bringt. Außerdem können — wie ebenfalls gesehen — konkrete Situationen (Besitzstand, div. Fähigkeiten etc.) vermittels der Anfertigung von Zeichnungen, mit

---

[35] Dazu Gehlen, 136f., 145ff.

[36] Gadamer, 128–137; s. auch 109–111, 137–147 (zu Bild <> Zeichen: 144ff.).

[37] S.v.a. S. 131–133, etwa: "Ein solches Bild ist kein Abbild, denn es stellt etwas dar, was ohne es sich nicht so darstellte"(133).

[38] Ebd.; s. auch sein "Spiegelgleichnis" 131f.: "Es ist das Bild des Dargestellten — es ist "sein" Bild (und nicht das des Spiegels), was sich im Spiegel zeigt" (132).

[39] Ebd., 135f.

[40] Ebd., 134 mit (2): "Repraesentare heißt Gegenwärtigseinlassen". Vgl. zur Repräsentation bereits Mauss, 1989, 101f.; s. auch Skorupski, 144: "symbolic identification is no longer seen as a purely conventional identity: the symbol in some sense is, or participates in, the reality it represents"; desw.: Frey, 117: "Das Irreale, das durch das Zeichen repräsentiert wird, erscheint im Zeichen realisiert. Durch die Wirklichkeit des Zeichens wird der Sinngehalt objektiv wirksam"; s. auch 174f: Bild als Repräsentant der Person.

Figuren und/oder auch durch komplexere Arrangements dargestellt werden. — Die Vignetten, vor allem wenn sie einfache Spruchhandlungen begleiten, sind den Deiknymena hinsichtlich ihrer Gestaltung und Funktion gefolgt und lösen diese mitunter (in der funerären Magie) ab. Wie aber funktionieren diese Bilder?

In seiner Studie "The Power of Images" bemerkt David Freedberg: "What we are still dealing with, however, is not the representation of the signified, but its presentation."[41] Mit den Begriffen "Repräsentation" (Gadamer) und "Präsentation" (Freedberg) sowie mit den Stichworten "seinsmäßige Kommunikation" (Gadamer) und "Partizipation" (Skorupski) wird ein spezifischer Seinsmodus der Bilder umschrieben, der sie grundlegend von gewöhnlichen Illustrationen unterscheidet. Sie haben Anteil an einer außerhalb ihrer selbst existenten Wirklichkeit; sie sind keine fiktiven Formulierungen irgendwelcher Numina oder Sachverhalte, sie objektivieren vielmehr deren je besondere Qualität und machen sie somit für den Aktanten erst erreichbar. Sie stehen nicht einfach *für* irgendetwas in mittelbarer Stellvertretung — was unserem gewöhnlichen Verständnis von Repräsentation entsprechen würde —, sie machen vielmehr dieses gegenwärtig. Was nun Gadamer mit "gegenwärtig sein lassen" und Freedberg mit "präsentieren" zum Ausdruck bringen wollen, läßt sich mit einem terminus technicus der neueren Kunsttheorie adäquater beschreiben, da er den Aspekt des Handelns (oder "Machens"), das in Zusammenhang mit den Bildern steht und erst ihren besonderen Status erlaubt, betont. Zugleich wird damit ein Verfahren angesprochen ("Handeln mit Ikonen"), das gegen das Handeln mit Symbolen (etwa Steinen, Pflanzen, etc.) abgegrenzt werden kann.

1. Die Präsentifikation

Der von Jean-Pierre Vernant[42] in die kunsttheoretische Diskussion eingebrachte und v.a. auf die griechische Archaik angewandte Begriff "Präsentifikation" ist von Lucien Stephan im Rahmen eines Essays zur "Kunst des Schwarzen Afrika" rezipiert und generalisiert worden:[43]

[41] Freedberg, 78; s. auch: "And if the deity is present in the image, then it should be bound by the laws of materiality and corruption" (ebd.).

[42] S. Vernant, 1983.

[43] In: Kerchache/Paudrat/Stephan, bes. 125, 243ff.; "Aber bei der Untersuchung von Funktion und Gebrauch des plast. Objektes werden wir von Vernant die Unterscheidung in Wesensdarstellung und Darstellung übernehmen und der erstgenann-

"Die Präsentifikation ist die Tat oder das Vorgehen, durch das ein der unsichtbaren Welt angehörendes Wesen in der sichtbaren Welt der Menschen präsent wird. Diese Statusänderung kann auf seine Veranlassung hin geschehen oder auch auf die der Menschen hin oder in Zusammenarbeit beider."[44] Das heißt konkret, daß eine in normalem künstlerischem Schaffensprozeß entstandene bloße Darstellung unter bestimmten Voraussetzungen in eine Wesensvorführung verwandelt werden kann. Die unmittelbare Folge ist eine Dichotomie der artefiziellen Produktion; der eigentlichen Herstellung des Bildes (Bildhauerei, Malerei) folgt eine Potenzierung in Gestalt einer Bildweihe oder Mundöffnung, die die menschliche Arbeitsleistung solchermaßen zu überhöhen vermag, daß das Bildnis Acheiropoieta,[45] das gar nicht erst von Menschenhand geschaffene Bild, überflüssig wird. Es entsteht durch die magische Handlung ein heiliges — und insofern wirksames — Objekt. Die Götter haben keine Wahl; sie sind zur "Einwohnung" gezwungen.

Einen für Untersuchungen zur Bildauffassung unschätzbaren Vorteil bietet dieser Terminus insofern, als er es gestattet, die Modalitäten eines derartigen Statuswechsels in der Perspektive des Handelnden als Außenstehender zu differenzieren.

2. Präsentifikationsindikatoren — zum Vokabular

Stephan macht nachdrücklich darauf aufmerksam, daß sich ein differenzierter Wortschatz anbietet, der auf das Phänomen der Präsentifikation hinweist; insbesondere "die Bedeutung des Verhältnisses zwischen Inhalt und Behältnis"[46] wird durch ihn wiedergegeben. — Nicht zuletzt in der Absicht, Anregungen zu vermitteln, möchte ich nachfolgend Stephan's Liste der Begriffe und Ausdrücke in extenso zitieren,[47] dann einen weiteren "Terminus Praesentifikationis" zur Diskussion stellen.

"Nicht immer ist die Präsentifikation so klar von der Darstellung unterschieden. Indessen kann sie als implizit zum Ausdruck gebracht

ten einen anderen Gebrauch oder eine andere Funktion beimessen: Wir werden also Wesen oder unsichtbaren Kräften, um sie zu benutzen, eine Präsens hic et nunc zuerkennen" (125).

[44] Ebd., 243; ebd.: "In der Präsentifikation wechselt das in Betracht kommende Wesen die Welt".

[45] S. S. 275 mit (54 u. 56).

[46] Op.cit., 125.

[47] Ebd., 244f.; Zitat: 245.

angesehen werden in einer Serie von Begriffen und Ausdrücken, die wir hier aufzählen wollen. Beseelen (das Objekt), einfangen (den Geist), Berührung (das Objekt ist der Punkt, an dem sich das Unsichtbare und das Sichtbare berühren), enthalten (den Geist), Behausung (des Geistes), aufnehmen (des Geistes), eingehen (in ein Objekt), festhalten (den Geist), Gehäuse, Wohnung, Hafen, beherbergen (den Geist), Verkörperung, verkörpern (den Geist), einverleiben (incorporate, embody), Ort, aufnehmen (den Geist), materialisieren (den Geist), Vorhandensein (Präsenz, tatsächliche, reale, hervorgerufene), vorhanden, präsent (präsent machen), Behältnis, Behälter, wohnen, dabehalten (den Geist), Sitz, seinen Sitz haben, Träger, kommen (in das Objekt), heimsuchen, Vitalisation, leben (im Objekt)."

3. Zum Lexem dmḏ — vereinigen: einige Beispiele für Präsentifikationsindikatoren

Bereits in den Pyramidentexten begegnet das Verb dmḏ im Sinne von "vereinigen mit". In Pyr. 577b–c (=645a–b) heißt es: "Horus hat veranlaßt, daß die Götter sich mit dir vereinigen und daß sie sich zu dir gesellen (*snsn=sn-jr=k*)". In Pyr. 579a lesen wir: "Dir ist ein Ba dadurch, dir ist Macht (sḫm) dadurch an der Spitze der Achu." Handelt es sich um einen Fall von "Ba–Abstattung"? Die Vereinigung von Personen (des Verstorbenen mit Göttern), bei der offenbar der Ba eine Rolle spielt, hatten wir bereits als eine Art Vorstufe bildtheologischer und –theoretischer Formulierungen kennengelernt (s. ob. XII B). Phrasen wie Pyr. 577b–c könnte man folglich auch eine konkrete funerär–magische Funktion zuschreiben: Im Rahmen der zu sprechenden Totentexte sollen Götter im Verstorbenen präsent gemacht werden. Sie sollen ihm "einwohnen", wie sie es auch mit Kultbildern zu tun pflegen. In diesem Zusammenhang ist noch einmal daran zu erinnern, daß die Mumie des Verstorbenen als sšmw bezeichnet werden kann.[48]

Das Verbum snsn (sich gesellen zu) findet sich in der Spätzeit in explizit bildtheologischen Formulierungen:

– "Er steigt herab auf sein Bild (sḫm) und gesellt sich zu seinen Falkenidolen".[49]

[48] S. S. 195f.
[49] Edfu – Blackman/Fairman, Misc. Gregor., 1941, 398f.

– "Sie (Hathor) fliegt vom Himmel..., sie fliegt auf ihren Leib, sie vereinigt sich (snsn) mit ihrer Gestalt (bs)".[50]

Der Spruch PT 484 enthält ebenfalls eine interessante Passage: "Er trennt den NN von seinem Bruder ᶜntj, er vereint ihn mit (dmḏ ḥnᶜ) seinem Bruder ᶜftj" (Pyr. 1023b).[51] In dem Sargtextspruch 75 fällt die Passage *dmḏ.(n)=f-jrw.w-nṯr.w(-nb.w)* ins Auge (CT I, 352c=354a). — Hier ist jrw.w wohl mit "Gestalten" o.ä. zu übersetzen.

Aus dem NR liegen u.a. folgende Stellen vor: "Er (Horus) vereinigte sich mit seiner Götterneunheit, um ihn (den König) zu zeugen" (Urk. IV, 807, 1). "Die Neunheit ist vereinigt in deinem Leib, dein Bild (tj.t) ist jeder mit deinem Leib vereinte Gott (zmꜣ)" (p. Leiden 350 IV, 1). "[...] Schu und Tefnut, die vereinigt sind mit Macht (bꜣ.w)" (ebd. IV, 4).[52] Von dmḏ–Vereinigung ist auch in Totentexten die Rede: "Ich habe mir doch diese ḥkꜣ.w vereint" (Tb 24, 3 (Ani)). Auch mit diversen Göttern will sich der Verstorbene vereinigen.[53]

Ein anderes Wort für "vereinigen" hat in Spätzeittexten Eingang in bildtheologische Formulierungen gefunden: ẖnm. Das Bildritual ẖnm jtn (Vereinigung mit der Sonnenscheibe)[54] — man mag es als ein Präsentifikationsritual par excellence bezeichnen — greift nicht zuletzt auf die Vorstellung von der Vereinigung des Königs mit der Maat zurück.[55] Andere "Vorstufen" sind der Totenglauben[56] und gar die Vereinigung des Schiffes mit seinem Fahrgast.[57]

Die spätzeitlichen Priester–Bildtheologen — so wird man einstweilen resümieren dürfen — haben also bewußt auf aus dem Totenglauben geläufige Wendungen zurückgegriffen.

[50] Dendera - Dümichen, Tempelinschr. II, 1867, Tf. 24. Belege bei Morenz, 1960, 159f.

[51] Vgl. außerdem Pyr. 617b=635a.

[52] S. Assmann, ÄHG Nr. 136.

[53] Tb 78, 9 (Nu); Tb 82, 9 (Nu); Tb 182, 15 (Af).

[54] S. Alliot I, 353ff.; Assmann, 1969, 252(36) — Lit.!; ders., 1984, 54f.; s. auch die Stellen Wb III, 377, 14.

[55] Urk. IV, 2140 (von Haremhab); vgl. Sethe, 1929, § 125, Tf. IV.; vgl. die Vereinigung (zmꜣ) des Gottes mit der Maat in Tb 14, 3 (Ca).

[56] Vereinigung des Ba mit dem Körper: p. Berlin 3049, 17, 2.; s. auch Urk. IV, 54 und 896.

[57] Tb 15A II, 7 (La) — Nav. I, XV; zu ẖnm s. Assmann, 1969, 390 *ẖnm, bes. 231: "ẖnm m (scheint) die Beziehung zwischem dem Eintretenden und dem aufnehmenden, umschließenden Raum zu verengen"; s. auch 138 5.: "Übergang aus dem einen Bereich in den anderen".

4. Praesentia und Potentia[58] — Ikone und ḥkꜣ.w

Streng zu scheiden sind gewöhnliche Gegenstände und Bilder von "power objekts",[59] wirkungsmächtigen Ikonen und Symbolen. Kultstatuen werden durch das einmalige Ritual der "Mundöffnung" oder in der Spätzeit durch die regelmäßige (jährliche) "Vereinigung mit der Sonnenscheibe" zu akkomodierenden Bildern. Die in dieser Studie vorgestellten magischen Bilder/Gegenstände (Deiknymena) müssen durch begleitende Handlungen (Bildopfer, -salbung, diverse Vorschriften) ausgezeichnet werden. Sie dienen als materialisierte — objektivierte — Artikulationen einer ansonsten nicht zugänglichen *potentia*. Für diese steht im alten Ägypten der Begriff ḥkꜣ.w im Sinne von Zauberenergie; sie ist prinzipiell quantifizierbar — Bilder können (wie auch Personen) unterschiedlich stark mit ihr "geladen sein" —, und sie kann im Rahmen einer magischen Aktion von Legitimierten verschieden instrumentalisiert, d.h. in eine "Welterzeugung" eingeschaltet werden. Dazu verbindet der Aktant Wort, Tat und Ikon bzw. Symbol zu einem Handlungsspiel,[60] mit dem er in magisch-medizinischer, apotropäischer oder funerärer Intention einer für ihn oder seine(n) Klienten problematischen Situation gegenübertritt. In der — gespielten — Welt werden Beziehungen zwischen den greifbaren Objekten und einer übergeordneten Präzedenz- (Götter-) Welt über Symbole realisiert; auf diese Weise wird die Handlung zur Hierophanie. Ein höherwertiges Verfahren ist die Präsentifikation, die die Götter als Schutz- und Beistandsmächte — wenn auch nur vorübergehend (sšmw) — beiwohnen läßt. Die Anwesenheit von Göttern ist selbstredend alles andere als unproblematisch. Wir haben bereits gesehen, daß die solchermaßen sakralisierte Welt des Magiers durch zahlreiche Vorkehrungen vor innerer wie äußerer Profanierung geschützt werden muß (Reinigungs-, Zeit- und Ortsvorschriften bzw. Restriktionen). Im folgenden Abschnitt soll versucht werden, auf einige Kritikpunkte einzugehen, die an altägyptische Bildreligionspraktiken herangetragen wurden. Außerdem wird — wenigstens ansatzweise — der Frage nachgegangen, ob es eine Verbindung zwischen den "präsentifikatorischen" Verfahren der alten Ägypter und der mystischen Gottesschau gibt.

[58] S. dazu Brown, 86ff. bzw. 106ff.; Stephan, 246f.

[59] S. Stephan, 247.

[60] S. dazu oben S. 247.

Kapitel XIII.

Ars moriendi[1] — ars medendi — ars arcendi Abschließende Bemerkungen zur altägyptischen Bildzauberei

A. Bildkritik versus Bildreligion — "Weltbild–Differenzen"

Das "Bilden, Auffassen und Verwenden symbolischer Formen" subsumiert Clifford Geertz in seinem bekannten Aufsatz "Religion als kulturelles System" zu "kulturellen Handlungen". Es ist sein erklärtes Anliegen, die Verknüpfung von Weltbild und Ethos (im Sinne von Verhalten, Lebensform) aufzuzeigen.[2] So spiegeln Riten das Weltbild einer Gesellschaft nicht einfach nur wider, sie bestätigen und formen es auch. Die Analyse religiöser Handlungen, v.a. ihres Symbolsystems, kann zu näheren Einsichten in die grundsätzliche Weltauffassung einer Kultur — das "Bild, das (sie) über die Dinge in ihrer reinen Vorfindlichkeit hat, (ihre) Ordnungsvorstellungen im weitesten Sinne"[3] — führen. Klarere Konturen kann das auf diese Weise gewonnene Bild vom Weltbild einer Kultur v.a. dadurch gewinnen, daß man Verhaltensweisen und –Normen anderer Kulturen in die Betrachtung miteinbezieht. Im Falle der altägyptischen Religions–Pragmatik empfiehlt sich die Berücksichtigung der alttestamentlichen Überlieferung. Die zu stellende Frage lautet: Entspricht der Gegensatz altägyptische Bildzauberei versus israelitischer Anikonismus konträren Weltbildern? Ansetzen wollen wir noch einmal bei der spätantiken Religionsübung, in der wir einige Übereinstimmungen mit altägyptischen Vorstellungen und Praktiken erkannt zu haben glauben.

Es war — wie gesehen — das Ziel der Theurgie, unter Heranziehung überlieferter Elemente des "alten Bildgebrauchs" die Götter verfügbar zu machen; man wollte die Kommunikation mit ihnen instrumentalisieren und über die sympathetischen Verkettungen von Welt, Materie und Götterwelt auf sie und somit auf das von ihnen beeinflußte Geschehen ein-

---

[1] S. die Zusammenfassung von Assmann in LÄ I, 1085f. A ("Prospektiv").

[2] Geertz, 50; s. dazu (mit Lit.) Kippenberg, 1991, 54–60.

[3] Geertz, 47.

wirken. Die Tendenz des Neuplatonismus, sich von einer philosophischen Weltanschauung zur Religion zu wandeln, die mit dem aufkommenden Christentum in Konkurrenz treten konnte,[4] gab dem Bemühen um konkret anwendbare Religionspraktiken Auftrieb. Überhaupt kann man in der Vielfalt der Religions- und Glaubensformen in den ersten nachchristlichen Jahrhunderten ein Aufblühen der Magie konstatieren — sehr wohl auch auf christlicher Seite ("Der Streit zwischen Christen und Heiden beruht im Grunde darauf, daß die beiden Gruppen unterschiedliche Vorstellungen von dem hatten, was Magie oder Zauberei eigentlich und in Beziehung zur Gesellschaft sei")[5]. Allerdings hatte der heilige Antonius von Ägypten (ca. 251–356) seine Landsleute bereits mit der Feststellung konfrontiert: "Sagt doch, wo sind jetzt eure Orakel, wo die Zaubersprüche der Ägypter, wo die Blendwerke der Magier? Wann anders hat all dies aufgehört und ist wirkungslos geworden, als da das Kreuz Christi erschienen ist?"[6].

Gegen das Taktieren mit den höheren Mächten richtete sich die antike und vor allem die altjüdische Bildkritik,[7] die daran Anstoß nahm, daß das Bild als polyvalenter Träger religiöser Vorstellungen einer eindeutigen Definition des Glaubensgutes im Wege steht[8] und synkretistische Tendenzen fördert (Jahweverehrung in Formen des Baalskultes)[9]. Deshalb monopolisiert die alttestamentliche Theologie in ihrer Konkurrenzsituation das Wort als Offenbarungsträger. Die bekannte Geschichte aus Ex. 7, 8ff. bietet eine Konfrontation zwischen der ägyptischen Magie und dem Jahweglauben des Mose. Die Zauberer des Pharao sind durchaus in der Lage, Stäbe in Schlangen zu verwandeln. Während Mose und Aaron dies jedoch auf Geheiß Jahwes vollbrachten, er ihnen gar den notwendigen Spruch vorgegeben hatte ("Jahwe sprach zu Mose und Aaron: "Wenn der Pharao euch auffordert..., dann sprich zu Aaron: Nimm deinen Stab und wirf ihn vor den Pharao hin! Er wird zu einer Schlange werden"" (7, 9)),

---

[4] Dazu s. Dodds, 1992, Kap. 4, bes. 107ff.

[5] Kieckhefer, 49; 49–55: "Magie, frühes Christentum und die graeco-romanische Welt"; vgl. Dodds, ebd., 108f. mit Verweis auf Origenes' Glauben an "ägyptische Magie und Zauberformeln" (c. Cels., 7. 8–9, 11).

[6] Nach Athanasius, "Leben und Versuchungen des hlg. Antonius" (zitiert bei Kieckhefer, 51).

[7] S. Clerc, 89–163; Preuss, 19f.; von Rad 1, 225ff.; Gladigow, 1979, 108f.; Dohmen, ^{2}1987, 27f. mit (44)f. (mit Lit.).

[8] Dohmen, 1987, 15f., 20.

[9] Von Rad 1, 229.

"taten die ägyptischen Zauberer dasselbe mit ihren Zauberkünsten" (7, 11). Zwei weitere Male können die Zauberer mithalten; auch sie wandeln Wasser in Blut um (7, 22) und lassen Frösche über Ägypten kommen (8, 3). Erst als es darum geht, Stechmücken aus dem Staub des Bodens hervorkommen zu lassen, erweist sich die Überlegenheit der Hebräer. Die ägyptischen Zauberer erkennen allerdings sehr wohl, daß es Gott selbst war, der hier den längeren Atem hatte: "Da sagten die Zauberer zu dem Pharao: "Das ist der Finger Gottes!"" (8, 15). Gegen magische Operationen und zu Gunsten der Verkündigung durch das Wort opponieren zwei Stellen aus dem Pentateuch:

- "Gegen Jakob gibt es ja keine Vorzeichendeutung, gegen Israel keine Wahrsagekünste! Zu seiner Zeit immer wird Jakob verkündet und Israel, was Gott ins Werk setzen will" (Num. 23, 23).
- "Wenn du in das Land hineinkommst, das Jahwe, dein Gott, dir geben will, dann sollst du nicht lernen, den Greueln jener Völker nachzutun! Bei dir darf sich niemand finden, der seinen Sohn oder seine Tochter durchs Feuer gehen läßt, keiner, der Wahrsagerei, Zeichendeuterei, Geheimkünste, Zauberei betreibt, keiner, der Bannungen vornimmt, Totengeist und Wahrsagegeist befragt, die Verstorbenen um Auskunft angeht... Wenn auch diese Völker... auf Zeichendeuter und Wahrsager hören, dir hat solches Jahwe, dein Gott, nicht gestattet. Einen Propheten wie mich wird dir Jahwe, dein Gott, aus der Mitte deiner Brüder erstehen lassen, auf ihn sollt ihr hören" (Dtn. 18, 9–15)!

Überdeutlich bringt der letztzitierte Text das Bestreben zum Ausdruck, sich durch eine antimagische Theologie gegen die altorientalische Umwelt abzugrenzen. Gerade die bestimmenden Elemente der dort vorherrschenden Religionspraxis werden energisch bekämpft. Grundsätzlich ist die altjüdische Religion durch ein anderes Weltverständnis bestimmt. Den polytheistischen Naturreligionen liegt die Interpretation der vorfindlichen Welt als "Ort vielfältiger unmittelbarer Gottesoffenbarungen"[10] zugrunde. Zwar wohnen die Götter nach ihrer Aufkündigung des ursprünglichen Synoikismos nicht mehr in dieser Welt (s. "Buch von der Himmelskuh"), aber sie sind in ihren Kultbildern nach wie vor präsent.[11]

---

[10] Von Rad 2, 360.

[11] S. Assmann, 1992, 197 mit (5): "Jahwes Einwohnung (shekhinah) ist niemals sym-

Ihre lebende Präsentifikation auf Erden[12] — der gottgezeugte König (bzw. die durch ihn beauftragten Priester) — ist berechtigt, vermittels vorgeschriebener Riten die Götter in ihre Bilder einzuladen. Voraussetzung dafür ist natürlich, daß die Bilder Anteil gewinnen an der spezifischen Kraft, die den Göttern zueigen ist. Die Vorstellung einer die gesamte Welt durchwaltenden Konsubstantialität kann denn auch als die wesentliche Grundlage für den magischen Bildgebrauch bezeichnet werden. Für das altägyptische Weltbild ist die potentielle Objektivierung von "Kräften" oder Mächten bestimmend, sie werden in Nachbildungen, Zeichnungen oder Gegenständen "gleichsam eingefangen".[13] Wie der Tempel den Kosmos,[14] das Königsgrab die Dat (Unterwelt), die Kultstatue den dargestellten Gott präsent — und somit zugänglich — macht, funktionieren auch Zauberbilder als Medien für den Umgang mit dem Numinosen. Damit aber geraten die Götter in die Hand der Menschen, sie sind verfügbar geworden.[15] Den alten Ägyptern dürfte dies kaum anstößig erschienen sein, galt ihnen doch ohnehin die ganze Welt als eine göttliche Emanation. Für die Israeliten ist die Welt ein "Gegenüber Gottes"[16], sein uneingeschränkter Hoheitsbereich ("Jahwes ist die Erde und was sie erfüllt" - Ps. 24, 1). Gott wird als der "Ganz-Andere" erfahren, ihn in Bilder zu bannen muß geradezu lächerlich erscheinen, hieße es doch, ihn in seiner selbstverständlichen Freiheit einschränken.[17]

Eine beträchtliche Rolle spielte in Israel auch die Angst vor unkontrollierbaren Auswüchsen privater Bildmagie, die der religiösen Identität der Gemeinschaft hätten abträglich sein können.[18] Bildverbot oder die Machtergreifung der (Bild-)Theologen[19] sind die Alternativen zur gewachsenen "Bildreligion"[20].

---

bolisch, sondern immer unmittelbar und unvermittelt, aber unstet, unverfügbar und unzugänglich".

12 Zur Gottebenbildlichkeit des Königs: Frankfort, 1948, 148ff.; Ockinga, 30ff., 137f.

13 S. Westendorf in LÄ VI, 1212f. *Weltbild; ders. in LÄ III, 49.

14 Dazu Assmann, 1984, 43ff.

15 Vgl. Stolz in Lex. der Religionen, 299 (*Idol/Idolatrie): "... das Bild aber fördert...Analogien, ermöglicht den Umgang und eventuell auch die Behändigung des Göttlichen".

16 Von Rad 2, 360.

17 S. p. Berol. 9794, 8 (gnost.-christl.): "Heilig bist du, von dem kein Wesen (keine Natur) ein Abbild ist" — Merkelbach/Totti 2, 123ff.

18 Gladigow, ebd.

19 Belting, 24ff.

20 "Ägyptische Bildreligion": Assmann, 1980, 47.

Als konstitutiv für das ägyptische Weltbild können demgemäß u.a. folgende Faktoren namhaft gemacht werden:

1. Kräfte (oder "Mächte") können sich in Medizinen, Bildern und Symbolen objektivieren (z.B. auch der Name in einer kleinen Götterfigur — laut Tb 25); dadurch werden sie für einen adäquaten, d.h. entsprechend präparierten Aktanten behandelbar.

2. Die Welt ist eine Emanation des Schöpfergottes. Es gilt "Konsubstantialität"; d.h. Symbole ("Farb- und Materialmagie") und Präsentifikationen haben Anteil an der Substanz und Wesenheit höherer Mächte.

3. Wertbestimmend ist die quantitative Disposition der Kräfte oder Mächte; so kommt es zu schwer übersetzbaren Begriffen wie "basamer als" oder "achmächtiger als". Die Götter, der König und die Menschen unterscheiden sich nach Maßgabe ihres jeweiligen Anteils an bestimmten Kräften, u.a. auch ḥk3.w–Zauber.

4. Vermittels spezifischer Rituale — magischer Akte — können Gegenstände und Bilder sakralisiert und somit in einen anderen Realitätsstatus überführt werden. Zauberbilder sind hierophanisierte Ikone und Symbole, ihr bloßes Ansehen kann Heilsgewißheit bedingen. Konkrete Situationen (Besitzstand in der Nekropole etc.) können so "vorgeahmt" werden. Der Betrachter gewinnt Anteil am Dargestellten.

B. m33-nṯr.w — die Offenbarkeit der Götter

Die von den hellenistischen Mysteriengemeinschaften und spätantiken Theurgen angestrebte visio dei[21] scheint, wie andere Elemente exklusiver Religionsübung auch, ihre Wurzeln in der altägyptischen Kult- und Zauberpraxis zu haben. Texte, in denen (z. T. sehnsüchtig)[22] das Bestreben zur Sprache gebracht wird, einen Gott oder die Götter zu sehen,

[21] S. das Beispiel aus PGM IV (1104ff.), das Merkelbach/Totti psychologisch deuten (I, 9f. (§§17–18)).

[22] Vgl. p. Leiden J 350 II, 5f.: "die Menschen geraten in Staunen bei seinem Anblick" (*ḥr-m33.t=f*); insbes. auch das Graffito des Pere in TT 139 mit seinem zweimaligen Anruf "Mein Herz wünscht, dich (Amun) zu sehen" — Gardiner, 1928.

lassen sich vor allem im funerären Bereich leicht ausfindig machen — (einige Beispiele):

- Tb 50, 4–5 (Nu): "Es wurde ein Knoten geknüpft um mich von Nut bei der Schöpfung (zp-tpj), bevor noch erblickt worden war die Maat, bevor noch geboren (geschaffen) waren die Kultbilder (^{c}šm.w) der Götter."[23]

- Tb 78, 31f. (Nu): "Ich habe gesehen das geheime Abgeschirmte (ḏsrw-št3w), als ich geführt worden bin zum verborgenen Abgeschirmten (ḏsrw-jmnw), gemäß ihrer (Isis') Veranlassung, daß ich sehe die Geburt des großen Gottes" — <> CT Sp. 312 (IV, 81h–j).

- Tb 78, 34f. (Nu): "Ausgezogen bin ich nach Busiris, daß ich sehe Osiris" <> CT IV, 82l–m.

- Tb 98, 2–3 (Nu): "Wer dich (Distrikt im nördlichen Himmel) sieht, wird nicht sterben (mnj). Wer auf dir steht, wird als Gott erscheinen. Ich habe dich gesehen und bin nicht gestorben, ich habe auf dir gestanden und bin als Gott erschienen."

- Tb 125 Titel (Nu): "Was zu sagen ist, wenn man diese Halle der beiden Maat[24] erreicht. Abzuspalten den NN — den Gerechtfertigten — von allen Sünden, die er begangen hat, die Antlitze der Götter zu schauen."

- Tb 186, 2 (Lb): "Ich bin zu dir (Hathor) gekommen, um zu sehen deine Schönheit."

- Daß es der ausdrückliche Wunsch des Verstorbenen ist, Götter zu sehen, bringt auch ein Harfnerlied beredt zum Ausdruck: — TT 50: "Alle Götter, denen du nachgefolgt bist seit du existierst, vor die trittst du nun hin, Auge in Auge (*^{c}q=k jr.t jr.t ḥr=sn*)."[25]

Besonders eindrucksvoll ist in diesem Zusammenhang der Befund der thebanischen Sonnenhymnik des Neuen Reiches, zumal einige Texte die

[23] Die entspr. Stelle in den CT ist verderbt — CT VI, 261k–l (Sp. 640) – s. Faulkner, AECT II, 218(8).

[24] Unklar — dazu Assmann, 1990c, 134(33).

[25] Gardiner, PSBA 35, 1913, 169f.; Lichtheim, 1945, 198f. mit Pl. I; Assmann, 1983c, 351, 359(97).

näheren Voraussetzungen für eine Gottesschau ansprechen. Nachfolgend seien nur einige ausgewählte Passagen wiedergegeben — zitiert nach der Edition von Jan Assmann.[26]

- "Ich bin zu dir gekommen, daß ich deinen Glanz sehe (*m33=j-j3ḫw=k*) und die Schönheit deiner Majestät preise. Mögen deine schönen Strahlen für mich aufgehen am Eingang meines Grabes (*r-r3 n-jz=j*)!" — Text 60, 27–29 (aus einer Hymne zum Sonnenaufgang).
- "Er (Amun–Re) möge geben, daß ich Re schaue bei seinem Erscheinen wie jeder Gerechte (*mj-m3ᶜ.tj-nb*),[27] daß ich Opfergaben empfange, die aus der Gegenwart (m-b3ḥ) (Gottes) hervorgehen auf dem Opfertisch des Jmn-rn=f; für den Ka des Osiris NN." — Text 97, 7–10.
- "Er (Re–Harachte) möge geben, seine Schönheit zu schauen, wenn er aufgeht, und seine Strahlen, wenn er untergeht im Leben, zu währen als lebender Ba[28] im Gefolge des Re, Tag für Tag, indem [mein] Leichnam in der Nekropole bleibt in Frieden bei Osiris." — Text 105, 5–10.
- "Mögest du geben, daß ich verklärt bin unter den Mächtigen (*m-m-wsr.w*),[29] daß mein Ba lebt und ich deine Strahlen sehe!" — Text 151, 29f.
- "Mögest du mir gnädig sein, daß ich deine Schönheit schaue! Ich bin ein gerechter Ehrwürdiger (*jm3ḫjj-m3ᶜ*),[30] der heilsam war auf Erden." — Text 211 a, 9f.
- "Mögest du geben: Verklärtheit im Himmel, Macht (wsr) in der Erde; den süßen Hauch des Nordwinds zu atmen, die Sonne zu schauen bei ihrem Erscheinen im Lichtland (m-3ḫ.t)!" — Text 228 III, 7ff. (eine Osiris–Litanei).

---

26 Assmann, 1983a.

27 S. auch 177a, 6f.: "..., daß ich den Sitz der Gerechten (m3ᶜ.tj.w) einnehme und die Sonne schaue...".

28 Vgl. "Möge ich herauskommen als lebender Ba, daß ich die Strahlen deiner Sonnenscheibe sehe!" - 148, 19; 221, 8f.; s. auch 228 I, 8.

29 Vgl. 167, 16f.: "... daß ich verklärt bin unter denen, die bei dir mächtig sind, daß mein Ba lebt, daß ich deine Strahlen sehe".

30 Vgl. jm3ḫjj-mrr — "beliebter Ehrwürdiger" — in Text 212 b, 15.

Während die zunächst angeführten funerären Texte — die meisten stammen aus dem Totenbuch — stets die im Zeichen der Gottesnähe stehende Sehfähigkeit des gerechtfertigten Verstorbenen zur Voraussetzung haben,[31] liegt der Fall bei den hymnischen Texten anders.[32] Die Schau des Sonnengottes, um die es hier geht, ist ursprünglich als ein bewußter Akt der Adoration im Götterkult zu werten.[33] Im Verlaufe des Neuen Reiches gewinnt der Aspekt der schlechthinnigen Abhängigkeit allen Lebens von der Sonne zunehmend an Bedeutung. Die sich im Sonnenlicht manifestierende Offenbarkeit des Göttlichen tritt in Konkurrenz zur Auffassung vom König als alleinigem Offenbarungsmittler[34] — wie sie vorübergehend Echnaton bei seinem Restaurationsversuch mit äußerster Konsequenz vertreten hat: "Du bist in meinem Herzen, denn es gibt keinen, der dich kennte, außer deinem Sohn... Du läßt ihn kundig sein deiner Pläne und deiner Macht"[35]. Im Grunde genommen ist es die Rolle des Echnaton, die in der alttestamentlichen Theologie die Propheten innehaben. Auch sie erfreuen sich der persönlichen Zuwendung Gottes und erhalten den Auftrag, seine "Pläne und Macht" dem Volk zu vermitteln (s. ob. die Stelle in Dtn. 18).[36]

Bei einem Vergleich der altägyptischen mit der alttestamentlichen Gottesvorstellung ist ein Unterschied besonders hervorzuheben. In der Theologie der geschichtlichen und prophetischen Überlieferungen Israels geht es wesentlich um die Offenbarung Gottes; das zentrale Thema der Theologie des Neuen Reiches ist Gottes Offenbarkeit. Sehr zurückhaltend äußert sich das Alte Testament über die — ohnehin nur den Propheten gewährte — Möglichkeit, Gottes persönlich ansichtig zu werden. Offenbarungen erfolgen überwiegend durch Auditionen. Demgegenüber treten Visionen Gottes in den Hintergrund, beschrieben wird das Gesehene meist nur andeutungsweise.[37] Den Ägyptern war die Schau der Sonne als visio

---

[31] Vgl. in diesem Sinne Hiob 19, 26f.

[32] Zum Diskurs der Gräberhymnik und seinen Überlieferungszusammenhängen s. Assmann, 1983a, Xff.

[33] Dazu Assmann, 1969, 41f., 151ff. (mit Beispielen).

[34] Vgl. Widengren, 546ff. ("Der Offenbarungsbringer auf dem Thron").

[35] Aus dem "Großen Amarnahymnus" nach Assmann, 1975a, 220 (ÄHG Nr. 92, 121–124).

[36] S. generell von Rad 2, Kap. I D.–F.. Zur Vermittlung über Zeichenhandlungen neben wörtl. Artikulationen: ebd., 104–107.

[37] Vgl. die Stellen bei Schmidt, 184f.; s. auch von Rad 2, 67–78; s. dagegen das Ende des Prologes des Joh.-Evang. mit dem unbedingten "Gott hat niemand je gesehen.

dei das Selbstverständlichste:

- "Jedes Gesicht ist trunken von deinem Anblick, man wird nicht satt von dir" (Text 26, 5f.).[38]

Die Rede ist jedoch stets und ausschließlich von der Sonne. Nur diese Gottesschau ist den Lebenden möglich. Wie wir mehrfach festzustellen Gelegenheit hatten, ist es ein vorrangiges Anliegen des Verstorbenen, in der Sonnenbarke mitzufahren und somit unmittelbare Gottesnähe zu erfahren. Es spricht vieles für die Annahme, daß — zumindest ursprünglich — noch zu Lebzeiten ein jeder unter Zuhilfenahme komplexer magischer Aktionen (Tb 130, 133, 134, 136A) für diese Annäherung an den Gott Vorsorge getragen hat. Der teleologische Charakter des Sehaktes kommt in folgender Textpassage deutlich zum Ausdruck:

- p. Ch. Beatty IV 8, 6–7: "Dein Lohn werde in einem schönen Begräbnis zuteil dem Sänger, der dafür sorgt, daß dir gesungen wird, auf daß er wieder herauskomme in die Oberwelt (tp-t3) als vollkommener Ba (m-b3-nfr), um den Herrn der Götter zu schauen."[39]

Ein vorzeitiges Sehen "in den Himmel", das über die bloße Anschauung der Sonne hinausginge, kommt dem Menschen nicht zu. Zu einer Götterdrohung gehört denn auch die Aussage: "Ich zertrete Busiris, ich bringe Mendes zum Einsturz, ich steige auf zum Himmel, daß ich sehe, was dort geschieht (*prjj=j r-p.t m33=j-jrw.t-jm*)" — p. Ebers 30, 6–17 (= Nr. 131).

Mit mystischer Gottesschau haben alle diese und ähnliche Stellen nichts zu tun, jedenfalls dann nicht, wenn man Mystik, bei aller Unschärfe des Begriffs, als "religiöses Nach-innen-gerichtet-sein und Nach-innen-blicken"[40] versteht. "Es ist eine bestimmte fundamentale Erfahrung des eigenen Selbst, das in einen unmittelbaren Kontakt mit Gott... tritt, die die Haltung des Mystikers bestimmt", schreibt Gershom Scholem, und er verweist auf die Definition des Thomas von Aquin, der von "*cognitio dei experimentalis*" spricht.[41] Damit ist weniger die Anwendung irgend-

Der eingeborene Sohn, ..., er hat Kunde gebracht" (Joh. 1, 18).

[38] S. auch Text 83, 11: "Man verbringt den Tag, ihn zu schauen, ohne satt zu werden von ihm..."; s. Assmann, op.cit., 35(a): "Das schöne Antlitz Amuns, das die ganze Erde sieht, die Menschen betrachten es bis zur Trunkenheit" (oCairo 12202 vso. – Posener, in: RdE 27, 1975, 202).

[39] Assmann, 1983b, 266f. (291).

[40] Widengren, 517.

[41] Scholem, [4]1991, 5 bzw. 4.

welcher Hilfsmittel oder die Ausübung standardisierter Riten gemeint, vielmehr geht es um ein Arbeiten an sich selbst: "Laß Raum, laß Zeit, meide auch das Bild! Gehe ohne Weg den schmalen Pfad, dann findest du der Wüste Fußspur. O meine Seele, geh aus, Gott ein!"[42] Die Metaphorik der Reise — des Beschreitens eines Weges — steht für die Bemühung um die visio dei im eigenen Inneren als dem Spiegel, der das Wesen der Gottheit reflektiert.[43] Ein einfaches Sehen als sinnlicher Wahrnehmungsvorgang wird der "inneren Schau" gegenüber bewußt abgewertet. Dies hat besonders eindringlich Dionysios Areopagita in seiner "Mystischen Theologie" zum Ausdruck gebracht:
"Demgemäß bitten wir, in dieser überleuchtenden Dunkelheit zu sein und durch Unsehen und Unerkennen zu sehen und zu erkennen, was — über Sehen und Erkennen hinaus — das Nicht-Sehen und das Nicht-Erkennen ist, — das nämlich ist das wahre Sehen und Erkennen — ...".[44]
Eine "Reise nach innen" hat im zweiten Jahrhundert n. Chr. Apuleius in seinen "Metamorphosen" in einem Isistempel zu Korinth angesiedelt. Im 23. Kapitel des 11. Buches heißt es:
"accessi confinium mortis et calcato Proserpinae limine per omnia vectus elementa remeavi; nocte media vidi solem candido coruscantem lumine, deos inferos et deus superos accessi coram et adoravi de proxumo[45]." — "Ich nahte dem Grenzbezirk des Todes, stieg über Proserpinas Schwelle und fuhr durch alle Elemente zurück; um Mitternacht sah ich die Sonne in weißem Licht flimmern, trat zu Totengöttern und Himmelsgöttern von Angesicht zu Angesicht und betete sie ganz aus der Nähe an".[46]
Dieser Text bezieht sich nicht auf eine postmortale Gottesschau, sondern auf den zeremoniellen Tod des Eingeweihten und seine Geburt zu einem neuen Lebenslauf.[47]

Eine mehr oder weniger radikale Neu- oder Umorientierung des Lebens, verbunden auch mit der Negation bzw. Ablehnung bestimmter

---

[42] "Granum sinapis", wohl von Meister Eckart, nach Ruh, 49.

[43] S. die Stellen in Widengren, 526f., 534f.!

[44] Nach Ruhbach/Sudbrack, 90ff. (Zitat: 95). Zur vom Neuplatonismus (Proklos — s. Beierwaltes, 339ff.) abgeleiteten "theologia negativa" des D.A. s. Weischedel 1, 65f., 92ff.; Hochstaffl, 120ff.; Ruh, 56f.

[45] Vgl. 1 Cor. 13, 12: *βλέπομεν γὰρ ἄρτι δὶ ἐσόπτρου ἐν αἰνίγματι, τότε δὲ πρόσωπον πρὸς πρόσωπον* — "Denn jetzt sehen wir durch einen Spiegel rätselhaft, dann aber von Angesicht zu Angesicht".

[46] Text u. Übersetzung: Brandt/Ehlers in: Apuleius, 488f.

[47] S. bes. Griffiths, 306–308; Assmann, 1983c, 350ff.; allgem. Nilsson II, 632–638.

Aspekte der äußeren Welt, eventuell gar mit einer Abkehr vom Ich ("Werde wie ein Kind, werde taub, werde blind! Dein eigenes Ich muß zunichte werden, alles Etwas und alles Nichts treibe hinweg"!),[48] ist in altägyptischen Texten m.W. nicht auszumachen. Die von uns betrachteten Instruktionen zeigen vielmehr auch dort, wo sie in funerärem Rahmen begegnen, sehr praktische und konkrete Intentionen. Nicht nur formal lehnen sie sich an die medizinischen (oder "magisch-medizinischen") Prozeduren an. Zahlreiche "Totentexte" weisen in ihren Nachschriften die betreffenden Sprüche und Instruktionen als bereits in dieser Welt nützlich aus.[49] "Wer ihn (den Spruch) kennt auf Erden, der wird sein wie ein Gott. Gepriesen wird er von den Lebenden. Nicht zu Fall kommen wird er durch die Macht des Königs und die Glut der Bastet. Er wird ein hohes und schönes Alter erreichen" (Tb 135 - Lepsius). Sogar auf das Jenseitsgericht kann man sich beizeiten vermittels einer magischen Aktion vorbereiten.[50] Zur Vorsorge für einen positiven nachtodlichen Lebenswandel gehört konstitutiv das Wissen um bestimmte Personen und Bedingtheiten der jenseitigen Welt.[51] In einer Religion, in der die Bildwelt innerhalb der "Hierarchien der Darstellungsebenen religiöser Botschaft"[52] eine dominierende Position einnimmt, wird dieses Wissen nicht zuletzt über visuelle Medien tradiert.[53]

Das "Sehen durch den Glauben"[54] — durch die Seele ("diese Phantasie aber vollzieht sich im leibhaften Teil unserer Seele)"[55] — ist nur nach dem "monotheistischen Umbruch in der Religionsgeschichte"[56] denkbar.

[48] "Granum sinapis", nach Ruh, 48f.

[49] S. Nachschriften zu Tb 17, 30A, 64, 71, 72, 125, 134, 135, 163, 175; vgl. Buch v. d. Himmelskuh 266ff.; zur Phrase *tp-t3*: Morenz, 1975, 201f.; Assmann, 1970, 57(2); die Belege aus den Uwb.: Wente.

[50] S. S. 115ff. - (Tb 125).

[51] Zur Bedeutung des Wissens: Lit.-Angaben in Hornung, Amd. II, 6 (2); Assmann, 1970, 56f.; ders., 1983b, 24ff.; ders., 1983c, 342ff.; Barta, 1985, 166ff. (mit zahlr. Stellen aus den Uwb.); s. auch Tb 44,4 (Ani): "Mein Spruch ist Wissen".

[52] Stolz, 1988a, s. bes. 60f.

[53] Belting bezeichnet die Bildverehrung als "eine Gedächtnisübung ritueller Art" — op.cit., 24.

[54] Nach dem Athos-Mönch Gregorios Palamas (1296 - 1359); s. Ruhbach/ Sudbrack, 203; s. ebd.: ""Bildhaftigkeit und mehr als Bilder" oder "Die Leibhaftigkeit der Mystik""- 24ff.; zu Gregorios Palamas: 200–208.

[55] Ebd.; "es gibt also eine Schau und ein Verständnis des Herzens über alle begrifflichen Energien hinaus".

[56] Scholem, 1977, 7; s. Kap. I: "Schi^{c}ur Koma; die mystische Gestalt der Gottheit".

Im alten Ägypten gab es zum einen das "Schauen als kultischen" — also reglementierten — "Akt der Anbetung"[57], welcher sich auf die Schau der lebenspendenden Sonne bzw. des Sonnengottes beschränkte und erstrebtes Ziel auch der Verstorbenen war, zum anderen für outrierte (Alltags-) Situationen[58] wie Tod (bzw. Vorbereitung auf den Tod), Krankheit und drohende Gefahr die Option, hilfeverheißende Götter mit Hilfe eines Bildes zu präsentifizieren[59] und/oder das gewünschte Ergebnis einer Manipulation des Geschehens vermittels einer perlokutiven und perikonischen (also magischen) Handlung herbeizuführen; d.h. präsent gemacht werden konnten nicht nur Götter, sondern sehr wohl auch konkrete Handlungen und Situationen, beispielsweise kultische Riten in der Grabkammer, die somit bei Bedarf zur Verfügung standen und ihre Wirkung entfalten konnten. Damit war man von ihrer realen Durchführung weitgehend unabhängig. — Auch dies spricht gegen die Annahme mystischer Gottesvergegenwärtigung. —

Der Bild- und Seh-Akt ermöglicht es dem Aktanten, sich das Geschaute verfügbar zu machen, "Macht" über es zu gewinnen. Den Kultstatuen in den Tempeln, die gewöhnlich vor der Außenwelt abgeschirmt wurden (Assmann erinnert an einen "Atommeiler mit umgekehrten Vorzeichen")[60], oblag es, einen mittelbaren Zugang zum Göttlichen zu erhalten; dieser mußte durch sorgsame kultische Versorgung offen gehalten und vor Verunreinigung durch Profanierung geschützt werden. Erst in einer zunehmend öffentlichen — und politischen — Gesellschaft öffnen sich auch die Tempel, und die "alten sacra" "werden zu Bildern, deren einzige rituelle Funktion es ist, gesehen zu werden".[61] Ihre nicht hinterfragte Eigenmächtigkeit büßen die Bilder unter diesen Umständen ein.

Die Rolle des Bildes im alten Ägypten möchte ich demzufolge differenzieren: Im offiziellen Kult besteht seine Aufgabe darin, die an sich verborgenen Götter zu repräsentieren; in der Magie kommt es ihm zu, die Götter, die der Aktant in einen Kreislauf des "ago-ut-des" einbeziehen

---

[57] Assmann, 1969, 152 mit (10); zum Schauen "als officium des Sonnenkults": ebd., 41ff., 151ff. (v. a. 3.), 286f., 371f.; ders., 1983b, 115 (103): Leben vom Anblick Gottes, 147f. — mit zahlreichen Textverweisen!

[58] Begriff nach Snell, 106, 109; vgl. Dux, 1982, 196 (s. S. 239).

[59] Eco gebraucht den Begriff "emblematische Evokation" für eine gnostische Figuration — in: Eco, 1989, 25.

[60] Assmann, 1984, 40f.

[61] Vernant, 1982, 44ff. ("ihr ganzes *esse* besteht von nun an in einem *percipi*"), (Zitate: 50).

will, zu präsentifizieren. Doch nicht nur Götter, sondern — in Parallele zu den opferkultischen Darstellungen in Tempeln — auch Situationen (Ergebnisse von Handlungen) können durch Bilder veranschaulicht werden. Zur Erreichung bestimmter Ziele werden Bilder demnach als "Werkzeuge" benutzt.

Im indischen Kulturkreis begegnet ein klar definierter Begriff zur Bezeichnung dieser Funktion: "Das Wort yantra bezeichnet ganz allgemein ein Gerät oder Werkzeug, einen Apparat oder Mechanismus, dessen sich der Mensch zu einer spezifischen Arbeitsleistung bedient... Das figurale Kultbild (pratim) ist (neben Kreiszeichnungen etc.) nur ein besonderer Typ einer Gattung von bildhaften Kultapparaten (yantras)."[62]

C. Die "Lesbarkeit der Welt" — Eine persönliche Schlußbetrachtung

"Wenn das Wissen um heilige Dinge unter einem ehrfurchtsvollen Schleier von Bildern, verhüllt und eingekleidet durch ehrenhafte Dinge und Worte, ausgedrückt wird, so ist das die einzige Art von bildlicher Darstellung, welche die Vorsicht desjenigen, der über Göttliches philosophiert, zulässt."[63]

Ein Begriff, der in der Überschrift zu diesem Kapitel bereits angesprochen wurde, ist geeignet, insbesondere den defensiven Aspekt der Magie und der in magischen Handlungen verwendeten ikonischen und anikonischen Hilfsmittel ("Werkzeuge") zu unterstreichen: *arcanum.* Er gestattet es auch, eine Brücke zu schlagen zwischen medizinischer, apotropäischer und funerärer Bildmagie.

Ausgangspunkt einer magischen Aktion ist stets eine Mangelsituation; diese kann sehr plötzlich auftreten und rasches Handeln erforderlich machen (apotropäische Magie) oder auch einen bevorstehenden bekannten Problemzustand betreffen (Vorsorge für die nachtodliche Existenz). In Analogie zu gewöhnlichen medizinischen Verrichtungen, bei denen wirkende Arzneien verabreicht werden, schaltet der Aktant ("Arzt–Magier") nun spezifische Heilmittel mit starker religiöser De– oder Konnotation in

---

[62] Zimmer, 46.

[63] Macrobius, In Somnium Scipionis I, 65, ed. Eyssenhardt 481, 26 - 482, 1. S. dazu den Kommentar von P. Abaelard, Theologia I. 5, 262ff. (ed. Niggli, 32ff.).

eine kommunikative Handlung ein.[64]

Um eine Metaphysik der ärztlichen Heilmittel hat sich Paracelsus sein Leben lang bemüht.[65] Er geht von der Annahme aus, daß sich in den Arzneien Wirkkräfte göttlichen Ursprungs befinden: "alle ding, so in den creaturen seind, die seint aus got, und heißen darumb... arcana und haben das mysterium in inen, das sie aus got seind"[66]. Die Lehre von den arcana besagt, daß von Gott stammende Kräfte ("arcanum dei") in die Natur und in den Menschen ("arcanum naturae" bzw. "arcanum hominis") gleichsam hineinfließen können ("infusio"); Goldammer spricht denn auch von einem panentheistischen oder theopanistischen — statt pantheistischen — Konzept ("eine Lehre von der Gegenwart und Wirksamkeit Gottes im All, in den Dingen, in denen er erkannt wird")[67]. Die arcana sind es auch, die "den grunt des arztes beschließen";[68] seine Aufgabe besteht darin, Heilmittel anzuwenden (bzw. zu verabreichen), die über geeignete arcana (Wirkkräfte) verfügen, die ihrerseits die im Mikrokosmos Mensch vorhandenen arcana hominibus positiv beeinflussen und dadurch den Körper in den ursprünglichen, gesunden Zustand zurückversetzen.

Bildtheoretische bzw. bildtheologische Formulierungen haben stets an die Praktiken des alten Bildgebrauchs angeknüpft; das gilt für die erste überlieferte Bildtheologie, die Antibildtheologie des Alten Testaments, es gilt für die Bilderlehren, die nach dem byzantinischen Bilderstreit aufgestellt wurden. Weniger die Vorstellungen von dem, was ein Bild sei und welche Funktionen es ausüben könne, waren fundamentalen Neuerungen unterworfen, schon gar nicht im Bereich der nicht institutionell gebundenen und zensierten Religionsübung; vielmehr ist die wesentliche kulturgeschichtliche Problematik der Bilderfrage unter dem Gesichtspunkt Implizitheit versus Explizitheit zu sehen.[69] Die im alten Ägypten geübte Ikonopraxis wurde bis in die Spätzeit hinein nur ansatzweise (bild–)theologisch fundiert ("Ba–Ausstattung"). In der Auseinandersetzung mit der antiken und jüdischen Bilderkritik wurde in der Spätzeit die sog. Einwohnungstheorie vermittels eines klar umrissenen Vokabulars konkretisiert. Wissenschaftlich zu nennende Bildertraktate, wie sie die Neuplatoniker

[64] Zur Kommunikationstheorie der Magie u. ihren Wurzeln in der Zeichentheorie des Augustinus: Daxelmüller, 91f. (vgl. auch 121–126).

[65] S. Goldammer, 79–96.

[66] De vera influentia rerum, Tract. II; 1. Abt. XIV, 225 — nach Goldammer, 83f.

[67] Ebd., 81.

[68] Paragranum, Tract. III; 1. Abt. VIII, 186 — nach Goldammer, 85.

[69] Zu impliziter und expliziter Theologie s. Assmann, 1984, 21ff., 192ff.

Porphyrios und Jamblichus verfaßt haben, sind uns nicht bekannt, geschweige denn Überlegungen von der Art, wie sie Paracelsus angestellt hat. Er geht von der bereits im Mittelalter geläufigen, von arabischen Quellen inspirierten Idee einer "natürlichen Magie" aus[70] und verbindet diese mit naturwissenschaftlichen Erkenntnisen. Die Berücksichtigung derartig expliziter Erklärungen zur Anwendung nicht–offizinell wirkender Heilmittel kann uns natürlich allenfalls Anregungen zur Deutung von Phänomenen geben, die in älteren Kulturkontexten eine bedeutende Rolle spielten. Eine sorgsame Auswertung der impliziten Bildvorstellungen der alten Ägypter kann nur mit Hilfe der eingangs angesprochenen ikonologischen Vorgehensweise angestrebt werden, die neben den Texten auch die Bilder (Medizinen) selbst berücksichtigt.

Abschließend möchte ich meiner Überzeugung Ausdruck geben, daß Magie und Wissenschaft gleichermaßen von einer Überzeugung ausgehen; beide basieren auf der Vorstellung, die uns umgebende Welt sei les– und deutbar — dann eventuell auch manipulierbar. In beiden Denkungsweisen geht es wesentlich darum, Bezüge aufzufinden — oder herzustellen — zwischen einer Welt der empirischen menschlichen Bedingtheit und einer metaanthropologischen Welt; die Grenzen des Metaphysischen verlaufen dabei fließend. Das "Metaphysische" ist lediglich eine interpretative Kategorie.

Die Ansetzung einer "anderen Welt", eines "Heiligen Kosmos" mit hierarchisierten Bedeutungsebenen, gehört zur religiösen Grundbestimmung des Menschen.[71] Stets hat er versucht, die Erscheinungen der ihm zugänglichen Welt mit Sinn zu versehen. Anhand expliziter Formulierungen wird es uns nicht möglich sein, einen historischen Weg zu verfolgen, der möglicherweise im alten Ägypten seinen Anfang nimmt, über die nach Ausweis späterer Quellen bei den Ägyptern in die Schule gegangenen vorsokratischen Philosophen und den ägyptenbegeisterten Plato sowie den nur unzureichend greifbaren Bolos von Mendes, den Demokriteer, bis zu den Neuplatonikern verläuft und unter anderem zu Dionysios Areopagites führt, der "die Lehren des Christentums im Rahmen der neuplatonischen Philosophie auszudrücken"[72] suchte. Seine Schriften übersetzte (ins Lateinische) und kommentierte Johannes Scotus Eriugena, der erste bedeu-

---

[70] Dazu s. Goldammer, 16–23; Kieckhefer, 21–26.
[71] S. Luckmann, Kap. III.
[72] Copleston, 54.

tende Philosoph des Mittelalters, von dem das Motto stammt, das dieser Arbeit vorangestellt wurde.[73] Die Fortsetzung über die mittelalterliche Naturmagie hin zu Paracelsus und zur Naturwissenschaft haben wir bereits kurz angedeutet. Mehr als eine sehr flüchtige Wegeskizze kann hier nicht vorgestellt werden. In der Suche nach Zeichen innerhalb dieser Welt, in denen eine andere Welt zum Ausdruck kommt, mag man die religiöse Tätigkeit schlechthin sehen, das Handeln an und mit solchen Zeichen als Magie — die also Religion selbstverständlich voraussetzt —, die Beschränkung auf den Versuch, mit Hilfe innerweltlicher Zeichen diese Welt zu erklären, als Wissenschaft definieren.[74] Eine "Weltschau, in der alle Erscheinungen der Natur und des Lebens unmittelbar als Chiffernschrift der Transzendenz aufgefaßt werden",[75] hat sich neben dem positivistischen Weltbild aber noch immer behaupten können.

Der kleine Teilbereich ägyptischer Kunst, den wir betrachtet haben, die sogenannten magischen Bilder, Amulette und anderen Gegenstände, dient mithin nicht einer mystischen ἐποπτεία als heilsvermittelndem Sondergut religiöser Praxis, vielmehr erweist sich diese unprätentiöse Kleinkunst als ein leicht und von (fast) jedermann zu handhabendes Instrumentarium zur Weltbewältigung, ja Welterzeugung.[76]

Zusammenfassung

Die wichtigsten Ergebnisse dieser Betrachtungen — auch im Hinblick auf die allgemeine religionswissenschaftliche Bild- und Magie-Problematik — wird man wohl wie folgt zusammenfassen dürfen:

- Die so außerordentlich vielseitige ägyptische Magie ist ein fester Bestandteil der ägyptischen Religionsübung. Magische Bilder gehören zur religiösen Ikonographie.

- Die Konzentration auf die praktischen Aspekte der funerären Literatur gewährt höchst aufschlußreiche Einblicke in den "Sitz im

[73] S. Copleston, 62–66; Assunto, 186–190; Zitat nach Eco, 1991, 90 (s. dort Kap. 6, 3 "Die metaphysische Pansemiosis" — 88ff.).
[74] Vgl. dazu Lange-Seidl, dort v.a. Figge.
[75] Sühnel, 770.
[76] Dazu Goodman, 126ff.: "Fakten aus Fiktionen".

Leben" dieser Texte. Eine Reihe von konkret auf das nachtodliche Geschick Bezug nehmenden Instruktionen fordert den Adressaten selbst auf, eine "ars moriendi" zu vollziehen; andere Handlungen sind — erst nach seinem Ableben — von seinem Sohn und Erben durchzuführen. Ihr Ziel besteht u.a. darin,Gottesnähe zu realisieren (Fahrt in der Sonnenbarke). Schutz und Ausstattung des Verstorbenen sind ebenfalls wichtige Anliegen der funerären Instruktionen.

- Von besonderer Bedeutung ist der Nachweis, daß sich eine Entwicklung vollzogen hat, die bei real vollzogenen Aktionen ihren Ausgang nimmt, um mehr und mehr in verbildlichte und vertextete Formulierungen überzugehen, d.h. Instruktionen und Vignetten gewinnen eine Eigenwirksamkeit, die den Adressaten der jeweiligen Handlung von ihrem tatsächlichen Vollzug unabhängig macht. Ehedem verwendete Gegenstände und während der Aktion angefertigte Bilder — wie sie in einigen Gräbern gefunden wurden — werden nunmehr neben den Spruchtexten in ikonischer Form auf Papyrusrollen fixiert. Damit steht sicherlich auch der Wunsch nach größerer Zeitresistenz in Verbindung. In diesem Zusammenhang muß natürlich der "Bilderschrift" der Ägypter gedacht werden; Bild und Text stehen in der ägyptischen Kultur in einem besonders engen Zusammenhang, der diese Tradierungsformen der magischen Handlungen sichtlich begünstigt hat.

- Gerade diese letzteren Aspekte sind für die besondere Leistungsfähigkeit des ägyptischen Bildes bezeichnend. Sie machten es für die altjüdische Religion suspekt, für die spätantike hingegen attraktiv. Die spätantiken Theurgen haben etliche Kleidungs-, Reinheits-, Keuschheits- und andere Vorschriften der altägyptischen Zauberer bis ins Detail übernommen. Neben der Bildauffassung hat also auch der Umgang mit dem Bild seine Fortsetzung erfahren.

- Die Tatsache, daß besonders häufig Götter im Rahmen magischer Aktionen zur Anschauung gebracht werden sollen, läßt die Frage nach Elementen altägyptischer Mystik interessant erscheinen. Im Rahmen der ägyptischen visio dei (*mꜢꜢ nṯr.w*) geht es jedoch nicht um eine Gottesoffenbarung; vielmehr muß unterschieden werden zwischen dem Wunsch des Verstorbenen, auch in seinem nachtodlichen Leben die lebenspendende Offenbarkeit des Sonnengottes wahrzunehmen ("Gottesnähe"), und der Vergegenwärtigung (Präsentifikation) von Göttern, aber auch Situationen und Realien, innerhalb magischer Handlungen, vermittels derer der Aktant nach dem Grundsatz "ago–ut–des" Einfluß auf sein — oder seines Klienten — Leben in problematischen ("outrierten") Situationen — Krankheit, Bedrohung, Tod — nimmt.

- Es zeigt sich, daß eine explizite Bildtheologie erst in der ägyptischen Spätzeit begegnet. Sie ist aus der Konfrontation mit den differenzierteren Vorstellungen der griechischen Kultur hervorgegangen. Die hier vorrangig behandelten Texte aus dem zweiten vorchristlichen Jahrtausend lassen allerdings bereits die Wurzeln der späteren Implikationen ("Einwohnung") erkennen, beispielsweise in der Idee vom übertragbaren Ba.

- Es kann an einigen Beispielen gezeigt werden, daß die Erschließung eines spezifischen Präsentifikationsvokabulars (nach ethnologischem Vorbild) ein erheblich weiteres Spektrum bildtheoretischer (bzw. -theologischer) Sachverhalte aufzuzeigen vermag, als dies der zu eng gefaßte Terminus "Einwohnung" bislang gestattet hat.

Summary

In egyptian art magical images belong to the religious iconography; they are used — together with quotations of myths and to some extent with comprehensive attending action — in complex magical acts, whose written fixations are termed as "instructions". These instructions of acting were often filled up with vignettes, which show the used images or objects (deiknymena).

Following their intentions we have to difference between magical–medical, apotropaeical and funerair instructions. In the sepulchral sector (for example in the so–called Coffin Texts or in the Book of the Dead) we are confronted with texts of most varying descent ("Sitz im Leben"). With the adding of titles and/or postscriptions, which were often written in red signs, it is on principle possible to convert nearly all texts into the kind of magical instructions. It is the task of the images or objects, that are shown in the course of action, to make gods present, under whose protection the actor stands. Of course, it is also possible that in spite of this the results of the actions (for example the condition of property, forms of transformation of the deceased person or the victory over the "enemies") are anticipated.

The examinations have resulted that a development has set in from real used objects (figures, torches, etc.) to iconisied formations. Consequently, the part of images in the texts increases steadily in the course of the old–egyption history of civilization. Rites, wich are executed by the heirs or by the dead himself in his lifetime, are put in writing and are iconozized.

The old–egyptian practices of images were valued differently in antiquity. A fundamental different understanding of world has reached to the complete and unconditional refusal in Israel (anti–image–theology). The confrontration also with Greek criticism of the images reached just in the time of the Ptolemees to an egyptian theology of images, which has only become accessible in older texts. Above all, in the late–antiquity the neoplatonics (Jamblichos) were interested in egyptian pragmatic of religion and have refered to it. In old Egypt, "to see the gods" or similar phrases are always meant to be postmortal visions; in lifetime, only the manifestation of the sun was relevant. Therefore, I don't want to talk of mysticism in the occidental sense here.

Bibliographie

(Vorbemerkung: Lexikonartikel — LÄ, RE, RGG — werden nicht einzeln aufgeführt)

Abaelard, P: Theologia Summi boni. Tractatus de unitate et trinitate divina. Hg. v. U. Niggli. Hamburg 1989.

Abt, A. (1908): Die Apologie des Apuleius von Madaura und die antike Zauberei. Beiträge zur Erläuterung der Schrift de magia. Religionsgeschichtliche Versuche und Vorarbeiten. Bd. IV. 2.

Abubakr, A. B./ Osing, J. (1973): "Ächtungstexte aus dem Alten Reich", in: MDAIK 29, 97 - 133.

Allen, J. P. (1984): The Inflection of the Verb in the Pyramid Texts. 2 Bde. Bibliotheca Aegyptia II. Malibu.

— **(1988):** Genesis in Egypt. The Philosophy of Ancient Egyptian Creation Accounts, YES 2. New Haven.

Allen, T. G. (1936): "Types of rubrics in the egyptian Book of the Dead", in: JAOS 56, 145 - 154.

— **(1950):** Occurences of Pyramid Texts with Cross Indexes of these and other Egyptian Mortuary Texts. SAOC 27.

— **(1958):** "Book reviews — CT VI", in: JNES 17, 149 - 152.

— **(1960):** The Egyptian Book of the Dead. Documents in the Oriental Institute Museum. OIP LXXXII.

— **(1974):** The Book of the Dead. SAOC 37.

Alliot, M. (1949–1954): Le Culte d'Horus à Edfou au temps des Ptolemèes. 2 Bde. BdE 20, Kairo.

Apuleius: Metamorphoseon Libri, ed. E. Brandt, W. Ehlers. München ³1980.

Altenmüller, B. (1975): Synkretismus in den Sargtexten, GOF, Reihe 4, Bd. 7.

Altenmüller, H. (1965): Die Apotropaia und die Götter Mittelägyptens. 2 Bde. Diss. München.

— **(1968):** "Zwei neue Exemplare des Opfertextes der 5. Dynastie", in: MDAIK 23, 1 - 8.

— **(1969):** "Die abydenische Version des Kultbildrituals", in: MDAIK 24, 16 - 25.

— **(1986):** "Ein Zaubermesser des MR", in: SAK 13, 1 - 27.

Armstrong, R. P. (1981): The powers of presence. Consciousness, myth, and affecting presence. Philadelphia.

Arrouye, J. (1992): "Archäologie der Ikonologie", in: Beyer, A. (Hg.): Die Lesbarkeit der Kunst. Zur Geistesgegenwart der Ikonologie. Berlin, 29 - 39.

Assmann, J. (1969): Liturgische Lieder an den Sonnengott, MÄS 19.

— **(1970):** Der König als Sonnenpriester, ADAIK 7.

— **(1972):** "Die Inschrift auf dem äußeren Sarkophagdeckel des Merenptah", in: MDAIK 28, 47 - 73.

— **(1972):** "Neith spricht als Mutter und Sarg. Interpretation und metrische Analyse der Sargdeckelinschrift des Merenptah", in: ebd., 115 - 139.

— **(1973):** Das Grab des Basa, AV 6.

— **(1975a):** Ägyptische Hymnen und Gebete. Zürich und München. (ÄHG).

— **(1975b):** Zeit und Ewigkeit im alten Ägypten, AHAW.

— **(1977):** "Die Verborgenheit des Mythos in Ägypten", in: GM 25, 7 - 43.

— **(1979):** "Primat und Transzendenz", in: Westendorf, W. (1979), 7 - 43.

— **(1980):** "Grundstrukturen der ägyptischen Gottesvorstellungen", in: BN 11, 46 - 62.

— **(1982):** "Die Zeugung des Sohnes. Bild, Spiel, Erzählung und das Problem des ägyptischen Mythos", in: ders. u.a. (Hg.): Funktionen und Leistungen des Mythos. OBO 48, 13 - 61.

— **(1983a):** Sonnenhymnen in thebanischen Gräbern. Mainz.

— **(1983b):** Re und Amun. Die Krise des polytheistischen Weltbilds im Ägypten der 18. - 20. Dynastie. OBO 51.

— **(1983c):** "Tod und Initiation im altägyptischen Totenglauben", in: Duerr, H. P. (Hg.): Sehnsucht nach dem Ursprung. Zu Mircea Eliade. Frankfurt a.M., 336 - 359.

— **(1984):** Ägypten. Theologie und Frömmigkeit einer frühen Hochkultur. Stuttgart.

— **(1987):** "Hierotaxis", in: Fs. G. Fecht, ÄAT 12, 18 - 42.

— **(1988):** "Stein und Zeit", in: ders./ Hölscher, T. (Hg.): Kultur und Gedächtnis. Frankfurt a.M., 87 - 114.

— **(1990a):** "Die Macht der Bilder. Rahmenbedingungen ikonischen Handelns im alten Ägypten", in: Visible Religion 7, 1 - 16.

— **(1990b):** "Ikonologie der Identität. Vier Stilkategorien der altägyptischen Bildniskunst", in: Kraatz, M. u.a. (Hg.): Das Bildnis in der Kunst des Orients. Stuttgart, 17 - 36.

— **(1990c):** Maát. Gerechtigkeit und Unsterblichkeit im Alten Ägypten. München.

— **(1992):** Das kulturelle Gedächtnis. Schrift, Erinnerung und politische Identität in frühen Hochkulturen. München.

— **(1993):** "Zur Geschichte des Herzens im Alten Ägypten", in: Studien zum Verstehen fremder Religionen. Bd. VI. Die Erfindung des inneren Menschen. Gütersloh, 81 - 113.

Assunto, R. (1982): Die Theorie des Schönen im Mittelalter. Köln.

Aufrere, S. (1987): "Etudes de lexicologie et d'histoire naturelle XVIII–XXVI", in: BIFAO 87, 21 - 44.

— **(1991):** L'univers minéral dans la pensée égyptienne. 2 Bde. BdE 105.

Augustinus: Vom Gottesstaat. Ed. W. Thimme. 2 Bde. München ^{2}1985.

Austin, J. L. (1985): Zur Theorie der Sprechakte. (How to do Things with Words). ^{1}1962. Stuttgart.

Bakir, A. M. (1966): The Cairo Calendar. Kairo.

Barguet, P. (1953): La stèle de la famine à Séhel, BdE 24.

— **(1967):** Le Livre des Morts des Anciens Egyptiens. Paris.

— **(1986):** Les Textes des Sarcophages Egyptiens du Moyen Empire. Paris.

Barns, J. W. B. (1956): Five Ramesseum Papyri. Oxford.

Barta, W. (1968a): Aufbau und Bedeutung der altägyptischen Opferformel, ÄF 24.

— **(1968b):** "Das Götterkultbild als Mittelpunkt bei Prozessionsfesten", in: MDAIK 23, 75 - 78.

— **(1970):** Das Selbstzeugnis eines altägyptischen Künstlers, MÄS 22.

— **(1985):** Die Bedeutung der Jenseitsbücher für den verstorbenen König, MÄS.

— **(1990):** Komparative Untersuchungen zu vier Unterweltsbüchern, MÄU 1.

Begelsbacher-Fischer, B. L. (1981): Untersuchungen zur Götterwelt des Alten Reiches. OBO 37.

Beierwaltes, W. (^{2}1979): Proklos. Grundzüge seiner Metaphysik. Frankfurt a.M.

Beinlich, H. (1984): Die "Osirisreliquien". Zum Motiv der Körperzergliederung in der altägyptischen Religion, ÄgAb 42.

— **/Saleh, M. (1989):** Corpus der hieroglyphischen Inschriften aus dem Grab des Tutanchamun. Oxford.

Belting, H. (1990): Bild und Kult. Eine Geschichte des Bildes vor dem Zeitalter der Kunst. München.

Bernhardt, K. H. (1956): Gott und Bild. Ein Beitrag zur Begründung und Deutung des Bilderverbotes im AT. Berlin.

Beth, K. (1914): Religion und Magie bei den Naturvölkern. Leipzig, Berlin.

Betz, H. D. (1986): The Greek magical papyri in translation. Chicago.

Bieß, H. (1963): Rekonstruktion ägyptischer Schiffe des NR und Terminologie der Schiffsteile. Diss. Göttingen.

Blackman, A. M. (1932): Middle-Egyptian Stories I, BAe II.

— **(1936):** "Notices of recent publications. Hieratic Papyri in the BM", in: JEA 22, 103 - 106.

— **/Fairman, H. W. (1950):** "The significance of the ceremony Ḥwt Bḥsw in the temple of Horus at Edfu", in: JEA 36, 63 - 81.

Bonnet, H. (1939): "Zum Verständnis des Synkretismus", in: ZÄS 75, 40 - 52.

— **(1949):** "Der Gott im Menschen", in: Studi in Memoria di Ippolito Rosellini I. Pisa, 235 - 252.

— **(1953):** Reallexikon der ägyptischen Religionsgeschichte. Berlin, New York.

Borchardt, L. (1897): "Gebrauch von Henna im alten Reiche", in: ZÄS 35, 168 - 170.

— **(1925):** Statuen und Statuetten von Königen und Privatleuten (CG) Vol. II.

Borghouts, J. F. (1971): The magical texts of papyrus Leiden I 348, OMRO 51.

— **(1974):** "Magical Texts", in: BE 64, 3, 7 - 19.

— **(1978):** Ancient Egyptian Magical Texts, NISABA 9, Leiden.

Bosse–Griffiths, K. (1977): "A Beset Amulet from the Amarna Period", in: JEA 63, 98 - 107.

Bourriau, J. D./ Ray, J. D. (1975): "Two further decree–cases of S3q", in: JEA 61, 257f.

Breasted, J. H. (1930): The Edwin Smith Surgical Papyrus. 2 Bde. Chicago.

Breton, A. (1991): L'Art magique. Paris.

Brown, P. (1981): The Cult of the Saints. Its rise and function in Latin christianity. London.

Brückner, W. (1966): Bildnis und Brauch. Studien zur Bildfunktion der Effigies. Berlin.

— **(1978):** "Überlegungen zur Magietheorie. Vom Zaubern mit Bildern", in: Petzoldt, L. , 404 - 419.

Brunner, H. (1965): "Das Herz im ägyptischen Glauben", in: Das Herz im Umkreis des Glaubens 1, Dr. Karl Thomae GmbH. Biberach, 81 - 106; wiederabgedr. in: H. B. (1988b), 8 - 41.

— **(1975):** "Name, Namen und Namenlosigkeit Gottes im alten Ägypten", in: v. Stietencron, H. (Hg.): Der Name Gottes. Düsseldorf, 33 - 49; wiederabgedr. in: Das Hörende Herz, 130 - 146.

— **(1979):** "Illustrierte Bücher im alten Ägypten", in: ders. u.a. (Hg.), 201 - 218.

— **(1980):** "Vom Sinn der Unterweltsbücher", in: SAK 8, 79 - 84.

— **(1983):** Grundzüge der altägyptischen Religion. Darmstadt.

— **(1988):** Altägyptische Weisheit. Zürich und München.

— **(1988b):** Das Hörende Herz. Kleine Schriften zur Religions- und Geistesgeschichte Ägyptens. OBO 80.

— **u.a. (Hg.)(1979):** Wort und Bild. München.

Brunner–Traut, E. (1956): Die altägyptischen Scherbenbilder. Wiesbaden.

— **(^{6}1983):** Altägyptische Märchen. Köln.

Bruyère, B. (1953): Rapport sur les fouilles de Deir el–Médineh, FIFAO 26.

de Buck, A. (1932): "Some new interpretations in Sinuhe", in: Studies presented to F. Ll. Griffith. London, 57 - 60.

— **(1935–1961):** The Egyptian Coffin Texts. 7 Bde. Chicago.

— **(1937):** "The Judical Papyrus of Turin", in: JEA 23, 152 - 164.

— **(1944):** "Een groep dodenboekspreuken betreffende het hart", in: JEOL 9, 9 - 24.

Budge, E. A. W. (1899): The Book of the Dead. Facsimiles of the Papyri of Hunefer, Anhai, Kerasher and Netchemet with Supplementary Text from the Papyrus of Nu. London.

— ([1]**1899, 1988):** Egyptian Magic. London.

— **(1976):** The Book of the Dead. Egyptian hieroglyphic text. 3 Bde. London [1]1910. New York.

Burkert, W. (1972): Homo Necans. Interpretationen altgriechischer Opferriten und Mythen. Berlin, New York.

— **(1977):** Griechische Religion der archaischen und klassischen Epoche. Stuttgart u.a.

— **(1984):** Die orientalisierende Epoche in der griechischen Religion und Literatur, Sitzungsberichte Heidelberg 1984, 1.

— **(1990):** Antike Mysterien. Funktionen und Gehalt. München.

Busch, W./ Schmoock, P. (Hg.)(1987): Kunst. Die Geschichte ihrer Funktionen. Weinheim und Berlin.

Bußmann, H. (1983): Lexikon der Sprachwissenschaft. Stuttgart.

Caland, W. (1900): "Altindisches Zauberritual", in: Verhandelingen der Kkl. Akad. v. Wetenschappen te Amsterdam. N. R. III, No 2.

Capart, J. (1934): "Un papyrus du Livre des Morts", in: Bulletin de'Académie royale de Belgique, n°s 8–9, 243 – 251.

— **(1943):** Tout–Ankh–Amon. Paris.

Capelle, W. (1968): Die Vorsokratiker. Stuttgart.

Carter, H./ Newberry, P. E. (1904): The Tomb of Thoutmosis IV (CG).

Cassirer, E. ([7]1977): Philosophie der symbolischen Formen. 2. Teil: Das mythische Denken. [1]1924. Darmstadt.

Černý, J. (1952): Ancient Egyptian Religion. London.

— **/Gardiner, A. H. (1957):** Hieratic Ostraca I. Oxford.

— **/Posener, G. (1978):** Papyrus hiératiques de Deir el–Médineh, Tome I, DFIFAO 8.

— **/Groll, S. I. (1984):** A late Egyptian Grammar. Rom.

Chassinat, E. (1933): Le temple d'Edfou 8, MMAF 25. Kairo.

— **(1966):** Le mystère d'Osiris au mois de Khoiak. 2 Bde. Kairo.

Clerc, Ch. (1915): Les théories relatives au culte des images chez les auteurs grecs du IIme siècle après J. C. Paris.

Conze, E. ([7]1981): Der Buddhismus. Wesen und Entwicklung. [1]1951. Stuttgart u.a.

Copleston, F. C. (1976): Geschichte der Philosophie im Mittelalter. München.

Daressy, G. (1889): "Remarques et notes", in: Rec Trav XI, 79 – 95.

— **(1902):** Fouilles de la Vallée des Rois (CG).

— **(1903):** Textes et dessins magiques (CG).

— **(1917):** "Stèle de Karnak avec textes magiques", in: ASAE 17, 194 - 196.

Daumas, F. (1957): "Le sanatorium de Dendara", in: BIFAO 56, 35 - 57.

de Garis Davies, N. (1933): The Tomb of Neferhotep I. New York.

Davis, Th. M. (1907): The Tomb of Iouiya and Touiyou. London.

— **(1908):** The Funeral Papyrus of Iouiya. London.

Dawson, W. R. (1924): "The mouse in Egyptian and later medicine", in: JEA 10, 83 - 86.

— **(1934):** "Studies in the Egyptian medical Texts - IV", in: JEA 20, 185 - 188.

— **(1936):** "Observations on passages in Ch. Beatty Papyri VII, VIII and XII", in: JEA 22, 106 - 108.

Daxelmüller, Chr. (1993): Zauberpraktiken. Eine Ideengeschichte der Magie. Zürich.

— **/Thomsen, M.-L. (1982):** "Bildzauber im alten Mesopotamien", in: Anthropos 77, 27 - 64.

Delatte, A./ Derchain, Ph. (1964): Les intailles magiques Gréco-Egyptiens. Paris.

Demaree, R. J. (1983): The ꜣḫ jkr n Rꜥ - Stelae. Leiden.

Derchain, Ph. (1963): "Pseudo-Jamblique ou Abammon - Quelques observations sur l'égyptianisme du De Mysteriis", in: CdE 38, 220 - 226.

— **(1965):** Le papyrus Salt 825. Brüssel.

— **(1991):** Festschrift: Religion und Philosophie im Alten Ägypten, hrsg. v. Verhoeven, U./ Graefe, E. Leuven.

Deubner, L. (1956): Attische Feste. Darmstadt.

Diels, H./ Kranz, W. (^{6}1951): Die Fragmente der Vorsokratiker. Berlin.

Diodorus Siculus I. Ed. C. H. Oldfather. London u.a. 1933.

Dohmen, Ch. (^{2}1987): Das Bilderverbot. Seine Entstehung und seine Entwicklung im AT. Frankfurt a. Main.

— **/Sternberg, Th. (1987):** ...kein Bildnis machen. Kunst und Theologie im Gespräch. Würzburg.

Dodds, E. R. (1970): Die Griechen und das Irrationale. ^{1}1951. Darmstadt.

— **(1992):** Heiden und Christen in einem Zeitalter der Angst. Aspekte religiöser Erfahrung von Marc Aurel bis Konstantin. ^{1}1965. Frankfurt a.M.

Dondelinger, E. (1979): Papyrus Ani - Faksimile. Graz.

Doret, E. (1986): The narrative verbal system of Old and Middle Egyptian. Genf (Cahiers d'orientalisme 12).

Drenkhahn, R. (1976): Die Handwerker und ihre Tätigkeiten im alten Ägypten, ÄA 31.

Drioton, E. (1939): "Une statue prophylactique de Ramses III", in: ASAE 39, 57 - 89.

Duby, G. (1992): Die Zeit der Kathedralen. Kunst und Gesellschaft 980–1420. [1]1976. Frankfurt a.M.

Dümichen, J. (1894): Der Grabpalast des Patuamenap Bd. III. Leipzig.

Durkheim, E. (1981): Die elementaren Formen des religiösen Lebens. [1]1912. Frankfurt a.M.

Dux, G. (1982): Die Logik der Weltbilder. Sinnstrukturen im Wandel der Geschichte. Frankfurt a.M.

— **(1989):** Die Zeit in der Geschichte. Ihre Entwicklungslogik vom Mythos zur Weltzeit. Frankfurt a.M.

Eco, U. (1977): Zeichen. Einführung in einen Begriff und seine Geschichte. Frankfurt a.M.

— **(1989):** Das Foucaultsche Pendel. Roman. München, Wien.

— **(1991):** Kunst und Schönheit im Mittelalter. München, Wien.

Ebbel, B. (1924): "Die ägyptischen Krankheitsnamen", in: ZÄS 59, 55 - 59.

— **(1927):** "Die ägyptischen Krankheitsnamen", in: ZÄS 62, 13 - 20.

Edel, E. (1944): Untersuchungen zur Phraseologie der ägyptischen Inschriften des AR, MDAIK 13, 1.

— **(1955/1964):** Altägyptische Grammatik. 2 Bde. Rom. (AÄG).

— **(1970):** "Beiträge zum ägyptischen Lexikon V", in: ZÄS 96, 4 - 14.

Edwards, I. E. S. (1960): Hieratic Papyri in the BM, Fourth Series: Oracular Amuletic Decrees of the Late New Kingdom. 2 Bde. London.

— **(1968):** "Kenhikhopshef's prophylactic charm", in: JEA 54, 155 - 160.

Ehnmark, E. ([1]1956): "Religion und Magie — Frazer, Söderblom und Hagerström", in: Petzoldt (Hg.), 302 - 312.

Eliade, M. (1954/58): "Kosmogonische Mythen und magische Heilungen", in: Paideuma VI, 194 - 204.

— **(1954):** Die Religionen und das Heilige. [1]1949. Salzburg.

— **([2]1985):** Das Heilige und das Profane. [1]1957. Frankfurt a.M.

— **(1986a):** Kosmos und Geschichte. [1]1949. Frankfurt a.M.

— **(1986b):** Ewige Bilder und Sinnbilder. Über die magisch–religiöse Symbolik. [1]1952. Frankfurt a.M.

— **(1988):** Mythos und Wirklichkeit. Frankfurt a.M.

Englund, G. (1978): Akh – une notion religieuse dans l'Egypte pharaonique. Uppsala.

Erichsen, W. (1933): Der Papyrus Harris I, BAe V.

Erman, A. (1890): Die Märchen des Papyrus Westcar. 2 Bde. Berlin.

— **(1901):** Zaubersprüche für Mutter und Kind. Berlin.

— **(1911):** Hymnen an das Diadem der Pharaonen. Berlin.

— **(1978):** Die Religion der Ägypter. [1]1934. Berlin, New York.

— **(1979):** Neuägyptische Grammatik. [1]1933. Hildesheim, New York.

— **/Grapow, H. ([2]1957):** Wörterbuch der ägyptischen Sprache. 7 Bde. und 5 Belegstellenbde. Berlin. (Wb).

Evans Pritchard, E. E. (1981): Theorien über primitive Religionen. [1]1965. Frankfurt a.M.

— **(1988):** Hexerei, Orakel und Magie bei den Zande. [1]1976. Frankfurt a.M.

Faulkner, R. O. (1933): The Papyrus Bremner–Rhind, BAe 3.

— **(1937/38):** "The Bremner–Rhind Papyrus III–IV", in: JEA 23, 166 - 185. bzw. JEA 24, 41 - 53.

— **(1969):** The Ancient Egyptian Pyramid Texts. Oxford.

— **(1973–1978):** The Ancient Egyptian Coffin Texts I–III. Warminster. (AECT I–III).

— **(1985):** The ancient egyptian Book of the Dead. London.

Fecht, G. (1964): "Die Form der altägyptischen Literatur: Metrische und stilistische Analyse", in: ZÄS 91, 11 - 63.

— **(1972):** Der Vorwurf an Gott in den "Mahnworten des Ipu-wer", AHAW.

Federn, W. (1960): "The "transformations" in the Coffin Texts. A new approach", in: JNES 19, 241 - 257.

Feest, Chr. F. (1986): Indians of Northeastern North America. Iconography of Religions X, 7. Leiden.

Feucht, E. (1967): Die königlichen Pektorale. Motive, Sinngehalt und Zweck. Bamberg.

— **(1971):** Pektorale nichtköniglicher Personen, ÄA 22.

— **(1985):** Das Grab des Nefersecheru (TT 296). Mainz.

— **(1986):** Vom Nil zum Neckar. Berlin u.a.

Figge, H. H.: "Magische und magiforme Zeichenkonstitution", in: Lange–Seidl, 11 - 27.

Fischer–Elfert, H.–W. (1987): "Der Pharao, die Magier und der General — Die Erzählung des Papyrus Vandier", in: Bi Or 44, 6 - 21.

Fowden, G. (1986): The Egyptian Hermes. A historical approach to the late pagan mind. Cambridge.

Frankfort, H. (1948): Kingship and the Gods. A Study of Ancient Near Eastern Religion as the Integration of Society & Nature. Chicago & London.

— **u.a. (1954):** Frühlicht des Geistes. Stuttgart.

Freedberg, D. (1989): The Power of Images. Chicago, London.

Frey, D. (1976): "Kunst und Sinnbild", in: ders.: Bausteine zu einer Philosophie der Kunst. Darmstadt, 113 - 211.

Gadamer, H.-G. ([2]1965): Wahrheit und Methode. Grundzüge einer philosophischen Hermeneutik. Tübingen.

Gamer-Wallert, I. (1970): Fische und Fischkulte im alten Ägypten, ÄA 21.

Gardiner, A. H. (1903): "On the Meaning of the Preposition ḥꜣ-tp", in: PSBA 25, 334ff.

— **(1905):** "Hymns to Amon from a Leiden Papyrus", in: ZÄS 42, 12 - 42.

— **(1906):** "The goddess Ningal in an Egyptian text", in: ZÄS 43, 97.

— **(1915):** "Some Personifications I. HIKE, The God of Magic", in: PSBA 37, 253 - 262.

— **(1928):** "The graffito from the tomb of Pere", in: JEA 14, 10f.

— **(1932):** Late-Egyptian-Stories, BAe I.

— **(1935):** Hieratic Papyri in the British Museum. Third Series. Chester Beatty Gift. 2 Bde. London.

— **(1937):** Late-Egyptian Miscellanies, BAe VII.

— **(1946):** "Davies's copy of the great Speos Artemidos inscription", in: JEA 32, 43 - 56.

— **(1947):** Ancient Egyptian Onomastica. 3 Bde. Oxford.

— **(1955):** The Ramesseum Papyri. Oxford.

— **([3]1957):** Egyptian Grammar. Oxford.

— **(1969):** The Admonitions of an Egyptian Sage. [1]1909. Hildesheim.

— **/de Garis Davies, N. (1915):** The Tomb of Amenemhet. London.

Geertz, C. (1987): "Religion als kulturelles System", in: ders.: Dichte Beschreibung. Beiträge zum Verstehen kultureller Systeme, [1]1973. Frankfurt a.M., 44-95.

Gehlen, A. ([4]1986): Urmensch und Spätkultur. [1]1956. Wiesbaden.

Germer, R. (1979): Untersuchungen über Arzneimittelpflanzen im alten Ägypten. Diss. Hamburg.

Gladigow, B. (1979): "Zur Konkurrenz von Bild und Namen im Aufbau theistischer Systeme", in: Brunner, H. u.a. (1979), 103 - 122.

— **(1985):** "Präsenz der Bilder - Präsenz der Götter. Kultbilder und Bilder der Götter in der griechischen Religion", in: Visible Religion IV, 114 - 133.

Goedicke, H. (1963): "Was magic used in the harem conspiracy against Ramesses III?", in: JEA 49, 71 - 92.

— **(1967):** Königliche Dokumente aus dem Alten Reich. ÄA 14.

Goldammer, K. (1991): Der göttliche Magier und die Magierin Natur: Religion, Naturmagie und die Anfänge der Naturwissenschaft vom Spätmittelalter bis zur Renaissance;mit Beiträgen zum Magieverständnis des Paracelsus. Kosmosophie Bd. V. Stuttgart.

Golenischeff, M. W. (1927): Papyrus Hieratiques. CG. Le Caire.

Gombrich, E. H. (1978): Kunst und Illusion. Stuttgart.

Goodman, N. (1984): Weisen der Welterzeugung. [1]1978. Frankfurt a.M.

Goodwin, Ch. W. (1866): "On a text of the Book of Dead belonging to the old kingdom", in: ZÄS 4, 53 – 56.

Goody, J. (1961): "Religion and Ritual: The Definitional Problem", in: British Journal of Sociology 12, 142 – 164.

Goyon, J. Cl. (1971): "Un parallèle tardif d'une formule des inscriptions de la statue prophylactique de Ramses III", in: JEA 57, 154 – 159.

Graefe, E. (1971): Untersuchungen zur Wortfamilie bjꜣ. Köln.

— **(1979):** "König und Gott als Garanten der Zukunft", in: Westendorf, W. (1979), 47 – 79., v.a. 71ff.: "Eine Hypothese zur Erklärung der sog. Pektoralopferszenen und dem Verhältnis zwischen Ritualgeschehen und bildlicher Darstellung".

— **(1984):** "Das Ritualgerät šbt/wnšb/wtṯ", in: Fs. Westendorf II, 895 – 905.

Grapow, H. (1911): "Bedrohungen der Götter durch den Verstorbenen", in: ZÄS 49, 48 – 54.

— **(1924):** Die bildlichen Ausdrücke des Ägyptischen. Leipzig.

Grieshammer, R. (1970): Das Jenseitsgericht in den Sargtexten, ÄA 20.

— **(1974a):** Die Altägyptischen Sargtexte in der Forschung seit 1936, ÄA 28.

— **(1974b):** "Zum "Sitz im Leben" des Negativen Sündenbekenntnisses", in: ZDMG Suppl. II, Wiesbaden, 19 – 25.

Griffith, F. Ll. (1889): The inscriptions of Siut and Der Rifeh. London.

— **(1897/98):** Hieratic Papyri from Kahun and Gurob. 2 Bde. London.

Grimm, A. (1988): "Feind-Bilder und Bilderverbrennung", in: VA 4, 207 – 214.

Gwyn Griffiths, J. (1975): The Isis-Book. Leiden.

Grundriß der Medizin der alten Ägypter. v. Deines, H./ Grapow, H./ Westendorf, W. (Hg.), I–IX. Berlin 1954–1973.

Gundel, H. G. (1968): Weltbild und Astrologie in den griechischen Zauberpapyri. München.

Guglielmi, W.: "Zu einigen literarischen Funktionen des Wortspiels", in: Fs. Westendorf I, 491 – 506.

Gundlach, R./ Schwarzkopf, B. (1967): AÄG E. Edel, Register der Zitate. Rom.

Gutbub, A. (1961): "Un emprunt aux textes des pyramides", in: MIFAO 66, 4, 31 – 70.

Hallpike, Ch. R. (1986): Die Grundlagen primitiven Denkens. [1]1971. Stuttgart.

Harmening, D. (1991): Zauberei im Abendland:Vom Anteil der Gelehrten am Wahn der Leute. Skizzen zur Geschichte des Aberglaubens. Quellen und Forschungen zur europ. Ethnologie. Bd. 10. Schriften des Freilichtmuseum am Kiekeberg. Bd. 9. Würzburg.

Harrauer, Ch. (1987): Meliouchos. Studien zur Entwicklung religiöser Vorstellungen in griechischen synkretistischen Zaubertexten. Wien.

Harris, J. R. (1961): Lexicographical studies in ancient egyptian Minerals. Berlin.

Heerma van Voss, M. (1964): "An egyptian magical brick", in: JEOL 18, 314 - 316.

— **(1984):** "Kontakt met teksten", in: Phoenix 30, 25 - 34.

— **(1991):** "Religion und Philosophie im Totenbuch des Pinodjem I. Bemerkungen zum Papyrus Kairo CG 40006", in: Festschrift Derchain, 155 - 157.

Helck, W. (1970): Die Lehre des Dwꜣ-Ḫtjj. 2 Bde. KÄT. Wiesbaden.

— **(1971):** Das Bier im Alten Ägypten. Berlin.

— **(1977):** Die Lehre für König Merikare, KÄT. Wiesbaden.

Heliodor: Die Abenteuer der schönen Chariklea. Hg. v. R. Rymer. Zürich 1970.

Henry, V. (1904): La magie dans l'Inde antique. ^{2}1909. Paris.

Heraklit: Fragmente. Hg. v. B. Snell. München ^{8}1983.

Herodot: Historien. Ed. A. Horneffer, H. W. Haussig. Stuttgart ^{4}1971.

Hickmann, H. (1949): Instruments de musique (CG).

Hieratische Papyrus aus den Königlichen Museen zu Berlin. 5 Bde. Leipzig 1901–1909.

Hochstaffl, J. (1976): Negative Theologie. Ein Versuch zur Vermittlung des patristischen Begriffs. München.

Hoenes, S. E. (1976): Untersuchungen zu Wesen und Kult der Göttin Sachmet. Bonn.

Hopfner, Th. (^{1}1921/1924): Griechisch-ägyptischer Offenbarungszauber. 2 Bde. Leipzig - Neudruck 1974/1983.

Hornung, E. (1963–1967): Das Amduat. 3 Bde. ÄA 7 und 13. (Amd.)

— **(1967):** "Der Mensch als "Bild Gottes" in Ägypten", in: Loretz, O.: Die Gottebenbildlichkeit des Menschen. München, 123 - 156.

— **(1968):** Altägyptische Höllenvorstellungen. ASAW, Phil.-hist. Kl. Bd. 59, 3. Berlin.

— **(1971):** Der Eine und die Vielen. Darmstadt.

— **(1973):** "Bedeutung und Wirklichkeit des Bildes im alten Ägypten", in: Akad. Vorträge Basel 8, 35ff.

— **(1975–76):** Das Buch von der Anbetung des Re im Westen. 2 Bde. AH 2–3. (Sol.)

— **(1979):** Das Totenbuch der Ägypter. Zürich.

— **(1979–80):** Das Buch von den Pforten des Jenseits. 2 Bde. AH 7/8. (Pfb.)

— **(1982a):** Der ägyptische Mythos von der Himmelskuh. Eine Ätiologie des Unvollkommenen, OBO 46.

— **(1982b):** Tal der Könige. Zürich.

— **(²1984):** Ägyptische Unterweltsbücher. Zürich.

— **(1989):** Geist der Pharaonenzeit. Zürich.

— **/Staehelin, E. (1976):** Skarabäen und andere Siegelamulette aus Basler Sammlungen, ÄDS 1.

Horton, R./ Finnegan, R. (1973): Modes of Thought. Essays on Thinking in Western and Non-Western Societies. London.

Hou Ching-lang (1984): "La cérémonie du yin-cha-fo d'après les manuscrits de Touen-houang", in: M. Soymié (Hg.): Contributions aux études de Touen-houang Vol. III. Ecole Francaise d'Extrême-Orient. Paris, 205–243.

Hübner, K. (1979): "Mythische und Wissenschaftliche Denkform", in: Poser, H.: Philosophie und Mythos. Ein Kolloquium. Berlin, New York, 75 - 92.

— **(1985):** Die Wahrheit des Mythos. München.

Iversen, E. (1955): Some ancient Egyptian paints and pigments. Kopenhagen.

Jacq, Ch. (1985): Egyptian Magic. Warminster.

Jamblichus: Über die Geheimlehren. Ed. Th. Hopfner. Schwarzenburg 1978.

Jamblique: Les mystères d'Egypte. Ed. E. des Places. Paris 1966.

Jankuhn, D. (1972): Das Buch "Schutz des Hauses". Bonn.

Jansen-Winkeln, K. (1985): Ägyptische Biographien der 22. und 23. Dynastie, ÄAT 8.

Janssen, J. (1957): "Die Inschriften der Nische der Sieben Kühe in Deir el-Bahri", in: WZKM 54, 86 - 90.

Jelinkova-Reymond, E. (1956): Les inscriptions de la statue guerisseuse de Djed-Ḥer-Le-Sauveur, BdE 23.

Jensen, A. E. (1992): Mythos und Kult bei Naturvölkern. Religionswissenschaftliche Betrachtungen. ¹1951. München.

Jequier, G. (1921): Les Frises d'Objets des Sarcophages du Moyen Empire, MIFAO 47.

Jonckheere, F. (1947): Le papyrus médical Chester Beatty. Brüssel.

— **(1948):** "Le papyrus médical Chester Beatty", in: CdE 23, 97 - 101.

— **(1954):** "Prescriptions médicales sur ostraca hiératiques", in: CdE 29, 46 - 61.

Julian: Briefe. Ed. B. K. Weis. München 1973.

Junge, F. (1972): "Zur Funktion des sḏm.ḫr.f", in: JEA 58, 133 - 139.

— **(1978):** "Wirklichkeit und Abbild", in: Wiesner, G.: Synkretismusforschung, GOF Bd. 1, 87 - 108.

— **(1979):** "Isis und die ägyptischen Mysterien", in: Westendorf, W. (1979), 93 – 115.

— **(1990):** "Versuch zu einer Ästhetik der ägyptischen Kunst", in: Eaton–Krauss, M./ Graefe, E.: Studien zur ägyptischen Kunstgeschichte, HÄB 29, 1 – 26.

Junker, H. (1910): Die Stundenwachen in den Osirismysterien. Wien.

— **(1917):** Die Onurislegende. Wien.

— **(1928):** "Die Stele des Hofarztes Irj", in: ZÄS 63, 53 – 70.

— **(1950/1953):** Giza IX und XI. Leipzig, Wien.

— **(1958):** Der große Pylon der Isis in Philae. Wien.

Kaemmerling, E. (Hg.)(1979): Bildende Kunst als Zeichensystem. Bd. 1. Ikonographie und Ikonologie. Theorien–Entwicklung–Probleme. Köln.

Kakosy, L. (1981): Selected papers, Stud. Aeg. 7. Budapest.

— **(1988):** "Magical bricks from TT 32", in: Funerary Symbols and Religion. Fs. Heerma van Voss. Kampen, 60 – 72.

— **(1989):** Zauberei im alten Ägypten. Leipzig.

— **/Roccati, A. (1985):** La magia in Egitto. Modena.

Kaplony, P. (1966): Kleine Beiträge zu den Inschriften der ägyptischen Frühzeit, ÄA 15.

Katalog Sen–nefer. Römisch–Germanisches Museum Köln. Mainz 1986.

Keel, O. (^{4}1984): Die Welt der altorientalischen Bildsymbolik und das Alte Testament. Am Beispiel der Psalmen. Zürich–Neukirchen.

— **(1992):** Das Recht der Bilder, gesehen zu werden. Drei Fallstudien zur Methode der Interpretation altorientalischer Bilder. OBO 122.

Kees, H. (1943): "Farbensymbolik in ägyptischen religiösen Texten", in: NAWG 11, 413 – 479.

— **(^{5}1983a):** Der Götterglaube im alten Ägypten. Berlin.

— **(^{5}1983b):** Totenglauben und Jenseitsvorstellungen der alten Ägypter. Berlin.

Keimer, L. (1924): Die Gartenpflanzen im alten Ägypten. Berlin.

Kerchache, J./ Paudrat, J.–L./ Stephan, L. (1989): Die Kunst des Schwarzen Afrika. ^{1}1988. Freiburg.

Kerényì, K. (1949): "Apollon–Epiphanien", in: ders.: Niobe. Neue Studien über antike Religion und Humanität. Zürich, 148 – 184.

— **(1964):** "Eidolon, Eikon, Agalma. Vom heidnischen und christlichen Bildwerk", in: Griechische Grundbegriffe. Fragen und Antworten aus der heutigen Situation. Albae Vigiliae N. F. XIX. Zürich, 29 – 41.

Kessler, D. (1989): Die heiligen Tiere und der König I, ÄAT 16.

Kieckhefer, R. (1992): Magie im Mittelalter. München.

Kippenberg, H. G. (1990): "Introduction", in: Visible Religion 7, VII – XIX.

— **(1991):** Die vorderasiatischen Erlösungsreligionen in ihrem Zusammenhang mit der antiken Stadtherrschaft. Frankfurt a.M.

— **/Luchesi, B. (Hg.)(1987):** Magie. Die sozialwissenschaftliche Kontroverse über das Verstehen fremden Denkens. Frankfurt a.M.

Kirk, G. S. (1971): Myth. Its meaning and functions in ancient and other cultures. Cambridge, Los Angeles.

Klasens, A. (1952): A Magical Statue Base, OMRO 33.

Köhler, U. (1972): "Der Berliner Totenpapyrus und seine Parallelen", in: FuB 14, 45 – 58.

Kraatz, M. (1990): "Religionswissenschaftliche Bemerkungen zur Porträtierbarkeit von "Gott und Göttern"", in: ders. u. a. (Hg.): Das Bildnis in der Kunst des Orients. Stuttgart, 9 – 16.

Kropp, A. M. (1930/31): Ausgewählte koptische Zaubertexte. 3 Bde. Brüssel.

Lacau, P. (1904): Sarcophages antérieurs au Nouvel Empire I (CG).

Diego de Landa: Bericht aus Yucatán. Hrsg. v. C. Rincón. Leipzig 1990.

Lanczkowski, G. (1984): Götter und Menschen im alten Mexiko. Olten.

Lange, H. O. (1927): Der magische Papyrus Harris. Kopenhagen.

Lange–Seidl, A. (Hg.) (1988): Zeichen und Magie. Akten des Kolloquiums der Bereiche Kultur und Recht der Deutschen Gesellschaft für Semiotik, 1986. Tübingen.

Lansing, A.: "The Excavations at Lischt", in: BMMA, The Egyptian Expedition 1932–33, 4 – 26.

Lauer, J. Ph./ Leclant, J. (1969): "Découverte de statues de prisonniers au temple de la pyramide de Pepi I", in: RdE 21, 55 – 62.

van der Leeuw, G. (1933): "Die sogenannte "epische Einleitung" der Zauberformeln", in: Zs. für Religionspsychologie 1, 161 – 179.

Lepsius, R. (1842): Das Todtenbuch der Ägypter nach dem hieroglyphischen Papyrus Turin. Leipzig.

Leroi–Gourhan, A. (1981): Die Religionen der Vorgeschichte. [1]1964. Frankfurt a.M.

Lesko, L. H. (1972): The Ancient Egyptian Book of Two Ways. Los Angeles.

— **(1979):** Index of the spells on egyptian Middle Kimgdom coffins and related documents. Berkeley.

Levi–Strauss, Cl. (1973): Das wilde Denken. [1]1962. Frankfurt a.M.

— **/Vernant, J.–P. u.a. (1984):** Mythos ohne Illusion. [1]1980. Frankfurt a.M.

Lexa, F. (1925): La magie dans l'Egypte antique. 3 Bde. Paris.

Lexikon der Ägyptologie. 6 Bde. Wiesbaden 1975–1986. (LÄ).

Lexikon der Religionen. Phänomene, Geschichte, Ideen. Hrsg. v. H. Waldenfels. Freiburg 1987.

Lichtheim, M. (1945): "The songs of the harpers", in: JNES 4, 178 – 212.

— **(1980):** Ancient Egyptian Literature. Vol. III: The Late Period. Berkeley u.a.

Lucas, A./ Harris, J. R. (^{4}1962): Ancient Egyptian Materials and Industries. London.

Luck, G. (1990): Magie und andere Geheimlehren in der Antike. Stuttgart.

Luckmann, T. (1991): Die unsichtbare Religion. Frankfurt a.M.

Lukian: Gespräche der Götter und Meergötter, der Toten und der Hetären. Hg. v. O. Seel. Stuttgart 1987.

Macrobius: In Somnium Scipionis. Hg. v. F. Eyssenhardt. Leipzig 1893.

Malinowski, B. (1973): Magie, Wissenschaft und Religion und andere Schriften. ^{1}1925. Frankfurt a.M.

Malaise, M. (1973): "La pierre nmḥf et son identification avec le défunt dans le Livre des Morts", in: CdE 48, 26 – 35.

— **(1975):** "La signification des scarabées de coeur", in: Egyptologie. Actes du XXIXe Congrès international des Orientalistes, Vol. 2, 70 – 75.

Mariette, A. (1870–80): Denderah. 5 Bde. Paris.

Maspero, G. (1885): "Trois années de fouilles dans les tombeaux de Thebes et de Memphis", MMAF 1. Paris.

Massart, A. (1954): The Leiden magical papyrus I 343+345, OMRO 34 Suppl.

— **(1957):** "The Egyptian Geneva papyrus MAH 15274", in: MDAIK 15, 172 – 185.

Massy, A. (1885): Le Papyrus de Leyde I, 347. Gent.

Matz, F. (1958): Göttererscheinung und Kultbild im minoischen Kreta. Abh. Akad. Wiss. Mainz 1958, 7.

Mauss, M. (1978): "Eine Kategorie des menschlichen Geistes: Der Begriff der Person und des "Ich"", ^{1}1938, in: Soziologie und Anthropologie Bd. 2. Frankfurt a.M., 221ff.

— **(1989):** "Entwurf einer allgemeinen Theorie der Magie", ^{1}1902/3, in: Soziologie und Anthropologie Bd. 1. Frankfurt a.M., 43 – 179.

Merkelbach, R. (1987): "Die Unschuldserklärungen und Beichten im ägyptischen Totenbuch, in der römischen Elegie und im antiken Roman.", in: Kurzberichte aus den Giessener Papyrus-Sammlungen 43.

— **/Totti, M. (1990/91):** Abrasax. Ausgewählte Papyri religiösen und magischen Inhalts. Bd. 1 u. 2:Gebete. Papyrologica Coloniensia XVII. 1 und 2. Opladen.

Metzler, D. (1985): "Anikonische Darstellungen", in: Visible Religion IV, 96 – 113.

Meyer, R. U. (1986): Altgermanische Religionsgeschichte. Essen (Nachdruck).

Möller, G. (1909): Hieratische Paläographie II. Leipzig.

— **(1920):** "Zur Datierung literarischer Handschriften aus der ersten Hälfte des Neuen Reiches", in: ZÄS 56, 34 – 43.

Mommsen, Th. (1898): Feste der Stadt Athen. Leipzig.

Monnet, J. (1951): "Les briques magiques du Musée du Louvre", in: RdE 8, 151 - 162.

Montet, P. (1928/30/36): "Les tombeaux de Siout et de Deir Rifeh", in: Kemi 1, 53 - 68.; 3, 45 - 111.; 6, 131 - 163.

— **(1950):** "Le fruit défendu", in: Kemi 11, 85 - 116.

Moore, A. C. (1977): Iconography of religions. An introduction. Philadelphia.

Morenz, S. (1952): Die Zauberflöte. Münster/Köln.

— **(1960):** Ägyptische Religion. Stuttgart.

— **(1964):** Die Heraufkunft des transzendenten Gottes in Ägypten, SSAW 109.2.

— **(1969):** Die Begegnung Europas mit Ägypten. Zürich.

— **(1975):** Religion und Geschichte des alten Ägypten (Sammlung von Aufsätzen). Weimar.

— **(1977):** Ein Altägyptischer Jenseitsführer. Leipzig.

— **(^{2}1984):** Gott und Mensch im alten Ägypten. Leipzig.

Moret, A. (1902): Le rituel du culte divin journalier. Paris.

— **(1931):** "Légende d'Osiris à l'époque thébaine", in: BIFAO 30, 2, 725 - 750.

Müller, D. (1966): "Die Zeugung durch das Herz in Religion und Medizin der Ägypter", in: Orientalia 35, 247 - 274.

— **(1972):** "An early Egyptian guide to the hereafter", in: JEA 58, 99 - 125.

Müller-Winkler, C. (1987): Die Ägyptischen Objektamulette. Objektamulette. OBO SA 5.

Münster, M. (1968): Untersuchungen zur Göttin Isis, MÄS 11.

Müri, W. (1976): "Symbolon", in: ders.: Griechische Studien. Ausgewählte wort- und sachgeschichtliche Forschungen zur Antike. Schweizerische Beitr. zur Altertumsw. 15, 1 - 44.

Munro, I. (1987): Untersuchungen zu den Totenbuch-Papyri der 18. Dynastie. London, New York.

Muth, R. (1954): Träger der Lebenskraft. Ausscheidungen des Organismus im Volksglauben der Antike. Wien.

Mylonas, G. E. (1961): Eleusis and the Eleusinian mysteries. Princeton.

Nagel, T. (1983): Der Koran. Einführung, Texte, Erläuterungen. München.

Naville, E. (1886): Das Ägyptische Totenbuch der XVIII. bis XX. Dynastie. 3 Bde. Berlin. Nachdr. Graz 1971.

— **(1908):** The Funeral Papyrus of Iouiya. London.

— **(1912-14):** Papyrus Funéraires de la XXIe Dynastie. 2 Bde. Paris.

Nilsson, M. P. (1948): Die Religion in den griechischen Zauberpapyri. Lund.

— **:** Geschichte der griechischen Religion. 2 Bde. München I ^{3}1967, II ^{2}1961. (N. I bzw. II).

Niwinski, A. (1989): Studies on the illustrated Theban funerary papyri of the 11th and 10th centuries B. C. OBO 86.

Obbink, H. W. (1925): De magische beteekenis van den naam inzonderheit in het oude Egypte. Amsterdam.

Ockinga, B. (1984): Die Gottebenbildlichkeit im alten Ägypten und im Alten Testament, ÄAT 7.

— **/al–Masri, Y. (1988):** Two Rammesside tombs at el–Mashayikh. Part I: The tomb of Anhurmose. Sydney.

Ogden, J. M. (1973): "Cylindrical amulet cases", in: JEA 59, 231 - 233.

— **(1974):** "An additional note on "Cylindrical Amulet Cases"", in: JEA 60, 258f.

— **(1979):** Las manipulaciones magicas en al antiguo Egipto, Estudios Egiptologicos I, Buenos Aires.

Osing, J. (1976): "Ächtungstexte aus dem AR II", in: MDAIK 32, 133 - 185.

— **(1977):** "Die Patenschaft der Götter für die Königin Hatschepsut", in: Assmann, J. u.a. (Hg.): Fragen an die altägyptische Literatur. Gs. Otto. Wiesbaden, 361 - 383.

— **(1992):** "Zu einigen magischen Texten", in: Stud. Aeg. 14, 473–480.

Otto, E. (1958): Das Verhältnis von Rite und Mythos im Ägyptischen. Heidelberg.

— **(1960):** Das ägyptische Mundöffnungsritual. 2 Bde., ÄA 3.

— **(1963):** "Altägyptischer Polytheismus", in: SAEC 14, 249 - 285.

— **(1964):** Aus der Sammlung des Ägyptologischen Institutes der Universität Heidelberg. Berlin u.a.

Panofsky, E. (1978): Sinn und Deutung in der bildenden Kunst. Köln.

— **(1979):** "Ikonographie und Ikonologie", in: Kaemmerling (Hg.), 207 - 226. [1]1939/1955.

Peirce, Ch. S. (1983): Phänomen und Logik der Zeichen. Frankfurt a.M.

— **(1986):** Semiotische Schriften, Bd. 1. Frankfurt a.M.

Pettersson, O. ([1]1957): Magie–Religion. Einige Randbemerkungen zu einem alten Problem, in: Petzoldt (Hg.), 313 - 324.

Petzoldt, L. (Hg.)(1978): Magie und Religion. Darmstadt.

Petrie, W. M. Flinders(1914): Amulets. London.

— **(1917):** Scarabs and Cylinders, BSAE 29. London.

Piankoff, A. (1930): Le Coer dans les Textes Egyptiens. Paris.

— **(1946):** Le Livre des Quererts, aus: BIFAO 41–45.

— **(1949):** "Les Deux Papyrus "Mythologiques" de Her–Ouben au Musée du Caire", in: ASAE 49, 129 - 144.

— **(1955):** The Shrines of Tut–Ankh–Amon. New York.

— **(1974):** The Wandering of the Soul. New York.

— /Rambova, N. (1954): The Tomb of Ramses VI. New York.

— / — (1957): Mythological Papyri. BS 40, 3. New York.

Picht, G. ([2]1987): Kunst und Mythos. Stuttgart.

Platon: Sämtliche Werke. 7 Bde. Ed. W. F. Otto u.a. Hamburg 1957–9.

Plutarch: Über Isis und Osiris. Ed. G. Parthey. Berlin 1850.

Plutarch: Über Isis und Osiris. Ed. Th. Hopfner. 2 Bde. Prag 1940/41.

Pohlenz, M. ([6]1984): Die Stoa. Geschichte einer geistigen Bewegung I. Göttingen.

Porphyrii Philosophi Platonici Opuscula Selecta. Ed. A. Nauck. Leipzig 1886. Hildesheim 1963.

Porter, B./ Moss, R. (1934): Topographical Bibliography IV. Lower and Middle Egypt. Oxford.

Posener, G. (1958): "Les empreintes magiques de Gizeh et les morts dangereux", in: MDAIK 16, 252 - 270.

Preisendanz, K. u.a. (1928–1941): Papyri Graecae Magicae - Die griechischen Zauberpapyri. 3 Bde. Leipzig, Berlin.

Preuß, H. D. (1971): Verspottung fremder Religionen im AT. Stuttgart u.a.

Preuß, K. Th. (1904): "Der Zauber der Defäkation", in: Globus LXXXVI, 325ff.

Pritchard, J. B. (1955): Ancient Near Eastern Texts. Princeton.

Quibell, J. E. (1896): The Ramesseum, Egyptian Research Account. London.

von Rad, G. ([9]1987): Theologie des Alten Testaments. Bd. 1. Die Theologie der geschichtlichen Überlieferungen Israels. München. (v. Rad. 1).

— ([9]1987): Theologie des Alten Testaments. Bd. 2. Die Theologie der prophetischen Überlieferungen Israels. München. (v. Rad. 2).

von Ranke–Graves, R. (1990): Griechische Mythologie. Quellen und Deutung. [1]1955. Reinbek bei Hamburg.

Ratie, S. (1968): Le papyrus de Neferoubenef, BdE 43.

Raven, M. J. (1983): "Wax in egyptian magic and symbolism", in: OMRO 64, 7 - 48.

Reinhardt, K. (1926): Kosmos und Sympathie. München.

Die Religion in Geschichte und Gegenwart. 6 Bde. Tübingen [3]1957 - 1965. (RGG).

Reitzenstein, R. (1966): Poimandres. Studien zur griechisch–ägyptischen und frühchristlichen Literatur. Leipzig 1904. Nachdr. Darmstadt.

— (1980): Die hellenistischen Mysterienreligionen nach ihren Grundgedanken und Wirkungen. Leipzig [1]1910, [3]1927, Stuttgart.

Riedweg, Ch. (1987): Mysterienterminologie bei Platon, Philon und Klemens von Alexandrien. Berlin.

Ritner, R. K. (1989): "Horus on the Crocodiles: A juncture of religion and magic in Late Dynastic Egypt", in: YES 3, 103 - 116.

Rittig, D. (1977): Assyrisch-babylonische Kleinplastik magischer Bedeutung vom 13. - 6. Jh. v. Chr., Münchner Vorderasiat. Stud. I.

Roccati, A. (1972): "Une légende égyptienne d'Anat", in: RdE 24, 154 - 159.

— **(1975):** "Tra i papiri Torinesi", in: Or Ant 14, 243 - 253.

Rohde, E.: Psyche. 2 Bde. Tübingen [1]1893, [2]1898. Nachdr. Darmstadt 1991.

Rossi, F./ Pleyte, W. (1869–1876): Papyrus de Turin. 2 Bde. Leiden.

Rudolf, R. (1957): Ars moriendi. Von der Kunst des heilsamen Lebens und Sterbens. Köln, Graz.

Ruh, K. (1985): Meister Eckhart. Theologe. Prediger. Mystiker. München.

Ruhbach, G./ Sudbrack, J. (Hg.) (1989): Christliche Mystik. Texte aus zwei Jahrtausenden. München.

Rundle Clark, R. T. (1978): Myth and Symbol in ancient Egypt. [1]1959. London.

Saleh, M. (1984): Das Totenbuch in den thebanischen Beamtengräbern des NR, AV 46. Mainz.

Sander–Hansen, C. E. (1937): Die religiösen Texte auf dem Sarg der Anchnesneferibre. Kopenhagen.

— **(1956):** Die Texte der Metternichstele, An Ae 7.

Sauneron, S. (1951): "Aspects et sort d'un thème magique égyptien: Les menaces incluant les dieux", in: BSFE 8, 11 - 21.

— **(1952):** Rituel de l'embaumement. Kairo.

— **(1957):** Les prêtres de l'ancienne Egypte. Bourges.

— **(1966):** "Le monde du magicien égyptien", in: Sources Orientales 7, 27 - 65.

— **(1970a):** Le papyrus magique illustré de Brooklyn. Brooklyn.

— **(1970b):** "Le rhume d'Aninakhte", in: Kemi 20, 7 - 18.

El Sayed, R. (1974a): "Les rôles attribués a la déesse Neith dans certains des Textes des Cercueils", in: OR 43, 275 - 294.

— **(1974b):** "A propos des Spells 407 et 408 des Textes des Sarcophages", in: RdE 26, 73 - 82.

Schäfer, H. (1904): Die Mysterien des Osiris in Abydos, UGAÄ 4.

— **(1917):** Nubische Texte im Dialekte der Kanuzi.

Schenkel, W. (1965a): "Beiträge zur mittelägyptischen Syntax III", in: ZÄS 92, 47 - 72.

— **(1965b):** Memphis, Herakleopolis, Theben. Die epigraphischen Zeugnisse der 7.–11. Dynastie Ägyptens, ÄA 12.

— **(1974):** "Amun–Re. Eine Sondierung zu Struktur und Genese altägyptischer synkretistischer Götter", in: SAK 1, 275 - 288.

— **(1987):** Einführung in die klassisch–ägyptische Sprache und Schrift. Tübingen.

Schiaparelli, E. (1927): La tomba intatta dell'architetto "Cha". Turin.

Schlögl, H. A. (1980): Der Gott Tatenen. OBO 29.

Schmidt, W. H. ([4]1989): Einführung in das Alte Testament. Berlin, New York.

Schneider, H. D. (1977): Shabtis. 3 Bde. Leiden.

Schönrich, G. (1990): Zeichenhandeln. Untersuchungen zum Begriff einer semiotischen Vernunft im Ausgang von Ch. S. Peirce. Frankfurt a.M.

Scholem, G. (1977): Von der mystischen Gestalt der Gottheit. Studien zu Grundbegriffen der Kabbala. [1]1962. Frankfurt a.M.

— **([6]1989):** Zur Kabbala und ihrer Symbolik. [1]1960. Frankfurt a.M.

— **([4]1991):** Die jüdische Mystik in ihren Hauptströmungen. [1]1957. Frankfurt a.M.

Schott, E. (1971): "Die heilige Vase des Amun", in: ZÄS 98, 34 - 50.

Schott, S. (1930): "Drei Sprüche gegen Feinde", in: ZÄS 65, 35 - 42.

— **(1937):** "Das Löschen von Fackeln in Milch", in: ZÄS 73, 1 - 25.

— **(1950):** Altägyptische Festdaten, AMAW 10.

— **(1956):** "Totenbuchspruch 175 in einem Ritual zur Vernichtung von Feinden", in: MDAIK 14, 181 - 189.

— **(1958a):** "Eine Kopfstütze des NR", in: ZÄS 83, 141 - 144.

— **(1958b):** "Die Schrift der verborgenen Kammer in Königsgräbern der 18. Dynastie", in: NAWG I Nr. 4, 315 - 372.

— **(1959):** "Altägyptische Vorstellungen vom Weltende", in: Analecta Biblica 12, 319 - 330.

— **(1964):** Mythe und Mythenbildung im alten Ägypten. [1]1945. UGAÄ 15.

— **(1965):** "Zum Weltbild der Jenseitsführer des neuen Reiches", in: Göttinger Vorträge 1965, 185 - 197.

— **(1970):** "Ägyptische Quellen zum Plan des Sphinxtempels", in: Beiträge Bf 10, 47 - 112.

— **(1990):** Bücher und Bibliotheken im Alten Ägypten. Wiesbaden.

Schrade, H. (1949): Der verborgene Gott. Stuttgart.

Searle, J. R. (1983): Sprechakte. Ein sprachphilosophischer Essay. [1]1969. Frankfurt a.M.

Seeber, Ch. (1976): Untersuchungen zur Darstellung des Totengerichts im Alten Ägypten, MÄS 35.

Sethe, K. (1897): "Die ältesten geschichtlichen Denkmäler der Ägypter", in: ZÄS 35, 1 - 6.

— **(1906):** Urkunden der 18. Dynastie, 1. Bd. Leipzig.

— **(1907):** Urkunden der 18. Dynastie, 3. Bd. Leipzig.

— **(1908–1922):** Die altägyptischen Pyramidentexte. 4 Bde. Leipzig.

— **(1914):** Urkunden der 18. Dynastie, I – Übersetzung. Leipzig.

— **(1916):** Von Zahlen und Zahlworten bei den alten Ägyptern. Strassburg.

— **(1929):** Amun und die acht Urgötter von Hermopolis, APAW 4.

— **([2]1933):** Urkunden des Alten Reiches. Leipzig.

— **(1934):** Zur Geschichte der Einbalsamierung bei den Ägyptern und einiger damit verbundener Bräuche. Berlin.

— **(1935–1962):** Übersetzung und Kommentar zu den altägyptischen Pyramidentexten. 6 Bde. Glückstadt.

— **(1964):** "Das "Denkmal Memphitischer Theologie"", in: Dramatische Texte in altägyptischen Mysterienspielen. [1]1928, UGAÄ 10, 1 - 80.

— **(1964):** "Der Dramatische Ramesseumpapyrus. Ein Spiel zur Thronbesteigung des Königs", ebd. II, 81 - 264.

Shorter, A. W. (1936): "A magical ostracon", in: JEA 22, 165 - 168.

Shoulman, D. D. (1985): The king and the clown in South Indian myth and poetry. Princeton.

Sigerist, H. E. (1951): History of Medicine I. New York.

Skorupski, J. (1976): Symbol and Theory. A philosophical study of theories of religion in social anthropology. Cambridge.

Smith, G. E./ Dawson, W. R. (1924): Egyptian Mummies. London.

Snell, B. ([6]1986): Die Entdeckung des Geistes. [1]1959. Göttingen.

Speleers, L. (1917): Le Papyrus de Nefer Renpet. Brüssel.

Spengler, O. (1972): Der Untergang des Abendlandes. [1]1923. München.

Spiegelberg, W. (1913): "Das Kolophon des liturgischen Papyrus aus der Zeit des Alexander IV", in: Rec Trav 35, 35 - 40.

Stemberger, G. ([2]1987): Der Talmud. Einführung–Texte–Erläuterungen. München.

Sternberg, H. (1985): Mythische Motive und Mythenbildung in den ägyptischen Tempeln und Papyri der griechisch-römischen Zeit, GOF, Reihe 4, Bd. 14.

Stock, A. (Hg.) (1990): Wozu Bilder im Christentum? Beiträge zur theologischen Kunsttheorie. St. Ottilien.

— **:** "Ist die bildende Kunst ein locus theologicus?", in: ders., 175ff.

Stolz, F. (1982): "Funktionen und Bedeutungsbereiche des ugaritischen Ba'alsmythos", in: Assmann, J. u.a. (Hg.): Funktionen und Leistungen des Mythos. OBO 48, 83 - 114.

— **(1988a):** "Hierarchien der Darstellungsebenen religiöser Botschaft", in: Zinser, H. (Hg.): Religionswissenschaft. Eine Einführung. Berlin, 55 - 72.

— **(1988b):** Grundzüge der Religionswissenschaft. Göttingen.

Stoof, M. (1992): Ägyptische Siegelamulette in menschlicher und tierischer Gestalt. Eine archäolog. u. motivgesch. Studie. Europ. Hochschulschriften: Reihe 38. Bd. 41.

Stricker, B. H. (1948): "Spreuken tot beveiliging gedurende de schrikkeldagen naar p.I 346", in: OMRO 29, 55 - 70.

— : "De praehelleense ascese", in: Omro 48, 1967, 44 - 55; 49, 1968, 18 - 39; 50, 1969, 8 - 16; 52, 1971, 54 - 70.

Sühnel, R. (1987): "Die Entstehung von Melvilles Moby Dick", in: H. Melville, Moby Dick. Leipzig [1]1956. Baden-Baden, 763 - 778.

Tambiah, S. J.: "Form und Bedeutung magischer Akte", in: Kippenberg/ Luchesi, 259 - 296.

Thausing, G./ Kerszt-Kratschmann, T. (1969): Das große ägyptische Totenbuch (Papyrus Reinisch). Kairo.

Thissen, H. J.: "Ägyptologische Beiträge zu den griechischen magischen Papyri", in: Fs. Derchain, 293 - 302.

Thomas, E. (1964): "The Four Niches and Amuletic Figures in Theban Royal Tombs", in: JARCE 3, 71 - 78.

Thompson, R. C. (1908): Semitic Magic. Its origins and development. London.

Thümmel, H. G.: "Heidnische und christliche Bildtheorie", in: Nickel, H. L.: Byzantinischer Kunstexport. Wiss. Beitr. der Martin-Luther Univ. Halle-Wittenberg, 1978/13(K4), 283ff.

Türstig, H. G. (1985): "The Indian Sorcery called Abhicara", in: Wiener Zs. f. d. Kunde Südasiens XXIX, 69ff.

Vandier, J. (1961): "Deux textes religieux du Moyen Empire", in: Helck, W. (Hg.): Fs. Schott. Wiesbaden, 121 - 124.

— **(1969):** Le Papyrus Jumilhac. Paris.

Vansina, J. (1984): Art history in Afrika. An introduction to method. London, New York.

Varille, A. (1954): "La stèle du mystique Beky (N^0 156 du Musée de Turin)", in: BIFAO 54, 129 - 135.

te Velde, H. (1970): "The god Heka in Egyptian theology", in: JEOL 21, 175 - 186.

Vernant, J. P. (1982): Die Entstehung des griechischen Denkens. [1]1962. Frankfurt a.M.

— **(1983):** "De la présentification de l'invisible à l'imitation de l'apparence", in: Image et Signification, Rencontres de l'Ecole du Louvre, 25 - 37, 293 - 295.

Vialou, D. (1992): Frühzeit des Menschen. München.

Visible Religion: Annual for Religious Iconography. Institute of Religious Iconography State University Groningen, hrsg. v. Kippenberg, H. G. u.a. Leiden 1982ff. (Bd. III - 1984).

Vogelsang, F. (1964): Kommentar zu den Klagen des Bauern, UGAÄ 6.

Walther, E. (1974): Allgemeine Zeichenlehre. Stuttgart.

Wax, M. und R.([1]1963): "Der Begriff der Magie", [1]1963, in: Petzoldt (Hg.), 325 - 384.

Weinreich, O. (1969): Antike Heilungswunder, RVV VIII, 1. [1]1909, Berlin.

Weischedel, W. (^{2}1985): Der Gott der Philosophen. 2 Bde. Darmstadt 1971. München.

Wente, E. F. (1982): "Mysticism in pharaonic Egypt?", in: JNES 41, 161 - 179.

Westendorf, W. (1963): "Magie in der altägyptischen Medizin", in: Die Grünenthal-Waage 3. Stolberg, 15 - 22.

— **(1966a):** Papyrus Edwin Smith. Bern.

— **(1966b):** Altägyptische Darstellungen des Sonnenlaufs auf der abschüssigen Himmelsbahn, MÄS 10.

— **(1966c):** "Beiträge aus und zu den medizinischen Texten II", in: ZÄS 92, 144 - 154.

— **(Hg.)(1979):** Aspekte der spätägyptischen Religion, GOF, IV. Reihe, Bd. 9.

— **(1984):** Studien zu Sprache und Religion Ägyptens. Fs. W. 2 Bde. Göttingen.

— **(1985):** "Das Aufkommen der Gottesvorstellung im Alten Ägypten". Nachr. der Akad. der Wiss. in Göttingen I. Philolog.-Histor. Klasse 1985, H. 2, 97 - 119.

— **(1992):** Erwachen der Heilkunst. Die Medizin im Alten Ägypten. Zürich.

Widengren, G. (1969): Religionsphänomenologie. Berlin.

Wiebach, S. (1986): "Die Begegnung von Lebenden und Verstorbenen im Rahmen des thebanischen Talfestes", in: SAK 13, 263 - 291.

Wiehl, R.: "Die Symbol- und Wahrheitsfunktion von Wort und Bild", in: Brunner, H. u.a. (1979), 29 - 45.

v. Wilamowitz-Moellendorff, U. (1931/2): Der Glaube der Hellenen. 2 Bde. Berlin.

Wildung, D. (1969): Die Rolle ägyptischer Könige im Bewußtsein ihrer Nachwelt I, MÄS 17.

— **(1990):** "Bilanz eines Defizits. Problemstellungen und Methoden in der ägyptologischen Kunstwissenschaft", in: Eaton-Krauss, M./ Graefe, E.: Studien zur ägyptischen Kunstgeschichte, HÄB 29, 57 - 81.

Willems, H. (1988): Chests of Live. A Study of the Typology and Conceptual Development of Middle Kingdom Standard Class Coffins. Leiden.

Winter, E. (1968): Untersuchungen zu den ägyptischen Tempelinschriften der griechisch-römischen Zeit. Wien.

de Wit, C. (1951): Le rôle et le sens du lion dans l'Egypte ancienne. Leiden.

Wolf, W. (1929): "Der Berliner Ptah-Hymnus", in: ZÄS 64, 17 - 44.

Wreszinski, W. (1912): Der Londoner medizinische Papyrus. Leipzig.

— **(1927):** Bericht über die photographische Expedition von Kairo bis Wadi Halfa.

Zabkar, L. (1965): "Some Observations on T. G. Allen's Edition of the Book of the Dead", in: JNES 24, 75 - 87.

Zandee, J. (1947): De hymnen aan Amon van Papyrus Leiden I 350, OMRO 28.

— **(1960):** Death as an Enemy. Leiden.

— **(1964):** "Das Schöpferwort im alten Ägypten", in: Verbum, dedicated to H. W. Obbink. Leiden, 33 – 66.

— **(1972):** "Sargtexte, Spruch 75", in: ZÄS 99, 48 – 63.

Zibelius, K.: "Zu "Speien" und "Speichel" in Ägypten", in: Fs. Westendorf I, 399 – 407.

Zimmer, H. (1987): Kunstform und Yoga im indischen Kultbild. [1]1926. Frankfurt a.M.

Zintzen, C. (1977): "Die Wertung von Mystik und Magie in der neuplatonischen Philosophie", in: ders. (Hg.): Die Philosophie des Neuplatonismus. Darmstadt, 391ff.

Zoffili, E. (1992): Kleidung und Schmuck im alten Ägypten. Frankfurt a.M., Berlin.

Sachregister

Krankheiten:

Ägyptische Begriffe

Autoren (ohne ägyptolog.Lit.)

Ausführlich behandelte Instruktionen

	136A		132
	137A		136
	140		86
	144		134
	147		226
	148		103
	151		142
	153A		133
	155, 156		86
	157–158		88
	159		75
	160		76
	161		117
	162		98
	163, 164		104
	165		112
	166		125
	168		94
	175		95f.
Sol.	1–3		118
	112–114		110
B.v.H.	166–201		119
	212–214		226
	251–271		110
	300–312		99
p.Berlin 3027	1,1–4	(A)	222
	5,8–6,8	(F)	68
	7,6–8,3	(L)	210
	8,3–9,3	(M)	211
	9,3–7	(N)	200
	vso. 2,2–7	(P)	70
	vso. 6,1–6	(V)	201
p.BM 10731	vso.		69
p.BM 10059	1,11–2,2	(3)	209
	3,1–5	(6)	227
	3,6–8	(8)	220
	3,8–4,1	(9)	200
	4,2–6	(10)	228
	8,1–7	(24)	209
	8,8–9	(25)	241, 244
	10,1–5	(26)	220
	11,4–6	(32)	228
	11,8–12,1	(34)	39
	12,3–14	(36)	200
	13,1–3	(37)	220
	13,3–7	(38)	29
	13,7–9	(39)	224

Funeräre Texte

Pyr.

26a–b,f,28a–b,29a 217
38b 159
131a–b 220
234b 197
244b 208
265e 219
280 208
286c,e 155
307b 265
340b 63
350b 90
356b,361a 63
373c 155
393a–414c 102,233
399c–d 198
411a 233
417a–b,499a 219
514a 198
559a,565a 219
572c 155
577b–c,579a 295
610b = 642c = 1805a 155
617b = 635a 296
632d 225
645a–b 295
659b 119
672c = 682e 155
737b,748c 212
828c,835c 77f.
855a–856e 243
857a 60
891d 215
896a 119
924a–b 233
1023b 296
1162a–c 78
1173a 219
1176a 216
1197c 259
1214b–1215b 198
1215a 259
1227c 155
1265c,1274a 213
1298b 62
1324a–b 32
1364c–d 234
1368b 155
1376a–b 198
1385b 90
1439–1440 147
1483c 238
1535b 213
1550a–b 243
1587d 79
1636b 225
1640a 78
1681/1682 253
1708c 63
1742b–d 198
1772b 215
1801b–c 155
1805a = 610b = 642c 155
1934a 63
1965b–c,1966d = 1969b,1995a 155f.
2026a 119
2076c = 2097a 155

CT–Spells

30–37 158
31 156
38 147
42 235
48/49 145
75 90
76, 78 102
82 89
98 214
99 216
101 214
131,134–136 158
135 75
142–144,146 158
158 139
162 90
183 108
184–208,203 109
199 108
210 100
211 109
212 234
213–217 109

CT I

Div.ägypt.Quellen

Abbildungsnachweise

Tf. I	Abb. 1:	p. Deir el Médineh 1 vso. 3, 3 – 4, 4 (Cerny, Posener, Pls. 11 und 12).
	Abb. 2:	p. Deir el–Médineh 1 vso. 5, 3–7 (Cerny–Posener, Pl. 13).
Tf. II	Abb. 3:	p. Deir el Médineh 36 (Sauneron, 1970b).
	Abb. 4:	Bruyère, 1953, 72 Fig. 17
Tf. III	Abb. 5:	p. Leiden I 353 (Lexa III, Tf. 47).
	Abb. 6:	p. Leiden I 356b–d (Lexa III, Tf. 48).
Tf. IV	Abb. 7a:	p. Chester Beatty V vso. 6 (Gardiner, 1935 II, Pl. 29).
	Abb. 7b:	p. Deir el–Médineh 1 vso. 8 (Cerny, Posener, Pl. 16).
	Abb. 8:	p. Chester Beatty VI vso. 1 (Zeichnung nach: Gardiner, 1935 II, Pl. 32A).
Tf. V	Abb. 9:	p. Chester Beatty VII vso. 7 und 8 (Gardiner, 1935 II, Pl. 38).
Tf. VI	Abb. 10:	p. Turin 54052 (Pleyte, Rossi, Papyrus de Turin. Leiden 1869–1876, Pl. 77).
	Abb. 11:	p. Deir el–Médineh 1 vso. 6–7, 4 (Cerny, Posener, Pl. 14 und 15).

Tf. VII	Abb. 12:	o. Leipzig 42 (Brunner–Traut, 1956, Tf. 19).
	Abb. 13:	Tb 156/7/9 – p. BM 10088 (Faulkner, 1985, 157).
Tf. VIII	Abb. 14:	Tb 154–160 – p. BM 10098 (Faulkner, 1985, 154).
Tf. IX	Abb. 15:	Tb. 154–162 – R (Allen, 1960, Pl. XLIX).
Tf. X	Abb. 16a:	Tb 160 – Aa (Naville I, CLXXXIII).
	Abb. 16b:	Tb 160 – Aa (Faulkner, 1985, 161).
	Abb. 17:	Tb 30B (Nav. I, XLIII).
Tf. XI	Abb. 18:	Tb 151/6/5 – Pb (Nav. I, CLXXXII).
	Abb. 19:	Tb 156 – Aa (Nav. I, CLXXXI).
	Abb. 20:	Tb 93 – Pb (Nav. I, CV).
	Abb. 21a:	Tb 89 – p. BM 10471 (Faulkner, 1985, 85).
	Abb. 21b:	Tb 89 (Nav. I, CI).
Tf. XII	Abb. 22a:	Tb 162 – T (Lepsius, Tf. LXXVII).

	Abb. 22b:	Tb 162 – p. BM 9946 (Faulkner, 1985, 160).
Tf. XIII	Abb. 23:	"Kopftafeln" (Lexa III, 85).
	Abb. 24:	Buch von der Erde, D – 3. Sz. (Hornung, 1984, Abb. 99).
	Abb. 25:	Tb 148 (Nav. I, CLXVII).
Tf. XIV	Abb. 26a:	Tb 163/4 – T (Lepsius, Tf. LXXVIIf.).
	Abb. 26b:	Tb 163/4 – p. BM 10257 (Faulkner, 1985, 163).
Tf. XV	Abb. 26c:	Tb 165 – p. BM 10257 (Faulkner, ebd., 164).
	Abb. 26d:	Tb 165 – T (Lepsius, Tf. LXXIX).
Tf. XVI	Abb. 27a:	Tb 100 (Nav. I, CXIII).
Tf. XVII	Abb. 27b:	Tb 100 – p. BM 10477 (Faulkner, 1985, 97).
	Abb. 28:	Tb 125 (Nav. I, CXXXVI).
Tf. XVIII	Abb. 29a:	Himmelskuh auf dem äußersten Schrein des Tut–anch–Amun (Hornung, 1982a, 82 – Abb. 3).

	Abb. 29b:	Himmelskuh im Grab Sethos'I (Hornung, ebd., Abb. 4).
	Abb. 30:	Tb 130 – Le (Nav. I, CXLIV).
Tf. XIX	Abb. 31:	Tb 133 – Aa (Faulkner, 1985, 125).
	Abb. 32a:	Tb 134 – Aa (Nav. I, CXLVII).
	Abb. 32b:	Tb 134 – Aa (Faulkner, 1985, 125).
Tf. XX	Abb. 33:	Tb 144 (Nav. I, CLIV).
Tf. XXI	Abb. 34:	Tb 137A – p. BM 10477 (Faulkner, 1985, 128).
	Abb. 35a:	Tb 151 – Af (Nav. I, CLXXIII).
Tf. XXII	Abb. 35b:	Tb 151 – Aa (Nav. I, CLXXIV).
	Abb. 35c:	Tb 151 – T (Lepsius, Tf. LXXIV).
Tf. XXIII	Abb. 36a:	"Zaubermesser" – MMA 15. 3. 197 (Altenmüller, 1965 2, Abb. 13).
	Abb. 36b:	"Zaubermesser" – Kairo 9434 (Altenmüller, ebd., Abb. 16).
	Abb. 37:	Tb 27 (Nav. I, XXXVIII).

	Abb. 38:	Tb 36 (Nav. I, XLIX).
	Abb. 39:	Tb 40 (Nav. I, LIV).
Tf. XXIV	Abb. 40a:	Tb 137B – Aa (Faulkner, 1985, 129).
	Abb. 40b:	Tb 137B – Aa (Nav. I, CLI).
	Abb. 41:	Tb 138 – Ik (Nav. I, CLII).
	Abb. 42:	Tb 25 (Nav. I, XXXVI).
Tf. XXV	Abb. 43a:	p. mag. Brooklyn 1, 1 – 3, 8 (Sauneron, 1970a, Fig. 2).
	Abb. 43b:	p. mag. Brooklyn 4, 1 – 5, 8 (ders., ebd., Fig. 3).
Tf. XXVI	Abb. 44:	p. BM 1834 (Hopfner, 517).
	Abb. 45:	Leiden Ae. D. 311 v.p. 213 (ders., 519).
	Abb. 46:	PGM XII, 376ff. (Betz, 167).

BILDTAFELN

Tafel I

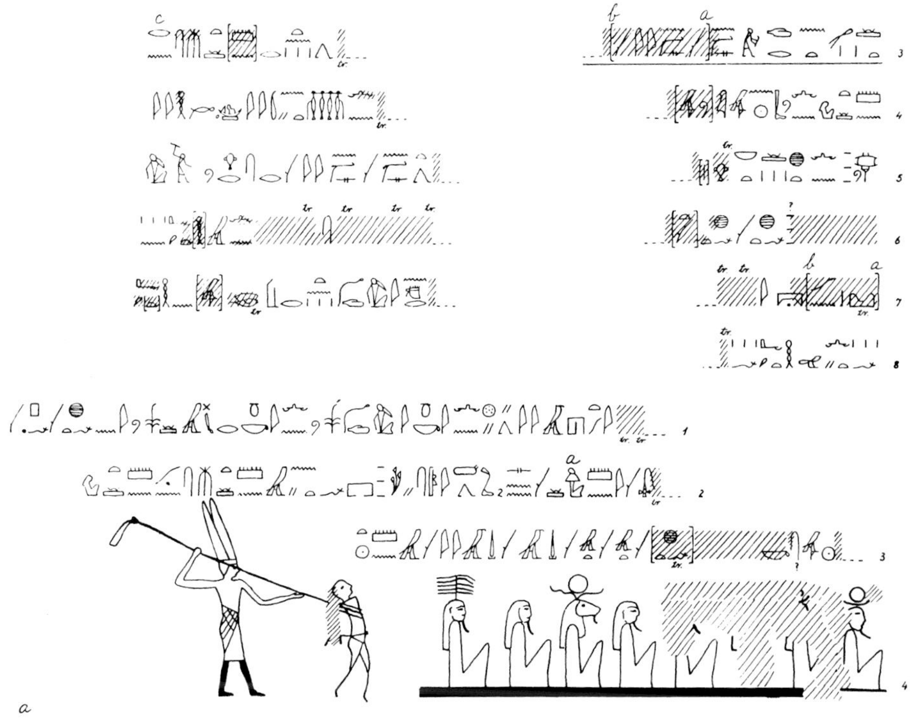

Abb. 1

Abb. 2

Tafel II

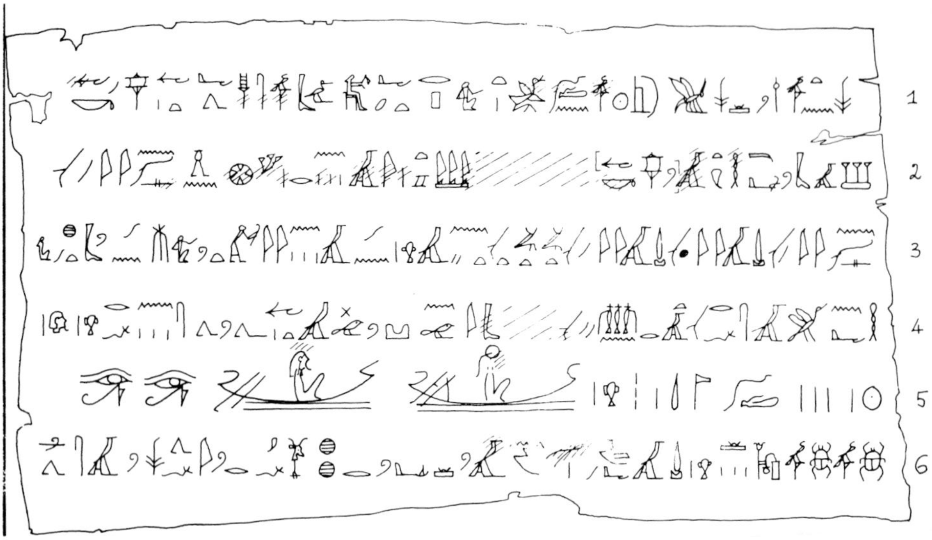

Abb. 3

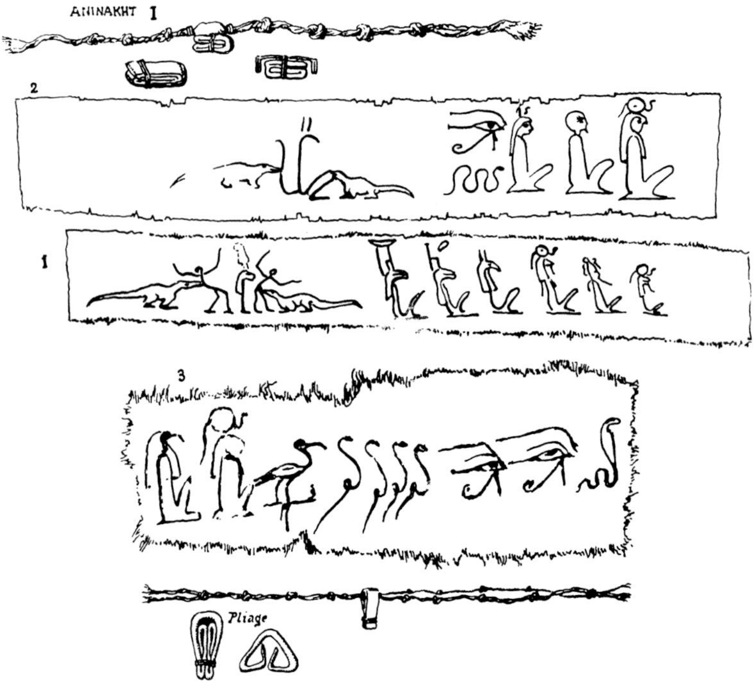

Abb. 4

Abb. 5

Abb. 6

Tafel IV

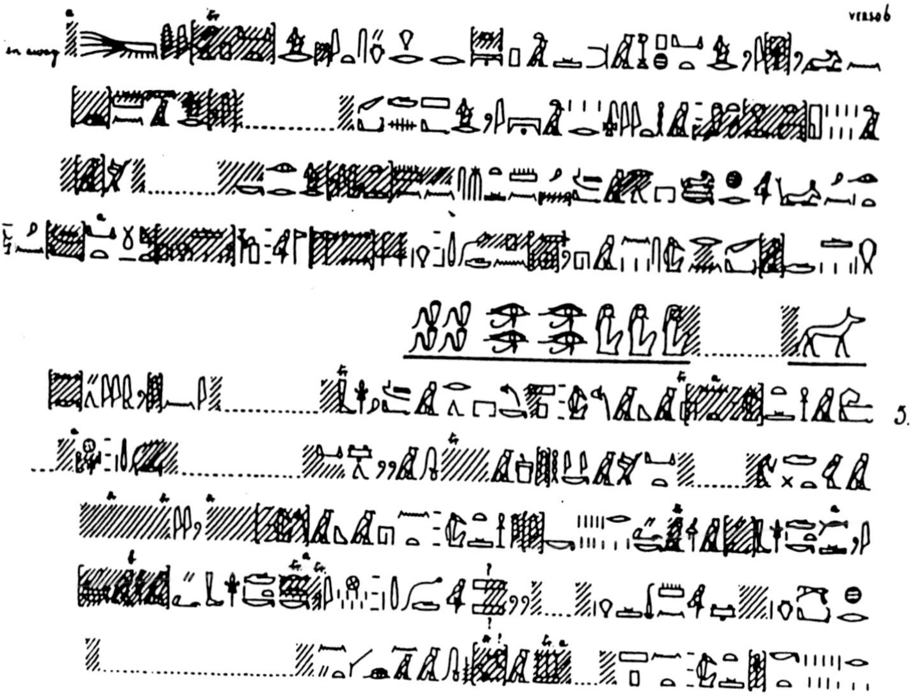

Abb. 7a

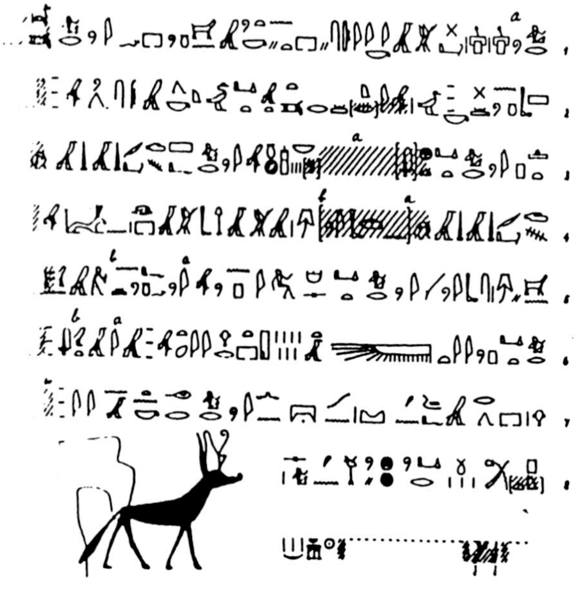

Abb. 7b

Abb. 8

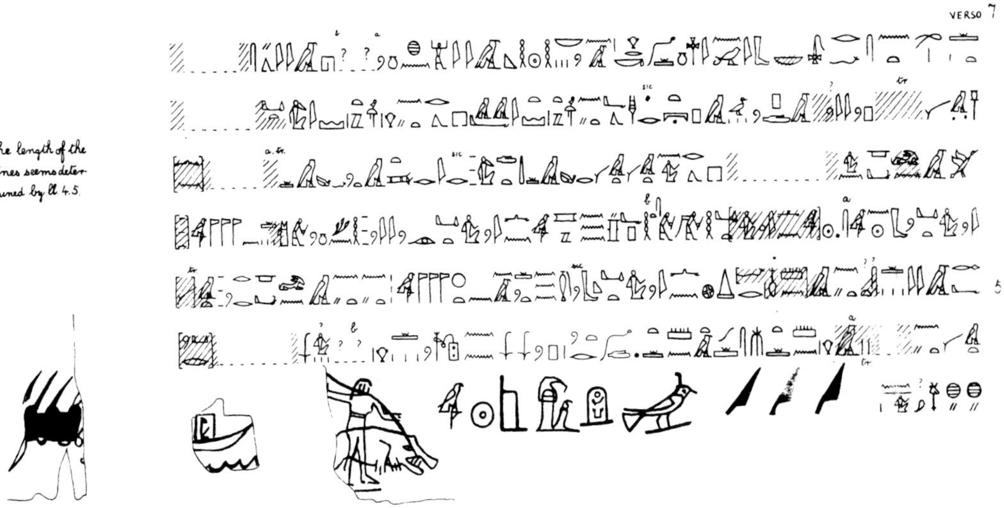

Vs 7,1. a-b [hieroglyphs] (a correction) Vs 7,3 a A trace high up would suit [hieroglyphs]. Vs 7,4. a Emend [hieroglyphs]. b A later addition erroneously added as a correction.

Vs 7,6 a For the reading see below 8,2 end. b [hieroglyphs]

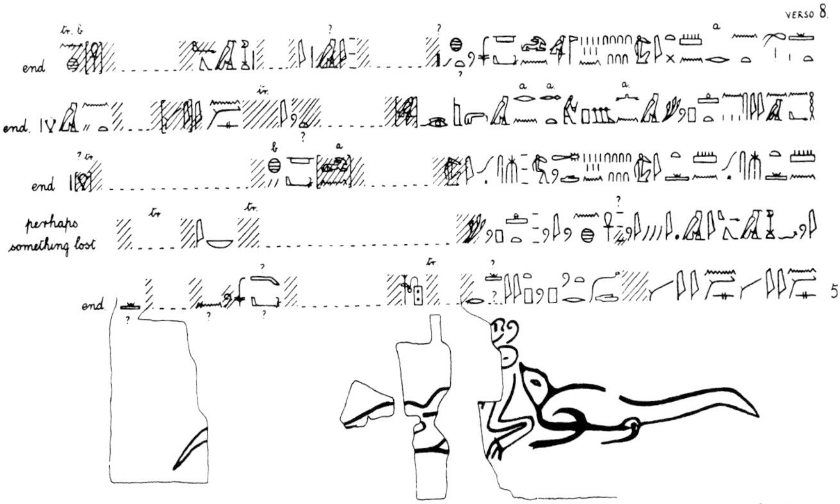

Vs 8,1. a [hieroglyph] is a correction. b Small traces which suit [hieroglyph], cf. Vs 8,4 Vs 8,2 a Apparently so, doubtless corrupt. Vs 8,3 a-b cf. Vs 8,1.

PAPYRUS CHESTER BEATTY NO. VII

Abb. 9

Tafel VI

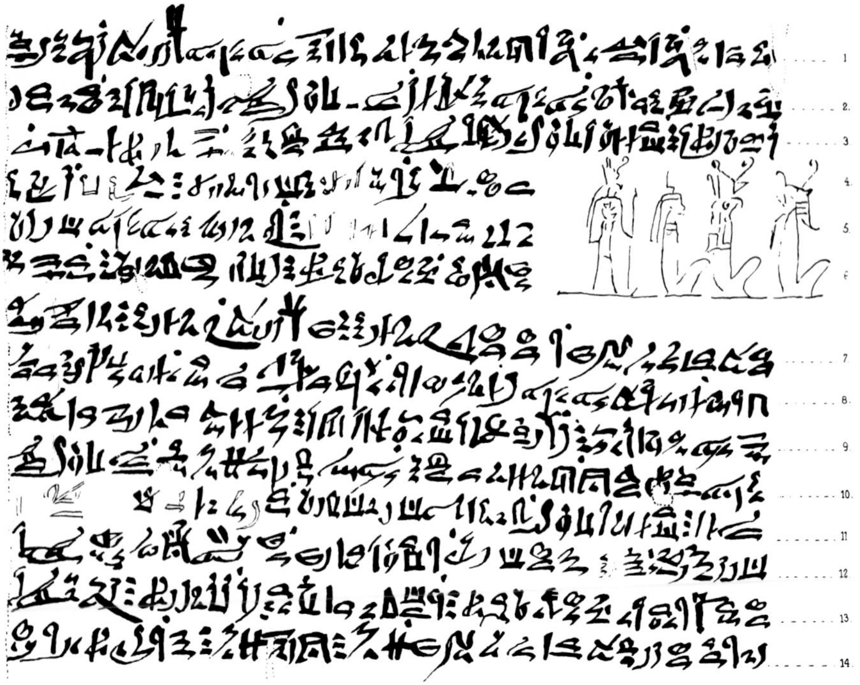

Abb. 10

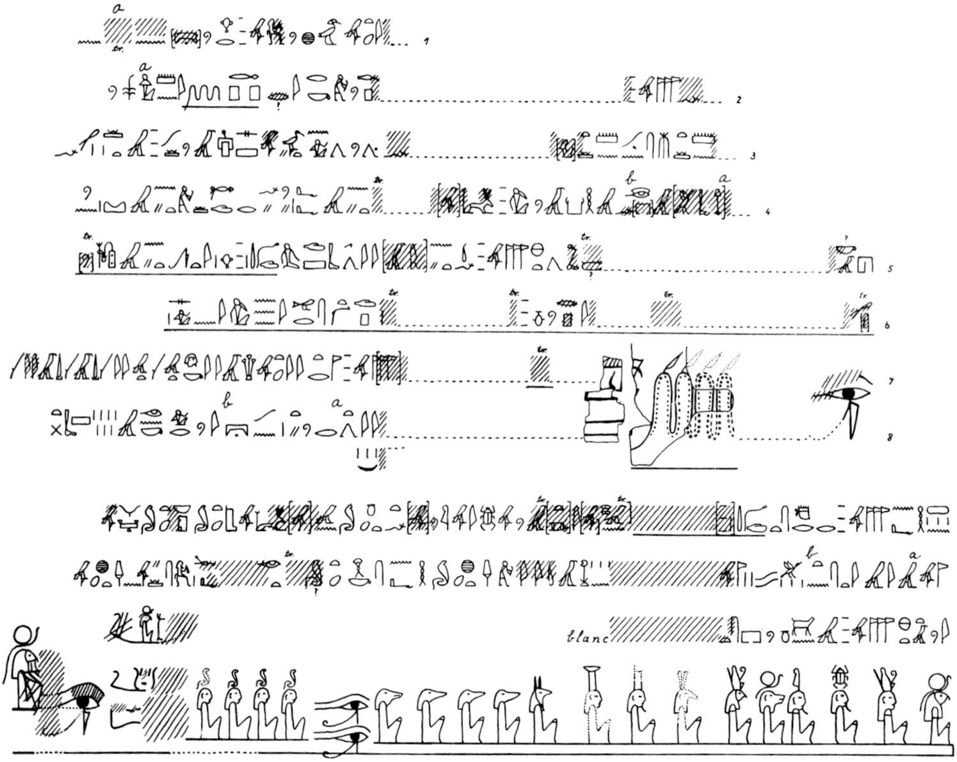

Abb. 11

$^{9}/_{16}$

48 Abb. 12

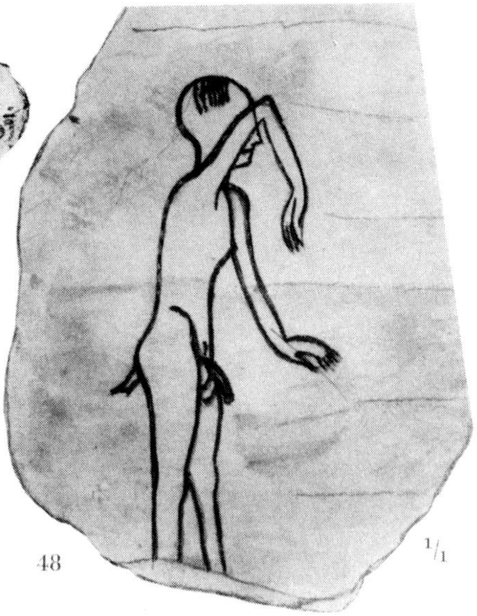

48 $^{1}/_{1}$

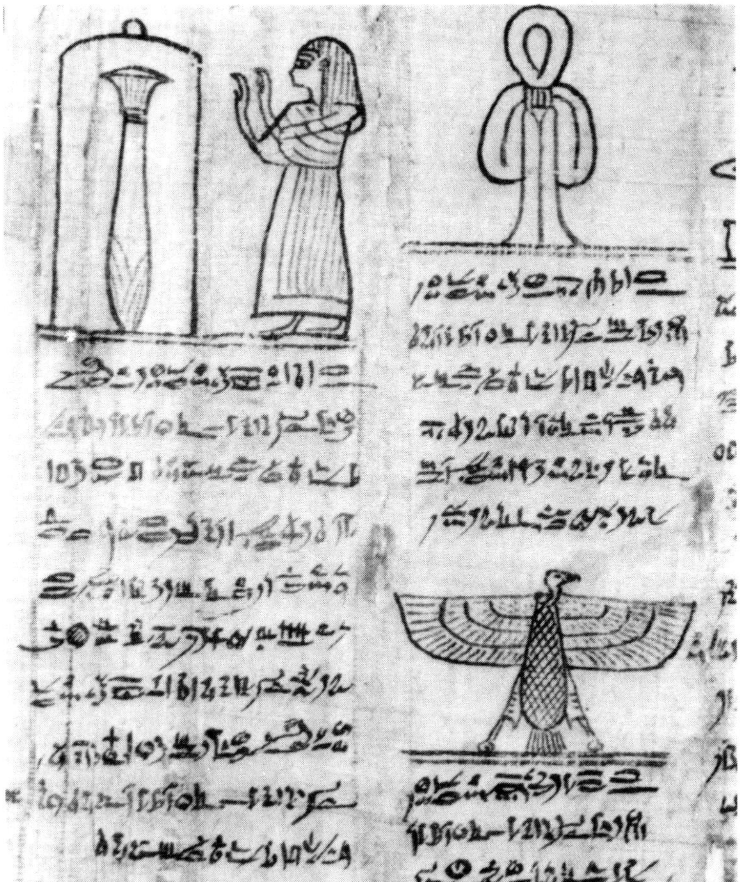

Abb. 13

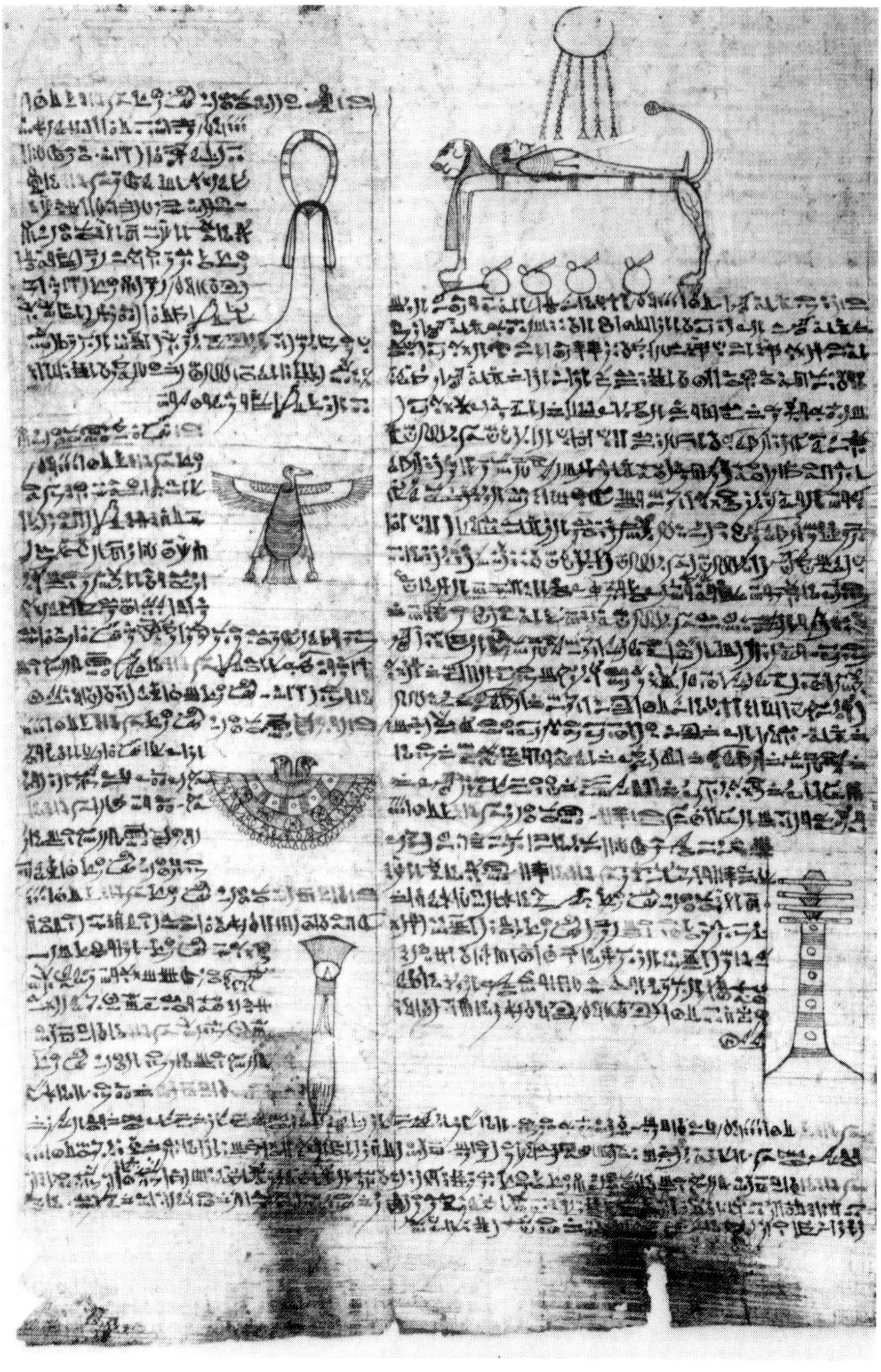

Abb. 14

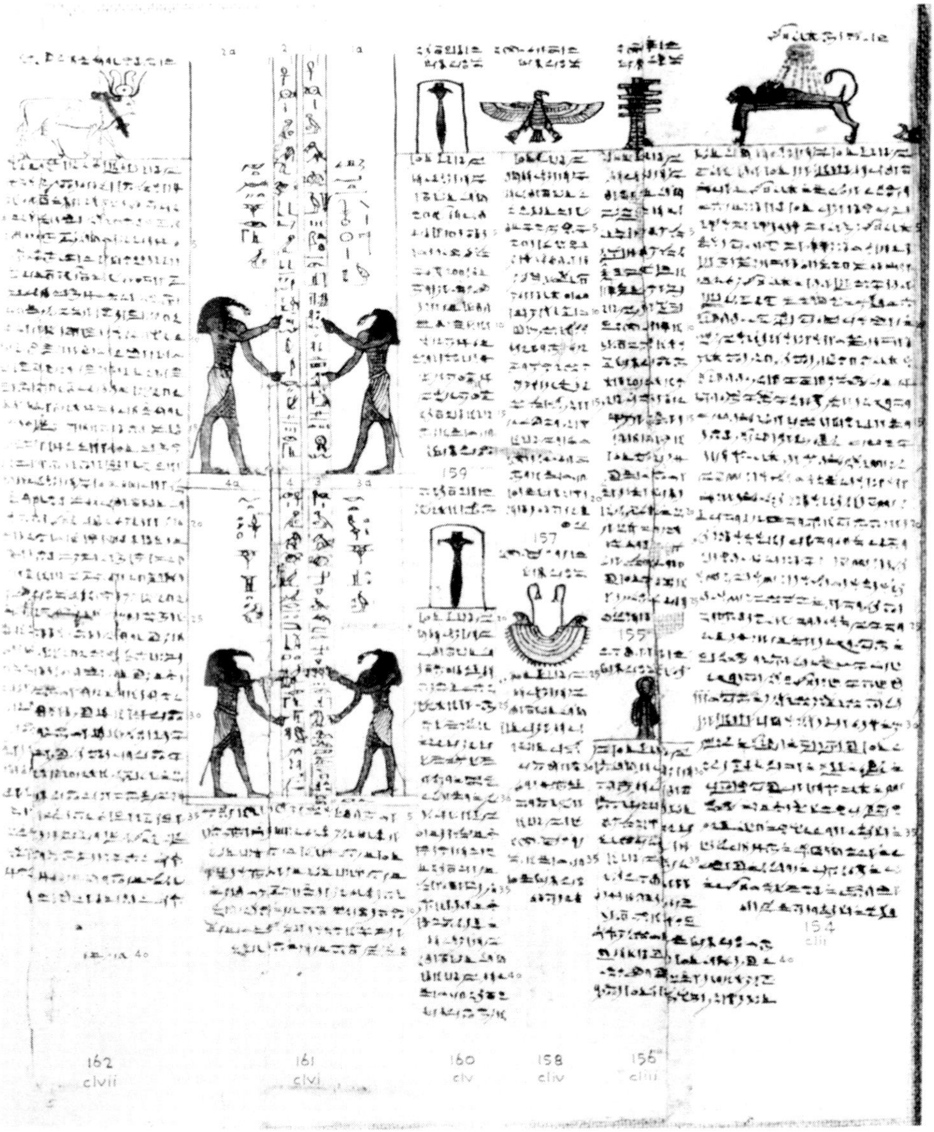

Abb. 15

Tafel X

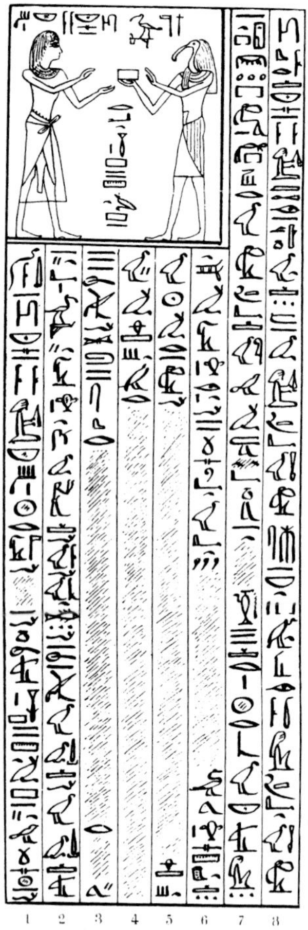

Abb. 16a

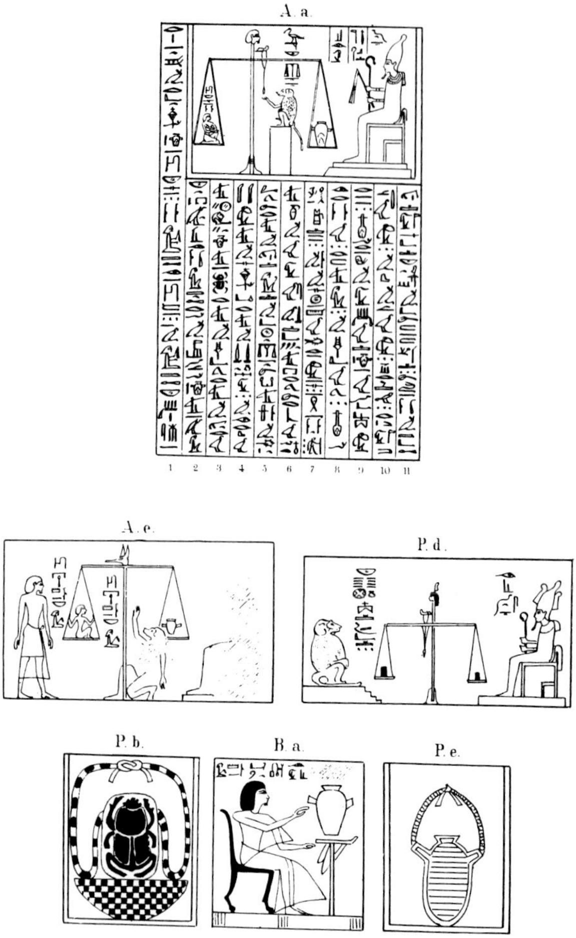

Abb. 17

Abb. 16b

Abb. 18

Abb. 19

P. b.

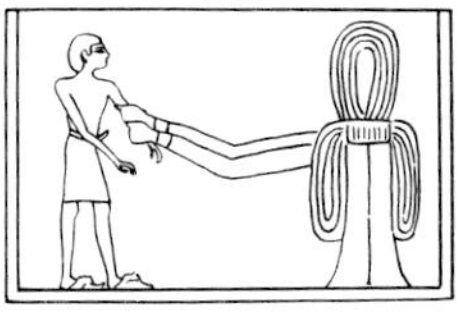

Abb. 20

A. a.

Abb. 21a

P. d. C. e.

Abb. 21b

Tafel XII

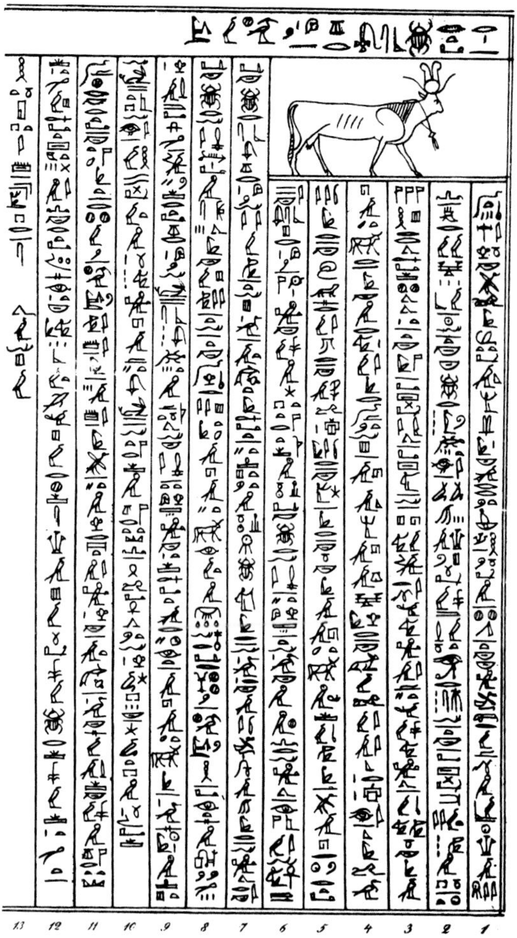

Abb. 22a

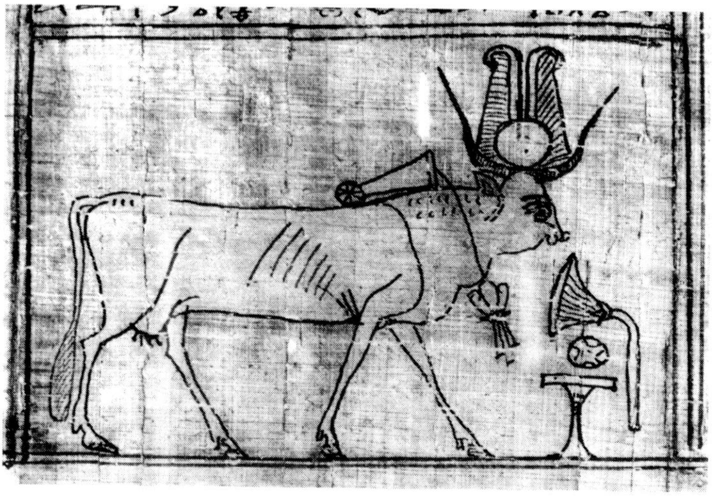

Abb. 22b

Abb. 23

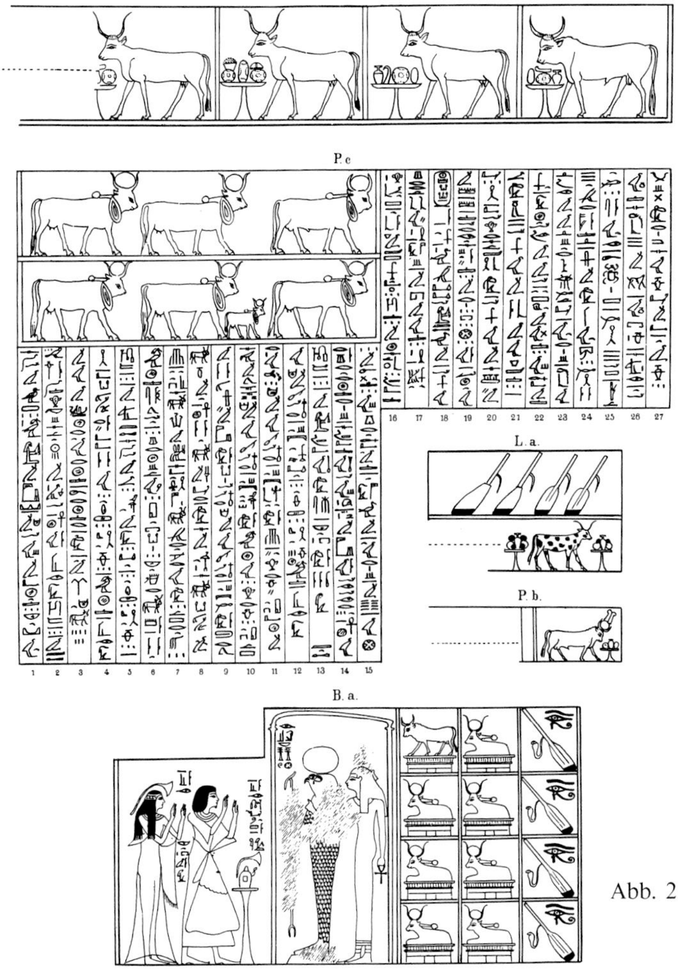

Abb. 25

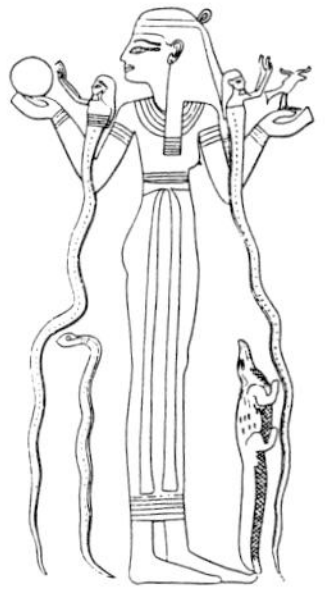

Abb. 24

Tafel XIV

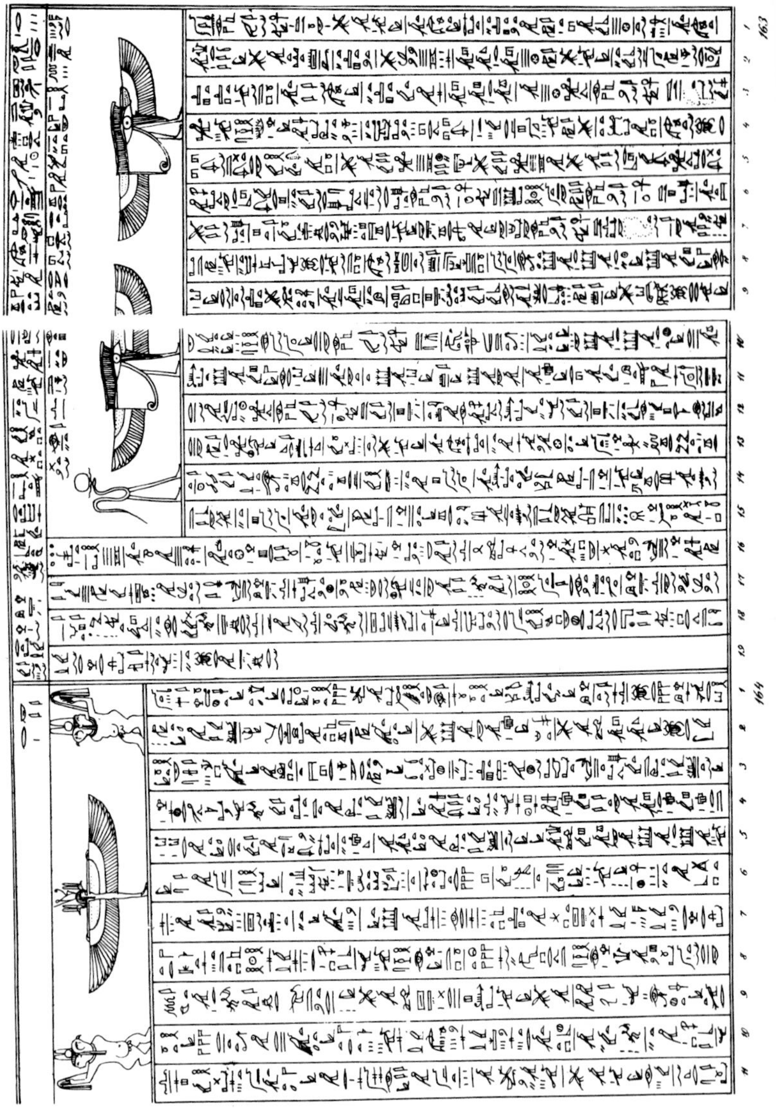

Abb. 26a

Abb. 26b

Abb. 26c

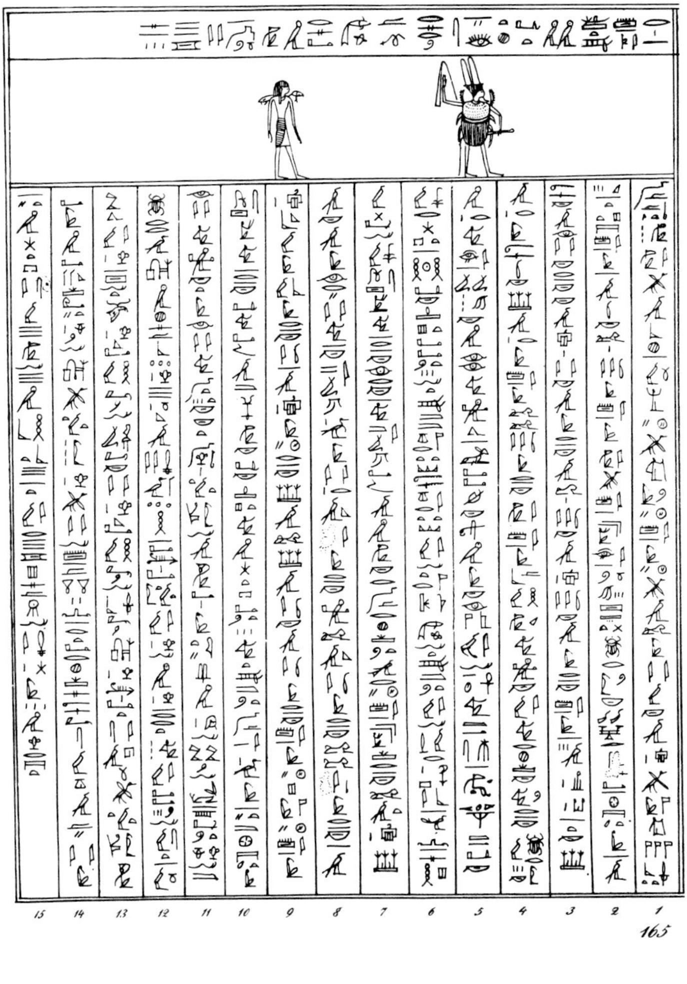

Abb. 26d

Tafel XVI

P. b.

C. e

P. c

B. a.

P. e

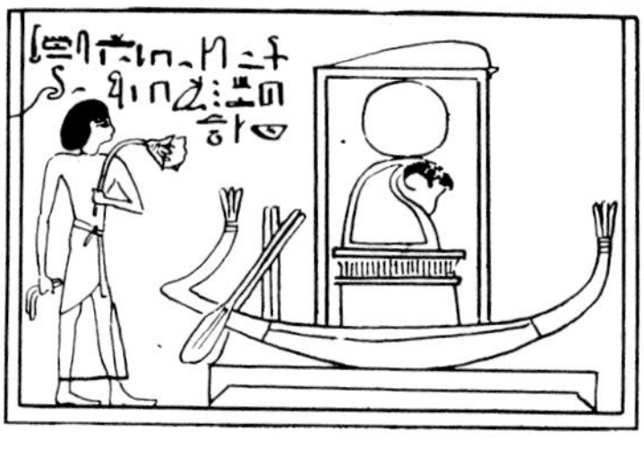

Abb. 27a

Tafel XVII

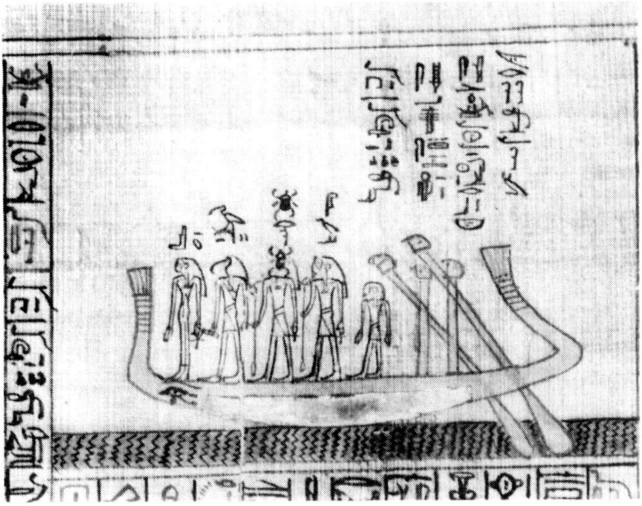

Abb. 27b

Abb. 28

Tafel XVIII

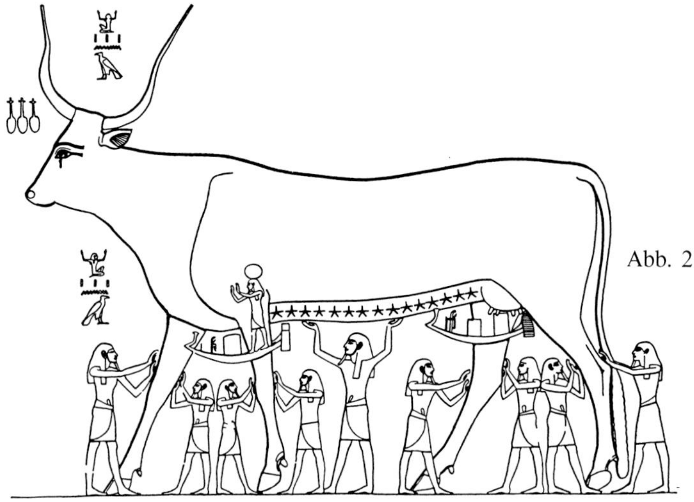

Abb. 29a

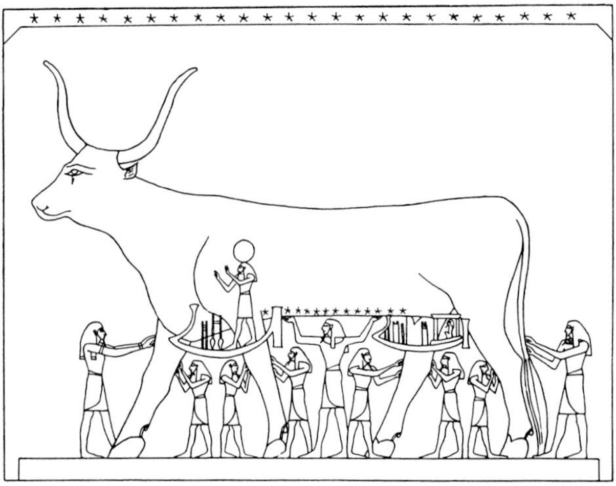

Abb. 29b

Abb. 30

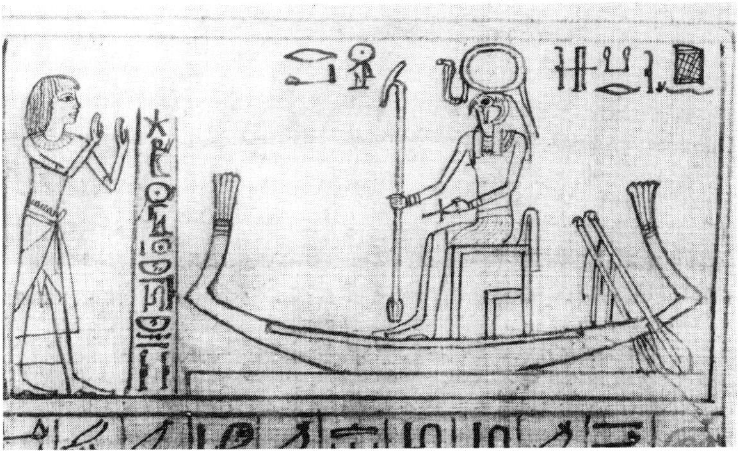

Abb. 31

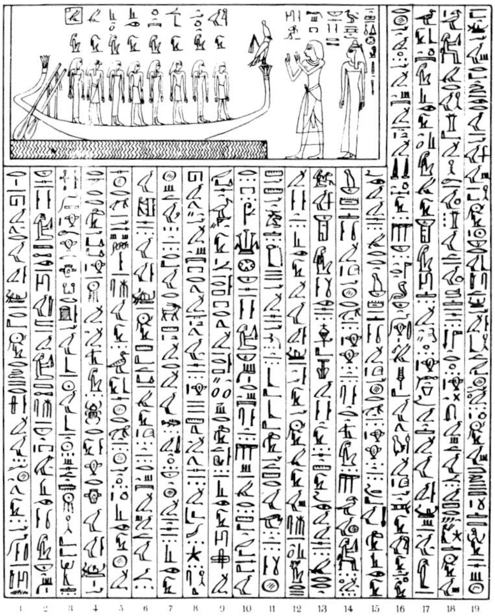

Abb. 32a

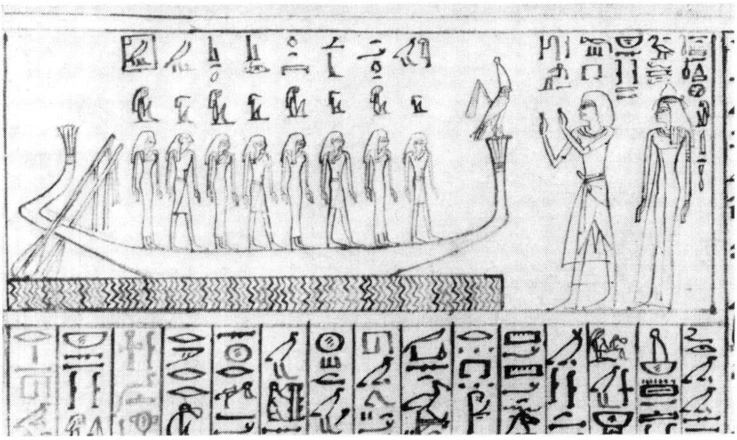

Abb. 32b

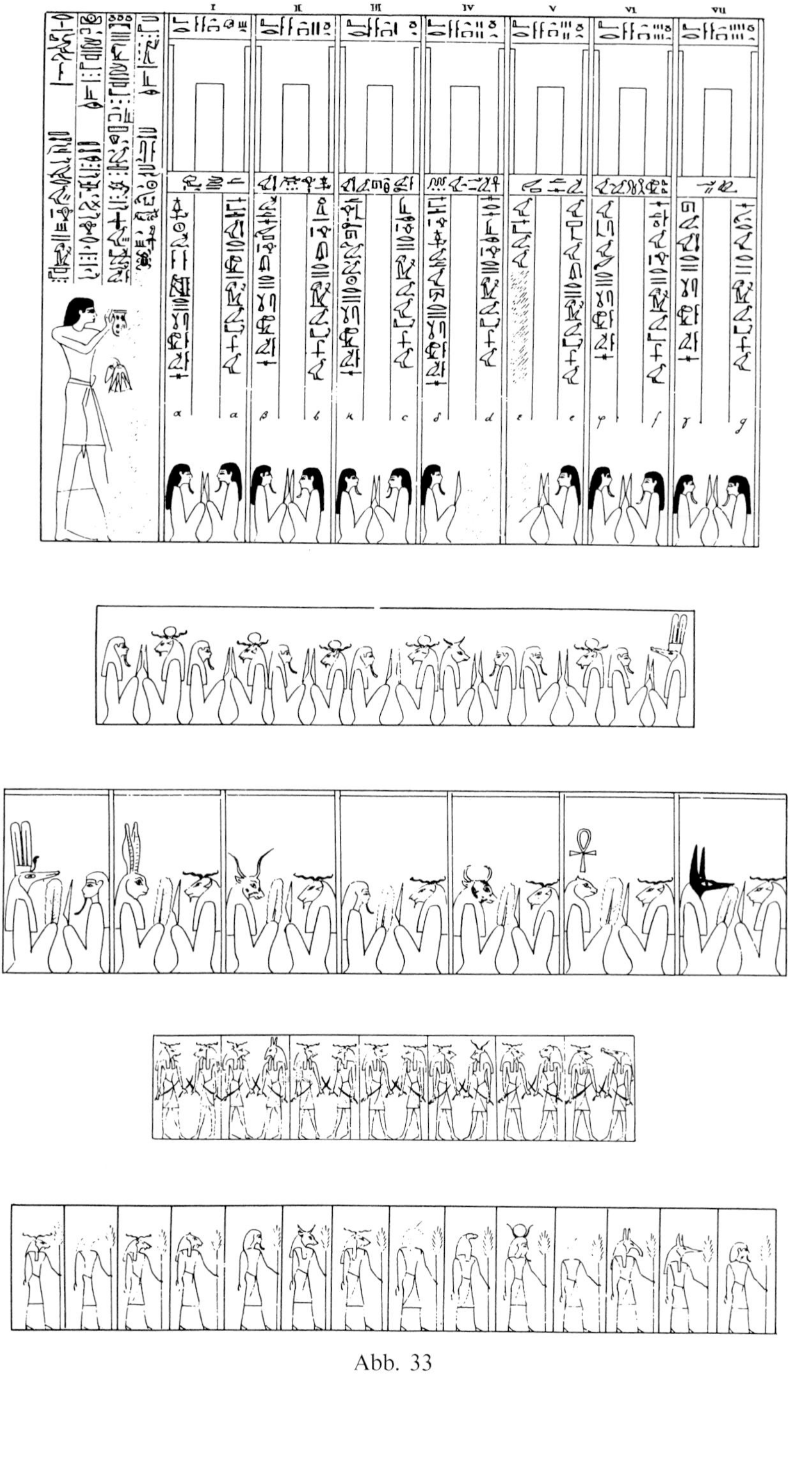

Abb. 33

Abb. 34

Abb. 35a

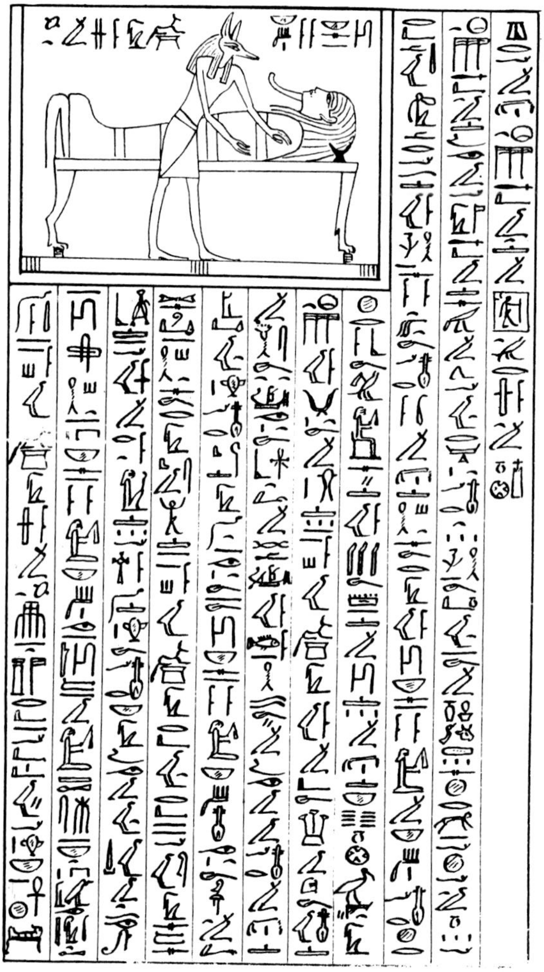

Abb. 35b

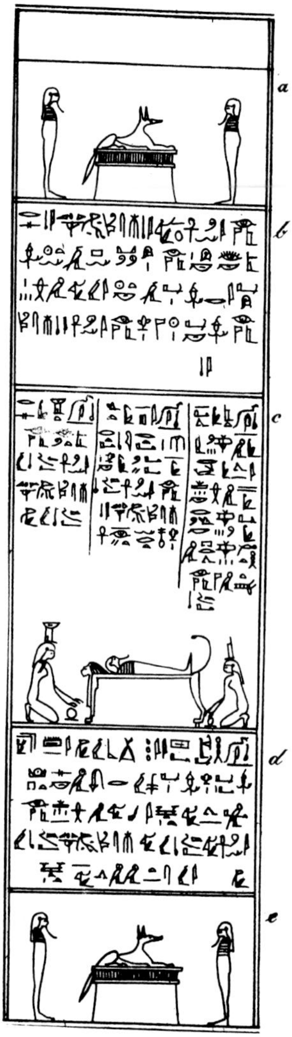

Abb. 35c

Abb. 36a

Abb. 36b

Abb. 37

Abb. 38

Abb. 39

Tafel XXIV

Abb. 40a

Abb. 40b

C. a.

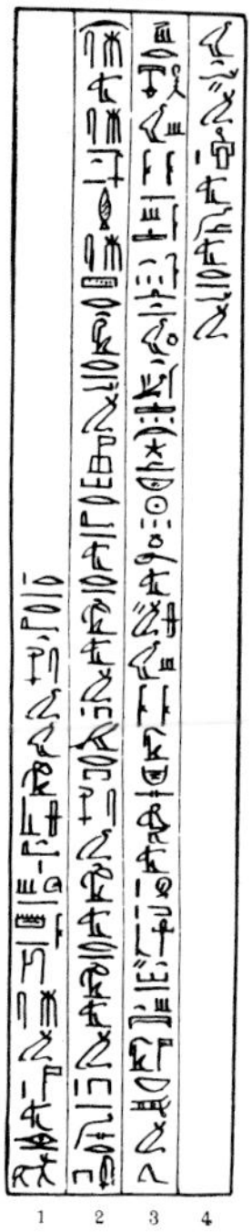

Abb. 42

A. x.

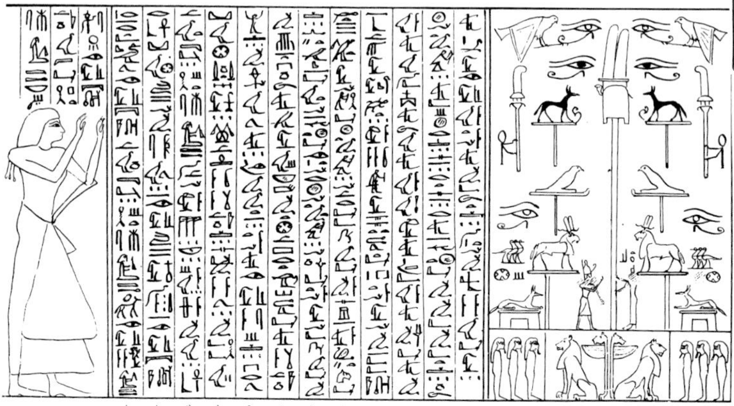

Abb. 41

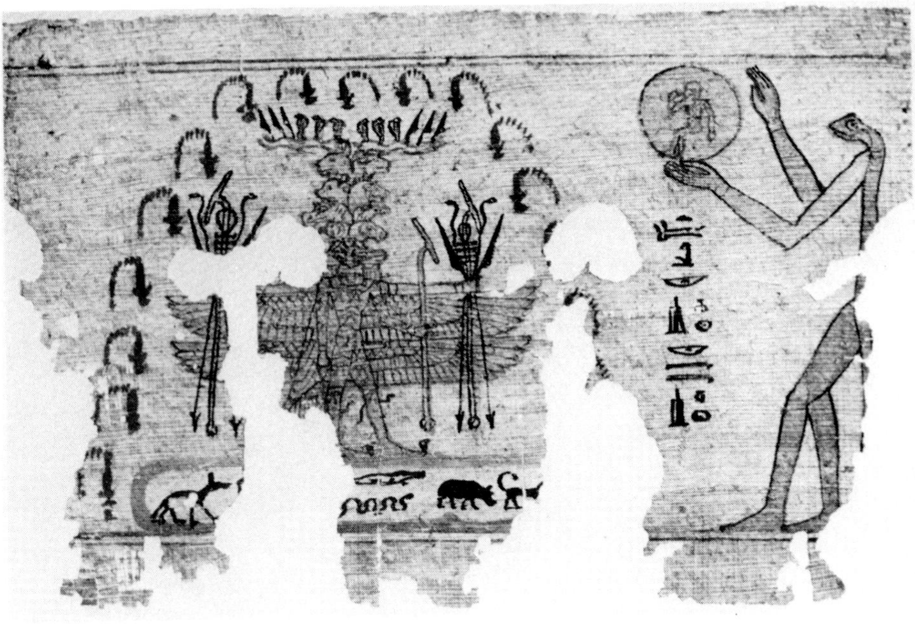

Abb. 43a

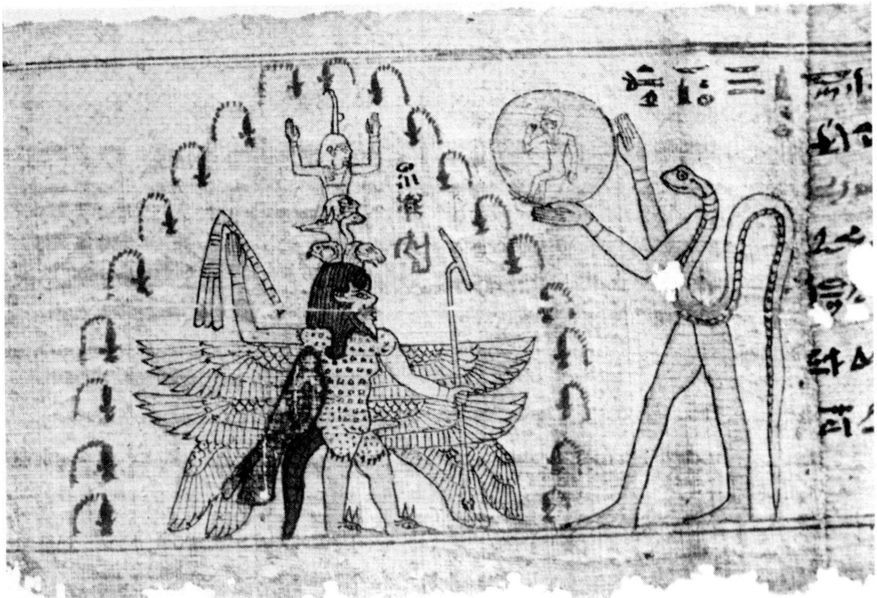

Abb. 43b

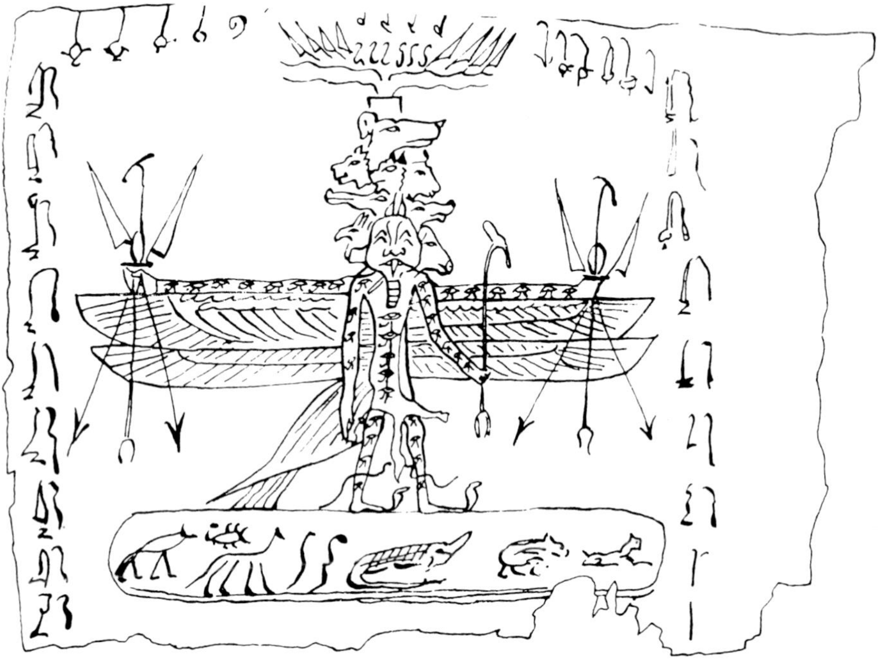

Abb. 44

Abb. 45

Abb. 46

ORBIS BIBLICUS ET ORIENTALIS – Lieferbare Titel

Bd. 7 RAINER SCHMITT: *Exodus und Passa. Ihr Zusammenhang im Alten Testament.* 124 Seiten. 1982. 2. neubearbeitete Auflage.

Bd. 8 ADRIAN SCHENKER: *Hexaplarische Psalmenbruchstücke.* Die hexaplarischen Psalmenfragmente der Handschriften Vaticanus graecus 752 und Canonicianus graecus 62. Einleitung, Ausgabe, Erläuterung. XXVIII–446 Seiten. 1975.

Bd. 10 EDUARDO ARENS: *The* ΗΛΘΟΝ-*Sayings in the Synoptic Tradition.* A Historico-critical Investigation. 370 Seiten. 1976.

Bd. 11 KARL JAROŠ: *Sichem.* Eine archäologische und religionsgeschichtliche Studie, mit besonderer Berücksichtigung von Jos 24. 280 Seiten, 193 Abbildungen. 1976.

Bd. 17 FRANZ SCHNIDER: *Die verlorenen Söhne.* Strukturanalytische und historisch-kritische Untersuchungen zu Lk 15. 105 Seiten. 1977.

Bd. 18 HEINRICH VALENTIN: *Aaron.* Eine Studie zur vor-priesterschriftlichen Aaron-Überlieferung. VIII–441 Seiten. 1978.

Bd. 19 MASSÉO CALOZ: *Etude sur la LXX origénienne du Psautier.* Les relations entre les leçons des Psaumes du Manuscrit Coislin 44, les Fragments des Hexaples et le texte du Psautier Gallican. 480 pages. 1978.

Bd. 22/3 CESLAS SPICQ: *Notes de Lexicographie néo-testamentaire.* Supplément 698 pages. 1982.

Bd. 25/1a MICHAEL LATTKE: *Die Oden Salomos in ihrer Bedeutung für Neues Testament und Gnosis.* Band Ia. Der syrische Text der Edition in Estrangela Faksimile des griechischen Papyrus Bodmer XI. 68 Seiten. 1980.

Bd. 25/2 MICHAEL LATTKE: *Die Oden Salomos in ihrer Bedeutung für Neues Testament und Gnosis.* Band II. Vollständige Wortkonkordanz zur handschriftlichen, griechischen, koptischen, lateinischen und syrischen Überlieferung der Oden Salomos. Mit einem Faksimile des Kodex N. XVI–201 Seiten. 1979.

Bd. 25/3 MICHAEL LATTKE: *Die Oden Salomos in ihrer Bedeutung für Neues Testament und Gnosis.* Band III. XXXIV–478 Seiten. 1986.

Bd. 31 HELMUT UTZSCHNEIDER: *Hosea - Prophet vor dem Ende.* Zum Verhältnis von Geschichte und Institution in der alttestamentlichen Prophetie. 260 Seiten. 1980.

Bd. 32 PETER WEIMAR: *Die Berufung des Mose.* Literaturwissenschaftliche Analyse von Exodus 2, 23–5, 5. 402 Seiten. 1980.

Bd. 35 ARIE VAN DER KOOIJ: *Die alten Textzeugen des Jesajabuches.* Ein Beitrag zur Textgeschichte des Alten Testaments. 388 Seiten. 1981.

Bd. 38 MÉLANGES DOMINIQUE BARTHÉLEMY. *Etudes bibliques offertes à l'occasion de son 60ᵉ anniversaire.* Edités par Pierre Casetti, Othmar Keel et Adrian Schenker. 724 pages, 31 illustrations. 1981.

Bd. 39 ANDRÉ LEMAIRE: *Les écoles et la formation de la Bible dans l'ancien Israël.* 142 pages, 14 illustrations. 1981.

Bd. 40 JOSEPH HENNINGER: *Arabica Sacra.* Aufsätze zur Religionsgeschichte Arabiens und seiner Randgebiete. Contributions à l'histoire religieuse de l'Arabie et de ses régions limitrophes. 347 Seiten. 1981.

Bd. 41 DANIEL VON ALLMEN: *La famille de Dieu.* La symbolique familiale dans le paulinisme. LXVII–330 pages, 27 planches. 1981.

Bd. 42 ADRIAN SCHENKER: *Der Mächtige im Schmelzofen des Mitleids.* Eine Interpretation von 2 Sam 24. 92 Seiten. 1982.

Bd. 44 PIERRE CASETTI: *Gibt es ein Leben vor dem Tod?* Eine Auslegung von Psalm 49. 315 Seiten. 1982.

Bd. 46 ERIK HORNUNG: *Der ägyptische Mythos von der Himmelskuh.* Eine Ätiologie des Unvollkommenen. Unter Mitarbeit von Andreas Brodbeck, Hermann Schlögl und Elisabeth Staehelin und mit einem Beitrag von Gerhard Fecht. XII–129 Seiten, 10 Abbildungen. 1991. 2. ergänzte Auflage.

Bd. 50/1 DOMINIQUE BARTHÉLEMY: *Critique textuelle de l'Ancien Testament.* 1. Josué, Juges, Ruth, Samuel, Rois, Chroniques, Esdras, Néhémie, Esther. Rapport final du Comité pour l'analyse textuelle de l'Ancien Testament hébreu institué par l'Alliance Biblique Universelle, établi en coopération avec Alexander R. Hulst †, Norbert Lohfink, William D. McHardy, H. Peter Rüger, coéditeur, James A. Sanders, coéditeur. 812 pages. 1982.

Bd. 50/2 DOMINIQUE BARTHÉLEMY: *Critique textuelle de l'Ancien Testament.* 2. Isaïe, Jérémie, Lamentations. Rapport final du Comité pour l'analyse textuelle de l'Ancien Testament hébreu institué par l'Alliance Biblique Universelle, établi en coopération avec Alexander R. Hulst †, Norbert Lohfink, William D. McHardy, H. Peter Rüger, coéditeur, James A. Sanders, coéditeur. 1112 pages. 1986.

Bd. 50/3 DOMINIQUE BARTHÉLEMY: *Critique textuelle de l'Ancien Testament.* Tome 3. Ezéchiel, Daniel et les 12 Prophètes. Rapport final du Comité pour l'analyse textuelle de l'Ancien Testament hébreu institué par l'Alliance Biblique Universelle, établi en coopération avec Alexander R. Hulst†, Norbert Lohfink, William D. McHardy, H. Peter Rüger†, coéditeur, James A. Sanders, coéditeur. 1424 pages. 1992.

Bd. 52 MIRIAM LICHTHEIM: *Late Egyptian Wisdom Literature in the International Context.* A Study of Demotic Instructions. X–240 Seiten. 1983.

Bd. 53 URS WINTER: *Frau und Göttin.* Exegetische und ikonographische Studien zum weiblichen Gottesbild im Alten Israel und in dessen Umwelt. XVIII–928 Seiten, 520 Abbildungen. 1987. 2. Auflage. Mit einem Nachwort zur 2. Auflage.

Bd. 54 PAUL MAIBERGER: *Topographische und historische Untersuchungen zum Sinaiproblem.* Worauf beruht die Identifizierung des Ǧabal Mūsā mit dem Sinai? 189 Seiten, 13 Tafeln. 1984.

Bd. 56 HANS-PETER MÜLLER: *Vergleich und Metapher im Hohenlied.* 59 Seiten. 1984.

Bd. 57 STEPHEN PISANO: *Additions or Omissions in the Books of Samuel.* The Significant Pluses and Minuses in the Massoretic, LXX and Qumran Texts. XIV–295 Seiten. 1984.

Bd. 58 ODO CAMPONOVO: *Königtum, Königsherrschaft und Reich Gottes in den Frühjüdischen Schriften.* XVI–492 Seiten. 1984.

Bd. 59 JAMES KARL HOFFMEIER: *Sacred in the Vocabulary of Ancient Egypt.* The Term *DSR*, with Special Reference to Dynasties I–XX. XXIV–281 Seiten, 24 Figures. 1985.

Bd. 60 CHRISTIAN HERRMANN: *Formen für ägyptische Fayencen.* Katalog der Sammlung des Biblischen Instituts der Universität Freiburg Schweiz und einer Privatsammlung. XXVIII-199 Seiten. Mit zahlreichen Abbildungen im Text und 30 Tafeln. 1985.

Bd. 61 HELMUT ENGEL: *Die Susanna-Erzählung.* Einleitung, Übersetzung und Kommentar zum Septuaginta-Text und zur Theodition-Bearbeitung. 205 Seiten + Anhang 11 Seiten. 1985.

Bd. 62 ERNST KUTSCH: *Die chronologischen Daten des Ezechielbuches.* 82 Seiten. 1985.

Bd. 63 MANFRED HUTTER: *Altorientalische Vorstellungen von der Unterwelt.* Literar- und religionsgeschichtliche Überlegungen zu «Nergal und Ereškigal». VIII–187 Seiten. 1985.

Bd. 64 HELGA WEIPPERT/KLAUS SEYBOLD/MANFRED WEIPPERT: *Beiträge zur prophetischen Bildsprache in Israel und Assyrien.* IX–93 Seiten. 1985.

Bd. 65 ABDEL-AZIZ FAHMY SADEK: *Contribution à l'étude de l'Amdouat.* Les variantes tardives du Livre de l'Amdouat dans les papyrus du Musée du Caire. XVI–400 pages, 175 illustrations. 1985.

Bd. 66 HANS-PETER STÄHLI: *Solare Elemente im Jahweglauben des Alten Testamentes.* X–60 Seiten. 1985.

Bd. 67 OTHMAR KEEL / SILVIA SCHROER: *Studien zu den Stempelsiegeln aus Palästina/Israel.* Band I. 115 Seiten, 103 Abbildungen. 1985.

Bd. 68 WALTER BEYERLIN: *Weisheitliche Vergewisserung mit Bezug auf den Zionskult.* Studien zum 125. Psalm. 96 Seiten. 1985.

Bd. 69 RAPHAEL VENTURA: *Living in a City of the Dead.* A Selection of Topographical and Administrative Terms in the Documents of the Theban Necropolis. XII–232 Seiten. 1986.

Bd. 70 CLEMENS LOCHER: *Die Ehre einer Frau in Israel.* Exegetische und rechtsvergleichende Studien zu Dtn 22, 13–21. XVIII–464 Seiten. 1986.

Bd. 71 HANS-PETER MATHYS: *Liebe deinen Nächsten wie dich selbst.* Untersuchungen zum alttestamentlichen Gebot der Nächstenliebe (Lev 19,18). XII–204 Seiten. 1990. 2. verbesserte Auflage.

Bd. 72 FRIEDRICH ABITZ: *Ramses III. in den Gräbern seiner Söhne.* 156 Seiten, 31 Abbildungen. 1986.

Bd. 73 DOMINIQUE BARTHÉLEMY/DAVID W. GOODING/JOHAN LUST/EMANUEL TOV: *The Story of David and Goliath.* 160 Seiten. 1986.

Bd. 74 SILVIA SCHROER: *In Israel gab es Bilder.* Nachrichten von darstellender Kunst im Alten Testament. XVI–553 Seiten, 146 Abbildungen. 1987.

Bd. 75 ALAN R. SCHULMAN: *Ceremonial Execution and Public Rewards.* Some Historical Scenes on New Kingdom Private Stelae. 296 Seiten, 41 Abbildungen. 1987.

Bd. 76 JOŽE KRAŠOVEC: *La justice (Ṣdq) de Dieu dans la Bible hébraïque et l'interprétation juive et chrétienne.* 456 pages. 1988.

Bd. 77 HELMUT UTZSCHNEIDER: *Das Heiligtum und das Gesetz.* Studien zur Bedeutung der sinaitischen Heiligtumstexte (Ez 25–40; Lev 8–9). XIV–326 Seiten. 1988.

Bd. 78 BERNARD GOSSE: *Isaie 13,1-14,23.* Dans la tradition littéraire du livre d'Isaïe et dans la tradition des oracles contre les nations. 308 pages. 1988.

Bd. 79 INKE W. SCHUMACHER: *Der Gott Sopdu - Der Herr der Fremdländer.* XVI–364 Seiten, 6 Abbildungen. 1988.

Bd. 80 HELLMUT BRUNNER: *Das hörende Herz.* Kleine Schriften zur Religions- und Geistesgeschichte Ägyptens. Herausgegeben von Wolfgang Röllig. 449 Seiten, 55 Abbildungen. 1988.

Bd. 81 WALTER BEYERLIN: *Bleilot, Brecheisen oder was sonst?* Revision einer Amos-Vision. 68 Seiten. 1988.

Bd. 82 MANFRED HUTTER: *Behexung, Entsühnung und Heilung.* Das Ritual der Tunnawiya für ein Königspaar aus mittelhethitischer Zeit (KBo XXI 1 – KUB IX 34 – KBo XXI 6). 186 Seiten. 1988.

Bd. 83 RAPHAEL GIVEON: *Scarabs from Recent Excavations in Israel.* 114 Seiten. Mit zahlreichen Abbildungen im Text und 9 Tafeln. 1988.

Bd. 84 MIRIAM LICHTHEIM: *Ancient Egyptian Autobiographies chiefly of the Middle Kingdom.* A Study and an Anthology. 200 Seiten, 10 Seiten Abbildungen. 1988.

Bd. 85 ECKART OTTO: *Rechtsgeschichte der Redaktionen im Kodex Ešnunna und im «Bundesbuch».* Eine redaktionsgeschichtliche und rechtsvergleichende Studie zu altbabylonischen und altisraelitischen Rechtsüberlieferungen. 220 Seiten. 1989.

Bd. 86 ANDRZEJ NIWIŃSKI: *Studies on the Illustrated Theban Funerary Papyri of the 11th and 10th Centuries B.C.* 488 Seiten, 80 Seiten Tafeln. 1989.

Bd. 87 URSULA SEIDL: *Die babylonischen Kudurru-Reliefs.* Symbole mesopotamischer Gottheiten. 236 Seiten, 33 Tafeln und 2 Tabellen. 1989.

Bd. 88 OTHMAR KEEL/HILDI KEEL-LEU/SILVIA SCHROER: *Studien zu den Stempelsiegeln aus Palästina/Israel.* Band II. 364 Seiten, 652 Abbildungen. 1989.

Bd. 89 FRIEDRICH ABITZ: *Baugeschichte und Dekoration des Grabes Ramses' VI.* 202 Seiten, 39 Abbildungen. 1989.

Bd. 90 JOSEPH HENNINGER SVD: *Arabica varia.* Aufsätze zur Kulturgeschichte Arabiens und seiner Randgebiete. Contributions à l'histoire culturelle de l'Arabie et de ses régions limitrophes. 504 Seiten. 1989.

Bd. 91 GEORG FISCHER: *Jahwe unser Gott.* Sprache, Aufbau und Erzähltechnik in der Berufung des Mose (Ex. 3–4). 276 Seiten. 1989.

Bd. 92 MARK A. O'BRIEN: *The Deuteronomistic History Hypothesis:* A Reassessment. 340 Seiten. 1989.

Bd. 93 WALTER BEYERLIN: *Reflexe der Amosvisionen im Jeremiabuch.* 120 Seiten. 1989.

Bd. 94 ENZO CORTESE: *Josua 13-21.* Ein priesterschriftlicher Abschnitt im deuteronomistischen Geschichtswerk. 136 Seiten. 1990.

Bd. 96 ANDRÉ WIESE: *Zum Bild des Königs auf ägyptischen Siegelamuletten.* 264 Seiten. Mit zahlreichen Abbildungen im Text und 32 Tafeln. 1990.

Bd. 97 WOLFGANG ZWICKEL: *Räucherkult und Räuchergeräte.* Exegetische und archäologische Studien zum Räucheropfer im Alten Testament. 372 Seiten. Mit zahlreichen Abbildungen im Text. 1990.

Bd. 98 AARON SCHART: *Mose und Israel im Konflikt.* Eine redaktionsgeschichtliche Studie zu den Wüstenerzählungen. 296 Seiten. 1990.

Bd. 99 THOMAS RÖMER: *Israels Väter.* Untersuchungen zur Väterthematik im Deuteronomium und in der deuteronomistischen Tradition. 664 Seiten. 1990.

Bd. 100 OTHMAR KEEL/MENAKHEM SHUVAL/CHRISTOPH UEHLINGER: *Studien zu den Stempelsiegeln aus Palästina/Israel.* Band III. Die Frühe Eisenzeit. Ein Workshop. XIV–456 Seiten. Mit zahlreichen Abbildungen im Text und 22 Tafeln. 1990.

Bd. 101 CHRISTOPH UEHLINGER: *Weltreich und «eine Rede».* Eine neue Deutung der sogenannten Turmbauerzählung (Gen 11,1–9). XVI–654 Seiten. 1990.

Bd. 102 BENJAMIN SASS: *Studia Alphabetica.* On the Origin and Early History of the Northwest Semitic, South Semitic and Greek Alphabets. X–120 Seiten. 16 Seiten Abbildungen. 2 Tabellen. 1991.

Bd. 103 ADRIAN SCHENKER: *Text und Sinn im Alten Testament.* Textgeschichtliche und bibeltheologische Studien. VIII–312 Seiten. 1991.

Bd. 104 DANIEL BODI: *The Book of Ezekiel and the Poem of Erra.* IV–332 Seiten. 1991.

Bd. 105 YUICHI OSUMI: *Die Kompositionsgeschichte des Bundesbuches Exodus 20,22b-23,33.* XII–284 Seiten. 1991.

Bd. 106 RUDOLF WERNER: *Kleine Einführung ins Hieroglyphen-Luwische.* XII–112 Seiten. 1991.

Bd. 107 THOMAS STAUBLI: *Das Image der Nomaden im Alten Israel und in der Ikonographie seiner sesshaften Nachbarn.* XII–408 Seiten. 145 Abb. und 3 Falttafeln. 1991.

Bd. 108 MOSHÉ ANBAR: *Les tribus amurrites de Mari.* VIII–256 pages. 1991.

Bd. 109 GÉRARD J. NORTON/STEPHEN PISANO (eds.): *Tradition of the Text.* Studies offered to Dominique Barthélemy in Celebration of his 70th Birthday. 336 Seiten. 1991.

Bd. 110 HILDI KEEL-LEU: *Vorderasiatische Stempelsiegel.* Die Sammlung des Biblischen Instituts der Universität Freiburg Schweiz. 180 Seiten. 24 Tafeln. 1991.

Bd. 111 NORBERT LOHFINK: *Die Väter Israels im Deuteronomium.* Mit einer Stellungnahme von Thomas Römer. 152 Seiten. 1991.

Bd. 112 EDMUND HERMSEN: *Die zwei Wege des Jenseits.* Das altägyptische Zweiwegebuch und seine Topographie. XII–282 Seiten, 1 mehrfarbige und 19 Schwarz-weiss-Abbildungen. 1992.

Bd. 113 CHARLES MAYSTRE: *Les grands prêtres de Ptah de Memphis.* XIV–474 pages, 2 planches. 1992.

Bd. 114 THOMAS SCHNEIDER: *Asiatische Personennamen in ägyptischen Quellen des Neuen Reiches.* 480 Seiten. 1992.

Bd. 115 ECKHARD VON NORDHEIM: *Die Selbstbehauptung Israels in der Welt des Alten Orients.* Religionsgeschichtlicher Vergleich anhand von Gen 15/22/28, dem Aufenthalt Israels in Ägypten, 2 Sam 7, 1 Kön 19 und Psalm 104. 240 Seiten. 1992.

Bd. 116 DONALD M. MATTHEWS: *The Kassite Glyptic of Nippur.* 208 Seiten. 210 Abbildungen. 1992.

Bd. 117 FIONA V. RICHARDS: *Scarab Seals from a Middle to Late Bronze Age Tomb at Pella in Jordan.* XII–152 Seiten, 16 Tafeln. 1992.

Bd. 118 YOHANAN GOLDMAN: *Prophétie et royauté au retour de l'exil. Les origines littéraires de la forme massorétique du livre de Jérémie.* XIV–270 pages. 1992.

Bd. 119 THOMAS M. KRAPF: *Die Priesterschrift und die vorexilische Zeit. Yehezkel Kaufmanns vernachlässigter Beitrag zur Geschichte der biblischen Religion.* XX-364 Seiten. 1992.

Bd. 120 MIRIAM LICHTHEIM: *Maat in Egyptian Autobiographies and Related Studies.* 236 Seiten, 8 Tafeln. 1992.

Bd. 121 ULRICH HÜBNER: *Spiele und Spielzeug im antiken Palästina.* 256 Seiten. 58 Abbildungen. 1992.

Bd. 122 OTHMAR KEEL: *Das Recht der Bilder, gesehen zu werden. Drei Fallstudien zur Methode der Interpretation altorientalischer Bilder.* 332 Seiten, 286 Abbildungen. 1992.

Bd. 123 WOLFGANG ZWICKEL (Hrsg.): *Biblische Welten. Festschrift für Martin Metzger zu seinem 65. Geburtstag.* 268 Seiten, 19 Abbildungen. 1993.

Bd. 125 BENJAMIN SASS/CHRISTOPH UEHLINGER (eds.): *Studies in the Iconography of Northwest Semitic Inscribed Seals. Proceedings of a symposium held in Fribourg on April 17-20, 1991.* 368 pages, 532 illustrations. 1993.

Bd. 126 RÜDIGER BARTELMUS/THOMAS KRÜGER/HELMUT UTZSCHNEIDER (Hrsg.): *Konsequente Traditionsgeschichte. Festschrift für Klaus Baltzer zum 65. Geburtstag.* 418 Seiten. 1993.

Bd. 127 ASKOLD I. IVANTCHIK: *Les Cimmériens au Proche-Orient.* 336 pages. 1993.

Bd. 128 JENS VOß: *Die Menora. Gestalt und Funktion des Leuchters im Tempel zu Jerusalem.* 124 Seiten. 1993.

Bd. 129 BERND JANOWSKI/KLAUS KOCH/GERNOT WILHELM (Hrsg.): *Religionsgeschichtliche Beziehungen zwischen Kleinasien, Nordsyrien und dem Alten Testament. Internationales Symposion Hamburg 17.–21. März 1990.* 572 Seiten. 1993.

Bd. 130 NILI SHUPAK: *Where can Wisdom be found?* The Sage's Language in the Bible and in Ancient Egyptian Literature. XXXII–516 pages. 1993.

Bd. 131 WALTER BURKERT/FRITZ STOLZ (Hrsg.): *Hymnen der Alten Welt im Kulturvergleich.* 134 Seiten. 1994.

Bd. 132 HANS-PETER MATHYS: *Dichter und Beter. Theologen aus spätalttestamentlicher Zeit.* 392 Seiten. 1994.

Bd. 133 REINHARD G. LEHMANN: *Friedrich Delitzsch und der Babel-Bibel-Streit.* 472 Seiten, 13 Tafeln. 1994.

Bd. 134 SUSANNE BICKEL: *La cosmogonie égyptienne avant le Nouvel Empire.* 360 pages. 1994.

Bd. 135 OTHMAR KEEL: *Studien zu den Stempelsiegeln aus Palästina/Israel.* Band IV. Mit Registern zu den Bänden I–IV. XII–340 Seiten mit Abbildungen, 24 Tafeln. 1994.

Bd. 136 HERMANN-JOSEF STIPP: *Das masoretische und das alexandrinische Sondergut des Jeremiabuches.* Textgeschichtlicher Rang, Eigenarten, Triebkräfte. VII–196 Seiten. 1994.

Bd. 137 PETER ESCHWEILER: *Bildzauber im alten Ägypten.* Die Verwendung von Bildern und Gegenständen in magischen Handlungen nach den Texten des Mittleren und Neuen Reiches. X–380 Seiten, 28 Tafeln. 1994.

Bd. 138 CHRISTIAN HERRMANN: *Ägyptische Amulette aus Palästina/Israel.* Mit einem Ausblick auf ihre Rezeption durch das Alte Testament. XXIV–1000 Seiten, mit zahlreichen Strichzeichnungen und 70 Tafeln. 1994.

Bd. 139 WALTER DIETRICH/MARTIN A. KLOPFENSTEIN (Hrsg.): *Ein Gott allein?* JHWH-Verehrung und biblischer Monotheismus im Kontext der israelitischen und altorientalischen Religionsgeschichte. 616 Seiten. 1994.

Sonderband PASCAL ATTINGER: *Eléments de linguistique sumérienne. La construction de* du_{11}*/e/di «dire».* 816 pages. 1993.

UNIVERSITÄTSVERLAG FREIBURG SCHWEIZ

Zu diesem Buch

Die Art und Weise des Umgangs mit den Bildern kann manches über das Weltbild einer Gesellschaft aussagen; ihr Stellenwert ist insbesondere für den Religionshistoriker eine häufig unterschätzte Grösse. Gerade die altägyptische Religion ist als «Bildreligion» bezeichnet worden. In der vorliegenden Untersuchung geht es um die Bedeutung der Bilder und Gegenstände in der religiösen Praxis des zweiten vorschristlichen Jahrtausends. En détail wird untersucht, welche Rolle Bilder und andere Artefakte in konkreten magischen Handlungen gespielt haben. Der Aufbau der unterschiedliche Intentionen verfolgenden Aktionen wird dabei ebenso behandelt wie der mythologische Hintergrund der altägyptischen Magie. Der Vergleich mit der antiken Bildpraxis und die Gegenüberstellung mit antiker und alttestamentlicher Bildkritik erweist die ägyptische Bildmagie als Konsequenz eines Weltbildes, das nie explizit zur Sprache gebracht wurde. Allein die intensive Auswertung religiöser Texte und die Berücksichtigung der diese begleitenden Bilder kann den Zugang zu dieser spezifischen Art einer «Welterzeugung» eröffnen.

Summary

The way to deal with images can express the conception of the world of a society; the meaning of these images is often undervalued especially by historians of religion. Even the old-egyptian religion is called a religion of images.

This book deals with the significance of images and objects in the religious practice of the second pre-christian millennium. It will be particularly examined which role the images and other artefacts have played in concrete magical actions. The structure of the actions, which follows different intentions, will be as well handled as the mythological background of the old-egyptian magic.

The comparison with the antique practice of images and the confrontation with antique and old-testamentical criticism of icons show the egyptian magic of images as a consequence of a conception of the world, which never has been explicitly talked about. Merely the intensive evaluation of religious texts and the consideration of the images, which accompany those texts, are able to convey this specific kind of "creation of world".